巴尔扎克说过：

小说被认为是一个民族的秘史。

我们或许可以从秘史中看到社会和时代的影子。

谨以此书献给爱我和我爱的人们

趟過愛情河

胡青 著

中国言实出版社

图书在版编目（CIP）数据

趟过爱情河 / 胡青著 . -- 北京：中国言实出版社，
2017.1
ISBN 978-7-5171-2108-4

Ⅰ . ①趟… Ⅱ . ①胡… Ⅲ . ①长篇小说－中国－当代
Ⅳ . ① I247.5

中国版本图书馆 CIP 数据核字 (2016) 第 308761 号

出 版 人：王昕朋
责任编辑：胡　明
文字编辑：张凯琳
封面题字：梁鸿鹰
封面设计：水岸风创意文化

出版发行　中国言实出版社
地　址：北京市朝阳区北苑路 180 号加利大厦 5 号楼 105 室
邮　编：100101
编辑部：北京市海淀区北太平庄路甲 1 号
邮　编：100088
电　话：64924853（总编室） 64924716（发行部）
网　址：www.zgyscbs.cn
E-mail：zgyscbs@263.net
经　　销　新华书店
印　　刷　廊坊市海涛印刷有限公司
版　　次　2017 年 1 月第 1 版　　2017 年 1 月第 1 次印刷
规　　格　710 毫米 ×1000 毫米　1/16　26.75 印张
字　　数　420 千字
定　　价　58.00 元　　ISBN 978-7-5171-2108-4

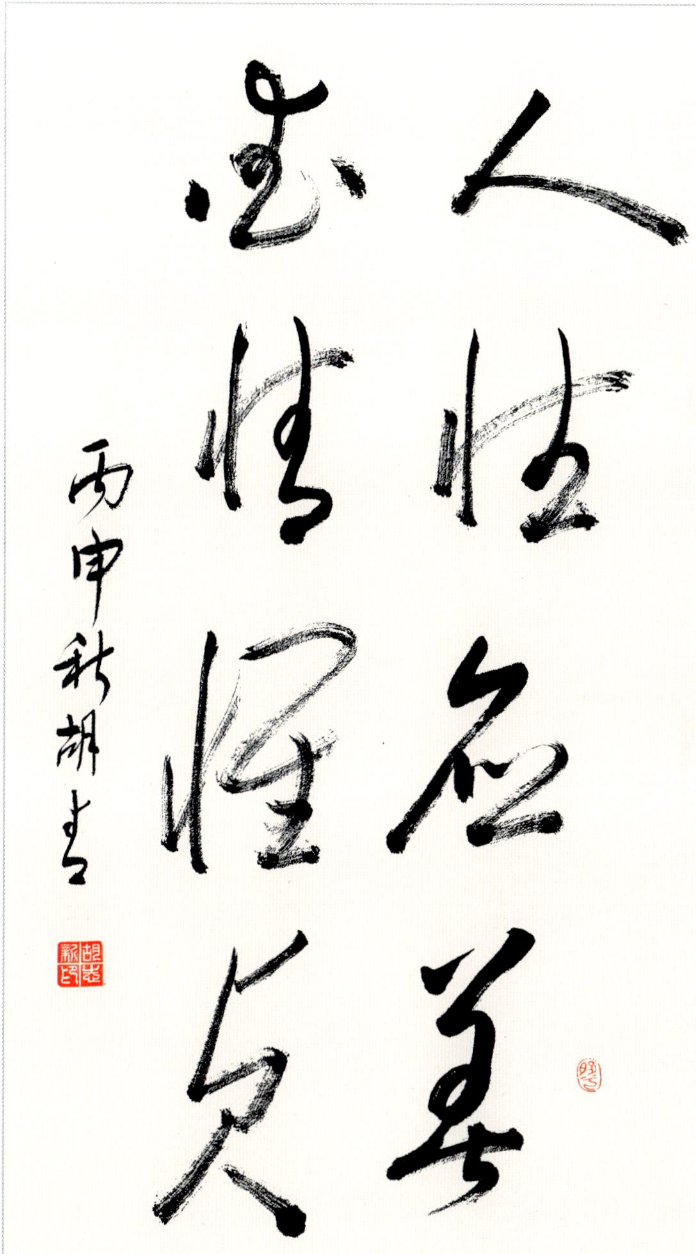
丙申秋胡书

高格褒奖，愧不敢当。承蒙关心，拙作不日付印，俟后当即寄呈。手机不通了，终换了，新号(15250928271)未能及时告知，请您谅解我的疏失。

关于写作动因、人物原型、如何看待历史之提问，谨复如下：(一).将难忘经历和对社会的深刻认知梳理整合，以文字样式呈给读者，为其准确了解当时社会作些参照，是我写作的初衷。(二).作品人物多有原型；尽管许多年过去，他们的言谈举止、音容笑貌，并未消散在岁月云烟中，相反鲜活于脑际、历久弥新，并时刻提醒我为其“树碑立传”。(三).对于历史，我以为，心酸日子虽已过去，坎坷和苦难也不再会纠缠我们的民族，亲历者无需对旧时伤痛一再舔舐，但也不应该完全淡忘历史记忆。

作为过来人，我只想为不堪回首的那段历史留下点印記，让后人知道前辈们的艰辛不易，知道人性扭曲年代也有善良美好、纯真爱情。然而，由于心志不坚、文弱不逮，我注定对不起曾经的生活磨难，对不起爱我和我爱的人们，写不出与阅历相匹配的文字，这是极其愁哀又无奈

序

■杨辉隆

《趟过爱情河》是江苏作家胡青的呕心之作；受托为序，起初我是有顾忌的。写序本是难以周全又费力不讨好的差事，不容易做到读者作者都满意；尤其像《趟过爱情河》这样结构宏大、内容丰富的巨制长篇，如果不熟悉作品，不把握内涵要义，不选准角度看点，难免隔靴搔痒、不得要领。

我对胡青了解不多，只知道他长期从事新闻和机关文字工作，当过多年报社总编辑，擅于诗歌散文。如今看其所写的这部长篇，竟也十分得心应手：其文风清新如行云流水，浪漫洒脱似天马行空，语言泼辣细腻，妙语警句如珠，叙事跌宕起伏，悬念伏笔迭出，时空恣意切换，节奏掌控随心；用词精准，心到意到，少有闲笔，几达惜墨如金程度。这部散发着人性光芒的作品，容量之大而思想内涵之深，相信读者朋友定会如我一样在阅赏的快意中频有心得，捧读后再难释手。

《趟过爱情河》无疑是非常成功的，在汗牛充栋的当今农村题材作品中实是翘楚难得的精品佳作；这应该得益于作家深厚的生活积淀，宽泛素材的角度选取把控能力。故事从冬至的前一天傍午开始讲起，到冬至午夜结束；在短短一天半时间里，竟融贯下洋洋洒洒40多万字的内容。所展示的社会图景，汪洋恣肆；所塑造的人物典型，栩栩如生；凸显的那段历史，更是发人深思。小说通达流畅，浑然一体，丝毫没有拖泥带水之嫌，一气呵成，这足以说明作家思维之敏捷，笔力之深厚。而最见功力的，是善于构设头绪纷繁的复杂矛盾，预置棘手难解的情感纠葛，却又能一一化繁为简，举重若轻地瞬间加以解决。常常看似扑朔迷离，山重水复，无路可寻，经过三言两语的轻描淡写后，便一切云淡风轻、柳暗花明，转圜得自然合情，顺理成章，足见作家认知社会及处变应变能力非同寻常。作品人物形象饱满，情节曲折生动，爱情真挚感人，读后回味无穷；其技巧娴熟得堪称炉火纯青，臻近大家风范，这不能不说作家具有非凡的写作能力。

平心而论，一部作品如果没有出类拔群的突出特点，算不上很成功，至少不能算卓异。文学作品，尤其小说，应具有深邃厚重的思想内涵，丰富多元的生活层面，纵横阔大的时空跨度，匠心独运的叙事结构，起伏跌宕的故事情节，地域独具的风土人情，简练质朴的情境勾勒，细腻精准的人物刻画，精当独到的细节描写，纷繁多态的人物性格，丰沛真挚的情感藉蕴，恣肆达意的思辨语言，共成而就的独特艺术风格才是好作品，《趟过爱情河》的成功卓异在于做到了这一点。因此说其深得大家风范实不为过。

《趟过爱情河》的首要特点是朴实厚重。在时间赛过金钱的今天，谁也不愿为浮华空洞的文字浪费光阴。朴实厚重应是一切作品本有之义，更是文学追求之至境。朴实看似简单一无技巧，实又是大巧后的极致，臻于至善的归真；如果没有厚重这一作品的“压仓石”，读者难以开卷受益。《趟过爱情河》采用朴实精准的语言，曼妙舒缓的节奏，简练切近的叙述，不露声色的白描，讲述普通平常的故事，却能准确再现20世纪70年代逼真的生活全景图，诠释了作家对朴实厚重这一文学至境的理解和追求。我是从那个时代过来的人，对作品中的故事人物感同身受。由此看来，小说的情节不一定是场面宏大的惊心动魄的大事件。像《趟过爱情河》这样能够寓凡为文，见微知著，才符合生活的本真，诚为可信，当然也最需要真工夫。把普通人的平凡故事讲透讲好的叙事本领，绝不是一般作家所具备的。从《趟过爱情河》这部“民族的秘史”（巴尔扎克认为小说是一个民族的秘史）中清晰可见当时社会的影子：人物风貌，生活场景，行为语言，性格特征等，无不具有那个特定时代的鲜明烙印。其独特视角与深沉思考引领我们分明又看到那个爱恨交加的年代，其构思的匠心独运与写实的春秋笔法，为那段不可思议的民族悲酸史留下了真实的记录，因此说其具有史诗意义也不为过。如果没有厚积薄发的生活底蕴，缜密精当的思想感悟，控御把握事物本质的超凡能力，很难做到生活真实与艺术真实如此有机统一。

真挚感人是《趟过爱情河》的又一大特点。像没有激情成不了好诗人一样，没有自然流露于字里行间的真挚情感也成不了好作家。悲悯情怀是作家必须具有的基本素养，只有对底层人民爱得深沉，对人间苦难理解得透彻，对国家民族怀有赤子之情，才可能成为有责任有担当的好作家。看得出，胡青的创作态度极其认真，又极其感性，自始至终饱含着真挚感情。在作品精心塑造的林这一主人公身上，表现得尤为突出；作家赋予他最多最丰富的感情色彩，或可说，在某种程度上是作家的缩影和代言。林既是爱的施予者，更是爱的受益者，是爱让他从艰难困苦中成长，度过心酸难忘的岁月，赢得最宝贵的爱情。《趟过爱情河》告诉我们，源于人性的爱，生生不息，无处无时不在；只要善于发掘，就会看到像作品中表现出来的那样：对亲人感恩眷恋的原始之爱，始终都在；舍命相搏，为恋人就死不惧的真爱，也不稀缺；关键时刻挺身而出，替底层百姓脱危解困的大爱，随时都会发生。作品在林与花、菊、秀、路江、淑艳、吴芸、苏荣等年轻异性的交集中，恋情、爱情、友情，无不写得浓墨重彩、真挚感人；在姥姥、父亲、祖父、项山老人、张四老汉、魏大爷等人物身上表现出的亲情、同情、悲情，也感人至深。只有充满爱和情的作品，才隽永感人；正是因为始终有爱的河流在作品中不断流淌，才能散发出如此耀眼的人性光辉。作家在创作时倾注了多少感情和泪水，明眼人都能掂量出来。由此说来，只有被笔下人物先感动，才有望感动别人，这几乎是不争的事实。

结构精致是其第三大特点。《趟过爱情河》主要采用回忆的手法进行描写，很多故事都在回忆中穿插，给读者带来了阅读的快感，一切仿佛在眼前，没有距离感，这就让人想到了艺术结构。世界上存在七大艺术形式：文学、音乐、舞蹈、戏剧、影视、美术、建筑。各种艺术形式间具有相同或相似的地方，可以借用或沿用其他艺术性的独特之处，如建筑结构，可分为宫殿式、园林式、田园式、现代式、传统式、哥特式、巴洛克式等，和小说结构有异曲同工的地方。《趟过爱情河》的精致结构应该是多种结构的有机结合。全书首尾照应，主线突出，辅线穿插其中，侧翼烘托，主线辅线之间，并行不悖，又合理交叠，互融互生互补，加之安排大量妥帖合情的梦境描写，突破了人为禁忌和时空限制，都为深化主题起到了不可或缺的作用。作家常常巧妙地穿插人物的历史回忆或对事件及进程的概括综合的叙述，以增加篇幅的生活容量。书中众多人物呼之欲出而又个性迥异，毫不雷同，没有熟练驾驭文学作品人物塑造的能力，是难以做到的。《趟过爱情河》做到了这一点十分不易。

心理描写是其又一大特点。法国作家雨果说过：比海更广阔的是天空，比天空更广阔的是人的内心世界。人的心理活动复杂多样，决定了心理描写具有多种多样的表现形式。作家胡青对人物内心世界的描写，达到了很高的水平，既具有心理刻画细致入微之长，又兼擅俯视开阔、气概雄浑之胜，这在林醉酒梦遗一段得到了很好的展示。山村姑娘花作为黄花少女的那种羞涩、偷窥，想看又害怕看的心理被作家表现得淋漓尽致。由此可见，小说人物心理描写就是对人物内心的思想情感活动进行描写。描写人物的思想活动，能反映人物的性格，展示人物的内心世界。所以，心理描写也是刻画人物思想性格的重要手段之一。这种能反映人物性格、展示人物内心世界的心理描写，在林、秀等人物身上同样得到了很好体现。

作为《趟过爱情河》的显著特点的人物典型性，更是不能不说。文学的本质是人学，小说更是无法离开人的具体形象，包括人物的外貌、性格、语言、行为等；而作为人的核心，又是精神和性格层面上的，所以塑造人物即塑造性格，令人物具有“千古绝唱”的个性标准，力避形象和故事的雷同。小说人物塑造无不从衣着、谈吐、动作、思想、经历等各方面表现人物个性。支流汇聚方成江河，江河汇聚则成大海。人物性格始于下笔，丰满于后期。《趟过爱情河》在人物形象的塑造上表现出作家驾轻就熟的本领。比如花这个人物形象，就十分丰满。首先她是一个青春萌动的少女，对男性的渴望不得不被世俗礼教所压抑，她的矜持不得不使她对林外冷内热。花的这种矜持，让林一度摸不着头脑，甚至陷入极度痛苦之中。特别是花在林刚到祁峰村时，从玉米地里抱胸跑出的描写，更是活灵活现地塑造了一个农村少女羞涩守旧的形象。当林喝醉酒，花守候在床边为林驱蚊，用手抹掉林额头的汗等细小动作的描写，又较好地塑造了花作为一个农村少女善良纯朴的形象。再比如爱说荤话的祁明，被远房嫂子们一齐上阵按倒在粪堆旁，扯掉裤带，一齐把冰冷的手伸进他温暖的棉裤裆里一阵乱摸，以及随后嫂子们谑笑打趣的描写，很现场，也很真实。读罢这段描写，让人仿佛亲临其境，回到了那个特殊年代的农村。

作为《趟过爱情河》的显著特点的情节精彩也是令人称道的。小说是对现实生活的艺术化再现，小说的核心即情节，情节的精彩程度决定着小说的深度，它是整个作品构架完整的基础。在日常生活中，作家需要别于常人心计，需要厚重的生活积淀，随时关心和收集现实生活中最常见最有意思的故事，做到熟视而有睹，睹后有铭记于心的能力。在作品中，祁峰村的那群女孩子们一扎堆，就会拿语言戏弄甚至挑逗林，这也正是那个时代农村青年生活的真实写照，符合年轻姑娘们的性格。再比如林对狗的交配为何腚对着腚的疑问，申修长夺肉，彭副部长在知青大会上溜须拍马的恶心表演等，都是作家有意安排的精巧情节。通过若干巧妙情节的安排，毫不夸张地说，这部小说，是当时农村生活的全景图——场面博大，故事诙谐，忍俊不禁。由此看来，小说的情节一定要有新异的地方、不可理喻的地方，以构成悬念和伏笔。

《趟过爱情河》的语言特色也很突出。语言是文学的第一要素，人类的本质就是沟通，语言是其最基本的沟通工具，有别于动物常态的特征；同时也是知识和思想的重要载体，这就构成了小说的最主要的表达方法。这部作品语言洗练生动而又清丽流畅，极具个性和地方语言色彩，这些都较好地丰满了人物形象和故事的生动性，极大丰富了乡土气息的感染力，加深了读者的印象。即使有些陪衬人物，诸如王二、马三、张四、申修长、秦明等，也是很有故事的，读者阅读后一定不会很快记忆模糊。同时，作家胡青的语言有一种诗意美，具有震撼力和穿透力，比如“在林眼里，沂河湾最美，因为那是姥姥湾，他永远的心灵湾。”这样的语言很多，很能打动人。

在当今中国文坛，惯于表现人生的苦难与挣扎，常常让主人公在最大限度的压迫下去展现承受能力的作家比比皆是。但他们大都是看客，有时甚至有点幸灾乐祸！胡青则不同，他不仅为人物的命运担忧，还或明或暗地指引人物向着光明的方向突击。如小说在表现主人公林作为知青下乡时的与众不同的选择上，带着强烈的理想主义成分，林想成为“中国的保尔”。这在当时的社会背景下，加之他的特殊的人生经历，是真实可信能够理解的，也为主人公后来发生的一切，做了巧妙的铺垫。

小说应该是一幅移动的图画，这种移动是基于故事发展的合理安排。林到村小学教书，后来到了钻机队当工人，这是合理的移动，是大多数知青当年的正常选择。但是，林不论到哪里，特别是到了钻机队后，对祁峰村、对花的那份感情不但没有淡漠，反而更加深沉，甚至到了日思夜想、夜不能寐的程度。

“想到曾经生活两年多、带给他无数美好回忆的那个美丽山村，心又马上飞到了花的身边：心爱的花呀，明天是冬至，你生日会快乐吗？我天天都在想你，你想我了吗？我天天都梦到你，你梦到过我吗？”林为了与花长相厮守，他甚至拒绝姚科长安排他到祁峰小学教书的美意，后来还是在做工作后才去报到。再说花对林的爱就更是体现在自觉与不自觉的行动上了——在放炮引起突然的漫天落石的情况下，花为了不让林受到一丝一毫的伤害，她不顾男女之间的身体接触，毫不犹豫地用身体扑到林的身上；当惊马迎面狂奔而来时，她想到的只是竭尽全力地保护林，高举起双臂，屹立在街心，用身体为林筑拦起一道安全屏障；她这样的爱，是何等的情深啊！

我以为，作家胡青在长篇小说《趟过爱情河》中，倾注了他文学创作与精神追求的理想与探索，聚集着鲜明的精神特质，在一次又一次的探索中把对人性的开掘过程铺陈得淋漓尽致。小说以描写爱情开始，又以描写爱情结束，但所有关于爱情的文字一点都不感到多余和累赘，这一点需要作者驾驭文字的高超技艺。其实，作家在作品里大写特写人与人的爱，就是最大的人文关怀；爱，特别是性爱，是人类得以延续的基本条件。须知，在20世纪六七十年代，爱情是被扼杀了的。小说中，林、花、秀敢于冲破禁锢，敢于直面爱人表达自己的爱，这需要多大的勇气啊！

《趟过爱情河》是一部很有艺术底蕴的小说，如果将其比作塔，作家为我们描述出的是隽永感人的爱情之塔、人生之塔。

祝愿作家胡青在为读者描述爱情之塔、人生之塔的同时，也为自己营造更加美好的文学之塔、事业之塔。

是为序。

（作者系中国作协会员，著名作家、文学评论家）

越过爱情河

目录

第一章

望着屋外纷扬不止的鹅毛大雪，花的心里一直痛苦纠结着，想到心爱的人不在身旁，就顿生无穷无尽的烦恼；想到明天是冬至，自己满二十二周岁了，就平添莫名的恐惧和愁绪；想到曾经的那些难忘旧事，脑海就浮现出心爱人的俊朗矫健身材、青春阳光脸庞、羞涩纯真笑容；想到温文尔雅、敦厚善良、纯情重义的林，遥在远方，难得一见，心里就阵阵发酸，眼泪止不住流淌出来。此时，她那双黑亮会说话的大眼睛，又一次泪流不止。

林不在身边的一个多月里，花没有任何快乐可言；一个多月来的相思之苦，让花真切感受到：林是她的开心果、是她幸福的唯一源泉；没有林陪伴的生日，注定不会有丝毫快乐，相反只会增添烦恼和惆怅。她不知道林所在的北方，此刻是否也在下雪，是不是也像祁峰村这样的寒冷；不知道林在走后的三十八天里是怎样度过的，林的工作、生活、身体一切都好吗？不知道林是否记起她的生日，林在远方会天天想念她吗？会像她一样时时思念、刻刻挂怀吗？

花每天都会回忆起林的往事，桩桩件件都让她感到温馨而又酸楚；每次，她都努力搜遍关于林的全部印记，生怕有一丁点遗漏。今天，她又一次回想起林刚来时的情景：

林刚到祁峰时，还是个身材瘦小稚气未脱的孩子。可第一次见到林，她的心里竟慌乱得不行。当时首先想到的，是身上打了补丁的旧衣太难看，当时紧张窘迫的，是汗湿衣襟凸显出的胸部太羞人，担心会给林留下不好的第一印象。于是，她不顾一切地抱着胸冲出玉米地，快速跑回家中，换了件最干净合体的衣服。至今想起当时抱胸而跑的窘态，她仍会脸红心跳羞愧不已。她一直认为，林对她的第一印象一定不够好，不然的话，当她穿着干净合体的衣服进屋时，林见了她为何赶紧低下头去呢？

那天傍晚，林在堂屋和大家说话，她在锅屋做饭时，一直心神不宁，直到大家喝过酒吃完饭，她还是没有勇气再走进堂屋里。

那天晚上，林和才，还有村队干部们都喝醉了，是她和娘一起把林架到东屋绳床上的。前半夜，是娘在林的床边看护；后半夜，她替换忙累了一天已经困乏至极的娘。她守护在林的床边时，竟然发生了一件意想不到、令她灵魂震撼、刻骨铭心、永难忘怀的事情——

农村的夏夜，本就是蚊虫最快乐的时光，它们一定闻到了从县城新来的少年血香，嗡嗡嘤嘤纷至沓来。花拿过蒲扇，不停在绳床边摇来晃去，驱赶前来参加“叮血餐会”的嗡嗡蚊虫们。她一边摇着蒲扇，一边细细打量这个城里来的少年书生——这是她有生以来第一次这样近距离、这样目不转睛地注视着一个年轻男子：本来就面目清秀的林，喝醉酒后更显得纯净安详。花见第一面时就很在意林，现在更是有些动心、有些情不自禁的喜欢。虽然这个少年见人时，有点生涩害羞、不喜言谈，可他身上有着读书人的优雅气质，有着城里人的不俗仪表。从他的眉眼间能够看出，这是个心地善良、纯情重义的人。花打心底里喜欢这个人。

看着林安安静静地躺在绳床上，是那么的白皙瘦小、洁净稚嫩、柔弱无助，一股怜惜之情油然而生；花心里突然有些发酸，眼里也开始湿润模糊：这个不满十七岁的少年，这样早早离开城里温暖的家，一个人来到这穷山恶岭插队当农民，到底为了啥呢？这样小的年龄，正是上学读书的好时候，浪费光阴多可惜呀，看了真叫人怜惜、心疼。

屋里煤油灯的光线渐渐黯淡下来，花找来剪刀剪去烧焦了的灯芯硬结，昏暗的灯光立刻明亮了许多，映照在墙的人影轮廓也顿时清晰起来。几乎占了半面墙壁的那影子变形得有点吓人，花完全认不出那是自己的影子：自己娇美的身段怎会变得如此丑陋不堪呢？看着墙上怪怪的身影，想到下午抱胸而跑时的窘状，想到林见到她时立刻低头的情形，她心里又开始慌乱不安起来。

花从墙上收回目光，看向绳床上盖着薄薄被单的林——始终一动不动地躺着，光洁稚嫩的脸越发显得惨白。花心里忽然有些生气：村队干部再高兴，也不该叫一个孩子喝这么多的酒呀，人家初来乍到，无亲无故，万一喝伤了怎么办？弟弟也是气人，人家插队住在俺家，人生地不熟的，你自己喝多了不说，还把比你小的客人也派醉，真是太不应该了，你该阻拦一下的呀。

花手中的蒲扇不停在绳床上空摇来晃去，赶走蚊虫的同时，也送去徐徐凉风，她不时摸摸林的额头，担心林是不是在发烧；每过几分钟，就为林擦一次脸上的汗水，像姐姐照顾亲弟弟一样照顾着林，又像一个母亲照看自己的孩子。

林翻了一下身子，脸也侧转了过来，熟睡的脸上露出好看的笑容。花细细端详这张清新俊朗、又满是孩子气的笑脸，边盯看边猜想：你有什么好笑的事吗？是梦到亲人了呢，还是……她突然中止心头掠过的一丝闪念，为自己刚才的想法感到羞愧：他太小，比自己小了差不多三岁呢，怎能那样去想呢？

林又翻了一下身子，重新平躺回去。可能是天气有些燥热，林的脸上开始不断冒汗；花忙用湿毛巾擦去林脸上的汗水，并把盖在林身上的薄被单轻轻撩开。突然，花发现林的全身都在用力，擦过汗的脸上慢慢涨红起来，两条腿也绷得直直紧紧的，样子有点吓人。花吃了一惊，以为出了什么问题，刚想推醒林问他哪里难受，忽见林的宽松短裤慢慢隆了起来，腿间的凸部在不停抖动挑高着，而且越挑越高，还一跳一跳的；很快，林的短裤裆部像被一根棍子支了起来，形成一顶小小的“帐篷”。

花感到一阵紧张，好像突然明白了什么，顿时心跳得发慌，脸也热得发烫，她想起身跑出去，可身子站不起来，两条腿也抬不起来，完全不受大脑指挥。

花艰难地扭过头，看看周围寂静得很，心里才稍稍平静下来。

花低下头，闭上眼，可满脑子全是那双腿间的跳动，全是那高高的“帐篷”；真是太有魔力了，她的心竟一下子被攫走，再也无法收回，头脑也顿时混乱起来，既想再看又不敢再看。想再看可能是出于新鲜好奇，是想窥探到男人的秘密；不敢再看，可能是怕再看下去，自己再也承受不住；因为已经阵阵心悸，体内像爬满了亿万只蚂蚁，又麻又痒，浑身酸软无力。

花那时毕竟已是十九岁的大姑娘了，身体早已熟透，早已到了幻想怀春的年龄。况且身体的变化，生理的变化，过去就常常折磨着她，令她饭吃不好，觉睡不香；身上那几处敏感地方，平时不敢沾不敢碰，一沾一碰，就酸痒到脚后跟。这种情况，应该有两三年了，而且随着时间的推移，越来越强烈，越来越折磨人。她每天都在煎熬，每天都在渴盼，每天都在挣扎，每天都为自己感到羞耻和无奈；她认为自己一定是得了什么怪病，而且这怪病越来越重。她经常在想：别的女孩子也会生这种怪病吗？也会像她一样痛苦难过、备受折磨吗？每次她都加以否定：肯定不会！别的女孩怎会得这种羞臊丢人的怪病呢？为此，她深感痛苦和自卑，不敢向任何人诉说，无人诉说，也无法诉说。

一想到林的那顶“帐篷”，花就下决心想跑开，不接受诱惑和折磨，可身体就是不听大脑指挥。她只能闭上眼，不去看，也不去想，仅仅坚持了半分钟，就忍不住又想看了。她想知道那顶“帐篷”落下去了没有，她不知道自己是希望落下去呢，还是不希望落下去。

终于忍不住，她又用眼角的余光，偷偷瞟向那顶帐篷，发现那顶帐篷又变高了，越来越高，而且抖动的幅度也越来越大。她的心简直快要蹦跳出来，全身的血液也一下涌到了头顶；她已经无法呼吸，浑身酸痒得不行，头脑也阵阵晕眩，只能瘫靠在床边。

她对自己是又气又恨：气自己太不自重，恨自己太不争气；对一个刚来的孩子，怎能动这种念想呢？自己可是全村出了名的好女孩，平时走路低着头，见人就脸红的，今天到底怎么了？为什么会这样？她在不停自责、不停自卑着，可自责自卑过后，又忍不住想看。

她每看一次，心灵震撼加剧一次，身体反应加重一次，自责和自卑也加深一次，她记不清究竟偷看了多少次。她忽然在心里发誓：再看最后一次，以后再不看了。

当她最后一次瞟眼偷看时，“帐篷”已经落下，她好像松了一口气，好像有点失望，好像又感到了后悔。当她定睛细看时，头脑顿时就大了蒙了：在煤油灯光的映照下，一根粉红色棍子，已从短裤的一条裤腿中伸出、在空中高高举着，她的眼睛再也不能离开，再也舍不得离开。

她感到浑身发冷，手脚也开始抖动摇摆起来，完全不受大脑控制。她不敢呼吸，也无法呼吸，心脏似乎停止了跳动，只能呆呆地，静静地，一眼不眨地，看着那粗粗长长“一柱擎天”的棍子，在空中一直举着、晃着。

记不清过了多长时间，忽见那既丑陋无比，又夺人心魄的红色棍子，欢快地跳动起来，不停跳动着。突然，那粗大光滑的圆顶处，连续喷射出又高又亮的白光，一下，两下，三下……一连十几下，随着那道道白光的节拍，花的嘴里不由自主地“啊，啊，啊…… ”一连啊了十几声，花的身子也不由自主地上耸了十几下。那一道道白光，形成一道道优美的弧线，在煤油灯的黄色金光里，像一道道彩虹，那样的美丽动人，那样的光彩夺目。

随着彩虹的消失，那根棍子像变魔术一样，渐渐变细，渐渐变短，害羞似的，渐渐退缩回去，最后躲进了短裤里，花近距离观看了这惊心动魄的表演、精彩绝伦的一幕，她的心，震撼了，她的魂，飞走了；表演谢幕的那一刻，她瘫倒在地。

苏醒时，身下汪着一摊水，她快要虚脱了。

那天夜里发生的事情，对花造成的刺激伤害太大，平静的生活被彻底打乱，少女之心从此再也难安。无论白天干活，还是夜晚睡觉，眼前老是重现那一幕：高高“帐篷”，欢快跳动，亮亮彩虹。

不安的心，天天在震颤，在挣扎，在抗拒；用尽了一切办法，想忘记那天夜里发生的事情，结果总是徒劳的；花越想忘记，越是忘不掉。那惊心动魄的一幕，时不时会蓦然重现在眼前，激荡着她那始终摇曳无法止静的心旌；每次想起当时的情景，都会失神落魄、身子发软；每次都是在口干舌燥、心力交瘁中煎熬。

花每天不止十次百次地内疚自责：自己多大他多大呀，他比弟弟还小一岁，自己怎会对一个未成年的孩子有这样强烈的感觉呢？自己怎会经不起诱惑、如此荒唐犯贱呢？然而，每次痛责内疚之后，心里又总是充满矛盾，又会有止不住的情欲冲动；每天见不到林时，渴望见到林，而见面时，又故意冷若冰霜，或装作没看见，或刻意躲避开；可刚躲开之后，马上又开始后悔；林的阳光面孔、青春气息、优雅举止，又会侵扰占据着花的脑海，让她心惊肉跳、不能自抑。

理智一直不断提醒她：必须保持克制，必须把自己彻底封闭伪装起来，必须与林保持距离，绝不能让自己的这堆干燥柴草，不小心被林的那把烈火点燃。万一不小心被林点燃了，到那时，冲天而起的熊熊烈焰，谁能扑救得了呢？

在接下来的几个月里，每当看见林远远走来，花总是极力克制自己，能躲就躲，能避就避，实在躲避不过去，就侧转身、低下头，最多“嗯”一声。这样常常造成林的误解误会，尽管花的内心很痛苦、很受伤、很煎熬，可除此之外，又能有什么办法呢？

在林初来祁峰的几个月里，花始终不和林单独在一起，也没同林说过几句话，可林的影子天天赶不走、挥不去。

虽然连续几个月克制自己，不与林单独接触，可心中的意念无时无刻不在林的身上；表面上，花越来越沉默寡言，内心却越来越强烈敏感，越来越感知林的可爱和美好，越来越情有不舍。因为林经过几个月的劳动锻炼，白皙的脸庞越来越健康俊朗，灵巧的身体越来越变高变壮，优雅的气质越来越潇洒阳光，真诚的品性越来越敦厚善良，村民们对林的好感和赞誉也越来越多，林越来越成为她心目中的白马王子形象；可愈是这样“爱不释手”，她愈是想在明面上进一步疏远林。

花是相貌极其出众的美姑娘，更是品行罕有的好姑娘。向来懂事明理的花，心里明白：芦苇上栖不下大鸟，荒山岗留不住凤凰；林来农村插队只是暂时的，锻炼好了还是要飞走的。就连村里的几个初中生，高中都考不上，还到了祁峰小学去教书，林是货真价实的高中生，将来会有远大前程，小小的祁峰村怎能存得下呢？再说，自己不识字，又是地道的农村人，年龄也比他大，两人之间怎么可能有不切实际的未来呢？所以，花虽然从心底里喜欢林，却刻意躲着林；她愈是这样想，愈是刻意躲避林，心里的痛苦也愈深。

树欲静而风不止，让花始终难以心静的是，天天都有林的讯息纷扰着她，想不听都不可能；自从林来到祁峰后，就一直是村民们热议的话题。

中老年男人们天天议论林，因为他们都很喜欢林，他们夸林善良仁义厚道，待人接物实诚，言谈举止得体；说他无论路过哪家，只要能帮上忙的，他都会帮一把，队里哪家来信不找他读、不找他写呀？还说林身上的衣服虽然也很破旧，也是补丁摞着补丁的，比村里小伙子们好不到哪里去，可再旧再破的衣服穿在林身上，仍然很精神很利落，和别的小青年就是不一样，难怪村里的小伙子们都在背后模仿他。

许多老年人甚至对林有些大惑不解，说他一个城里来的小知青，怎会比农村的小青年更能吃苦呢？每次干活他最傻，专拣重活脏活干，比如：每次出粪，林总是第一个跳进粪池；每次挑土，别人都拣浅筐的挑，最满的那筐是林的；每次锄地，别人都拣短趟子锄，他锄的都是长趟子。他傻得叫人心疼。每次听到大家这样夸林，花总想流泪，想找个没人的地方大哭一场。

生产队记工员祁生更是多次说林傻。说有一次，他和林在沭河岸边的旺河乡集市上卖柿子，为了账物分开、公平透明，两人明确分了工，林负责卖，他负责收钱。快罢集时，柿子已经所剩不多，他提出早些回去，还有三十里路要走，林却坚持卖完再回去。这时，漫水桥上的哗哗水流越来越大，好像上游正在开闸泄洪；而河对岸的三个小学生正跃跃欲试地想趟水过河，林不放心孩子们，便跑到对岸，搀着两个孩子，趟着腿肚深的水慢慢走过河来；当林再次返回对岸，背起第三个孩子过河时，河水已经漫上了林的膝盖。

那三个孩子为了感谢林，掏出各自口袋里仅有的一分二分零钱，凑到一起，买了两根油条送给林；见林坚拒不受，三个孩子快要急哭了；在此情形下，林只好收下油条，却回送他们每人两个甜柿子。

祁生说林虽是高中生，却傻得不会算账，两根油条只值四分钱，而六个甜柿子却要一毛二分钱；林在结账时，又傻傻地坚持自掏腰包付了一毛五分钱——这是按照个头大的甜柿子价格结算的；其实，那些只是卖剩下的个头小的柿子，至多只能卖二分钱一个，何况是卖柿子人自己掏钱买的呢。

祁生每次说到林的这次傻，总会提及后来发生的事情。

那三个孩子刚离开，洪水就开始集中下泄，浩浩荡荡的洪水将宽阔的河滩迅速淹没，湍急直下的洪水中，不断漂浮着大量树木、庄稼和鸡鸭猪羊尸体。祁生和林刚要动身返回祁峰，忽听河对岸有人高声大喊；隔着滔滔洪水望去，河对岸站着几个肩抬绳床的人。由于惊涛拍岸，响声如雷，听不清他们喊话内容，但从他们无法渡河的焦急样子，就知道一定有急事，或许绳床上的病人十分危重，急需过河救治；而他们只要过了河，再走不到半里路就是旺河乡卫生院。虽然河的上游和下游都有桥，却都远在十里之外，绕桥过河要多走二三十里路，他们因此而焦躁不安、大喊大叫。

漫水桥的下游半里远处有个渡口，在已经泄洪的情况下，摆渡的艄公回家了，只有系在岸边柳树下的小渡船，孤零零地跳荡在汹涌波涛上。

祁生是“旱鸭子”，在他虽也焦急同情却爱莫能助时，只见林一边大喊着向对岸挥手示意，一边向小渡船飞快跑去。河对岸的人立刻明白了林的意思，肩抬绳床一齐向下游走去。

林跑到船边，解开系绳，跳上小船，立即划向对岸。林虽然在努力划桨，可小船不听使唤地转圈打旋着向下游急速漂去，祁生顿时惊出浑身冷汗。突然，林一个趔趄掉入波涛中，祁生和围观的人们齐声发出惊叫，就在大家惶恐不安时，忽见林从洪水中冒出头来，并快速追上小船，随即牵扶着船舷向对岸游去。

小船终于在渡口下游二里远处靠上对岸，抬绳床的其中两个壮汉早已跑到并等候在岸边，和林一起迅速把船拖向上游。

“绳床”抬上小船后，抬床的六个男人立即分成两排，蹲在船舷两侧，一齐用船桨扁担或双手奋力划船；同行的那两个女人则蹲缩下身子，将头脸埋在绳床上；依旧浸泡在洪水中的林，一只手扶舷导引着船头，另一只手在奋力劈波斩浪……

湍流愈来愈急，风浪愈来愈大，忽隐忽现的船身，像一叶飘萍，忽而被抛上波峰，忽又被抛入浪底；提心吊胆的祁生早被这煞是吓人的景象所惊呆，岸上围观的许多人更不敢看，不得不捂上眼睛，可每人嘴里都在不住声地祷告……

与洪水搏斗的七个人，虽然始终奋不顾身，齐心协力地试图逆流而上，但小船最终靠岸时，还是向下游漂出了三里多远。

“绳床”被迅速抬进旺河乡卫生院，难产的孕妇得到了及时手术和救护，母婴最终都平安无恙。

花每次听祁生讲这事，总想流泪，想找个没人的地方大哭一场。

祁峰的孩子们不仅喜欢议论林，而且都很崇拜林，有的甚至加以神话了。他们说林上知天文下知地理，肚里的好听故事永远讲不完；还说林武艺精湛身手不凡，比如摔跤、俯卧撑、单杠引体向上，原地起跳摸高，队里的小伙子个个都不是他的对手，就连射弹弓也无人能比；说是有一次，林手拿弹弓，见天上一只小鸟飞过，林手起手落，那小鸟就掉了下来。许多孩子对林的飞镖技艺，更是形容得绘声绘色，赞不绝口，个个佩服得五体投地，他们亲眼看见林在十步开外，用飞镖叉中树上的一只苍蝇。至于林非同寻常的轻功，孩子们说得简直有点神乎其神，说林平时不用轻功，要是用起轻功来，即使把天天练功用的十多斤重的沙袋绑在腿上，他腾踢起的“旋风腿”也比别人高，跑起来也比别人快，而且悄无声息。有几个孩子都说亲眼见过林用过一回轻功，就是祁生家二柱子在水塘里洗澡差点被淹死的那天；就在二柱子快要沉入水底时，听到呼救及时赶到的林，使用了轻功，他“嗖嗖嗖嗖”地踩着水面赶上前，拎起二柱子，又“嗖嗖嗖嗖”地踩着水面回到岸边；见二柱子已经翻了白眼，林只朝二柱子嘴里轻轻吹了几口气，又在二柱子胸口按了几下，二柱子竟然起死回生，活了过来。听到孩子们这样的神话林，花总想流泪，想找个没人的地方大哭一场。

对林热议最多的当然还是女人们。她们不仅夸林五官长得好，还夸林的身材好，说林站坐都有型，花想听也爱听这些话，可对有些中年妇女议论林时所说得的不堪入耳下流话，又感到气愤和懊恼。尤其队里几个爱说淫荡话的中年妇女，有时竟当着花的面，淫荡淫邪地议论林，简直把林当成她们意淫对象了。花每次只能强压怒火暗藏不满，只能漫不经心装作没听见，免得让这些最爱嚼舌的女人窥探到她的心中秘密。可每次听了她们淫亵林的话，花总想流泪，想找个没人的地方大哭一场。

村里的姑娘小媳妇们更喜欢议论林。无论干活时，还是上工收工路上，林成为她们时时挂在嘴边的话题。尤其那些“疯丫头”们，对林的喜爱和倾慕，丝毫不加掩饰，每次见到林，直直投去的火辣辣目光总是色色的。林平时见到中年妇女们倒还蛮自然大方的，可见到姑娘和小媳妇时，会骤然紧张起来，脸上也涨起羞涩的红晕，常常慌不择路地躲开。次数多了，渐渐引起疯丫头们的不满，她们有时故意接近林，用戏谑的语言撩拨挑逗林，让林不堪窘困狼狈逃走。看到林一次次落荒而逃的窘态，疯丫头们会开怀大笑兴奋异常，继续酝酿新的戏耍捉弄计划。对疯丫头们的恶作剧，花每次都想阻拦，可又不敢阻拦，生怕她们以为花是爱林而袒护林。每次看到林尴尬难堪，而又难以出手相助时，花的心里总感到愧疚和不安。

花觉得疯丫头们有时实在太过分，有时简直成了赤裸裸的性骚扰，甚至对林造成了身体上的直接伤害。花有时几乎到了难以忍受的程度，可她最终还是强忍下来，不忍不行，她的心思怎能暴露在疯丫头们面前呢？她们可敏感机灵着呢。

疯丫头们骚扰林的事情很多很多，最数那次洗澡性质恶劣，简直就是集体性骚扰。

那天，姑娘们在池塘里洗澡，一个疯丫头忽然发现林远远走来，便“噢”的一声尖叫，光着身子就站到了池塘岸埂上，其他疯丫头也效仿着纷纷站到岸埂上，向林齐声发出欢叫。花只能蹲在水里埋头害羞，不敢去看那些跳跃欢动着的白花花的身子，担心林也受不了这样的刺激；想到林频频受到骚扰，想到林的困窘和无辜，花一时没能控制住情绪，竟流出难过的眼泪。

疯丫头们欢闹够了，陆续回到池塘里，几个疯丫头边洗澡边嬉笑，纷说林胆小不敢看，只能低头蹲在路边，还说大家要慢慢洗，看林能蹲到什么时候。忽然，一个疯丫头惊讶喊道："大家看呀，花哭了。"

"谁哭了？是洗澡水！"花急忙掩饰。

"还说没哭呢？"另一个疯丫头仔细看过花的眼睛，撇了撇嘴，"眼都哭红了，是心疼那个小白脸了吧。"疯丫头们一齐哈哈大笑起来。

花生气了，红着脸在水中追打那疯丫头，追打不到就用水泼。又一个疯丫头似乎看出花流泪脸红背后的秘密，当即酸溜溜地宣布一条规矩："以后谁也不许护着林，谁护谁就是小贱人。"

为了不让疯丫头们看出来，花只能和大家保持一致性，违心地点头答应下来。

姑娘们离开池塘时，天已沾了黑影，发现林还低头蹲在远远的路边。看到疯丫头们继续取笑骚扰林，看到林无辜又无助的样子，花的心很疼很受伤，因无能为力而羞愧，心里想流泪，想找个没人的地方大哭一场。

疯丫头们以后只要一有机会，就骚扰捉弄林；有一次，林竟被疯丫头们捉弄得生了病。花每想起这件事，心里就难过。

那天傍晚收工时，疯丫头们又在谋划捉弄林。大家故意在小路上站成人墙，把林封堵在后面，说是等林求饶说好话再放行。可林远远停在后面，一直不肯靠近。一个疯丫头只好向林喊话，要他过来每人喊声好姐姐，就放他过去，林好像没听见一样。

终于有人想出引林上钩的"妙计"，姑娘们都依计背对着林，故意闪出一条"通道"。林果然不知是计，蹑手蹑脚地靠了上来，早有准备的一个疯丫头，从手里暗藏的小镜子中看得一清二楚。正当林将要冲过"通道"时，在"小镜子"的提示下，姑娘们一起大笑转身，原先闪出的"通道"也被立即封堵住。受到惊吓的林，慌不择路地向路边沟渠跳去，结果没能跳到对岸，一下掉进齐胸深的冰冷渠水中。

见浑身湿透、受了惊吓的林，哆哆嗦嗦地艰难爬向渠岸时，姑娘们都笑得直不起腰，花却难过得只想找个无人的地方大哭一场。

由于是初冬季节，天气已经很寒冷，浑身湿透的林，着了凉，又被惊吓，接连两天感冒发高烧。林在发烧昏睡中，有时会不停大声求饶着："好姐姐，放我过去，好姐姐，放我过去……"每次回想起林在高烧昏睡中的大叫求饶声，花的心里总有说不出的疼痛，总会流下止不住的心酸泪水。

花回忆到这里，呜呜地小声哭了。

第二章

“你真想娶她吗？”高高在上的婚姻女神一脸严肃地继续俯身盘问，“她真是你最爱的人？你真的永远不会变心？”

“她是我最心爱的姑娘，”他连忙答话，“我真心娶她，绝不会变心！一生一世、永生永世都不变心！”

“我怎么知道你说的话是真是假？”婚姻女神显然还有怀疑和不满，讥笑说，“你以前确实喜欢过不少女孩，谁知道你以后见了别的漂亮女孩会不会变心？”

他急得涨红了脸，刚想解释并发誓，婚姻女神却不耐烦地摆摆手：“不要多说了，解释没用的，还是按照正常程序测试吧，命中该有的良缘，谁也抢不去，命中没有的婚姻，争也争不来。”

见婚姻女神如此不容置辩的态度，他感到后悔，为过去怠慢婚姻女神而后悔。以前只看重爱神，却忽略了婚姻女神，万没想到，爱神仅仅是立案的公安，婚姻女神才是决定命运的法官。

虽不情愿，却又不得不跟随婚姻女神步入金碧辉煌的“婚姻测试大厅”；大厅中央一张宽大的白玉桌案上，除了一个木制托盘，还有许多镶嵌宝石的镂金盘子，四周则摆满各种奇珍异宝和一应俱全的鲜花；他顿时有些目不暇接懵懂不解。

“每个盘子下面都有一个女孩名字，”婚姻女神指了指那些镂金盘子说，“如果选对，那女孩就嫁给你。”婚姻女神见他愣着发呆，便指着一座旧迹斑斑的微型石塔说，“先把它放到木盘里，再随意挑选三样鲜花放进去，如果哪个盘子里出现同样东西，你就娶那个女孩！”

听了这话，他顿时头脑发蒙浑身冒汗：如此测试，不是强人所难吗？万一选错，岂不永憾终生？可神的旨谕不能不从，女神钦定的石塔，不得不先放到木盘里。

而最让他费神为难的是鲜花选择：玫瑰、牡丹、风信子，样样艳丽无比；梅兰荷菊，更是高雅超群；就连桃李杏等农家花，也无不极尽其美。该选哪三样花呢？他想来想去，决定选心上人熟悉的花，选与心上人有过交集有过故事的花；于是，他从姹紫嫣红的群芳中挑出三样：洋槐花、金银花、柿子花，胆战心惊地放到木盘里。手刚放下，那些镶嵌宝石的镂金盘里，立刻出现了相同的石塔，而每个盘里的鲜花却不尽相同，只有一盘完全一致；他急切地翻看那盘底名字，未及看清盘底小字，就被一阵叫声惊到。

原来，他在做梦。大喊大叫后却并未清醒的班长只是翻了下身子仍又呼呼大睡，宿舍里其他人也鼾声继续，只有他一个人被惊醒。

他掏出怀表斜睨一眼：才刚刚上午十一点，离起床上班的时间还有四个多小时。而此时，啸叫正狂的暴风雪把宿舍棚屋吹打得有些颤抖摇晃，风刀雪矢从四处露亮的棚屋板墙缝隙处一齐叉射进来，硬邦邦的湿毛巾僵硬地摆动在晾绳上，睡觉前的洗脸水像一面面镜子冻实在脸盆里……

他虽然重新闭上眼睛，却再难入睡，梦中的情境让他重温、耐他体味。梦虽然可以把时间凝固，把空间缩短，把世界净化，可梦中的惊疑和迷茫，心上人的巧笑倩影，却纷扰占据着脑海；过去的一切无法忘怀，也无法不去回忆，与心上人第一次见面时的情景再度重现眼前……

难忘两年前那个酷热难耐的盛夏午后，祁峰村十八岁小伙子——才哥，拉着一辆平板车来到岗上乡政府接林。林带着初来乍到的兴奋立即和他上路。

在岗上乡通往祁峰村的上坡山路上，两人有说有笑地行走着。板车上东西不多，装着林的简单行李。

几天前，高中二年级刚毕业的林，响应“国家号召”，报名到农村插队落户；而他的同学大都选择农林场圃或县城附近的知青点，因为那里环境条件相对好些。林从小就有英雄梦，加上有过一段心酸经历，更想早早离开家庭，他决定到最落后的地方去插队，在最艰苦的环境中磨炼自己。他听说偏远山区的岗上乡，在全县最落后，而祁峰村又是岗上乡最穷最艰苦的，于是就报名到祁峰村插队落户。县知青办的同志有些疑惑不解，劝他慎重考虑，说是条件好点的地方一样可以锻炼人。林的家人也一致反对，怕他年龄太小，到偏僻艰苦的地方不适应。倔强的林，坚持自己的选择不变。

才哥拉着板车，神态轻松地行走在上坡路上，一旁协助的林，边走边打量着才哥：才哥长得很受看，是个憨厚英俊的小伙子，他虽然个头不高，大概只有一米六五，可比林还是要高些。才哥曾和林同在县一中上学，可能是农村孩子上学晚的缘故，才哥比林大一岁，却比林低一年级，两人原来在学校时见过面，但不是很熟悉。

两年前，才哥的父亲病逝，家里欠下了债，他不能继续读书，初二毕业后就回乡务了农。才哥的学习成绩应该不错，县中的学生，多是城里的孩子，能去县中上学的农村孩子，可说是凤毛麟角。虽然才哥的成绩上高中应该不成问题，但由于家庭变故，他只能辍学。在家务农的才哥，听说有个校友要来村里插队落户，自然非常高兴，主动跑到村里请求让林住到他家。村里考虑林初来乍到，和才又是同学，便同意了，安排才哥到乡里接林。

两人一路说笑着，才哥作为主人，向林介绍祁峰村的人和事，介绍当地的风俗和习惯。由于盛夏酷暑，天气炎热，又是上山，两人刚走到半坡，已是汗流浃背；路过一片玉米地时，才哥停下手中的板车，擦了擦脸上汗水。路的南旁是很大一片玉米地，足足有上百亩，玉米叶秆深绿茂盛，缨梢有一人多高，密不透风，像是一大片绿色的“密林”。

才哥擦过脸上汗水，两手合成喇叭状，放在嘴唇前，对着“密林”大声喊道：“花——，菊——，秀——，林来了——。”

才哥喊声刚停，忽见“密林”深处的叶秆一片晃动，十几条绿色波浪，立刻由远及近，滚滚而来，一阵哗啦啦声响传出；顷刻，玉米地的叶秆丛中，露出十几张俊美的脸来——那都是女孩子们的脸，个个汗水涔涔，挂着微笑，面带惊喜，她们齐刷刷的目光投射过来，投射向眼前又瘦又小的陌生人。

女孩们顿时叽叽喳喳议论开了：

“他才多大呀，最多十五六岁吧？”

“个子真小，不一定有俺高呢。”

“又瘦又小的，能干活吗？”

“干重活压得不长个了怎么办？”

“嘻嘻，嘻嘻嘻嘻……”

林向来胆小怕人，见女孩们目光野野的，说话也野野的，顿时脸皮发烫，心突突乱跳，手足也无措起来，只得羞怯地低下头。女孩们见状，又立即抛过来阵阵哄笑声。

后来，那个叫菊的姑娘，多次提起初次见面，说林当时的脸，就像熟鸡蛋上的那层薄皮，里面像包裹着满满鲜血一样，风一吹，就能破了皮流出血来。

正当林羞怯无措时，突然从玉米叶秆丛中冲出一个姑娘，她双臂抱胸，快速向山坡尽头的村庄跑去。快跑远时，林才看清那姑娘的背影：她头戴芦子编的六角尖顶斗笠，上身穿着紧身粗布褂——满是补丁，汗水浸湿了她的紧身小褂，将后背和腰的苗条轮廓展现无余。那是多么迷人的背和腰啊，美得难以描述，令林一见难忘。姑娘的裤子也很破旧，但丝毫不影响修长双腿的优美；她脚上的粉色塑料凉鞋，在斜阳金辉里，飞快闪动，像仙女踩云踏月一般，那样的轻盈、娇美……

姑娘抱胸跑动、略带摇摆的身姿，像一幅优美油画，像一道靓丽风景，美得难以形容，顿时铭刻在林的脑海，定格在林的记忆中。

后来，林终于明白那姑娘为何抱胸而跑，她是怕汗水浸透的湿襟，凸显出胸前两座摄人心魄的挺拔山峰。

其实姑娘错了，真的错了，你有那么美的胸部，完全可以傲然示人，完全可与外国的那个维纳斯比美，就是维纳斯见了你，也会羞赧无比、遮住自己胸脯的。

那真是绝无仅有的秀美神奇山峰，是男人们无限向往，女人们深深羡慕的珍品极品。如果不是上苍惠顾、造物主青睐，谁会有你这样的幸运呢？

望着姑娘远去的背影，林忽然想起曾经读过的一篇散文，作者姓朱，名字忘记了，散文好像叫《背影》，是写父亲的，林看后流了泪。林心想，朱姓作者的父亲，一个不是很美的身背，写出来都能让自己震撼、流泪，姑娘那美妙的背和腰，写出来，简直可以让人大哭；可惜自己不会写散文，如果会的话，也一定写一篇，把姑娘的背影写出来，哪怕描一丢万，也一定很美很美的。

那个背和腰都很美很美的姑娘已经跑远；望着那动人的背影渐渐消失，林不由得一阵怅然，这个姑娘是谁呢？是才哥叫的花呢，菊呢，还是秀呢？来时路上听才哥说过，他家里有个大他两岁的姐姐，一个小他五岁的妹妹，这个美背姑娘的年龄和身段，不像才哥的姐和妹呀，那她是另外姑娘吗？林不好意思问，也不敢贸然问才哥，这个美背姑娘叫什么名字。

后来，林一路上都在想着美背姑娘，才哥又讲了些什么，林好像一句也没有听清楚。

“到了”，才哥在一个土墙草屋的院落前停下平板车，朝院子里喊了一声，“娘，林到了。”

才哥的娘从堂屋里迎出来，热情招呼；她有四十多岁，面庞俊美，举止端庄，衣着朴素，眉目慈祥，虽然衣服上补丁很多，但干净整洁。她连忙接过林的行李，放到才哥住的东屋里，然后问长问短、与林叙起了家常。

林初到怕生，心里又在念想着“美背姑娘”，总是心不在焉，语无伦次，答非所问。

过了一会儿，一个穿着整洁的姑娘走进屋来，她对林点头微微一笑，放下手中包袱，转身去了锅屋。在见到姑娘的一瞬间，林惊慌地低下头，忽略了姑娘脚上的塑料凉鞋。

林是一个想见美女，又不敢直面美女的人，这可能与他的内向性格有关。他没有仔细看清那张脸，但仅凭瞬间的那一眼，就知道这是他有生以来见到过的最美最动心的一张脸，那种美实在无法描述。

林在电影里见过不少女星，这姑娘和她们一样漂亮，都像美丽的鲜花，只不过女星们那花，盛开在公园或温室，而这朵鲜花，绽放在清新的山野中。与这个美丽的山村姑娘比较起来，女星们似乎都欠缺些什么，到底欠缺些什么呢?

林后来想来想去，觉得她们欠缺自然和质朴，欠缺清新和纯真。这个山村姑娘无声微笑里，充满着朴素、善良和无瑕之美；这个山村姑娘清澈的眼神里，充满着诗情、画意和乐章；因为这个姑娘有着天使的善美、爱神的灵秀、无声自来的天籁之音。

初到才哥家，林始终低着头，一来怕人，这样可以少说话少些应酬，二来可以专心致志地回想下午见过的两位绝世美女，担心一抬头，别人会看出他的心思来。

晚饭前，院子里一直人来人往，好像逢集一样，院外也站满了人；许多人还扒着矮矮的院墙向里张望，像是到了动物园，参观某个新到品种，不停议论着，点评着，嬉笑着。

在众人嬉笑言谈中，林又听到了玉米地里的那些女声，话语还是那样野野的。其中一个女声还向众人介绍说：“这个小知青，一看就是个白面书生，见人就脸红，比大闺女还文静怕人，不过，长得还蛮好看的。”林听到夸赞，心里顿时乐滋滋的，后来知道那是菊在美誉他。

那天的晚饭很丰盛，不大的矮腿方桌上满满摆放着几样菜，那是当地人家过年时也吃不到的好饭菜。那顿饭，是村队干部和才哥一起陪林吃的；那天还喝了酒，是那种“闻着香，喝了甜，一瓶只花几毛钱”的当地好酒。

林到祁峰村的第一顿饭，吃得有点不开心，其实又很开心。

不开心的是，一直没能再见到那个走进锅屋里的美貌姑娘，她是什么时候走出锅屋的呢？也没有见到那个“背和腰”都美得不能言说的天仙。

开心的是，祁峰人的热情礼遇让他感动；他至今还没见过哪里人，能比祁峰人更实在、更友善、更热情。他们就像对待自己的家人一样，对林敞开心胸、付出浓情，让林感受到从未有过的暖流，涌上心头、暖遍全身。

林的人生很多第一次，都在这天晚上发生：第一次流出甜蜜的眼泪，那是真情碰撞后的激动；第一次吸着手卷的旱烟，笑看呛鼻辣眼的烟圈袅袅旋升；第一次捧着海碗大口喝酒，放飞锁闭已久的心灵；第一次大醉酩酊，在陶醉中享受自由的人生；第一次觉得成了男子汉，成了敢想敢为的英雄；第一次有了青春的震颤，爆发出滚滚浓浓的冲动；第一次感到不再是弱飞的鸟，而是冲向蓝天的鹰。

多么隆重的成年礼呀，难忘终生！

那天晚上，饭桌上的人醉倒一片。林不知道自己究竟喝了多少酒，也不知道是怎样到了才哥绳床上的，醒来已是第二天中午。醒后发现：短裤的裆处像被“糨糊”涂过了一样，硬硬的一大片，他为此感到了诧异和害羞。

林蒙眬记得：在醉梦中，有人为他擦过脸擦过身；那人的手，粗糙得有点像姥姥的手。姥姥的手，那可是神奇之手呀，每次总能抚去伤痛、抚暖受寒的心灵。

那人的脸，也有点像姥姥的脸，虽然有了风霜，却依然俊美动人。姥姥那爬满皱纹的脸，为什么永远看不够、永远爱不够呢？为什么每次想起姥姥满是皱纹的脸，都会幸福得想流泪呢？

好像还有一个人，后来一直守候在床边，好像还发出过轻细叹息。那人不仅抚摸过他的额头，用湿毛巾擦过他的脸颊，还几次擦去他眼角的泪花。那人的手真柔、真暖、真轻，那手如能天天这样抚摸自己，那该多幸福呀，宁愿天天长睡不醒。

那人的脸很模糊，记不清像谁，只觉得那脸很美很美，谁有那样动人的脸呢？是那个美背姑娘吗？是那个微微一笑的美人吗？不可能！她们都是天上仙女，早已飞走。

那人胸前的衣襟里，好像倒扣着两座挺拔的小山，那小山每次悬停在半空中，为什么幸福眩晕的同时，会突然想到孙悟空呢？噢，孙悟空能在大山下被压了五百年，自己能不能在小山下被压一万年呢？

林还记得，他在醉梦中来到一片奇异的丛林，那里有奇花异草、巉岩怪石、流泉飞瀑，到处景色宜人，芬芳扑鼻，宛若仙境一般；正当他惊疑费解之时，一阵清悦的欢声笑语，银铃般传入耳中。他循声走过花和草绣织而成的柔软地毯，攀上一块巨大的兀岩，发现一群美丽绝伦的少女正在浅澈碧透的香泉中洗澡：她们个个冰肌玉肤、体态轻盈、婀娜多姿。

林兴奋异常地正想细细看下去，不料被其中一个少女发现，随着那少女一声惊叫，他从兀岩上跌落下来，却又像一片树叶轻轻飘落到厚厚的草毯上。他刚想爬起跑开，忽听一阵脚步声近到身边，那群洗澡的少女已围拢过来，他只得紧闭双眼仰躺在草坪上一动不动。

少女们好像一时不知道该如何处置他，七嘴八舌议论着：

“这是哪来的男人？怎会跑到我们仙女地界的？”林心头一惊：怎么一下到了仙境？

“看样子不是摔死，就是摔晕了。”受到仙女的提醒和启发，林果真屏住呼吸，装死不动。

“一个尘间的凡夫俗子，从那么高的女娲石上摔下来，怎能不摔死摔晕呢？”林心里更惊：那兀岩原来是女娲石。

“我们在仙人池洗澡，全被他看见了，绝不能放过他！”林想起身辩解，说自己没有全部看清，可又不敢睁开眼睛。

“他是装的！看，鼻孔还在轻轻出气。”林刚才实在憋不住，只是轻轻呼吸了一下，即使这微弱的呼吸，也没能瞒过仙女们。对林的伪装行为，许多仙女好像很愤然，一致要求严加惩罚。

“妹妹们，他好像睡着了，”一个仙女出面解围说，“念他还是个少年，放过他吧；让他安静睡一会儿，他醒来后，会忘记一切的。”林心里十分感激仙女们的姐姐——多么善解人意、多么体贴人心！他想睁开眼看看那个仙女姐姐，又怕露了馅受到惩罚。

当仙女们终于离去，脚步声渐渐走远，林才敢偷偷睁开一丝细细的眼缝，看向那群娉婷袅娜、翩然而去的仙女们，而其中的一个背影最为动心，好像下午见过的那个迷人背影。

让林大吃一惊的是，那仙女蓦然回头，惊艳的面容竟有些熟悉——下午对自己点头微笑的姑娘怎么会出现在这里呢？那仙女好像看出他的惊疑，好像施展了魔法，他的眼皮此后再也无法抬起，只能在头脑里心猿意马起来……

林的梦遗之事，可能就是在随后的幻想中发生的，这既让他害羞又让他骄傲——在梦中的那一刻，第一次成为真正的男人。

深沉的海水，也会激动起美丽浪花，向所碰到的每一块礁石顶礼膜拜；内向的男人，也会因邂逅美女而心潮澎湃，但却不敢向心爱人轻易表白。

遇见花，是林的人生中最美的意外，脆弱的内心从此开始天天超载；不知道花有没有如水情怀，林却有了不可名状的丁香雨愁，暗恋花的心结再难解开。

林认为花一定是仙女变的，自然清楚他偷看仙女们洗澡的丑事，也一定知道他心猿意马后的梦遗糗事，不然的话，花怎么会对他始终抱有成见，一直让他直视不得、近前不能呢？怎么会直到几个月后，两人之间才产生故事，才有肌肤之亲呢？这也是他后来几个月中煞费脑筋、百思不解的事情。

第三章

林对农村的插队生活是终生难忘的。劳动虽然很辛苦，精神却很愉快。

才哥回乡务农后，家境有所好转。才哥和他姐姐都是壮劳力，不仅能挣最高的工分，每天收工后，还带回很多猪草羊饲料；才哥的娘也经常参加生产队劳动；妹妹秀也会利用星期天寒暑假，为生产队干些力所能及的农活；家里还养了一头猪、两只羊、几只鸡，家前屋后种了点蔬菜，院里院外的柿子树，每年能收获上千斤柿子；才哥家的生活水平，除了与村队干部无法相比外，在村里算是比较好的。

林的到来，为才哥家增添了帮手，增添了人气；不仅才哥的娘天天喜笑颜开，十三岁的秀，更是快乐得像飞来飞去的小喜鹊，嘴巴甜甜、林哥长林哥短的，天天缠着林为她讲故事；只有才哥的姐姐——花，总是绷着脸像个冷美人，让林不敢接近甚至不敢多看一眼。

每天，林和才哥一起上工收工，一起吃饭，一起在不大的绳床上睡觉；一起到那难忘的“密林”地，为那片春天种的玉米拔草；一起为夏天栽的山芋翻秧，一起担水浇灌庄稼，一起沤堆绿肥，把熟透的肥料送到地里，撒施在庄稼周围。

秋收季节，一起收玉米、收山芋，把一车车粮草运到生产队的晒场上；秋种时，一起把农家肥送到田间地头，一起拉犁耕地耙地整垄开沟，一起将大大的笆斗挎在脖子上，手抓着笆斗里的粪肥，一把把撒向播过种的垄沟里。

农闲时，一起进山采石，两人抡起上下飞舞的二十四磅大锤，把钢钎砸得火星四溅“礼花”乱飞。记工员祁生老是怀疑，别的组合一个炮眼没打好，才和林已经打好三个了；他总会手拿一根四尺来长的“样棍”，走过来逐一检查量试——结果个个合格。

两人一起装炸药雷管、点火放炮，随着一声声炮响，大块大块石头轰然裂开破碎，坍塌在石塘里；两人一起把大石块抬到十几米高、坡陡如墙的石塘上，然后装上平板车，送到七里外的岗上乡，卖给人家作建筑材料。

那时，每车石头有一方多，可为生产队换回两块五毛钱，两人不仅挣到了高工分，而且每车石头还有一毛钱的茶水提成。别的组合，一天只能送两趟，他俩可以四个来回；就是送到三十里远的项山乡，早起晚归，也能跑两趟，速度常常超过了手扶拖拉机，祁明赶的生产队三头驴大车更是不在话下。

两人一起去县城买肥厂，一起到县酒厂下水道捞酒糟。去县城拉化肥的那些日子里，每天都是凌晨三点动身，两人拉着平板车，迎着北斗七星，奔跑在崎岖山路上。其中一个拉车飞跑，一个躺在车上睡觉，交替跑，交换休息，才哥总是跑多休息少，承担一多半的路程。六十里路，两人经常只用三个多小时，每天都是排在买化肥车辆的最前头；刚过晌午，两人就把一吨多化肥拉回村。其间只出现过两次例外：一次遇到农户房屋失火，扑救耽搁了几小时；一次路过城郊，发现一个姑娘从桥上跳河轻生，两人迅即翻过桥栏跳入河中，从冰冷河水里把奄奄一息的失恋姑娘捞上岸，并把那姑娘护送回她十几里外的家中。

去县城酒厂捞酒糟，天一黑就要出发；在酒厂半夜十二点排放废液时，他俩总是最早站在下水道的温热废液中，捞取刚刚沉淀下来的酒糟；天快亮时，两人已捞满一车酒糟开始返回。

在一起劳动中，才哥的吃苦耐劳、正直果敢、善良无私，让林大为敬佩、深受感动。林处处学习模仿着才哥，像才哥那样做人做事，林当时的理想就是成为中国的“柯察金”。

闲暇时，两人一起到池塘或白马水库游泳，搏击水花，像两个“浪里白条”；一起在茵茵草地上迅跑，又像两个“草上飞人”……那是多么美好的风发意气，多么美好的青春记忆。

两人也曾一起到树林里掏鸟蛋、捉知了，一起在雨后的山上拾蘑菇、捡“地皮”，一起在旱地里挖“钢笔虫”，一起到水沟边找“山水牛”……那是多么美味的佳肴，多么美好的情趣。对少年时代这段最美好的光阴，林始终刻骨铭心难以忘怀。

这段美好而又短暂的时光，因才哥的参军而告结束。

林刚插队的那年冬季征兵，是去西北边防线的；林和才哥一起来到乡征兵站，这时的林，个头已经超过了才哥。一个带兵的军官，看上了才，也看上了林；当他得知林是知青，插队还没满两年时，连连摇头说不行、政策不允许。

当时的知青政策是：知青插队不满两年，不能考大学，不能招工，不能当兵，只能务农。

没能当上兵，对林来说是很遗憾的一件事；从小以来，当兵成边卫祖国，一直是他的理想和抱负。

生产队里一个复员军人对林开玩笑说："新兵是要给老兵洗脏衣服的。"

林说："就是天天洗老兵的臭袜子，我也愿意。"

才哥如愿以偿当上了兵，林只能遗憾与当兵无缘。

更让林遗憾的是，花对他一直冷冰冰的；他始终不知道这究竟为什么，才哥的姐姐——像仙女一样的花，不仅没有进过他的住屋，好像见面时总是躲着他；白天干活不在一起，吃饭时也总是躲得远远的；每次碰面，花总是把眼睛早早转开，像是没看见一样，快半年时间，也没听花说过几句话。

林总觉得自己可能在什么地方得罪了她。

林自从到了才哥家，内心里就迷恋上了花，可花不愿和他接触，让他苦闷烦恼；而经常令他尴尬的是，队里的姑娘们常常故意捉弄他，每次都让他狼狈不堪；对姑娘们的恶作剧，他无能为力，有时只能被窘困所羞恼，而更多时候不得不落荒而逃。

夏末秋初的一个傍晚，那天才哥有事不在，大伙收工时，林因农活没有干完而落在了后面。当他终于完工往回走的时候，远远看见赶大车的祁明正站在一个塘堰边摇头晃脑着。林知道那池塘里的水最好，一池碧蓝、清澈见底，是他和才哥经常洗澡的地方。

林以为祁明面对着那池好水在顾影自怜，未及走近，就听到祁明在大声不停地说着下流话，而水塘里不断传出女孩子们的阵阵叫骂声。

原来队里的姑娘们干了一天农活又累又热，都想放松放松，见四周没人，便在路边的那个水塘里洗澡。正在她们边洗澡边嬉戏时，队里一群小伙子闻声围过来，站到水塘边色迷迷地开玩笑；姑娘们吓得个个抱胸蹲进水里，并齐声叫骂轰赶。多数小伙子识趣走开，只有憨皮厚脸的祁明还赖在水塘边不走，死皮赖脸地尽说一些让姑娘们心跳脸红的荤话；终于在姑娘们骂出更不堪入耳的恶毒咒语后，祁明才情有不舍地悻悻离开。

祁明走后，林不知道该不该即刻走过去；虽然那塘堰有一人高，走在路上看不到池塘里的水，可他还是有些顾虑。正当他犹豫未决时，随着一阵“噢，噢，噢”的兴奋尖叫，肉白一片的身子也欢动在水塘边的堰埂上，吓得林赶紧低头蹲了下来。

离姑娘们那次洗澡时间不长，生产队秋播刚结束，省考古队来了。考古队挖掘的地点，是生产队最北面那块刚播下种子的麦田，队里的劳力们都被安排去帮忙。挖掘的第三天下午，六个长方形的墓坑就都见了底；墓坑里除发现一些人的骨架外，还有许多奇形怪状的瓦罐瓦盆，也有不少玉器。考古队员们称圆片中有孔的玉器叫玉璧，称边缘有角中间有孔的玉器叫玉琮，有缺口的玉璧则叫玉玦。考古队员们对玉器的兴趣好像还不如瓦罐瓦盆，因为他们兴高采烈地捧着瓦罐瓦盆奔走相告，人人兴奋得眼放红光。

让大家称奇的是：墓里的人骨架，一律朝着正东方向，没有丝毫偏差，连考古队员们都感到奇怪，说是四千多年前的古人们，怎么会测量得如此精准呢？

在最大的那个墓坑里，除有大量瓦罐瓦盆、玉璧玉琮玉玦外，还有六具人骨架；其中最大的一具人骨架，躺在墓的正中间，像是墓主人；五具稍微小一点的人骨架，围拢在墓主人的周围，其中两具在墓主人的肩两旁，两具在墓主人的腿两边，最奇怪的，是一具人骨架趴在墓主人的骨架上。

“墓主人是个二十上下的年轻男子，其余五个都是少女，”省考古队长——那个五十开外的老教授流着眼泪激动地介绍说，“从五少女弯曲自然的姿态看，都是活着时殉葬的；这是我国迄今发现最早的人殉现象，是考古史上的一次重大发现，由此，我国的人殉历史将大大前推了两千年，我国的古代文明史也将由此被改写！这片‘祁峰文化’的出土地，必将成为我国古文明的地下金字塔！”听了介绍，在场的人一片唏嘘。

收工路上，林只顾低头沉思古墓的事，没有觉察到生产队里的姑娘们已从后面匆匆赶了上来，他的耳朵里立即被姑娘们的火辣辣话语所灌满：

“是羡慕古墓中那个男人了吧？”

“五个少女呢，哪个男人能不想？”

“见人不敢抬头的男人，想也是白想。”

“见了女孩就脸红的男人，最是闷骚了。”

“……”

林顿觉脸上火辣得发烫，羞窘得无地自容，逃也似的跑回家，在院门前与放学归来的秀迎面相遇，秀惊问："林哥，你的脸怎么这样红？是生病发烧了吗？"

林连忙支吾掩饰，进屋拿出小镜子一照，不仅脸已成了绛紫色，连脖颈也红了一大片。

古墓挖掘结束后，生产队开始整修路渠。一天傍晚收工时，因才哥去县里参加林技员培训还没回来，林又一次落了单；回村路上，他忽然发现走在前面的姑娘们早早站成一排，把通往村庄的唯一小路封堵得严严实实；由于被姑娘们多次捉弄得心有余悸，知道她们肯定又在不怀好意地算计他，只得远远停在后面，等待机会。

姑娘们果然在长时间的僵持中懈怠疏忽了，她们在议论前方某处景色时都背对着林，却又无意间闪出一个宽宽通道。林觉得这是机会，便蹑手蹑脚地慢慢靠上去，在离姑娘们只有十来步远的地方开始"冲刺"，眼看就要冲过"通道"，姑娘们却突然大笑着同时转过身，原来的"缺口"也被迅速封堵住；此时，林已无法停下堪比百米短跑时的最后冲刺脚步，只能慌不择路地一个急转弯，纵身向沟渠对岸奋力跳去；那沟渠实在太宽了，"扑通"一声，便掉进齐胸深的冰冷渠水中；他顿时像只落汤鸡，浑身泥水，只能手脚并用地慌忙向水渠对岸艰难爬去……

姑娘们则个个兴奋得手舞足蹈、前仰后合，她们快乐的泪花四处飞溅；林找不到地缝藏进去，羞愧难过得只想大哭……

才哥换装要走了，离别那天刚好是冬至。林，才哥的家人，村队干部和亲邻们，都到县城为才哥送行。那天的火车站台上，挤满欢送新兵的人们，处处是依依惜别、难舍难分的感人场景。

火车快开动时，天空突然下起小雨，还夹杂着细碎雪花；在纷纷扬扬的雨雪雾茫中，在人们依依不舍的目光下，火车徐徐开出，渐渐西行远去，每人脸上顿时都有水珠在滚落，不知道都是雨水还是泪水。

当火车渐渐消失，送行的人们开始散去，花还翘首在站台上，久久向西凝望。看着她那俏美的背影，林的心中阵阵酸痛，忽然想起手中的雨伞，立即跑过去，举伞为花遮挡雨雪。花惊慌回头张望，见大家已经走远，才满脸红云羞涩地顺从林，一起向站台外走去。

那把浸过桐油的浅黄色大伞下，林和花静静走着，谁都没有开口说话。林纵有千言万语，也难以表述此时此刻心中的波澜。

从火车站到汽车站有一里多路，林的记忆里，那可是最美好难忘的一段旅行，真希望能一直走下去，真希望那路永无尽头。

快到汽车站时，花看见候车室屋檐下的家人们，脸上顿时现出些许惊慌，脚步也开始杂乱起来，好像还踩到了林的脚。

这时，一个农村老大娘在前面同向而行，她没有雨具，湿漉漉的单薄身子看上去很寒冷；她正耸肩缩脖挑着担子，朝汽车站方向蹒跚着。花突然夺过伞，冲到大娘身边，把伞斜擎在大娘头顶，一起向候车室慢慢走去。

花斜身擎伞的背影，与那位大娘的身影组合在一起，于纷纷扬扬的雨雪背景中，像一幅浓彩的油画，美得无法形容。林在后面欣赏着感叹着：如果《雨巷》作者看见，定会灵感大发，定能写出更动人的佳作来。

回到祁峰，天已经黑了，花的娘赶紧到锅屋做饭；她做的是鸡蛋面条，好像专门为花做的。这是林来祁峰后，花家里第一次做鸡蛋面条，香气很快弥漫在院子中。秀端来尖尖一大碗鸡蛋面条，送到林的面前；林见她两眼直直地望着那碗面不停咽口水，便问她吃过了没有，她回答："等姐姐吃过了再吃"。林让她吃下那碗面条，秀却懂事地跑开了。林端起那碗面条走到锅屋，倒进只剩下一些面汤的锅里。

才哥走了，在林看来，那不到三尺宽的绳床，显得异常宽大，不到十个平米的低矮草屋，格外空旷寒冷、缺少生气；他将要煎熬几个月来的第一个不眠之夜了。

夜里，林在绳床上翻来覆去，始终没有丝毫困意；才哥的一幕幕往事，花的一次次动人背影，老是出现在眼前，特别是雨中的花，难以忘怀。夜半时分，林忽然有了写点什么的冲动；于是，下床点亮煤油灯，在灯下试着写了一首还不能算作诗的小诗；天快亮时基本完成，题目叫《雨中》，诗的内容是：

各色各样的伞，
在雨中移动。
我的伞下，
花和我并肩而行。

一位农村大娘走过，
她没有雨具，
浑身水湿，
冷得令人同情。
花突然夺过伞，
冲向大娘，
将我丢在雨中。
花呀，你有美的外表，
更有美的心灵。

为保密起见，林故意隐去诗中三个“花”字，改用大写字母“H”来代替，即使别人发现，也不会知道这“H”代指谁。看着涂改凌乱的诗稿，林摇头苦笑，很不满意，随手将那纸片塞进一旁的书本里，并深深叹了一口气：唉，这哪里是诗呀，只是押了韵的大白话而已，人人都能看懂的，还叫诗吗？

才哥走后不几天，生产队进行了年终分配，林不仅摊到了劳力中最多的粮草，还分得十二块八毛钱的现金。粮草当然归入大家庭，当林把刚分到手的钱全数交给花的娘，她说什么也不接受。林只好用那些钱买了四双厚棉袜、两顶栽绒帽，花家三口人，每人一双棉袜子，另一双棉袜是特意给姥姥买的，那两顶黑色栽绒帽，一顶留给姥姥，一顶送给了花的娘。

这次年终分配，才哥家可说是大丰收；算上林，才哥家有三个壮劳力，两个“半劳力”，家中的猪羊粪便送到队里也可以换回不少工分；所以，才哥家的工分是全队农户中人均最高的，分到的钱粮也是人均最多的。

对林几个月来的收获，许多人称赞羡慕——这是同期壮劳力中最高的。当时一个壮劳力，每天可以挣八到十个工分，每个工分价值二分二厘钱，一些人口多劳力少的家庭，分得的粮草既少不说，还倒欠生产队几十块钱呢。

对林的收获，多数人是认可的，花的二大爷——那个可亲可敬的老汉、庄稼地里的老把式，就深为感叹：“小林这孩子，别看他人小，又是城里来的，吃苦受累不比俺农村孩子差，你看他，学啥会啥，干啥像啥，地里活场上活，样样行，样样精，你不服不行。”

队里的后生小伙子，能被二大爷认可的不多；之所以这样夸奖林，他是有根据的。秋忙季节，生产队安排林到晒场上帮活，二大爷是负责场活的“场头”；他边教边示范：“会扬场一条线，不会扬场一大片。”多数人几天后还是扬不好，林只用一会儿工夫，就掌握了扬场的要领。二大爷向众人夸林说：“你们看人家小林子，扬场就像木匠画线一样直，你们谁能做得到？”

在垛草时，当地都是“馒头”型草垛，底大上小，既占地方，垛的草又少；林垛的草垛是“蘑菇”型，上面大下面小，占的地方少，垛的草又多，下雨天，人还可以在草垛下睡大觉。

当然也有不服的，赶大车的祁明——也就是记工员祁生的弟弟，就老是不服气，常在生产队长面前抱怨：“俺干的可是技术活，挣到的工分还不如城里来的小知青，俺不服。”

林知道后笑了，心想：赶大车算什么技术活呢，只要会说“里脚、喔、吁、得儿驾”七个字就行；里脚，就是向左走；喔，就是向右走；吁，就是停下；得儿驾，就是快走；如此简单的七个字，谁不会说呢？

林到祁峰后，最想干的差事就是赶大车。在林看来，那用三根竹条拧成的鞭杆，杆梢上拴着长长的鞭绳，在空中啪啪甩响，那是多么的风光得意呀；特别是祁明的三头驴大车上，坐着他刚过门的漂亮媳妇，从人群旁边飞快驶过，曾引来多少羡慕眼红嫉妒恨呐。

林无数次憧憬幻想着：有朝一日，自己也能像祁明一样赶着三头驴的大车，车上载着心爱的花，唱着电影《青松岭》里的插曲：“长鞭哎，那个一呀甩，啪啪地响哎，哎嗨咿吆，俺赶起大车出了庄唻，哎嗨哟……”一边唱着歌，一边驰骋扬鞭，在起伏山道上飞奔，在人们艳羡下闪过，那该是多么潇洒、多么快意的人生呀。他那时甚至想过：宁愿当一辈子这大车的车夫，也不愿成为英国女王镀金马车里的乘客。

唉，他赶大车载着花的梦想，一直想实现却一直未能如愿。

才哥很快来信了：他一到部队新兵连，不仅管吃管穿，每月还能领到六块钱津贴。才哥把刚领到手的第一月津贴全数寄了回来，花和娘还有秀，都兴奋得流出了眼泪；这是多么大的一笔收入呀，而且村队每年还将补助家里一个壮劳力的工分呢。

林为这个家庭深感欣慰，在为花的全家人读信时，他的眼里一直盈着泪花。

自从才哥走后，林发现花的态度略有转变，迎面相遇时，她虽然还是满脸羞涩不言不语，但不再像以前那样把目光立即躲开；每次去邻村看电影，林和秀走在前面，花和菊也会紧随其后，不再像以前那样离着老远的；花在田里干活，有时会站起身直直腰，边擦汗边向林的方向偷偷看上一两眼；秀每晚都在林的屋里嬉闹一番，花经过门口，有时朝屋里偷望一眼；天太晚时，也会站到林的门旁叫秀回屋睡觉。有几次，林在夜里隐隐听到门外有花的脚步声，当他起身时，脚步已轻轻移开。

有人的时候，特别是在娘的面前，花仍像过去一样，保持着沉静端庄不苟言笑，还是那个冷面的美人，只可以远观不可以近瞧。花吃饭仍不和林在一起，下田干活还是各走各的，中午的干粮也是各带各的。林一直在寻找时机，想单独接近花。

林终于等到了一个千载难逢的机会，而且是在无意之中一举“俘获”了花的身心。

那是阳历新年后的一天，生产队趁着农闲天气好，安排大家送粪下地，为来年春播备足基肥。林和二十几个年轻人包括花和菊等七八个姑娘，负责拉车送粪下地；一些老年人和结过婚的妇女只负责在粪场装车，而无须她们跟车卸车。

由于路途不算太远，来回也就八九里路，临近晌午时，大家已经送了两趟。虽然是冬季，近午的阳光还是暖暖的，大家拉车跑热了，都只穿着贴身的单裤褂，只有来回都坐在三头驴大车上的祁明仍是一身棉裤袄。

大车夫祁明回到粪场，又开始贫嘴滑舌起来；他不顾漂亮新媳妇瞪眼瞅他，一个劲地油腔滑调，同妇女们开起了低级下流的玩笑。姑娘和年轻小媳妇们，被羞臊得个个面红耳赤，只得低头围蹲成一圈；小伙子们则都眼瞟着姑娘小媳妇，人人笑出了眼泪。

祁明的远房嫂子们，实在看不下去听不下去了，不顾祁明的新媳妇的再三阻拦，一哄而上，将祁明按倒在粪堆旁，几下就扯掉祁明的棉裤带，一齐把冰冷的手伸进祁明温暖的棉裤裆里。嫂子们上下其手一阵乱摸，祁明开始在粪地上翻滚求饶，可嫂子们不管不顾，折腾了约一顿饭工夫，最后在祁明新媳妇连求带拽下，嫂子们才心有不甘地罢了手。

“你祁明，”一个嫂子高声笑着说，“整天要操这个睡那个，俺撸了半天也不硬，全身上下都是软的，只有 × 嘴是硬的。”

“俺手脖子都给撸软了，”另一个嫂子，把手放在鼻前闻了闻，随后又甩甩手，“好不容易撸点水出来，俺一闻，还是尿。”

“唉，俺以为你祁明那鸟有多大呢，天天赳赳昂昂的，”又一个嫂子显然有些失望，直叹气，“唉，你天天尽想着要威风，结果还没有蚕蛹大，你能在家伺候好自己老婆就不简单了，还净想着打野食，你以为谁都和你老婆一样呀，你那点小食，能喂饱谁呢？”

祁明的漂亮新媳妇终于听不下去，捂着脸呜呜哭着向家里跑去。

祁生老婆则躲在一旁，看着漂亮弟媳妇跑远的背影，捂嘴偷偷坏笑。祁明蹲在地上，脸像蒙了一层红布，那一贯高高昂着的头，终于深深埋在裤裆前，一声不吭，闷了。

林被羞臊得站也不是蹲也不是；花和菊等姑娘们也都脸红到了脖子根，低垂的头快要碰到了地面；那些老人和中年妇女，还有年轻小伙子们，个个笑得前仰后合，许多人已经直不起身子，只好用双手扶住自己的腰。

……

粪车终于装满。小伙子们都不打算再送粪下田，而是待在粪场继续取笑祁明，想看看祁明在那几位嫂子面前最后究竟能狼狈到什么程度。只有林和花、菊等姑娘们，赶紧拉着各自的粪车快速逃离这窘迫之地。

由于送粪地点是下坡路，林拉着粪车一路快跑，很是轻松；花和菊等姑娘们拉着各自的粪车，也轻松地紧紧跟跑在林的身后。

刚离开粪场不远，一个干部模样的人，推着自行车站在迎面的路边，老远就同林打起了招呼。

林减慢车速，在那人面前停住粪车；姑娘们纷纷超过林的身边，都脸带疑惑地看着那陌生人，也相继回头偷偷看着林。只有菊和花走得很慢，好像故意落在姑娘们的后面，在前面不远处停下，像是在等着林。她俩可能在想，那人拦着林究竟要干什么呢？菊更是频频回头张望。

那推车的陌生人有四十多岁，个头较高，白净的长方脸上有些浅浅的大麻子，浓密的黑发向后梳成“大奔头”，蓝涤卡中山装的胸前口袋上插着两支钢笔，裤子也是蓝涤卡的，脚穿黑皮鞋，双手藏在白线手套里，推着一辆九成新的飞鸽牌自行车，一个不大的黑皮包斜挂在车把上，看上去很有些派头，不像是乡级以下干部。那人笑时露出一颗黄灿灿的金牙，他很客气地问："小伙子，向你打听点事好吗？"

"好的，你说吧。"林早已停稳粪车，用手擦了擦额头上的汗，干脆爽快地答应着。

"前面是祁峰村吗？"

林笑笑："是的，这就是祁峰村。"

"听说祁峰村有个插队知青，你知道吧？"

"知道，有事吗？"林满脸疑惑地答道。

"没什么事，就是随便问问。"

"噢，你问吧。"林心里觉得奇怪，他为何打听我呢？想听听他到底要问些什么。

"他在祁峰表现得怎么样？"

林心想：说好吧，不太谦虚，说不好吧，也不太实际，就随口答道："还行吧。"

"噢，谢谢啦。"那人说完笑了笑，上了自行车，向村部方向骑去。

林见那人骑车走远，没有多想，拉着粪车又迅跑起来，他贴身的红秋衣，像一支火炬在向前飞奔。这时姑娘们已经走远，只有菊在前花在后，慢慢拉车，好像在等他。

林赶上花时，放慢脚步，想和花并行一段路。他见花汗津津的脸上红扑扑的，一身单裤褂衬托着迷人的身材，尤其上衣耸顶着的诱人胸部让他产生遐想。

见林痴痴地望着她，花的脸顿时红到了脖子根，她嗔望林一眼，羞涩地转过头去；花脸上的羞涩成了世界上最美的色彩，就像水莲花不胜凉风般的娇羞，最是温柔；林如同见到了薄云后的一轮皓月。

"刚才那人拦你说啥啦？"菊从前面回过头辣辣地问。

林回过神，快跑几步赶到菊的身旁，笑笑："没什么，问路的。"

菊是二大爷的独生女，比花小一岁，是个热情泼辣能干的女孩，平时说话野野的，目光也是野野的。第一天来祁峰时，菊还夸赞过自已，因此，林心里很是感激，就和菊并行多走了几步。

菊其实也挺美的，红红的脸上冒着汗，两个大眼睛顾盼有神，一身单裤褂裹着发达的躯体，特别是发育良好的胸部，透着青春的活力，只是鼻梁附近有些雀斑，稍稍影响她的美貌。

平时野野的菊，见林的目光直视着她，反倒有些腼腆起来，她的脸突然变得很红，眼神也变得温柔羞涩；她看看林，又看看自己单衣绷紧的胸部，有点不好意思地说："你快到前面去吧。"

林也意识到久久呆望的不妥，赶紧收回目光，快速向前面跑去。当他跑过一个弯道时，远远看见前面的道路中间有两条狗在戏耍着，又好像是那条大黄狗在欺负小黑狗。林心里有些气愤：那黄狗个头高大，那黑狗身子很小，大黄狗老是压向小黑狗，被欺负的小黑狗哼哼唧唧地直叫唤。粪车快到它们跟前时也不让路，林只好在十多米远的地方早早停下粪车。

林很怕狗。上中学时，一次骑车去姥姥家，路过一个村庄，一条大狗突然从后面蹿出来，扑上就咬，他的两层裤子被撕破，右小腿被咬得鲜血直流，腿上至今还有疤。从那以后，他见到狗就不敢走路。

林想赶它们走开，发现两条狗的腚紧紧靠在一起，并且微微地前后抖缩着，那小黑狗还一直在哼哼唧唧的，它俩在干吗呢？想拿石头赶它们跑，又怕两条狗一起来咬他。

在林有点犯愁时，菊拉着粪车赶到，她在后面大声问："你怎么停下不走啦？"

"前面有两条狗，我无法过去。"

这时，花也赶到，她和菊一起走过来，当她俩一见两条狗那个样子时连忙扭头往回走。

林觉得奇怪：你俩过来不赶狗，为什么扭头就走呢？林再回头看时，见两条狗的身子缩动得更厉害，狗腚之间还时不时露出些许肉红色。他好像明白了什么，又好像什么也不明白：它们是在交配吗？狗交配不是趴在身上的吗？怎么会腚对腚呢？林边看边想这个问题，身体也开始有了奇怪的反应。

就在这时，路旁不远处的石塘边突然冒出一个人，朝着林这面大喊："快躲开！要放炮了！快躲开！要放炮了！"那人手中的小红旗不停挥舞着，急促的哨子声一阵阵传过来；原来是采石场的人们，利用中午人少的间隙进行放炮炸石。

林赶紧躲到粪车下面。很快，石塘里传来一阵阵“轰、轰轰、轰轰轰……”的爆炸声，足足有几十响，震耳欲聋。在爆炸声中，石塘里溅起的土石黑压压弥漫在天空，紧接着粪车上响起一阵“扑扑通通”声，粪车周围顿时碎石乱滚、尘土飞扬。突然，那条大黄狗惨叫了一声，它挣开小黑狗，拖着筷子长的一根红红肉棍从林的粪车旁跑过，向着后面菊和花的粪车跑去。那大黄狗一定被砸疼了，一路跑一路嗷嗷疼叫着，那小黑狗也在嗷嗷叫着，趴在原地一动不动。

……

天空中的土石渐渐落尽，林从粪车底爬出来，他回望后面的粪车，见菊和花还蹲在各自的粪车下，却都愣愣呆呆地看着嗷叫的大黄狗从身边跑过。

大黄狗已经跑远，可她俩依然红晕满脸，眼睛仍呆呆愣愣地望着地面，两人脸上的红晕快要赶上林的红秋衣颜色。

林既觉得有点奇怪，又觉得有点好笑，便快步走向菊的粪车，两眼仍直愣愣发呆的菊，竟没有发现林已来到她的车前。林刚要说话，忽听刚才挥舞小红旗的那个人又在高声大喊：“还有两个哑炮！快躲……”那人“躲”字后面的话还没来得及喊出口，耳边又是一声沉闷的炸响，石塘上空顿时腾起一大片乌云，向车队这面压过来，林顿时蒙了，毫无反应地呆站在那里。这时，菊虽然惊醒过来，可她显然已被吓傻，不知道该如何做才好，眼瞳里只有失措的惊慌。

就在惨剧即将发生的一瞬间，花突然从后面的粪车底冲出，她飞快冲到林的身边，一把将林推向菊的车下，而她则趴护在林的后背上；几乎就在同时，粪车上又响起了“扑扑通通”声，花也“哎哟”地惊叫了一声。

林还没明白是怎么一回事，就整个身子趴到了菊的身上，后背也被花那柔软温热的身子覆盖着；他被两个女孩子的身体紧紧夹在中间。

两个女孩的美妙躯体、两个女孩身上的青春气息，令他惊慌、令他震撼、令他窒息。

林是刚刚十七岁的懵懂少年，对男女之事似懂非懂，和女孩子如此紧密的贴身接触，这还是第一次；他头脑里一片空白，一阵眩晕袭来，浑身瘫软得不行，不知道接下来会发生什么。

他不敢呼吸，也无法呼吸，他的脸抵着菊的头，嘴唇边就是菊的耳朵和头发，两只手重重按压在菊的胸脯上；菊那大而饱满的硕乳盈满他的手心，菊的每一次心跳，都透过他的手，震颤着他的全身；他的两条腿压着菊的身体，裆部抵在菊的膝盖上，阵阵发胀发酥发烫。后背上，花的温软身子紧紧覆盖着他，尤其那坚挺得像两座小山一样的峰乳在他后背上抖动抵顶着；花的每一下心跳都像炸雷，在他背上轰鸣、在他心头炸响，让他晕厥、让他疯狂；花的声声喘息，把他震得骨酥肉颤……

他再也坚持不住了，在两个年轻女孩的肉体包裹之下，他无能为力，在刻骨铭心的快感召唤下，他信马由缰……一阵悸动，他的魂灵已飘飘飞走，他的记忆完全消失，什么也看不见，完全忘记了一切，只能任由身子剧烈地弹跳律动，只能无意识地低吼呐喊……

当惊雷般的炮声又一次在耳边炸过，林突然惊醒过来，他的裤裆已经湿透，裤子的后腰和后腿也被热热的水浇湿。身下的菊还没有完全苏醒，她满脸潮红，身下也是一片水湿。

林突然感到后背上的负重一下弹去，回头看时，见花快速蹲到粪车前，捂着脸在轻声哭泣；花的面前和脚下，正是他刚才站过的地方，有一大摊土石，花的后背衣服上，殷红的血正在渗出……

林赶紧从菊的身上逃离；他努力回想刚刚发生过的事，顿时明白了事情的严重性；他感到羞愧万分、无地自容，浑身不停颤抖，冷汗嗖嗖直流。

苏醒过来的菊，看了看自己潮湿的下身，又看了看脸露惊慌的林，捂着脸呜呜哭了……

第四章

送粪的难堪事情发生后，回想起花和菊捂脸哭泣的情形，林感到无比的难过和愧疚，总觉得无颜再见花和菊；在随后的一天半时间里，每次送粪下田时，都不敢看向花和菊，一眼也不敢看；每当经过她俩身边，心里总是七上八下的，都会早早把头转向一边快速跑开。花和菊见到林时，也红着脸早早低下头。三个人在极度尴尬中备受折磨直到送粪结束。

送粪一结束，刚好下了场小雨，小雨时断时续下了三天。三天里，花一直都在躲着林，每天都是一大早就跑到菊家里，天黑后很晚才回来。林则天天闷在屋里看书，哪里也不想去，哪里也不敢去；一想起那天发生的事情，就脸上发烧自责内疚痛恨自己；一想到因自己失态而对花和菊的冒犯，就羞惭不安六神无主，就觉得没有脸面再见花和菊。

下了三天雨后，天终于放晴，队里通知第二天上午到东山岗揎树枝。

恰在这天晚上九点多，林忽然接到村里通知：要他第二天上午八点赶到县二招，参加县里一年一度的知青工作会议。其实，村里接到会议通知已有两天，在村部工作的工勤员老姜忙忘了，差一点误了通知。

林只能赶乘第二天的早班车去县里。他起个大早赶到七里外的岗上乡，搭上六点钟开往县城的早班车，虽然还饿着肚子，心里却踏实下来：时间还早，到县城吃过早饭再去县二招会场不迟。哪知路上汽车抛锚耽搁了一段时间，好不容易赶到县城时，已经过了八点半。他下车后一路快跑，经过路边饭摊时，望着刚出笼的白面馒头犹豫了一下，最终还是快速跑开。

当他满头大汗跑到了县二招，时间已经九点，会议正在进行；县二招大礼堂里黑压压都是人，没有一千人少说也有八百。他赶紧从礼堂后门进去，坐到最后一排的空位上，县知青办主任的发言刚好结束。

坐稳后，他的心脏仍剧烈地砰砰乱跳，肚子里也开始辘辘饥叫起来；他后悔没买饭摊上的馒头，一个上午的饥饿煎熬只能强忍了。

会议接下来作重要讲话的，是坐在主席台中间位置的县委常委、组织部长；他面前的讲稿很厚，至少有几十张纸；一来他南方口音太重，二来林的肚里正“闹意见”，所以，林一直听不清他的讲话内容，大概有些词汇是“知青光荣，国家需要，大有作为”之类。

组织部长刚讲到一半时，坐在前面第五六排位置的一个女知青站起身离开座位，沿着会场中间的通道向后门慢慢走来。那女知青长得很标致，她边走边用美目四处张望，像是在找某个熟人。林看清她是老同学路江，分别半年时间，不见其黑，反而比原来更健美精神了。当路江走到离林还有两三排距离时发现了林，她惊喜地点头笑笑，然后走出礼堂后门。

对路江，林一直心存愧疚和感激。

刚入小学的第一天，林被安排在离讲台最近的那张课桌，同位就是漂亮的路江。虽然两人同位只有一年多时间，可她却是林小学时代的唯一同桌，也几乎是林小学同学的全部记忆。

他俩同一年出生，林是年尾，入学时不满六岁，路江是年初的，六岁出点头，路江的个头高出林一点点。那时，林性格内向，害羞腼腆不喜言语，而路江性格外向，能说会道大胆泼辣。

刚入小学时，林总受到路江“欺负”。一次，林终于忍受不了她的欺负，鼓起勇气向老师举报：“报告老师，路江扭人腿，还摸人屁股。”当时，老师和同学们都笑了，路江的脸更是羞得像红布，生气不理林有两三天。后来，两人弃嫌和好，而且成为亲密的小玩伴。

路江对林非常友好，对衣衫褴褛的林从不嫌弃，落落大方地和林一起走一起玩；对林的贫寒家庭也不介意，常常主动到林的家里。路江多次邀林去她家，林虽然嘴上答应却一次也没去过。非不想去，实不能去也，林为自己的衣衫不整而自卑，怕路江家人见他不体面的寒酸样子，会不让路江再和他相处玩要，他不想失去小学时的唯一知己好玩伴。

路江不仅是好玩伴，还经常充当“保护者”，她多次挺身而出，用柔弱的女孩身体护住更弱小的林，使林免遭别的同学欺负。她经常带食品到学校，每次都会分一些给林，那些食品是林平时难得一见的好东西，让林在小学时就早早品尝过“仙味无比”的美食。

林惭愧没有好吃的回馈路江，只能捡拾一些奇异的骨头石块之类送她。每次接到林的“礼物”，路江总是显出高兴异常的样子。

林小学时的成绩确实很好，回回考试都是“双百”，几乎次次都在班里拔得头筹；只有那个母亲是小学老师的孙同学，连续考过三次“双百”，与林等肩并行了一阵子，可总评下来，林还是保持第一的位置不变。那时，林一心想把学习搞好，目的就是一个：用自己的实力和成绩回馈父母并引起他们的重视；这可能是林小时候一段特殊经历的缘故，让他很在意父母的感受，他受不了父母的任何冷漠，他想成为父母最有出息的儿子。

路江对林好，大概起自小学第一次期中考试前后。她学习上每有疑问，林都会尽其所能毫无保留地帮助她。

林喜欢路江，大概起自她第一次来到林家。那是小学第一次期中考试后不久，路江路过林家时顺便进来看看；她发现林家有一张带镜框的大照片，十分惊讶地问："你家也有这张照片呀？"

林点头笑笑，那是一张建国初期县委扩大会议参加人员的合影照，照片上大约有六七十人。

路江问林："这里也有你爸爸吗？哪个是呀？"

林告诉她："你在上面找，最英俊帅气的那个就是。"

路江仔细找了好几遍，最后指出两个人给林看。林一看就笑了，其中一个就是自己亲爱的爸爸；另一个长得还可以，但哪有自己爸爸英俊呀；爸爸的剑眉、大眼、隆鼻、大耳，还有那精气神，恐怕天底下找不出第二人了。

路江指出的另外一个人，是她爸爸。林当时就感到路江真是慧眼识英雄，一下子对她有了好感，开始喜欢她了。

当"文化大革命"愈演愈烈，学校开始停课闹革命。路江和林没有上完小学二年级就都辍学回家，从此，没有了朝夕相处的机会。

几年后，学校又开始复课闹革命。路江也和林一样，不用再上小学，直接"跳级"升到了初一，两人不仅分在同一个班里，而且林坐第一排，路江坐在林身后第二排。

这时的林，开始有点调皮，经常与路江嬉闹，两人不仅互相开玩笑，还彼此给对方起外号。路江见林的个头依然矮小，就叫林"小萝卜头"；林也取路江的谐音，给她起了个外号，就是《智取威虎山》里的名丑"小炉匠"。到后来，同学们一直都不叫路江的名字，都叫她"小炉匠"。为此，林常常在得意窃喜的同时，又一直心存愧疚。

上了中学的路江，长得更漂亮了；她的声音依然非常甜美，更难得的是，人仍很仗义；在小学时就一直帮着林，上了中学依然如故，所以林很是感激她。

刚上初一的那年秋天，学校组织全校师生到农村去学农。林和同学们背着“军人一样的背包”，步行来到几十里外的后杭村——那是沂河边上的一个普通村庄，在那里一住就是半个多月。

虽然林干家务的能力很强，但干重活还是有些力不从心。在那个叫后杭的村子里，他们天天干既重且累的农活，一连几天下来，着实让林吃不消。因此，林天天盼望着下雨，而且最好是下大雨，一下大雨就不用下地干重活了。可天不遂人愿，那些天老是不下雨，即便下雨，也是毛毛细雨。

林希望下大雨，还有另外一个原因，因为遇到大雨天，他会不自觉地想笑，他有过大雨天快乐美好的记忆。每想起曾经的那次大雨，他总会不知不觉笑出声来。

让林想笑的那场大雨，是在上小学二年级的那个夏天，是一场很罕见的大雨；那场大雨下了一整天，夜里继续下，而且夜里的雨更大更猛。

天亮时，漫灌进屋的雨水足足有膝盖深；邻居家的许多小朋友坐着木盆在洪水汪洋的院子里划船。

当林家屋里的雨水全部泼完，院子里的洪水也完全退去，母亲才忽然想到院子里的自家鸡窝，连忙前去查看，林家七只下蛋母鸡和两只大公鸡全部淹死在鸡窝里。

整整九只成年鸡呀，每只鸡足足有二三斤净肉。接下来的几天里，全家人破天荒地天天吃鸡肉；那可是过年也没有如此丰盛过、过年也没有这样幸福过呀！林心里愉快得直想放声大笑，直想高声唱歌。想笑归想笑，想唱归想唱，可脸上还必须和母亲一样，表现出痛心疾首的样子。

每次回想起当时一边吃着香喷喷的鸡肉，一边偷偷看着母亲痛苦无奈的表情，林心里总是想笑。林始终感谢那场大暴雨，让他改善伙食，让他连吃几天香喷喷的美味无比的鸡肉。

在后杭村学农时，林只有十二三岁，年龄身材又在全班最小，个头甚至不比稻捆高。每次扛稻捆时，走在后面的人，几乎看不到林的身子。同是十二三岁的路江，比林高出半头，力气也比林大许多；每次扛稻捆时，路江总会走在林的身旁，看林累得不行时，会出手托上一把；吃饭时，她也常把自己碗里的好菜拣一些给林。

一天，林累极了，也困极了，梦中想小便，到处跑呀跑，到处都有人；最后终于找到一个没人的草垛旁，大胆放心地尽情排泄，一滴不剩，醒来发现被褥全湿了。第二天起，全班同学都取笑林是“来尿鬼”，林从此在同学们面前抬不起头。只有路江不仅没有取笑林，还私下抹着泪，对林表示同情，并把自己的被褥送给林，而她去挤别的女生被窝。

友谊便这样结了下来。

在后杭村学农期间，林的班级为当地农民进行过两次宣传演出，每次演出的都是样板戏，其中一次是大队书记从省里回来的那天晚上。当时的后杭村是“农业学大寨”的先进典型，《人民日报》曾在头版大篇幅报道过后杭村的先进事迹，大队书记更是妇孺皆知的名人。

那天晚上，大队书记好像刚参加过北京的一个重要会议，从省里载誉归来。参加学农的全校师生和村民们一道，列队夹道欢迎，场面非常热烈；林的手都拍疼了，身边的路江，手拍得比林快多了，也响多了，不知道她的手是否比林还疼。

在随后的演出中，林和路江作为班级宣传队的一、二号“主角”都登台献艺。那时社会上风行样板戏，班级和学校都成立文艺宣传队演唱样板戏，路江和林刚上初一时都被入选。在当时，能演唱好样板戏的学生，是比学习成绩重要多得多的第一特长。路江入选，是靠相貌才艺，林的入选，是靠小时候的一段特殊经历。

林小时候，家住在戏院、电影院之间；从六七岁开始，他就爱看电影爱看戏，可母亲从来不给一分钱。林每天晚上忙完家务，急急跑到戏院或电影院门前，眼巴巴地看着入场人们；当看到面目慈祥的老年人，就跑过去恳求：“爷爷，奶奶，带我进去吧？”当见到和蔼可亲的中年人，也跑过去恳求：“叔叔，阿姨，带我进去吧？”那时大人带小孩入场看戏看电影，小孩是不用买票的。每天晚上，总有好心人，带林进去看免费的电影或戏剧。

久而久之，林对一些传统戏剧和影片尤其是八大样板戏，熟悉到台词能倒背如流，戏中的每个动作、每个眼神，都了然于心。老师看林对样板戏中的唱念做打一招一式，都有板有眼、中规中矩，自然就选了林。这段童年经历，是既美好又心酸的记忆，当然，也为林进入班级和学校文艺宣传队创造了良好条件。

在戏里，林当爹，路江当女儿，也就是《红灯记》里的李玉和与李铁梅；在戏外，无论是班级还是宣传队，路江都是林最好的朋友，也可说是最知己的红颜。

路江在演李铁梅向李玉和怀里边哭边扑的时候，总是演得不像，她老觉得“李玉和”不够高大，一演就想笑。一天放学后，路江来到林的家里，见没人时，又练起扑怀的动作。林的父亲刚好回家撞见，路江红着脸连忙解释：“伯父，我们是在排练节目。”

父亲走后，路江对林说：“伯父如果不是脸上有个大疤，年轻时肯定比照片上还要英俊。”

“有伤疤才英雄呢”，林对路江摇头笑笑，于是，像李玉和讲家史一样，对路江讲起父亲伤疤的来历：

那是一九四五年春的一天，已是区队长的父亲，带领几个战友去日伪军经过的地方打埋伏。天快黑时，有三个日本兵进入埋伏圈；结果，三个鬼子被打死两个，俘虏了一个。被俘虏的是个小兵，看上去只有十五六岁，名字好像叫石原什么郎的。父亲看他年龄小，个头矮矮的，没把他放在眼里，就安排几个战友先带着战利品走在前面，他亲自押着小俘虏跟在后面。哪知那小俘虏突然肚子疼，在地上疼得直打滚，父亲见他蛮可怜的，俯身探视。哪知那个小狗日的突然从怀里掏出一把匕首，朝父亲脸上就是一刀，父亲躲闪不及，脸被刺得鲜血直流，那个小日本趁机拔腿跑了。战友们赶回时，见父亲已成了血人，加之当时天已黑了下来，顾不上追赶，连忙替父亲包扎，结果留下了这个大疤。

后来中日恢复邦交，父亲看到一张报纸上有日本东京都官员来华访问的照片，其中一个人很像那个狗崽子；气得父亲当时直咬牙，对自己当了一回东郭先生而懊悔不已。

那天晚上在后杭村的文艺演出，对林来说很不成功。同学们平时多次看过他的演出，掌声远没有当地村民们来得热烈。虽然村民们掌声热烈，那晚演出远不是他的实际水平，也可说是最不成功的一次，因为他是刚刚戴上“来尿鬼”的耻辱帽子登台的。

那晚的路江演得很好，她虽然没怎么化妆，却依然神采奕奕容光焕发，明明林是一号主角，却被二号主角的路江抢尽了风头。

对于后杭村的学农，林的其他记忆不太深刻，只记得干活很累，稻捆最沉，带露水的稻捆扎在脖子上很疼很难受，还记得萝卜烧肉和白菜豆腐炖粉条是当时最好的美食。当然那件让他羞愧、被同学们取笑的“来尿鬼”之事，像赶不走的阴影一直相伴着他。不用说，路江对他的照顾对他的友谊，也是让他永难忘怀的。

学农回来不久，林的家搬到离县城五十里远的乡下。由于转学事情一时没有办好，林只能暂时寄宿在原来学校；寄宿的时间不长，大概两月左右。

这时的路江，对林愈加友好；她可能觉得学校食堂里的饭食不好，经常从家中带一些好吃的给林。虽然这很让林难为情，虽然林多次坚持不让她再带饭菜来，可她总是不听劝。

路江带来的饭食确实好吃，至少要比学校食堂里的好吃十倍。食堂的炒菜好吃不好吃，林没有发言权，因为母亲给的生活费很少，连饭钱都不够，要想吃食堂里的炒菜，还必须以挨饿为代价，所以根本没有机会品尝食堂里除咸菜之外其他菜的味道。

路江带来的菜，好吃得更是没法说；林每次都舍不得一顿吃完，要分作好几顿慢慢享受；常常是路江上次带来的好菜没吃完，又有新的饭菜带来了。路江的好，林无以回报，只能千恩万谢的同时，在学习上有求必应，尽其所能。

路江在学习上进步很快，可在宣传队的表现却越来越一般，排演节目大不如前，可能是不太认真的原因吧；她常常表现得心不在焉，练“扑怀”动作时，好像越来越退步了。人多时总是很害羞似的，动作极不自然；人少时还好些，可她向林“扑怀”时，又总是满脸的红云羞涩；无人时，她已经微隆的胸常常会紧贴着林，喘着不该有的急促喘息声，让林“云天雾罩”不自然起来。有几次，她的脸竟无意间碰到了林的脸，让林顿时慌乱不安六神无主。林那时还是懵懂少年，想不明白路江究竟有什么心事，还奇怪她的泼辣性格为何荡然无存了呢?

当路江得知林要离开学校，到乡下读书，流露出难舍难分的神情。面对她盈满泪水的大眼睛，林也觉得难舍难分；可身不由己，命运不掌握在自己手中，只能带着美好的记忆，心酸地与路江分手。

两年后，林的家又重新搬回县城，林也回到了母校县一中读高一。巧的是，林又回到了原来班级，又与路江等老同学重新济济于一堂，与老同学们续写下新的友谊。

出去有半个小时的路江又回到了会场，她比出去时明显漂亮了许多，而且一身香气。她不再回到原来座位，而是坐到林的身边空位上。

“你怎么来得这么晚呀？”笑容灿烂的路江压低声音说，“开会前，我到处找，也没见到你的人影，还以为你不来了呢。”

“昨天晚上才接到通知，”林小声回答，“路上汽车出故障，所以来晚了一会儿。”

路江笑笑：“刚才，方主任在会上表扬你，听到了吧？”

“开什么玩笑？”林先是一愣，随即红着脸小声说。

“真的，不是开玩笑。”路江表情很认真，“说你冬天只穿单衣裤，拉车送粪像只小老虎，群众都夸你能干肯吃苦呢。”

“净瞎说。”林边摇头边看了看台上那个知青办的方主任，好像有点面熟，忽然想起几天前送粪时遇到的那个骑车问路人。看方主任的长方脸和“大奔头”有点像，却看不清他的脸上有没有麻子，可惜刚才晚来了一会儿，不知道他讲话时露没露出光灿灿的大金牙，所以不敢肯定台上的方主任就是那个问路人。

这时，会场里响起一片掌声，组织部长的长篇讲话终于结束。

接下来是大会发言。首先发言的是个乡领导，主要介绍该乡如何培养好教育好管理好知青的做法和经验。

“这是我们乡的李书记，高二（三）班的李伟平他爸。”有几分自豪的路江，笑着对林说，“李伟平下放最享福啦，他没干过一天农活，被直接安排当了生产队的保管员。你看，李伟平就坐在前面第二排……说实话，我们乡的知青，吃的苦真不算多，几个知青点上，都有专人管理、专人做饭，只是摊的口粮不够吃，还净是些粗粮；你想，知青们正是长身体的时候，又干那么重的活，摊的那点粮食哪够塞牙缝的呀？几个点上的知青，都反映粮食不够吃，大伙闹着要罢工，闹着要回城；在高二（二）班汤荣国的带领下，知情们集体到乡里请愿。李书记这人还真是不错，大笔一挥，就从乡粮管所里为每人解决了二百斤细粮。大家顿顿白面馒头吃饱了，满意了，劳动也积极了，没再出什么乱子来。”

路江一说到吃，林的胃里就阵阵难受，尤其提到白面馒头时，他的肠子快速搅动，像是在肚里拧麻花一样，他努力了几次才止住饥饿的痛苦。

接下来发言的是个场圃的负责人，也是介绍知青工作经验的。

“这个场圃还好意思介绍经验呢，”路江撇了撇嘴，“他们内部管理可乱了，知青们除了干活，就知道谈对象。他们那里一共才四十多个知青，十五个女的，谈成快有八九对了，只有五六个女的没有谈，据说还都是长相丑的，只有那个‘阿庆嫂’还稍微俊点。”

“阿庆嫂？”

“你呀，”路江见林满脸疑惑，莞尔而笑，“真是贵人多忘事，怎么连‘阿庆嫂’也忘了呢？就是配合你演刁德一的那个阿庆嫂呀。他们场圃里的许多男知青，甚至当面劝她别再等反面人物了，说人家还有‘铁梅’呢。”路江说到这里，红着脸瞟了林一眼。

听了这话，再看昔日的“铁梅”有点得意自喜的表情，林的心里竟有些慌乱起来。

第三个发言的，是老知青代表刘新，他介绍自己是如何在农村广阔天地大显身手的。林对刘新好像有点面熟，又记不起他是哪个班的，感到有些茫然。

“你不认识他了吗？”路江甚或不解地反问后，见林还是茫然摇头，忙又解释说，“比我们高一届的那个学生党员呀；他在学校就是‘大红人’，有许多漂亮女生追求过他，他现在是大庙知青点的头头，还是村党支部委员呢；大庙知青点的女知青们，都为他争风吃醋闹意见；听说他正和一个姓徐的女知青谈对象，其实那女的长得一点也不俊，可她爸爸是县里的领导。女知青都在背后议论，说长得好看有什么用，关键是要后台硬，有些人一回到家，总是抱怨家长这无能那无能的。”

接着刘新发言的，是新知青代表董桂芬，原学校宣传队的，演过《智取威虎山》中的小白茹，人长得很漂亮，身材也好；她也是介绍如何在农村迅速成长的。

路江见林脸上露出惊喜，连忙愤愤骂道：“董桂芬最是骚精了，在知青点勾引男知青不说，还对村队干部眉来眼去的，连一些地痞流氓也招惹。有天夜里，当地的一个流氓撬开女知青的宿舍门，结果找错了床，把另外一个女知青抱了出去；那女知青惊醒后，连哭加喊；那流氓一看不是董桂芬，往地上一扔，那女知青光着身子就被扔到了泥水里；事后大家都骂是骚精董桂芬惹的祸。”

“董桂芬不是那样的人，在学校时很淑女的。”林摇头小声说。

“那是装的，”路江赶紧撇嘴说，“她姐是二招服务员，平时作风就不好，经常和县里领导人睡觉；她姐夫就是靠着这层关系，一下子由普通老师提为县一中教导主任的；说起来这个人你也认识，就是原来初中时教过我们的张通理呀。”

林着实感到吃惊：张通理连初中都教不好，怎么可能提成县一中的教导主任呢?

“你不信就去打听打听，”路江见林有怀疑，急急地说，“我什么时候骗过你呀？”

最后发言的是个村干部，主要是表决心，对如何在政治上关心，生活上照顾，劳动中培养，进一步做好知青工作提出打算。

路江好像无所不知似的，又向林介绍那个村的情况：“他那个地方最乱了，那里的男人个个是色鬼，就像八辈子没见过女人似的，对女知青们更是馋得流口水。听说一次当地有人结婚，几个女知青过去看热闹，那村里的男人们真不是东西，他们不去闹新娘子，却闹起了女知青；那个演白毛女的季婷婷，被那些男人们按在床上又掐又拧的，季婷婷当时就疼哭了，回来脱衣服一看，浑身上下全被拧青了；气得男知青们抄起家伙就要去算账，最后还是被村干部硬压给压下去的。”

上午的议程全部结束，会议主持人却在宣布休会前反复强调，说是午饭后一点半继续开会，县委范书记将在百忙之中到会作重要讲话，要求大家务必准时参加下午的会议。

休会时，离午饭时间还有半小时，路江好像意犹未尽，说要找个地方好好聊聊。林突然想起一件事，连忙说：“我还要到县广播站去一趟，我们下午再聊吧。”

“你既然有事，那就改时间再聊。” 路江见林有事，有些无奈，却又叮嘱道，“你可要早点回来呀，我等你一起吃午饭，饭后我们一起去街上转转。”

林赶紧抱歉地笑笑说：“我不知道什么时候才能赶回来，你先吃吧，吃完自己先上街，不用等我。”说完，急忙向县广播站走去。

从县二招到广播站很近，也就三四百米路程，出了县二招大门，向南走个一百多米，再经过一个菜市场就到了广播站。

林去县广播站，是送一篇稿件。清早在岗上乡等汽车时，乡广播站报道员老臧，托林带一篇稿件交给县广播站申修长申编辑；临来时，老臧一再嘱咐，怕林记错了名字交错了人。林心想：这个名字好记，不就是身材修长，大高个子吗，何劳反复叮嘱呢？

林路过街边饭摊时，几次把手伸进口袋里，想掏钱买个馒头先垫垫肚子，因为肚子实在饿得不行；可又一想，一会儿就该吃午饭了，何必浪费呢？他快步疾走，想快去早回。经过菜市场时，见一群人围观在肉摊前，人群中的主角，是个双手叉腰的高个子妇人，她正对卖肉人大声嚷嚷着："为什么一样人两样待？我买一斤肉，你收六毛钱，他买三斤肉，你才收一块钱？"

林忽觉得那妇人很面熟，一时又想不起来在哪见过，于是站在一旁静静看着那妇人，努力回想究竟是在哪里见过她的呢？这时，卖肉人嬉皮笑脸地对妇人说："大姐别生气，他是工商所高所长，我的老朋友喽；我对老朋友让点钱还不行吗？再说，你买你的肉，我又没有多收你的钱，你管别人的闲事干吗？收与不收，收多收少，那是我和他之间的事，这个你也要管呀？"

那妇人一听此话，顿时气得蹦跳起来，她因愤怒而变形的脸，近乎狰狞，这让林忽然想起一件永生难忘的往事……

那是多年前的一个暑夏夜晚，灯火通明的县城大街上锣鼓喧天、鞭炮齐鸣，人们又在庆祝新的最高指示发表。当时只有七八岁的林，和邻居兼哥们儿的方伟，在县城大街上看热闹。突然，方伟眼睛一亮，快速向前飞奔；当方伟跑到一个高大女人面前时，他高高跳起的同时，扬起左手，动作矫捷得像是在灌篮；方伟在那高大女人的胸球上猛抓一把，迅即跑开。

林刚想骂方伟耍流氓，忽见那高个女人歇斯底里地大喊大叫："我的像章！快还我的像章！"

她边喊叫边撒开长腿一阵猛追，眼看就要追上了方伟，林急了，使劲大喊："方伟，快跑！方伟，快跑！"听到提醒的方伟，立即钻过载歌载舞的游行队伍，飞快消失在茫茫人海中。

很快，林被捕了、受尽酷刑。在县城那个著名照相馆的暗室里，连续一夜的拷打逼问："说！谁是方伟？！说！方伟家住哪里？！"

可笑！你一个女流之辈，也能撬开我的嘴吗？回答也十分坚决："不知道！就是不知道！”

天快亮时，林带着被扇了六十七巴掌的伤脸，挪着被踢了六十二脚的瘸腿，英雄般凯旋回家，迎接他的却是母亲的一顿暴打。

林还是感到自己胜利了，在拷打面前没有流泪、没有当“叛徒”，而且，最为重要的而且，是亲手摸到了用遍体鳞伤保护下来的领袖像章。

酷刑没有流泪，暴打没有流泪，可摸到领袖像章的那一刻，林热泪滚滚。那份情感，那种狂热，后来的人们，谁能理解万一呢？那个像章成为林永远的记忆，有时在梦中，它还在闪着金光呢。

有了信念，才会有毅力，有了信念和毅力，人就可以无敌，比如七八岁时的自己。

在照相馆暗室里，对林刑讯逼供时的那张脸，时隔多年，狰狞的面部表情依然一模一样；只是这张脸不再像从前那样鼓润饱满，耷拉下来的眼皮，让她以前就很小的眼睛变得更小；无情的皱纹已爬满脸颊，被方伟抓过的胸球也不再上挺，可能已经像柿饼一样平摊在肚皮上；真是光阴荏苒岁月无情。林在想：如果此刻她再扇自己六十七巴掌，再用尖皮鞋踢自己六十二下，还会像原来那样掌掌肉跳、脚脚钻心的疼痛吗？看着业已沧桑尽显老态的这张脸，林有些怜悯，原谅她吧，她当年也是因为狂热的信念，才对一个孩子痛下毒手的，她那时也是因为爱戴领袖，不得不为的。

这时，那个姓高的工商所长，拎起那一块钱买来的三斤肉，有些得意地瞟了一眼那妇人，对着卖肉人说了声“谢谢啦”，转身就要离开。

一个又瘦又矮的小个子男人，突然从人群中闪出，他跨步上前，一把夺下高所长手中的那块肉：“这一块钱的肉，我买了。”他随即掏出一块钱，扔给卖肉人。

高所长一愣，见是一个很瘦很矮的小男人，竟把自己手中的肉夺去，顿时怒起，一句“你他妈的……”刚出口，马上又止住了骂，而且脸上忽现出惊慌。原来那“小瘦子”已经把一个大大的像拉杆旅行箱一样的录音机放到肉案上，并按下其中两个按键，然后不慌不忙地从上衣口袋里掏出一个蓝皮小本本，那蓝皮小本上印有“记者证”三个闪闪发光的金字。高所长见了立马收起怒火，铁青着脸一声不吭走了。围观人群顿时发出一阵哄笑。

卖肉人忽然想起高所长的钱，踮起脚高喊：“高所长，你的钱，给你钱。”那高所长好像没听见一样，头也不回地径直往前走。

人群里立即开骂了："这个姓高的，最不是东西啦，到处吃拿卡要，原来只是个临时代课教师，靠破鞋老婆认了个当官的干爹后，被破格安排到了工商所，不到两年就爬升到了所长位置，听说还准备提拔为副局长呢，这样的人就是败类、人渣。"那高个子妇人骂得尤其威猛。

在众人环视下，夺肉的"小瘦子"嬉笑着收起蓝皮小本本，将夺来的肉扔到肉案上，亲自操刀，一切为二，分别装进两个塑料袋里，然后往车篮里一扔，提起大大的录音机，推着车梁与胸等高的大架自行车，得意扬扬地走了。

林摇头笑笑，快步走开。

第五章

进了县广播站，门卫告诉林：这天广播站休息，不上班，不过二楼编辑部有人值班。林顺着门卫的指向，快步上了那个很小很小却带有走廊的二层小楼。

二楼只有三间屋，门牌上显示：东面单间的是站长室，西面两开间的是编辑部。林来到编辑部敲门，一个年轻人开了门，屋里还有一个中年男人在火炉旁洗衣服。那年轻人得知林的来意，忙客气说："申编一会儿就来，你先进屋烤火稍等会儿。"随即又向林隆重介绍中年洗衣人，"这是我们广播站的第一把手乔站长。"

听了年轻人的郑重介绍，正埋头洗衣的乔站长并没有抬头亮相，只是用余光扫了林一眼，继续洗衣服。

林坐到火炉旁的木椅上，细细打量火炉那旁专心洗衣的乔站长：他约四十七八岁，国字脸，白净净的，一看就是干部模样；他正在洗一件蓝色的中山装，是套棉袄的外衣；中山装已经旧得发白，只有领口处蓝补丁的颜色还有些鲜亮；中山装的袖口已经完全磨破，形成双层的袖口，像是两件一样大小的衣服套在一起；他身上的棉袄更是破烂不堪，简直有点惨不忍睹：棉袄上的补丁少说也有十块，尽管补丁这样多，可腋下和下摆等处，还是争相露出一撮撮白絮来。

乔站长终于洗好了衣服，开始与那个年轻人闲聊起来："汪宁，你说这钱呀，也太不撑花了，一块钱就买那么一点肉，几天就吃完了。"

被叫汪宁的年轻人赶紧接话："就是的，就是的，您家八口人，一人一筷子，就要半两多肉了；俺家三口人，买一斤肉，也只够吃半个月。"听到两人谈论吃肉，林的胃里又是一阵难受。

乔站长不再说话，他的腿似乎痒痒得不行，竟当着林的面，毫无顾忌地抓挠起来。他先是卷起右裤腿抓着挠着，右小腿上顿时"雪花飘飘"，翻卷在外的破烂不堪的衬裤上沾满了皮屑。他抓挠了一会儿，好像右腿的痒痒止住了，又卷起了左裤腿，抓着挠着。突然间，他觉得哪里有些不对劲，大声惊呼："咦，我的衬裤腿哪去了？"

那个叫汪宁的年轻人赶紧跑过来帮助查找。让人匪夷所思的是，乔站长的左腿上，只有翻卷出来的旧毛裤，衬裤却不见了。乔站长继续翻卷裤腿向上找，找到膝盖，找到了大腿上部，仍未找到。乔站长大惑不解，干脆脱下裤子彻底寻找。裤子脱落到了脚脖上，腰间只存留一条小小的三角短裤；那小短裤实在太破，上面补丁摞着补丁，已经到了不能再补的程度，原来的浅蓝色短裤，现在只有大致的轮廓，上面已布满了各种形状、大小不一、花色不同的碎布补丁。

没有衬裤腿的原因终于找到：原来是衬裤裆处破了一个很大的洞；乔站长早上穿裤子时不仔细，左腿从衬裤裆的大破洞中一穿而过，那整条衬裤腿便被留在了毛裤的裆处，一个上午竟也毫无察觉。也许乔站长觉得三角小短裤太破，长时间显露在外不太雅观，急于重新穿上；可他越急越是穿不上，左脚伸向衬裤时，老是对得准衬裤裆的大破洞，就是对不准衬裤腿；他抬起的那条左腿不停摇晃，左脚也上上下下、起起落落着。林忽然发现乔站长左脚上的袜面还是完好无损的，脚底下却露了馅——没有袜底的光板白。

乔站长也发觉自己的这一尴尬情况暴露在林的面前，脸倏得一下子红了，他向林偷瞟一眼，自嘲说："艰苦朴素，艰苦朴素。"

那个叫汪宁的年轻人不仅也发现，而且实在忍俊不禁，身体极为夸张地大幅度前仰后合着，笑出的大量眼泪，飞抛四溅。

林没有笑，相反，心里有点酸，想哭。

那年月，商店里最好卖的服饰，当属细毛线编织的围脖；许多买不起毛衣却又有毛衣梦的人，就买上这样一个围脖，套在脖子上，冒充高领毛线衣。林就有这样一个围脖，常有人见了夸他高领毛衣好看，他每次都只能笑而不语。只不过，聪明的乔站长触类旁通、更进一步，从围脖发展到袜套、推向极致罢了。

一个人突然推门进来，他将手里的塑料袋递向乔站长："乔站长，这是帮您买的一块钱肉。"

那个叫汪宁的年轻人连忙对林说："这就是你要找的申编辑。"

林定睛一看，这人不是在肉摊前夺走高所长三斤肉，亮出蓝皮小本本的那个小瘦子吗？

回县二招的路上，林边走边想：这么点小个子，也敢取名叫“身修长”？你就是再伸一个头出来，恐怕还没我高呢，也配叫“身修长”？真是名不副实、大言不惭，难怪人都说“耳听为虚，眼见为实”呢。

林急急向二招赶，要赶回去吃午饭。刚走到半路，迎面遇到高二时的同班同学罗泉和龙会；他俩下放在大庙知青点，也是来参加知青会议的；两人已经吃过午饭，正要上街转转。老同学半年不见，相见格外亲热，罗泉亲热地拥抱着林，诉说分别后的思念；站在一旁的龙会，给了林一记重拳：“想不到班里的‘小萝卜头’，现在长成大小伙了，个头已经赶上我高了。”

三人分手时，都有些依依不舍，走远了，都还频频回头，想多看对方一眼。

见了老同学，勾起林对中学时光的回忆，他多想再回到学生时代呀，那曾是多么美好的一段时光，多么希望罗泉和龙会还像原来那样，天天“欺负”自己，那也是一种美好的享受。如今，这美好的时光、美好的享受，都一去不再，心里不免有点酸楚。

回到县二招，院子里空荡荡的，午饭已经开过，饭堂大门也已关闭。隔着饭堂巨大的玻璃窗看进去，里面空无一人，知青们已经吃过午饭，都利用饭后的一点时间，到街上走走逛逛去了。

林想到厨房再看看，想随便找点东西填填肚子，因为实在饿得不行，可又舍不得花钱上街去吃。如果到街上去吃饭，要花上斤把粮票，三四毛钱，才可以吃一顿半饱的饭；三四毛钱虽不算多，可在生产队里要干两天农活才可以挣到这笔钱，他实在不愿破费。

对县二招的食堂，他多少还是熟悉有感情的，小时候就来吃过几次；在他记忆里，招待所的饭菜好吃得没法形容，比起家里的不知道要强多少倍。

小时候，父亲从乡下回县城开会，有时会偷偷塞给林一张小纸片，那是父亲舍不得吃，送给儿子的礼物。林每次收到父亲的那份“厚礼”，都会按照纸片上的地址，跑到一招或二招食堂，和大人们一样，围站在方桌边，眼瞅着面前的四菜一汤，狠狠地饱餐一顿。

从那时起，林就知道，国家领导人也不过就吃这样的饭菜，因为大人们在吃饭时，脸上像桃花一样绽放，嘴巴在快速嚼动，不停发出滋滋有味的声响，而且边吃边说：“四菜一汤，吃到中央，我们现在和国家领导人吃得一样。”每次听大人们这样说，林心里总是无比激动和自豪，能和国家领导人吃一样的饭菜，真是太幸福太荣耀了，有时会在梦中偷偷笑醒。

每次在招待所吃完饭回家，感觉好几天肚子都不饿，为了搪塞母亲，仍要装模作样地喝点稀粥；母亲总会笑笑问："今天怎么吃得这样少？"

林不敢抬头回话，父亲总会在一旁帮着："小孩子就这样，这顿少吃，下顿或许就会多吃些。"

母亲对父亲每次开会回家吃饭，常常抱怨："县委也真是的，各乡头头来开会，连顿饭也不管。"

每次听了母亲的抱怨，父亲总是支支吾吾，说不出话来。

林如今站在这里，望着饭堂里熟悉的方桌，回味着记忆中的美食，心里既温暖又酸楚。

隔着厨房的玻璃窗，林踮脚向里张望，见厨师们正大口吃着，每人面前都放着几碗菜，他们吃得那样香甜。那饭菜一定十分可口，林咽了咽唾液，几次想张口，又觉得难为情；正在犹豫之时，一个熟悉的声音从背后传来："怎么？你到现在还没吃饭呀？"

林回头看时，见两个模样相像的美女，向他走来；问话的是上午发言的董桂芬，原宣传队的队友。见林不好意思地点点头，董桂芬转向年龄稍大些的美女，柔声说："姐，这是我的老同学，也是来参加知青会议的，他还没吃饭呢，你和食堂说说吧。"

那美女认真地看了看林，又看了看董桂芬，笑笑："行，跟我来吧。"

林随两位美女一起绕到里面的厨房门，一进屋，正吃饭的厨师们慌忙站起身："董所长，有事吗？"

"董所长"指了指林："他还没吃饭，看看有什么好吃的，给他做一点。"她说完走了出去。

"不用做，随便有点吃的就行。"林激动得话音有些发颤。

"姐，你先回去，我一会儿就到。"董桂芬追出门，她甜美的声音立即从门外传来。

转眼间，董桂芬又跑回屋，她端来两碗菜，又拿了四个馒头放到林的面前，然后坐到林的身边，笑着催促林快吃饭。林真是饿了，不到五分钟，四个三两重的白面大馒头，连同那一碗萝卜烧肉，一碗白菜粉条炖豆腐，就都一齐下了肚。当林抬起头时，发现董桂芬正把手绢从眼边拿开；林不好意思再吃了，如果再吃的话，可能还要吃这么多的饭菜；于是，说了声"吃好了”，站起身就要往外走。

董桂芬连忙拦住林，她走到一个厨师面前，小声说着什么。那厨师拿出一个白布大口袋，走到馒头筐前，把剩下的半筐馒头全都装进布口袋里，然后交给董桂芬。

董桂芬拎着沉甸甸的馒头布袋，低着头和林一起走出厨房。两个人在走廊里静静走着，谁也没有说话；到了走廊尽头出口处，董桂芬将手中的布袋，猛然塞到林的手里，什么话也没说，转头捂着脸跑走了。林一下愣在那里，等反应过来，已不见了董桂芬的人影。

“你吃过饭了吗？”身后有人问话，林回头见是路江，便赶紧点头笑笑。

路江见林拎着沉甸甸的布袋，笑问：“你拎的是什么好东西呀？”

“……馒头。”林回答的有些迟疑、有些不好意思。

“哈哈……”路江突然大笑起来，“你拎这么多馒头，是带回家呀，还是带到农村去？”

林的脸上顿时火辣辣的，窘迫得无地自容，只能羞怯地低下头。

“下乡半年了，怎么还像大姑娘一样呀？”路江连忙笑说，“好了好了，不说了，再说，你就成关公脸了。”她边说边递过一个手提纸袋，“我刚才上街，给你买了一件棉袄。”

林说什么也不接路江递来的那纸袋，他怎能平白无故接收路江礼物呢？

“你身上棉袄早该换了，”路江突然眼睛红红、声音发颤，“棉袄破旧不说，又瘦又小的，看了怪让人心酸的……”路江稍有停顿，转用欢快的语调说，“我刚才逛街时，看见这件棉袄蛮适合你的，也没花多少钱，别嫌孬就行。”

见实在推辞不过去，林只好接下那纸袋，手刚伸进口袋要掏钱，路江轻轻打了林一下：“咱俩谁和谁呀？”她说完，头也不回地跑走了。

林久久望着手中的两个袋子，一动不动地站在那里，心里阵阵发酸。

下午会议的入场电铃声响起，林拎着馒头布袋和棉袄纸袋，羞怯地走进会场。他实在不好意思坐到前面去，便选了倒数第二排的座位坐下来，将两个袋子放在身旁空位上。

刚坐稳，林就看见入场的人流中，出现了申编辑的瘦小身影：他手里依然提着那个拉杆旅行箱一样的大录音机，挺胸阔步地走到台上，将录音机放在主席台的正中位置；等主席台上的人都就坐后，申编辑在录音机上按了一下，便在众人瞩目下昂头走下主席台，径直来到林的身后。

这时，已有两个干部模样的人，坐到了林身后的座位上。

“曹主任，马部长，”申编辑一见那两人，便眉开眼笑说，“两位领导对这次会议报道有什么具体指示？”申编辑的殷勤亲热语调里充满着谦卑。

“申编，散会后，好好剪辑一下，把范书记讲话的主要精神都保留下来，在晚上新闻联播节目后插播范书记的讲话录音，同时要配发评论员文章一起播出。”林听出这发自身后一个干部口中的浑厚男中音，很有威严的气场。

“是！曹主任，您放心！范书记讲话的主要内容，我会一字不漏地全部保留，保证按时播出；评论，我回去就写，写好后立即送您审查。马部长，您还有什么指示吗？”

“我没有什么意见，一切按曹主任的要求办。”声音有点沙哑的马部长也开口说了话。

下午会议的规格很高，县里的重要头头都在主席台上；除了正中间的范书记披着一件黑呢子大衣，其余的人都披着清一色的草绿色军大衣，像是部队统一发的。

会议刚开始，一个五十开外的老者，突然出现在人行道上；他衣着十分破旧寒酸，头上的蓝帽子已经发白，帽檐破处露出了里面发黄的硬纸板，可能硬纸板折断的缘故，半个帽檐耷拉下来。老者脖子前挂着一架老式海鸥120照相机，脚上趿拉着一双很不跟脚的旧布鞋，两个脚后跟裸露在外。他一出现在会场人行道上，动作就开始夸张起来，一会儿手舞足蹈，一会儿又趋步快跑，像个喜剧演员，立即引起会场里一阵骚动和笑声。

“这个彭部长！”声音沙哑的马部长第一次主动发声，“他也真能拿得出，安排一个摄影记者来还不行吗？偏要自己来出洋相，唉，我们宣传部的脸面，全叫他给丢尽了。”

“老彭这个人，有时是有些不注意个人形象，”浑厚男中音的曹主任在接话，“怎么说，也是宣传部的副部长，该注意的地方还是应该注意一些的。”

“老彭就是个老六叶子，”申编辑好像也有点看不下去，“给他个猪尿脬顶，嫌重，给他个石磨顶，又嫌轻，不知他过去在乡里那么多年的党委书记是怎么当的。”

那老者已经走到主席台前的护栏边，他立即将帽檐转朝脑后，摆出各种搞笑姿势：身体一会儿歪向左边，一会儿又歪向右边，一会儿弓腰，一会儿撅腚，一会儿又侧趴在主席台的护栏上，引得台下人哄笑声不断。那老者每次听到笑声，必得意地转过身，向大家做鬼脸，像马戏团里的小丑做表演一样。

每当范书记讲话到了高潮时，老者便转向听众，伸直胳膊，高高上举，带领大家鼓掌；台下也十分配合，掌声一阵接一阵，高潮一浪赶一浪。范书记不仅没有生气，反而有点微微笑意。

“简直叫人恶心，真是六叶子透顶。”马部长好像已经厌恶到了无法忍受的程度。

“这样的人，也能当宣传部的副部长？我儿子臭蛋，才上小学三年级，也比他强多了。”申编辑显然在愤愤不平，为儿子没有当上副部长而抱亏。

“是有点不像话。”曹主任似乎也有点生气。

这时，老者爬上了主席台。老者也一定看过散文《背影》，不然的话，他爬主席台的动作，为何与朱姓作者描写父亲爬火车站台时的动作一模一样呢？

老者爬上主席台后，撅腚塌腰，缩肩趋步，那架破旧的照相机，几乎送到了范书记的脸上：“咔嚓、咔嚓、咔嚓、咔嚓……”一连十几声。老者拍照完特写，退后几步，换过胶卷，开始在主席台上跪着拍、趴着拍、躺着拍，会场下面阵阵哄笑。嗣后，不知是故意，还是被什么东西绊了一下，老者双手护着胸前照相机，慢慢“摔”倒在主席台上，台下发出哄堂大笑，许多人拍起了巴掌。

老者觉得自己表演得很到位很成功，边爬起边向台下吐舌头，左手把照相机夸张地揽在怀中，沾满尘土的右手，故意在脸上抹了一把，老者脸上顿时有了尘土的装扮，更像马戏团里的小丑。老者举起沾满尘土的右手，叉开食指和中指，作出“V”字型，面向台下，他的“V”字手频起频落。大家笑出眼泪的同时，也十分配合老者，保持着与他手势相同节拍的阵阵整齐掌声。

“唉，无可救药！当年要不是靠背《毛主席语录》爬上来，他在农村就是一个白痴，甚至连白痴都不如。曹主任，向您请个假，部里还有点事，我得先走一会儿。”马部长好像再也无法忍受，想借故走开。

“好的，你部里有事，先去忙吧。”曹主任满口答应。

申编辑见马部长走出礼堂后门，嬉笑着说：“嘻嘻嘻嘻……曹主任，其实马部长也是个马屁精，他和老彭一直争风吃醋，两人天天都想当正部长；要我说呀，常委、宣传部长，您当最合适。”

曹主任没有答话，好像在慎重思考问题。

老者的表演一直到会议结束，脸上的灰土，直到会议结束时，也没舍得擦去。林不知道范书记一下午都讲了些什么，一句也没有听进去，只能机械地，看人鼓掌也鼓掌，看人停下也停下。

散会时，拎着两个袋子故意走在人群后面的林，发现那老者在人群中快步走向范书记，老者满是灰土的脸上堆着灿烂笑容，他在范书记耳旁不停说着什么；范书记频频点头，好像还对老者笑了笑，后又拍了拍老者肩膀，低声说了几句。老者扭头看见曹主任走近时，便“嘿嘿嘿嘿”地笑着转身走开。曹主任见老者已经走远，嘴里好像有什么不干净的东西，朝地上狠狠呸了一口。

范书记走向停在院子正中央的一辆黄色吉普车，车旁早已站着亭亭玉立的“董所长”，她面带笑、眼含情地迎着同范书记说话，又殷勤及时地打开吉普车的左后门，恭请范书记上车，随后轻轻关上车门，微笑躬立在车门边。曹主任见范书记已经上了车，迅速跑向副驾驶的车门边，开门、上车、关门，在几秒内完成，很是利索娴熟。

在“董所长”深情款款的致意下，吉普车“滴滴”了两声，迅速驶出县二招。

“董所长”刚收回笑容，转头看见一个人，又立即眼睛放光，脸上重新堆满笑容。那人身披军大衣，个头很高，看不清面相，只是那红红的酒糟鼻子给人印象深刻，好像是刚才会议的主持人。那人和“董所长”没有说话，只是对视交流了一下目光，便像心有灵犀一样，在保持着一段距离，大家都不注意的时候，先后走进了二招宾馆楼。

见“董所长”如此风姿绰约、妩媚多情，想起初中时教过自己却常常受到学生讥笑、如今已成为县一中教导主任的张通理，林开始对路江的话有些半疑半信了。

林刚走出二招，就远远望见那个老者；此时的老者，全然不是先前的那种猥琐神态，他正挺胸昂头，怡然自得地行走在人群之中。林突然发觉老者不仅多变而且善变，就像没有形状的水一样，倒进杯子里就成了杯子的形状、倒进碗里就成碗的形状了。老者一点也不白痴，白痴能当上宣传部的副部长吗？他自有精明过人之处，譬如背《毛主席语录》，就不是一般人所能相比的；今天的会场表现，更不是其他人可以学步的；他不仅抢足了眼球，出尽了风头，而且最为重要的是赢得了县委书记的认可，这是白痴能够做到的吗？老者不仅不是白痴，相反，他比普通人聪明多了。

林走出二招，才下午四点钟，从二招到家顶多十分钟的路程，他想在回村之前先回家一趟看看。自从到祁峰村插队，已有半年没有回家了，可他还是有些犹豫，犹豫什么呢？是怕严母还是怕慈父？都不是，又都是。

严母让他从小就倔强内向，慈父则让他宽厚善良；每次见到严母，都不敢抬头，甚至对母亲微笑时投来的目光，也感到寒冷和恐惧；每次见到慈父，也不敢抬头，怕见到慈父目光里的慈爱和温暖、希冀和无奈，担心自己受不了那份爱，会一不小心流下心酸的泪，痛哭一场。

林在心里无数次地想：亲爱的父亲呀，你为什么老用那种目光，那种充满慈祥爱怜的目光看着儿子呢？你的那种目光，儿子承受不起，儿子感到羞愧难过，你为什么不暴打儿子一顿呢？那样，儿子也许会好受些。

林踟蹰再三，最终还是向家里走去。当他轻轻推开家门，一看母亲不在家，就放心地走进屋里。

父亲正在里屋，他背对着门，好像在桌子前的抽屉里寻找什么东西。父亲的背，如今驼得更厉害了；头顶后部的那片肉色，比原来扩大了一倍，原来的头发，至少还有三分之一是黑色的，现在已经看不到多少黑发；父亲的棉袄后襟，向肩背缩上去很多，露出后腰上宽宽的旧皮带，脚上还是那双已穿多年的旧皮鞋。

见到苍老的父亲，林心里一阵发酸，眼泪止不住流了出来，又怕父亲看见他在流泪，以为儿子在外受了委屈，便赶紧擦去泪水；他不能让父亲看到，就是有天大的挫折和委屈，也不能在父亲面前流泪，以免父亲担心伤心。

“爸，我回来了。”林控制住情绪后，亲热地叫了一声。

父亲听到叫声，缓缓转过头，用目光慢慢寻找；他看到了林、打量着林："噢，是林回来啦。"父亲的老花镜片后闪动着水光；他走近两步，盯着林缓缓地说，"你有半年没有回家了，你不想我们，我们想你呀，孩子，有空多回来看看。"

林突然感到嗓子发堵，眼里重新盈满了泪水，只想放声大哭一场；他说不出话，只能低着头轻轻"嗯"了一声，强忍着不让泪水流出来，以免让父亲发现。他小时候无论受到多大委屈，也不敢在父亲面前流一滴眼泪，怕看到父亲因担心爱惜而又无能为力的复杂目光。

"长高了……"父亲仔细地看着林，"长大了，变黑了，也壮实了，我快要认不出来了，好呀。"

林抬头看了父亲一眼，发现父亲的前额到头顶，只剩下不多的头发，父亲的棉袄前襟快要耷到了膝盖，脸上的皱纹也更多更深了。父亲才五十多岁呀，已尽显老态到如此地步，林感到痛苦，不忍再看下去，扭过头问了一句："爸，妈好吗？"

"她很好，"父亲答道，"她上午下乡看你姥姥去了，估计一会儿就能回来；你先坐下休息，我去给你做饭。"

"不用了，爸，"林赶紧说，"我马上就走，明天村里还有事呢。"

"走？"父亲有些惊讶，"这晚了还走？现在也没有汽车了呀？"

"五六十里路不算远，跑跑走走，三个小时就到了，您当年打鬼子，不是一夜跑过一百六十里吗？"林边说边拿过餐桌上的饭篮，把布袋里的馒头倒出一半，随即向门外走去。

"你等等，"父亲推出他那辆半旧的永久牌自行车，"这辆自行车，你骑去吧。"

"爸，还是留你骑吧。"林没有回头，边说边走出家门。

"我已经分到了一张车票，"父亲推车追了出来，"我明天就去买辆新的，这车留你骑。"

见父亲这样说，林也不再坚持，接过自行车，头也不回地推出大杂院。他不敢回头，沿着那条长长的巷子，一直往前急走，想尽快从父亲恋恋不舍的目光里消失。

林一拐出巷子，立即扎住自行车，跑回巷口处，身子紧贴在墙壁上，流着泪偷偷望向父亲。此时的父亲，正塌腰弓背站立在寒风中，他头上的白发随风散乱飘动，对着巷口处久久怅望……

“好孩子，别哭了，”一个老大娘路过巷口处，她看看林，又转头看看白发父亲，劝说道，“惹大人生气啦？回去认个错吧，大人会原谅你的。”

林再也忍不住泪雨滂沱了，他在想：儿子长大了，亲爱的慈父，老了，自己如何才能报答父亲的这份爱呢？当父亲的身影进了大杂院，林才抹去泪水，跨上自行车，飞驰而去。

林骑着父亲的自行车一路往村里赶，刚出县城，天就黑了下来；好在有半轮弦月斜挂在天空，为前方道路撒上了一层霜白。月亮姥姥，永远是那样默默地、慷慨无私地把柔和光辉洒向大地，让夜行的人们感到温馨。林每次仰望月亮，就像看到亲爱的姥姥；姥姥总是用无微不至的大爱，驱走他心灵的暗影，姥姥永远像一座灯塔，为他的前行道路指引一片光明。

而此时，他想到的却是父亲，家中大照片上的父亲，是那样的年轻英俊、富有朝气，仅仅二十来年时间，父亲已经如此衰老，怎不令人痛心呢？

父亲的驼背、二大爷的驼背，是同一次河工造成的。那是新中国成立后的第二年，沭河、沂河疏浚，骆马湖导流入海，三大工程同时进行；十几万民工奋战在三大工地上，父亲率领区里一万多民工参加会战。当时正值数九寒冬，父亲所在的工地难度最大，为了夺红旗争第一，他脱去棉衣棉裤，和民工们一起苦干；他觉得自己年轻力大身体好，别人一次抬一筐，他一次抬三筐，等第一的红旗争到时，他也被压伤了。

听二大爷说，那次河工上，民工们的热情和干劲从未有过；为了建设新国家、为了幸福美好的新生活，他们倾尽了全力；被那次河工压伤的人何止百千，可大家都毫无怨言；二大爷说那是为了祖国建设，出力受累是应该的。

林终于明白：正是老一辈们用压弯的脊背，顶起一片蓝天。然而，新中国成立已经二十多年，百姓们依然生活在缺衣少食的困苦中，林既为他们的吃苦耐劳感到骄傲，也为他们的贫困感到悲痛心酸。古往今来，历朝历代，都是百姓们奉献最多，获取最少，百姓们最可怜、可爱、可哀，最需要珍惜呵护，他们才是民族真正的脊梁。如果把国家比作一座巨塔，百姓们就是支撑起巨塔的地基和砖石；如果没有这些可敬可爱、可歌可泣的善良百姓，就不会有民族的前途，也不会有国家的未来。

林突然觉得自己小时候太不懂事了，那时常会在心中埋怨父亲：你主政在花生产区，从没拿回来过一粒花生；每次搬家，全部家当装不满一匹马拉的大车，而且车上还坐着大人和孩子；你管辖二十几万亩土地，却糊不饱你自己的肚子，还要我们小孩子从嘴里挤出粮食给你；你的儿子天天在饥饿中度过，家里的饭，从来都是米粒比麦粒大，面条比筷子粗；你的秘书给了儿子一支不值钱的公家钢笔，你从儿子手里要走还给公家，还在党委会上念了三张纸的检查；儿子穿不上新衣，为了多吃几口饭，常遭到母亲的暴打；谁会相信一个干部的儿子，整天在饥寒中煎熬呢？

曾有一位名人说过："父爱是一部震撼心灵的巨著，读懂了他，你也读懂了人生。"的确，父爱是终生无法读完的巨著，是永远飞不出的天空，如果轻易感觉到，那就不是父爱了；能拥有深沉宽广如大海般的父爱，那是一生的幸运。

林现在终于懂了，父亲是亲民不亲子，爱儿更爱民呀。亲爱的父亲，您原谅儿子过去的不懂事吧；亲爱的父亲，您用弯驼的背，为儿子耸起了一座人生之塔！有您这座耀眼的人生之塔，儿子永远不会迷失方向，永远会像您一样做事做人。

林想到这里，感到心酸，感到愧疚，感到对不起父亲，终于痛哭失声……

第六章

林从县城出来，一路向南，为了早点赶回村，他选择了一条抄近道的小路，这条小路不需要经过岗上乡，而是祁峰村北通往县城的一条崎岖山路，这样可以少走十多里地。

当林借着月光，远远看到蒙眬一片的祁峰村时，掏出插队那天父亲送给他的旧怀表看了看：刚过七点。他突然有点兴奋起来，一天没有回家，时间真是漫长，现在好了，马上就要到家了，马上就要回到花的身边，他不知不觉笑出几声。

月光下，右前方的生产队晒场上，那一个个蘑菇状的草垛，还有那人字形的场屋，变得越来越清晰，越来越让林感到亲切，他心里止不住阵阵激动。

突然，一个矮矮的黑影，从村头向北移动，朝着生产队的晒场移来。林立即警觉起来：寒风凛冽、滴水成冰的，谁会这么晚到晒场呢？是不是坏人搞破坏呀？

过去，场屋里只有二大爷一个人看夜；那影子不是二大爷的，二大爷高而弯的身影林一眼就能认出。再说，二大爷在晒场看夜，一般都是在收获季节，现在粮食归了仓，草也上了垛，傍晚时只需过来看看就行，不需在场屋过夜的。

林快速蹬车，赶了过去，那黑影已进入草垛之间，林赶到跟前大喝一声："谁？！"

那黑影显然被吓到，浑身哆嗦、颤声回答："俺……俺……俺是张四。"

一听声音，果然是张四老汉，林赶紧下了车，走上前轻声问道："四大爷，天气这么冷，您到场上干什么呀？"

"俺，俺……"张四老汉吞吞吐吐，好像不愿说，又好像说不清。

这时，二大爷已从"人字屋"里呵呵笑着走出来："是小林子回来啦，听说你去县城开会，散会回来得这么快呀？俺还以为你得在家里多过几天呢。噢，你四大爷是来场屋睡觉的，都进来吧，别在外面站着，天怪冷的，快进屋烤烤火吧。"

林心中还是有些不解：张四老汉为何要来场屋睡觉呢？他本想和二大爷寒暄后就走开，可一想到布袋里的馒头，于是，掀开麦草编的门帘，搀着张四老汉，弓腰低头，半蹲着进了“人字屋”。

林在晒场帮过活，对场屋很熟悉：场屋的长和宽都只有两米多，最高处至多有一米五，个矮的人才可以站直身子，个头高点的人，站起时必须弯腰低头。

进屋蹲下后，林见场屋中间的地上，一小堆碎草末冒着呛人的青烟，下面闪着忽明忽暗的猩红。碎草堆旁放着一盏小油灯——那是小学生用过的墨水瓶改制的，豆粒大的小火苗在瓶口上方摇曳跳动，将三个人的影子不停夸张变化着。林和两位老人一样，塌着腰围蹲在碎草堆边。

也许是林的那声顿喝，把张四老汉吓着了，他进屋后，仍浑身发抖，嘴不停哆嗦着；他眨眼时，左眼睑外翻着始终合不上，露出眼睑里血红的内皮，有点吓人。

林心里有些内疚和不忍，想多陪一会儿再离开。

“四哥，你冷吗？”二大爷见张四老汉不停抖动身子，关切地问。

“嗯。”张四老汉哆嗦着回答。

二大爷拨了拨面前的碎草，想让火烧旺一些。“四哥，你还没吃晚饭吧？”二大爷又问。

“嗯。”张四老汉还在哆嗦，声音中有些哭腔，眼里也闪动着泪花。

“是老六家里的，又让你生气了？”

“嗯，嫌俺吃闲饭，骂俺一个下午了。”张四老汉有点悲愤，又有点悲伤，眼泪鼻涕也流了出来；他在脸上抹了一把，把眼泪鼻涕抹擦在自己的袄袖上。

“这个老六家里的，怎能老是这样呢？”二大爷有点生气，“四哥，你别难过了，俺回去给你拿点吃的来。”

“二大爷，您不用回去拿，我这里有馒头。”林赶紧从布袋里掏出两个馒头，递给张四老汉，“四大爷，您在火里烤烤吃吧。”

张四老汉顿时愣住了，等他回过神来，才用颤抖的双手哆哆嗦嗦接过馒头，却拿在眼前看了又看，放在鼻前闻了又闻……突然，他泪流满面地哭出声来：“呜呜……好孩子，你四大爷，已有二十五年，呜呜……没吃过白面，香馒头了，呜呜呜呜……”

二大爷掉泪了，林的泪水更是夺眶而出。

二大爷擦了擦泪眼，走出场屋；不一会儿，他抱回一大抱麦草放在张四老汉身边，铺围成一个中间凹的草窝窝，轻声说："四哥，你坐到草窝里去，会暖和些。"

张四老汉双手抱着馒头，慢慢挪动身子，十分艰难地挪向草窝；他挪进草窝后，双腿盘坐，头一个劲地往衣领里缩，上身也极力下缩着，以便将破旧的棉袄垂下，好让棉袄搭到草窝上，他要用这种特殊的坐姿睡觉。

在张四老汉挪动时，林见他的光脚上只穿了一双破草鞋，腿上只有一条破烂不堪的薄单裤。这是多么可怜的老人，一个二十五年没吃过白面馒头、在寒冬里只穿草鞋单裤的老人，他将怎样度过此后漫长的酷寒呢？林越看越难过，越想越心酸。

"走吧，孩子，"二大爷见林在伤心，劝林说，"趁现在暖和，让你四大爷睡会儿吧。"

林从布袋里又掏出两个馒头，放在张四老汉身边的麦草上，便和二大爷出了场屋。他们走出了很远，仍能听到场屋里不时传出呜呜哭声。

"四大爷原来不是住在生产队的牛屋吗？"林有些不解地问。

"唉，张四往年寒冬天，都是住在生产队牛屋的，图的是牛驴身上有热量，暖和些。"二大爷叹气说，"哪知道才换的饲养员老汤发现牛驴槽里的饲料经常少，怀疑被你四大爷夜里偷吃了。你说，那饲料都磨成了稀糊水，又是生的，又掺在碎草里，他能偷吃？"说到这里，二大爷有些愤愤，声音大了起来，"别说不能吃，就是吃了，也不该报告队长呀，结果就被赶了出来，不让张四在牛屋里住了；孤苦伶仃的老人，寒冬天不来场屋住，上哪住呀？"

"四大爷不是有个六弟吗？吃住在他家不行吗？"

"唉，"二大爷又叹了一口气，"这年月哪家不穷？就是亲兄弟，谁又能帮得了谁呢？何况他六弟又不是胞兄弟，只是一个爷爷奶奶的堂兄弟，而他六弟媳妇又死不讲理，他六弟也是心有余而力不足呀。"

"四大爷个头真矮，他为啥蹲着走路呢？"林想起张四老汉矮矮的个子，驼背，蹲着走路，有些奇怪地问。

"唉——"二大爷长长叹了一口气，"张四这个人，当年可不简单哪，他曾是远近闻名的响当当人物。"二大爷边走边讲起了张四老汉的故事。

说话间，二大爷到了自家院门前，他见堂屋门已经关上，里面没有一丁点亮光，便对林说：“孩子，天也晚了，花和她娘也该睡下了，你要是不嫌二大爷身上脏的话，今夜就跟二大爷住吧？”

林连忙满口答应，他正想听完张四老汉的故事呢。

直到鸡叫了三遍，关于张四老汉的故事也没有讲完。二大爷讲着讲着，睡着了，林却怎么也睡不着，他在想着张四老汉的坎坷一生。

张四老汉出身贫寒，父母去世早，从小就四处漂泊流浪；后被一个土匪头子收养为义子，开始练拳脚，习枪法；长大后，他身材魁梧，力大过人，枪法准，武功高，吃喝嫖赌样样占全，在当土匪的几年里做了不少坏事，成为祸害一方的悍匪。

不过，他祸害的都是有钱人家，对穷苦百姓很少骚扰。据说张四年轻时淫劲最足，每天晚上都要有女人陪他睡觉，和他睡过觉的女人个个害怕他。因为他下面的家伙又长又大，年长经验多的女子，也只需几个回合，便个个失神落魄、胆丧魂飞。缺少经验的年轻女子，每次和他上床，都要落花流水、死去个一二十次。看到她们苦苦求饶再不能继时，张四才心软作罢，可又总是意犹未尽心有不甘。每次去妓院，那些妓女都推三阻四，找借口躲他。

有一次，妓院老鸨见妓女们纷纷躲避，实在没有办法，只好亲自上床伺候。那老鸨在风月场阅人无数，没有哪个男人在她面前不败下阵来的。哪知，那老鸨和张四刚交手时还抵挡了几个回合，当张四开始上冲下突、左旋右转、轻提猛进时，老鸨已头晕目眩身子瘫软，渐渐把持不住、接不来招。那张四运足全身的狠劲，集中在腰腚上，一阵暴风骤雨连续几百次下来，那老鸨早已双眼迷离大喊一声：“不行”就昏了过去。老鸨醒来，床上的被褥湿透了，她的脸如同一张黄蜡纸，像刚刚生过一场大病，四肢像被抽了筋一样抬不起来。她见张四还要再来，连忙哭求：“亲爷、亲大、亲爸，你行行好饶了俺吧，俺快要死了。”以后，张四再去妓院，老鸨不仅不收他的钱，还一次安排好几个妓女服侍，担心一两个人伺候不了张四。

在一次打劫中，张四不仅抢了一个大户的财产，还杀了财主夫妇，并霸占了财主十五岁的女儿，哪知头一夜，只几下，就把那个花季女孩活活奸淫致死。当地人吓唬小孩，只要说“张四来了”，正哭的小孩立即就能止住哭声。

后来，张四又对义父的小老婆打起了歪主意；义父知道后，念他武功高强，留着有用，没有杀他，而是在酒里悄悄下毒废掉了他的下身工夫，使他从此空有大袋囊，再也不能祸害女人了。

张四被废后不久，一次土匪之间火并，张四的义父被杀，义父的小老婆被另一个土匪头子抢跑，张四也落荒逃回家乡。由于桀骜不驯强悍凶猛，祁峰人都怕他，他便顺理成章地被地方推举为保长。自从张四当上保长后，地方倒也安宁了不少，村里的无赖和泼妇再也不敢寻衅滋事了。

抗日战争爆发后，张四听说日本鬼子烧杀抢掠无恶不作，出于义愤，投奔沂河抗日游击纵队，渐渐成为地方抗日武装中的一员虎将。每次打仗，他都眼睛冒火，端着机关枪冲在最前头；在他的机枪下，日本鬼子像放“草个子”一样纷纷倒下；由于他杀敌勇猛战功显著，不到三年时间就当上了机枪连的连长。

日本鬼子投降后，他本应该和战友们一样参加解放军的，可他却跑回家乡重新当起了地方的“顽保长”。别人都有些不理解，他却说：“俺当兵就是为了打鬼子，现在鬼子打跑了，俺还当兵干什么？”

新中国成立后，他差一点被当地政府镇压。据说是他手下的一个排长后来干到了团长的人，说他抗日有功，为他说情，才使他免于一死。虽然有了“贵人相助”，死罪已免，但活罪难逃，作为“四类份子”，他要长期接受地方政府的监督改造。

在新中国成立初期的那次大河工上，人家都是两人抬一筐土，张四和二大爷，都是一人挑两筐土；两人都成了河工模范，都被压驼了背。张四对自己驼了背一点也不后悔，说是只要有白面馒头吃，天天都想上河工。自从那次河工后，他再也没有吃过白面馒头，因为他有历史问题，属于“四类分子”，永远只能干最重的活，吃最差的饭，孤老终生。

“文化大革命”开始后，已经五十多岁的张四，作为“牛鬼蛇神”，被关押批斗。一次村里要迎接上级检查，村干部忙着各项准备工作；由于检查组第二天一大早就到，村里连夜赶写张贴标语口号，人手不够，就指派被关押在村部的张四帮着贴标语。不识字的张四，将“毛主席”那张纸贴正，却把“万岁”那张纸贴倒了；由于天太黑，大家都没发现，可第二天一大早被检查组发现，张四立即被定为“现行反革命”，罪行是恶毒攻击伟大领袖。

他天天跪在碎石上反省，两个月下来，他的膝盖严重变形，两条腿再也站不起来了。从那以后，他只能蹲着走路，原来比他矮一头的人，如今都高出他两头。

即便这样，民兵营长马三，仍变着法子整他。

马三的父亲，曾是沂河抗日游击纵队沈司令的马夫，马三是冬至那天在父亲的马棚里出生的，所以取名叫马棚。马三多次在众人面前夸耀自己的身世和家世如何了得，说母亲临产时还在做革命工作，说父亲杀敌如何英勇、牺牲如何壮烈。

大家每次听了都热泪盈眶无比景仰，只有张四在背后不以为然，说马三母亲根本不是去马棚里工作，而是那天过节，红烧肉和白面馒头随便吃，结果，他母亲吃红烧肉和白面馒头吃得太多，把马三给顶了出来；说马三父亲更不是英勇杀敌壮烈牺牲的，他本来就是个胆小鬼，遇到日本鬼子吓得两腿哆嗦向后躲，而且经常贪酒误事，多次受到沈司令的责罚，最后终因醉酒后坠河淹死的。

马三对如此不敬的张四恨得牙根痒痒，安排张四跪碎石，把他双腿折磨残废后，又开始对他“别烧鸡”：将张四的两只胳膊别向背后，用细麻绳拴住张四手腕，麻绳的另一端吊在房梁上，让张四的两脚悬不沾地，疼得张四哭喊求饶，只半天工夫，张四就昏死过去好几回。马三见张四又一次苏醒过来，一边扇着张四的脸，一边问：“张四，俺是在哪里出生的？”

“在马棚里。”

“俺娘为什么在马棚里生俺？”

“她在干革命工作。”

“俺父亲杀敌勇猛不勇猛？”

“勇猛、勇猛。”

“谁是胆小鬼？”

“俺是胆小鬼。”

“对你进行专政，你感冒吗？”

“马营长，”已经伤风感冒多日的张四，连忙涕泪交零地哭求，“俺早就感冒了，求求你放俺下来吧。”

马三顿时怒起：“俺叫你感冒！”话音未落，朝张四左脸就是一拳。

张四的左脸神经被这记重拳打坏，左眼睑从此永远耷拉下来，即使睡觉时也露出血红吓人的眼睑内皮。

后来，一个乡干部下村时发现张四的双腿已被折磨致残，怕再折磨下去会出人命，就指示村里把张四放回到生产队劳动改造。

张四又一次得到“贵人相助”，劫后余生的他，多次对人讲他福大命大造化大，无数次死里逃生；譬如他在战场上打了那么多次仗，消灭的日本鬼子，没有一百至少也有七八十，可他连一块伤疤也没留下，这不是福大命大是什么？

他回到生产队劳动改造，不能干重活，只能在田头看庄稼。他觉得能填饱肚子已经谢天谢地了，不再奢望能吃上白面馒头。

据说他手下的那些兵，有的当上了政府高官，有的当上了将军，他一心一意只想好好改造争取当个本分的农民。

当别人替他抱亏时，他直摇头：“不亏，不亏，人家沈司令，手下有两三千条枪，那官有多大？不也死在了战场上？俺还有条小命就不孬了。”

张四每次提起沈司令，总是充满着景仰和羡慕；说沈司令先后有好几个妻子，相好的也不少，据说每个妻子相好的，都给他生下过孩子。

有一次，张四被批斗时，一个造反派头头正好路过；张四一眼就认出，那不是沈司令的儿子吗？因为那造反派头头和沈司令就像从同一个模子里刻出来的，一模一样不走形。张四因此有了底气，高声大喊：“小沈子，快放俺出去！俺是你父亲的老部下——张四！”

那造反派头头好像没听见一样，从旁走过，连看也没看他一眼；批斗他的造反派大声呵斥，不许他乱喊乱叫。张四不服气：“刚刚过去那人，不是姓沈吗？他父亲不是抗日英雄沈司令吗？”

“你净胡扯，他不姓沈，他是我们X派的白司令，他父亲可是有名的烈士白家莘呀。”

张四一听到白家莘这个名字，顿时就明白了；此人曾是自己手下的一个排长，长得人模狗样，也是个贪生怕死鬼，要不是沈司令护着，张四早想枪毙他多少回了。一次行军途中，白家莘下队到树林里解大便，被地雷炸死；白家莘老婆听说后，不但没怎么哭，有时还偷偷笑呢。

白家莘老婆倒是蛮漂亮的，整天就知道在沈司令面前送“菠菜”。大家背后都说白家莘提排长，多亏老婆长得好。张四心想，那造反派头头，一定是白排长老婆和沈司令生的，不然的话，怎么会和沈司令像得切骨呢？

张四虽然在大伙面前说自己不亏，心里却觉得实在太亏：他出生入死战功赫赫，混到如今，连个白面馒头也吃不上，他是一千个不甘心一万个不服气。他天天在想夜夜在盼，希望有一天能时来运转吃上白面馒头。

他被放回生产队劳动改造，正赶上快要麦收，原指望生产队能分些麦子，也好换点白面馒头吃。哪知麦子后期受灾大减产，等晒干扬净后，交足国家公粮任务、留足种子，已经所剩无几；平均算下来，每人只能分到几斤麦子；作为坏分子年年分不到细粮的张四，这次就更不可能了。

生产队分粮的时候到了。二大爷向来思想先进，每次都等别人领过粮食后才去领，这次也是；当他傍晚最后去时，只剩下一些连土带碎石的孬麦子。

二大娘见领回来的都是孬粮，自然是一番抱怨，但事已至此，抱怨又有什么用呢？她只好将粮袋上部的好粮收藏起来，再把下面有土有碎石的孬粮倒进瓦盆里进行淘洗。晚上为了节省灯油，她借着月光在院子里细细淘慢慢洗，把能吃的粮食一粒粒淘拣出来。

当瓦盆里再没有一颗麦粒时，二大娘才把盆底的碎石泥水泼掉；她突然发现散落一地的土石中，有一颗小石子在月光下闪闪发光，她觉得奇怪，便上前捡了起来；小石子虽然只有豌豆大小，却比一般石子重很多；她拿起小石子在菜刀上用力一划，菜刀竟被划出一道深痕来，她既惊又喜：这是不是前些年地质队天天到地里寻找的金刚石呀？

第二天早上，二大爷赶紧将那颗小石子送交生产队长，后来又层层上交。经过专家认定，果然是颗金刚石，据说有二点几克拉，能值不少钱呢。不久，上级奖励生产队一头犍牛，村队开大会，不仅为二大爷披红挂花，还奖励一百斤细粮。

这事被当地人传为佳话，张四更是羡慕不已。他心想：这样的好事，自己怎么没有摊上呢？从那以后，他天天蹲在庄稼地里，手拿一根小树棍，不停翻弄着沙土碎石子，希望找到闪闪发光的金刚石。

连续几年里，他翻遍了生产队近千亩土地，始终没有找到日思夜想的金刚石，倒是在最北面的那块麦田里，找到几块破碎的瓦罐片。后来这事被县文管所知道，那几块破碎的瓦罐片也被收走。不久，上面派来了考古队，对那块地进行了几次挖掘，每次都有重要发现。考古队称那块地是宝地，还命名叫“祁峰文化”出土地。

队里的土地翻找过一遍后，他又想起前些年地质队采挖过的那十几个废沙塘。既然地质队去那里采挖，说明那里有金刚石的可能性最大。他又用了几个月的时间，把每个沙塘都详详细细地翻了一遍，还是没有找到能够换回细粮、换来白面馒头的金刚石。

每当月亮出来，他都会蹲行在田间地头。在月光下，最容易发现金刚石，因为金刚石在月光下会反光。他几乎每天晚上都能看到发光的物体，可都不是金刚石，而是野兔的眼睛、夜鼠的眼睛、黄鼠狼的眼睛，还有会跑会跳的鬼火；每个夜晚，他都要等到月亮落山才回去。

他日复一日，年复一年，披星戴月，无论寒暑，孜孜不倦地进行着寻珍探宝工作。

两年前中秋月圆的时候，别人都在家里团聚。他想：在哪都是孤苦一人，还不如到地里走走，碰碰运气。

他见圆圆的月亮爬上了村东的山冈，便向村西蹲行而去。月光下，他那矮矮的影子，始终在他前面结伴同行不离不弃；他没有亲人，只有自己的影子和他最亲最近。他大声祷告着："老天爷呀，让俺找到金刚石吧，俺有了金刚石，就能吃到白面馒头了。"

当他蹲行到那片"密林"地时，圆月已经挂上了东南天空，阵阵秋风吹来，庄稼地里哗哗作响。他沿着已经成熟了的玉米地，逐趟逐行地蹲走寻找着。

突然，他发现玉米地里有两个人影趴在地上，便大声喝道："谁在里面?！干什么的?！"

那两个人影听到喊声，慌张爬起，提着裤子冲出玉米地，向东面的村庄跑去，四条没有穿裤子的白腿，在月光下格外刺眼。张四没有看清两个人的脸，从背影看，女的好像是六队的"痦子"媒婆，男的像是六队名叫王光成的中年光棍。

张四感到晦气，本来是想碰碰运气的，结果碰到了邪气；他无心再寻找下去，沿着来时的路向村里返回，当蹲走到大路时，却鬼使神差地回头看了一眼，顿觉眼前一亮：不远处的玉米丛中，有两个小亮点，一闪一闪的。他赶紧蹲走过去，快到跟前时，那两个亮点忽然消失；他走到刚才亮点发出的地方，发现有个小土堆，旁边还有一个洞口，原来是地鼠洞，刚才闪光的亮点，是从地鼠的两只眼睛里发出的。他有点失望，有点生气，又一次被地鼠捉弄，他要报复!

怎么报复呢? 想了半天，也没有想出好的办法来。他忽然想起有人说过，地鼠怕淹，对，就淹它，不仅要淹死它，而且还要臊死它。他解下裤带，对着地鼠洞开始小便，他开足马力，将小便全部灌入地鼠洞里。

他终于解气又解了恨，提上裤子，系好腰带，刚准备离开，却忽然发现刚刚被小便冲刷过的地鼠洞壁上，一点小小的亮光映了出来。他怀疑是地鼠眼睛，仔细看时又不像，再近前一看，是一颗小石子；他一阵欣喜，顾不得那小石子上还有湿湿的便溺，赶紧用手把小石子抠了出来，并用衣袖一点点擦去小石子上面的湿泥，对着月亮，放在眼前看了又看，瞧了又瞧：那小石子晶莹剔透，闪闪发光……他心头不由得一阵激动，两行泪滚落下来。

张四抠出来的，果然是颗金刚石，而且等级极高，重量有三点多克拉，价值高得惊人。他想，这回白面馒头是吃定了。

这次，上级不仅奖励生产队一头牛，还奖励村里一台手扶拖拉机。村里经过反复研究，认为张四有“重大立功表现”，决定把他的“坏分子”帽子摘掉。村干部作出决定时，郑重强调：对张四这样的奖励，已经够重够大的，无须再披红戴花、奖励细粮。村队干部一致认为，对张四来说，这无疑是天大的喜事，他应该千恩万谢才对。

哪知，张四嘴上感激不尽，心里却并不满意，想吃白面馒头的梦想又破灭了……

林从二大爷家醒来，太阳已经爬到三竿高，菊早已去了村东的山冈揎树枝。林在二大爷家匆匆吃过早饭，把布袋里的馒头留下一半给二大爷，拎着剩下的馒头，向花的家里走去。

来到花家院子里，见家中没人，他扎下自行车，放下馒头和新棉袄，快速向东山冈跑去。他一边跑一边回想几天来萦绕心头的苦闷和烦恼：天天既怕见到花又想见到花，每次听到花的脚步声，都会兴奋异常，每一根神经每一根汗毛都会警觉得直直竖起，哪怕花的脚步再轻，每一下都擂得他心疼，这种感觉奇妙而又奇异，在他十七年的记忆中从未有过，莫非这就是恋爱吗？令人痛苦而又甜蜜。林不得不承认，自从第一次见到花就已经爱上了她，而且越来越爱、越爱越深。

自从那件令人尴尬的事情发生后，林偷偷观察过每个人，好像并没有看出异样来：花的娘依旧热情不减，周到地照顾着他的生活起居；秀还是像往常一样，一有空就往他的屋里跑，除了缠着他讲故事，还要他辅导功课。秀快满十四周岁了，个头已经高过林的肩膀，可身体仍是小女孩模样，还没有发育成为青春少女，俊美的脸上始终充满着稚气，有时会一眨不眨地盯着林看，调皮时还经常倚到林的怀里撒娇撒欢。秀的学习成绩进步很快，在六年级名列前茅，再有半年，考上重点初中应该不成问题。秀总是夸林解题简单好懂，语文也辅导得生动有趣，林心知肚明：这是秀“言过其实”地虚夸他，他怎能和专业的教师等量同比呢？

当林跑到东山岗的那片杨槐树林时，见大家正在揎树枝，便远离大家视线，躲到一个偏僻的地方，卖力地揎着树枝。别人休息他不休息，他想用劳累排解胸中块垒，用汗水洗刷连日来的内心羞愧。

中午收工时，大家将揎下来的树枝扎成捆，拖回村里。林揎的树枝很多，树枝捆也大，又是在灌丛中行走，因而行走得十分吃力；他身上已有多处伤口，都是被杨槐树枝上的尖刺扎破的，他落在了最后面。

突然，灌丛中窜出一条长长的花斑蛇，由于受到惊吓，林失声惊叫出来。走在前头很远的花，听到了后面的惊叫声，停下脚步回头张望，看见林惊慌失措的样子，连忙放下树枝捆，拔腿往回跑；她跑到林的面前，拿起一根树枝，将蛇挑到远处的灌草丛中。

花重新回到林的身边，见林手上的伤口还在流血，眼睛一下子红了，她连忙掏出花手绢递给林，要林把流血的手面包扎好，而她立即拉起林的树枝捆就走；林顾不得包扎手面，而是快步跟上，和花一起拉着树枝捆，往大路走去。

林此时不敢看着花，也不敢说一句话，生怕勾起花对那件事的回忆，引发不快和尴尬；他只能红着脸，低着头，忐忑不安地行走着，偶尔偷偷瞟一眼花那用力跋涉的修长美腿。

由于紧张得有点分神，林突然被灌木枝条绊了一下，身体失重而前扑，重重摔倒在地上；在花的面前摔倒，无疑是最丢面子的事情，林顿觉万分羞惭，想用最快的速度爬起来，使窘况在瞬间消弭；哪知用力太猛，刚站起来，身体再次前冲，又一头栽倒在地。林羞愧得无地自容，多么希望面前有条地缝，好让自己一头钻进去，再也不出来见人了。可惜没有地缝，他只得手脚并用，一骨碌从地上爬起。让他庆幸的是，花并没有看到他刚才的狼狈相，因为花的脸已转了过去，一只手还挡着眼睛。林松了一口气：花没看见，真是谢天谢地！

到了大路，花放下树枝捆向前跑去，林不知哪来的勇气，突然大喊了一声："花，谢谢你！"

花停愣了一下，转头嗔怪说："谢什么？俺是你姐。"她说完立即跑开。

林发觉花说话时脸上有泪水，像是刚哭过，是她想起那件事生气了吗？还是……见花即将跑远，林顾不上多想，对着花远去的背影，又喊了一声："花，你真好！"林感觉自己的嘴张得很大，用的力气也不小，可发出来的声音，十步之外的人难以听到。

后一句，不知花听到了没有？无论听没听到，林都觉得自己今天语出惊人，终于说出了感谢、赞美的话。尽管有两次摔倒的难堪，还是认为今天的表现上佳，顿时感到一阵轻松。像他这样内向羞涩的人，如果不是憋到了极点，是无论如何也张不开口的。

下午，大家来到更东面的黄泥岗揎树枝；那里石塘遍布、荆棘丛生。

花仍和菊在一起，见到林时，花还是脸一红，头一低，躲开了林的目光。林总觉得花还在生气，可能还是为了那天的事；花可是村里有名的文静好姑娘，被冒犯了，受到了深深的伤害，怎会这么快就原谅他了呢？整个下午，他还是躲到远处，心里一直惴惴不安。

林在用力揎树枝时，一不小心，将石塘边的一块大石头踩掉下深深的石塘里，随即发出一声巨大的轰响，引得大家一齐惊看过来；林顿觉脸上热辣得冒火，羞愧得想找个地方躲藏起来。

当夕阳缓缓坠向远山，大家开始捆扎树枝，准备回村；林却故意放慢速度，想等众人都离开后再走。见大家陆续走出树林，他刚准备捆扎树枝，忽然发现已经走出很远的花，在大路上频频向后张望。林此刻怕见花，怕花生气让他难堪，索性坐到地上，不让花看见，想等花走远些再捆树枝。

林刚坐下，一阵急促的脚步声便从前面大路传来；林赶紧弯腰躲进灌丛中，透过灌草向外瞭望，果然是花；她气喘吁吁地跑过来，上挺的胸部在快速耸动，嘴里像烧开的茶壶，往外不停冒着热气，林看了直想笑。

花一边跑一边四处张望，当跑到林刚才揎的散在地上的树枝旁四顾无人时，好像有点急了，她快速跑向一旁的石塘，站到石塘边探头下望，发现下面没有人，迅即跑向附近的另一个石塘，再探头下望，一看还是没有，又向更远处的石塘跑去。她此时的眼睛里已经含着泪水，边跑边大声喊：“弟弟，你在哪里？姐在找你……”喊声里渐渐夹杂着哭声。

到了这时，不能再躲再藏下去了，林满脸羞愧地走出灌丛，高声说：“花，我在这里。”

花猛回头，见林安然无恙，立刻破涕为笑：“吓死俺了，你刚才躲哪去啦？俺还以为……”下面的话没有说完，花连忙抹着泪，跑回到树枝旁，快速捆扎起来。林见花那美丽的脸颊上有湿湿的两道泪痕，既心痛，又心酸，想过去帮她擦掉，可又不敢造次，只能静静站着，静静看着心上人。

花捆好树枝后，像中午一样，拖起就走，林赶紧从旁帮着一起拖。距离大路只有一百多米的路程，林心里只想说一句话：“花，我爱你！”在这短短的路程里，他至少张了一千次嘴，就是发不出声音，只能低头默默走着，默默张着嘴，默默想流泪；他不敢看身边心爱的花，一眼也不敢看；他希望这样默默地一直走下去，又希望早点结束这难挨的煎熬。

终于到了大路，花像中午一样，放下树枝捆快速跑开。见花就要跑远，而且四周没人，不能再等了，绝不能再放过这次大好机会，林终于要鼓足勇气喊出来了，要把深藏心底几个月的那句话喊出来，为了给自己壮胆，他使出全身力气，放声大喊：“花——，你——爱——我——！”

他大喊过后，心里觉得无比畅快，终于在心爱人面前淋漓表达、一吐心声了。忽然，他又有点糊涂、有点不明白了，本来心里想喊的是“我爱你”，怎么到了嘴上，竟变成“你爱我”了呢……

班长再次大喊起来，打断了林的回忆，原来已经下午三点二十，该起床去上小夜班了；林像队友们一样，快速穿衣洗漱，冒着漫天大雪向食堂跑去……

第七章

这场突如其来的暴雪寒流已经持续三天了，漫天飞舞的风刀雪刃依然锋利未减，继续肆无忌惮地侵袭着中国北方；位于黄海之滨的临海县大地，已被冰雪覆盖得严严实实，村庄、道路、河流，悄然于银装素裹之下，未留下一点点本来面目。在临海县城西北七十里的雪原上，有座高高矗立的钻塔，正昂天喧嚣、不屈抗争于漫天飞雪滚滚寒流之中。

钻塔西南二里多远的一片高亢雪地上，用木板搭成的四排简易棚屋，围成一个方方正正的小小院落，在周围空旷的雪野中，显得异常冷清孤单。

刚过下午三点半，一群人从小院落里涌出，他们迎着搓绵扯絮乱舞梨花的漫天飞雪向着钻塔艰难走去。这群人都穿着同样肥大臃肿满是油污的灰布棉服，“保尔式”厚棉帽上都加扣着宽檐柳编安全帽，满是油污的高筒翻毛皮靴也深一下浅一下跋涉于深雪之中；他们个个像神态慵懒疲惫不堪的叫花子。

二十八天前刚满十九岁的林，也走在其中；他显然还停留在先前的回忆中，还没有完全摆脱梦中的惊疑和迷茫，有些混乱的思维又让他此时产生了幻觉：身旁的人都成了北极的“白熊”，而他自己却变成了怪异的“白象”——虽然脸上没有象鼻，可嘴里鼻里却喷出三根长长的雾状白色象牙。

林湿雾迷蒙的眼瞳，虽然看不清周围的一切，却能清晰感知几百里外的人和事，在通达心灵深处的爱之路上，花的音容笑貌一直都在，花的娇美倩影始终伴行……

这是林来到钻机队的第三十三个工作日；虽然身穿两件肥大且厚的棉袄，甚至把心爱的花为他编织的那件他一直舍不得穿的毛衣也穿在身上，可不耐寒冷的身子还是无法控制地哆嗦颤抖着，他是第一次遭遇和领教如此超越生理极限的寒冷；一想到明天是冬至，就情悸阵阵心酸不止，不能在花的身边为她庆贺生日，不能不感到遗憾伤感；他此刻只能在心中一遍遍为心爱的花祈福。

林在十九年生命中最爱两个人：一个是姥姥，一个是花。姥姥是他童年快乐的记忆，是指引他一生的启明灯塔；而花是他两年多来刻骨铭心的精神伴侣，是赐予他幸福、感怀至深夫复何求的爱情之塔。

虽然来钻机队一月有余，林还是不适应钻机队的生活；抛开思念故乡思念亲人之苦不说，工作三班倒，吃饭没规律，生物钟完全被打乱。这些还都是小问题，想起来就让人生畏的是繁重劳动强度和恶劣工作环境；那一二百斤重的钻杆，每天扛来搬去几百次，几十斤重的大管钳拿在手上，要像乐队指挥手里的那根小棍一样，上下翻飞，挥舞自如；一班工作下来，腰酸腿痛，手无缚鸡之力。在钻机工作八小时，耳朵几乎被震聋，因为那钻机的噪声实在太大，即使两个人面对面大声说话，即使看清楚对方的咽喉嗓管，也还是听不清对方说了些什么，相互交流只能靠手语比画；下班后睡了一觉，醒来还是头晕目眩，轰轰作响，像是得了脑震荡。

最令人恐惧的是太危险。站在高高的钻塔顶，已经让人恐高害怕；而高速旋转的钻机，像发疯一样喧嚣震颤，震得钻塔不停摇晃，塔上人稍有不慎，随时可能栽到塔下；如果从十八米高的塔顶摔下来，其后果可想而知。塔下的危险性同样很大，那钻机飞旋，绞索疯转，都像是恶魔凶煞，随时会咬人吃人。在钻机工作，不仅要全神贯注，还要左顾右盼，就是头顶和后背，也要时刻长着眼睛；因为钻塔上哪怕掉下一颗小小的铁钉螺帽，也能叫塔下人即刻命丧黄泉。

唉，偏偏又碰到百年不遇的严寒暴雪，听当地人说，往年就是到了腊月三九天，也不像现在这样寒冷的；钻机平台上的泥浆冰冻已足足有半尺厚，在如此环境下工作，其难度和危险程度不言自明。

经过二十分钟的艰难跋涉，这群人终于走到钻塔前。林仰望面前的高高钻塔，想到以后要像老钻工们一样，在钻塔上度过漫长的岁月，与花过着长相思不常聚的生活，心里就感到失落沮丧，就有述说不尽的悲酸凄凉。他虽然努力保持着仰视塔顶的角度，保持着想念心上人、不让泪水流出眼眶的角度，可在刺骨的寒风中，冰冷的脸颊还是突然有了一丝温热，他怔愣一下，赶紧偷偷去擦汹涌而出的泪水。还好，大伙没有发现，就连走在身边的两位师傅——吴芸和苏荣也没有觉察到。

吴芸和苏荣，是两个漂亮娇小的女钻工，都刚二十岁，她俩在油污肥厚的工作棉服里都加穿了轻暖的羽绒袄，此时已看不出原本姣好苗条的身材；两人都是清秀雅致的美人坯子，这应该得益于她俩山清水秀的南方家乡；两人说起吴侬软语的家乡话，林虽然一句也听不懂，却总觉得很好听。和林一样，她俩也曾是插队知青，只不过比林早到地质队半年；在地质队里，晚来一天就是徒弟，早到一天就是师傅，这是天经地义再正常不过的事情，何况她俩确实手把手教过林呢。

在冰滑的机台上，林的班长——有着十年钻机经验的老钻工，快速完成与白班的交接手续，并很快安排好班内分工；大家迅速进入各自的操作岗位。遵照班长指令，林快速爬向十八米高的钻塔顶，他要在不足半平米的塔顶平台上，负责塔上的各项操作工作。

一爬上塔顶，林习惯性地向着西南远方眺望，他想念西南六百里外的沂河湾和马龙山：沂河湾，那是姥姥湾，美好的童年梦，永远的心灵湾；马龙山，那是插队的地方，也是心上人的山，让他无数次梦萦魂牵；每次站到钻塔顶，他爱看傍晚的西天红霞，爱看清晨的西天弯月；那红霞处有亲爱姥姥的慈祥笑脸，那弯月下有心上人的美艳容颜；那一老一少两个身影，总是天天盈着微笑交替出现在他的眼前；那两个秀外慧中的美女，总让他向往依恋热泪潸然；那两个远在故乡最亲最爱的人，总让他亲切温暖动容心酸；她们心地是那样的善美，总让他惭愧不安感到汗颜；她们虽然都不识一字，却总能教会他怎样做人大爱无边；她们付出的深情和爱，总让他感觉得太沉太重永远无法偿还。

此刻，虽然登高，却不能望远，四周只有凛冽寒风漫天飘雪，到处雪雾茫茫，到处凄清而寒冷，林的心一阵悸动，浑身冷得发颤；想到冬至正在前所未有的寒流中来临，想到慈祥的姥姥，她那瘦弱的身体能否经受住这场严冬；想到心爱的花，她的生日到了，不能送上礼物、当面庆生，只能在这钻塔顶，只能在这寒冷的旷野中，遥寄祝福、遥寄思念，林的眼中不知不觉又有了酸楚泪水。

塔下的钻机开始发疯一样喧嚣飞旋起来，钻塔也开始剧烈地颤抖摇晃；林立即收回思绪，瞪大眼睛，仔细观察塔下队友们的一举一动，全神贯注地细心操作着。

林所在的二班，共有九名钻工，副班长休探亲假还没有回来，和林一同招工来到地质队的新钻工李伟平，又受伤请了假，现在班里只剩下五男两女七名钻工，人手显得很紧张。为了赶钻井进度，大家不得不手脚并用争分夺秒。

然而，到底还是人手少，忙中出乱，刚开机不到十分钟，塔下就发生了严重事故，新钻工王裕明滑倒在冰冻的机台上，一百多斤重的钻杆砸中他的脚踝；王裕明当时就瘫在地上无法站起，他痛苦的表情说明伤得不轻。班长当即停下钻机，留下林和两名女钻工值守钻塔，而他迅速背起王裕明，和另外两名男钻工一起，冒着漫天大雪，向八里外的九里乡卫生院匆匆而去。

看到王裕明又受了伤，而且如此之重，林的心里异常难过：同一天来到一号钻机队的八名新钻工，分在他们班的三个人，现在竟受伤了两个，只有他一个人还完好无损；他既为自己安然无恙而感到幸运，又为自己不能替他们分担痛苦而感到伤感。

林在心里反复思忖：王裕明会骨折吗？他不该那样背运倒霉吧？林知道骨折是很痛苦很麻烦的事情，需要很长一段时间才能康复。林曾有过手臂骨折的经历——那是一次生死关头，他和花相互施爱、倾情奉献付出的代价；为了对方安全，他和花都舍命相搏，用行动诠释就死不惧的爱情真谛。林不由得轻轻抚按一下曾经骨折过的左手臂，虽然早已康复，可一切就像刚刚发生过一样，历历在目，惊险可怖，什么时候想起来都会感到后怕，可后怕之余又会感到丝丝甜蜜。

就那次险情造成的后果而言，花的损伤要更大些；没有哪个爱美女孩愿意在额头上留下哪怕芝麻粒大的伤疤——况且花的额头不是“芝麻疤”而是“黄豆疤”；就是林也宁愿手臂骨折也不愿脸上留疤的，因为他不能像花一样用头发刘海遮挡掩饰。

由王裕明的受伤，林想到前天夜里受伤的李伟平——与林一起招工来到钻机队的同籍老乡。虽然李伟平也在农村插过队，可他父亲是那个乡的党委书记，所以李伟平没有真正干过一天农活。钻机队的苦累和危险，李伟平确实无法承受，碰巧又遇到罕见的暴雪寒流，让李伟平近乎绝望。

前天夜里，气温一下陡降到零下二十多度，在塔上操作的李伟平，被冻得摇摇晃晃；林见他有危险，赶紧上塔把李伟平换了下来。李伟平回到塔下，在和大家搬钻杆时，由于他的棉胶手套潮湿冻硬无法使用，他就赤手去搬钻杆；因换手不及时，他的一只手被冻在了钻杆上，一时拿不下来，李伟平当时太着急，用力又太猛，手是挣开了，手心却顿时鲜血直流，他手心上的两块皮被留在了钻杆上，李伟平当时就疼哭了。

林曾在心里为李伟平痛惜：唉，李伟平呀，李伟平，你为啥那样傻呢？冷和热，一样可以伤人的，你以为钻杆在滴水成冰的酷寒下还是钻杆吗？

那是快速的吸热器呀，它会把人体的温热迅速吸走，你应该像端着滚烫的碗一样，交替换手、不停换手，那样才不会被钻杆冻住的。

班长见李伟平受了伤，只好让他干更轻些的活，于是，安排他到一里外的发电机处去，为发电机添加柴油。发电机安装在钻机和宿舍的中间地方，这样可以兼顾钻机和宿舍两个地方用电。就是这短短的一里多路，李伟平也走得十分艰难；他提着一桶柴油，在雪地里高一脚低一脚地踉跄蹒跚，在离发电机只有几十步远的雪沟边，他实在坚持不住，被冰雪滑倒，桶里的柴油一滴不剩全泼洒在他的身上，浇了他浑身湿透；这个快满二十一周岁的大男人，终于再也忍受不住，悲声痛哭起来；在寒风中，在雪夜里，那不是哭，简直是哀嚎，向着远方家乡悲凄绝望地哭诉哀嚎。

李伟平的身心彻底疲惫，精神彻底崩溃，只得请病假留在宿舍里休息。李伟平私下对林讲："还不如生一场大病死了算了，那样就不用再吃这个苦、受这个罪了，要不然就逃走，工作不要了。"林安慰他：过一段时间适应就好了；不这样安慰他又能怎样呢？其实，林自己也快要忍受不住了。

想到李伟平手破流泪、悲伤痛哭的时候，林就联想到了花：在一次修筑梯田时，花被一块大石头砸伤手指，血肉模糊，疼得她脸都变了色，可她坚持没喊一声疼，没掉一滴泪，包扎好伤口，继续劳动。

如今王裕明又受了伤，让林感到有些愤懑：这样的鬼天气搞勘探会战，也太不讲实际了。听说其他钻机也出现了一些事故，三号机就有两个人受了伤，其中一人摔断了腿，一人被绞索绞断了手指，二号机，六号机也都有人被砸伤或冻伤。

林在毅力支撑下，还能勉强咬牙坚持，可怜女钻工们，刚刚二十岁，就要和男人们一样，承受艰辛、寒冷和孤独，承受身心的极度摧残。虽然中央提出"时代不同了，男女都一样，男同志能办到的事，女同志也能办得到。"可实际上，男女怎能一样呢？

即便一样，李伟平有接近一米八的个头，比林还高还壮，连李伟平这样膀大腰圆的男子汉都已无法坚持和忍受，凭什么让这些花季少女来坚持来忍受？

有人说："船的命运在于漂泊，帆的命运在于追风逐浪，人的命运在于把握。"然而，在这非常的年代里，人的命运该如何把握呢？花季少女们该如何把握她们的命运呢？

那些远在东阳地质大队部里享受着火炉暖气的领导们，哪里知道钻机队的辛苦，哪里知道女钻工们的辛苦。在这茫茫荒野上，在这寒冷雪地里，这些花柳般的姑娘们，以柔弱之躯，在努力坚持苦苦煎熬着，不知道再来一次寒流，会不会把她们击垮。想到这里，林为受伤的李伟平王裕明，为女青年钻工们，感到不平和心酸。

在寒冷的雪野，有时工作起来会忘记寒冷，一旦工作停下来，寒冷就汹涌袭来、难以忍耐。愈来愈感到寒冷的女钻工吴芸和苏荣，蜷缩在钻塔下的一个角落里；她俩紧紧依偎在一起，想用这种方式来减少各自的寒冷。看着两人蜷缩一团的姿态，林既心酸又充满着怜惜，便找来一块油渍斑斑的旧帆布，覆盖在她俩身上，借以遮挡些风寒；而他则在钻机旁来回踱步，以便让身体暖和起来。

林一边踱步，一边想着往事，心绪在肆意伸展延宕；他想到远方的沂河，心一下就飞到了姥姥身边：亲爱的姥姥，您要多保重，再有一个多月，孙儿就可以休探亲假了，到时一定给您买很多好吃的，孙儿正在努力工作挣钱，将来要让您过上好日子；想到曾经生活两年多、带给他无数美好回忆的那个美丽山村，心又马上飞到了花的身边：心爱的花呀，明天是冬至，你生日会快乐吗？我天天都在想你，你想我了吗？我天天都梦到你，你梦到过我吗？

吹打在塔衣上的风雪之声，因钻机停止工作而清晰频密起来，林却感受到前所未有的安静；安静最适合回忆，不能浪费这段宝贵时间，要在回忆的温馨中度过……

揎伐树枝结束后，祁峰村进入相对休闲期；生产队安排的劳动，都是些不太脏累的轻快活，林才舍得把路江买的新棉袄偶尔穿在身上。

路江真的很会买衣服，新棉袄的颜色和款式，都是林非常喜欢的，在当时来说，这棉袄确实很新潮很时髦；刚穿上新棉袄，林的心里美滋滋的，顿觉自己精神帅气了不少；不仅花和秀夸说好，村里人谁见了谁都说好。

其实新棉袄只是普通棉布做的，军绿色，里外一模一样，正反两面都可以穿，林穿了正合体；村里的年轻人见了，纷纷投来羡慕的目光。

刚穿新棉袄的第二天晚上，林正在屋里看书，队里一个叫庆平的小伙子，急急忙忙来到林的住屋；一进门，他就从口袋里掏出一把熟花生放在林的绳床上，随后拘谨地站在一旁，两只手搓来搓去，羞羞地看着林，好像有事又有点张不开口似的。

林笑笑："来玩，怎么还带花生呀，你有事吧？"

"嗯……有，有点，小事。"庆平忸怩一会儿，终于说了话，他二十多岁的大男人，声音小得像蚊语。

"有什么事，就直说吧。"林在鼓励庆平。

"俺想，俺想，向你，借，借，借件衣服。"庆平有点结结巴巴。

林见庆平紧盯着自己的新棉袄看，心里有点紧张、有点舍不得，却明知故问："要借什么衣服？"

庆平努努嘴："就，就你身上的新棉袄。"

林心里虽然有些不愿意，但还是满脸轻松："噢，是借棉袄呀。"

庆平见林没有为难的表情，连忙说："俺只借半天，明天下午就还你。"

"为什么只借半天呢？"

"嗯……嗯，明天中午，女方要来俺家看看，俺没有一件像样的衣服，见了女方家里人，俺怪有点不好意思的。俺想，你的新棉袄好看，想借半天穿穿。"庆平红着脸说清了借袄目的。

林一听借袄是相亲用的，立刻答应，并要把棉袄脱给他。

"你现在别脱、别脱，天气怪冷的，明天上午俺来拿吧。"庆平说完嬉笑着跑走。

第二天早饭后一个小时过去，庆平还没有前来拿棉袄。林心想，庆平一定是把借棉袄的事忙忘了，便把新棉袄包好，送到庆平家里。一进院门，见许多邻居在那里，有的端去半簸箕麦子，有的拎去一篮子玉米棒，有的扛去半麻袋山芋干，有的抱着被褥，有的搬来桌椅。庆平则手拿钩秤，正忙着称粮食，他把称过的粮食分别倒进自家的粮折里；很快，庆平家的三个不大粮折里堆满了粮食。

庆平终于忙完，见邻居们也都走开，赶紧接过林手中的棉袄包袱，感激地说："俺想等忙完了就去拿，你却亲自送来了，谢谢！谢谢！太谢谢啦！"

下午四点多钟，庆平一路小跑着来到林的住屋，他将棉袄包袱放下时，脸上笑得像朵花。

林忙问庆平："女方来过啦？满意吗？"

"嗯，嗯，嗯……"庆平激动得说不出话，只能一个劲地点头嗯着。

林要他坐一会儿再走，庆平忙说："今天不坐了，俺还要把粮食物品送还给邻居们。"他出了林的住屋，还没有跑出院门，又"嘿嘿，嘿嘿，嘿嘿嘿嘿……"一连笑出十几声。

林为庆平即将脱离"光棍"群体而高兴，也为村里剩下的大批光棍们感到无奈和心酸。

此后的整个冬季，林很少再穿这件新的时髦棉袄。作为全村小伙子最心仪的相亲礼服，这件棉袄经常穿在不同的小伙子身上，个头高大的穿了，衣服显得瘦小，个头矮小的穿了，衣服又显得肥大，无论瘦小还是肥大，穿走时，个个喜笑颜开。

有时几个小伙子同时来借棉袄，彼此会争得面红耳赤互不相让，要求林对出借对象作出最后裁决。每当这时，林都感到为难，自己实在无法平衡他们的纷争；他们都想穿得体面些，都想在女方面前显得体面些，都有争取幸福的权利，自己怎么可以厚此薄彼地残忍毁掉一部分人的爱情梦想呢？

那个冬季，先后有二十多个小伙子，借助这件新潮棉袄完成了婚姻大事，当然也有不少人梦碎爱情河。

看到那些还袄时喜悦之情溢于言表的，林深深为他们感到高兴和宽慰；看到那些还袄时神情沮丧、落寞无趣的，林的心里又总有些难受和不忍；心想：要是有更好的衣服，或许结果不会是这样；可又一想：仅仅靠一件好看的衣服，就能俘获姑娘们的芳心吗？难道不需要内外兼修吗？

后来，林亲身经历了几次相亲的过程，知道没有趟进爱情河的小伙子不能完全怪衣服，主要还是内修不够才功败垂成的。

一次，祁南三队一个叫杜小军的小伙子来借棉袄，他一眼瞧见林的那辆半旧自行车；他不会骑车，却说相亲的集市太远，要林骑车送他去；碍于他的恳求，林只好答应。

到了集市的相亲地点，林本想立即走开，可杜小军死活不同意，他需要一个衣着破旧的人来当一回"绿叶"，好陪衬他这朵穿了新棉袄的"红花"。

相亲仪式还没开始，杜小军就早早把双手按在自行车把上，摆好姿势，调整好情绪，静等女方相亲团的到来。

相亲仪式正式开始后，不远处的一个中年妇女——她是媒婆，对身边几个姑娘介绍了几句，又向这面推着自行车的杜小军指了指。那几个姑娘立刻睁大眼睛，一起朝杜小军看过来；其中一个穿红衣服的漂亮姑娘，看过杜小军后，却把目光长时间停留在林的身上。林发觉后赶紧低下头，担心她找错了“红花”。

杜小军也意识到了，连忙拍了拍身上的新棉袄，又用手指了指自己的鼻子，还把自行车的铃铛连续摁响着：“得玲玲……得玲玲……得玲玲……”一直响个不停。

相亲活动进入尾声时，一般要在媒婆安排下，男女双方到一起交谈几句，确认一下双方意愿。杜小军听过媒婆耳语吩咐后，兴奋异常地推着自行车奔跑过去。

杜小军奔跑时的推车技术实在太差，短短几十步的距离，险些歪倒好几次；终于在离红衣姑娘只有几步远的地方，杜小军被自行车绊倒，连人带车摔在红衣姑娘的脚下，自行车链子上的油，把新棉袄弄脏了一大块。当杜小军挣扎着爬起来，那红衣姑娘一句话也没说，率着亲友团转身走了。

唉，杜小军白白按了半天“得玲玲、得玲玲”，那个叫“小玲”的红衣姑娘，他最终还是没有得到。

第八章

杜小军的相亲失败，让林感到难为情，他决心以后不再做送人相亲的事。

可没过几天，祁南四队的蔡祥忠去相亲；他来到林的住处借棉袄时，死缠硬磨了半天，一定要林骑车送他去。林被磨得心软，没有办法，只好硬着头皮答应下来。

这次，一到相亲地点，林赶紧躲到了一边，旁观相亲仪式的步步推进。一切都还顺利，很快进入到双方交谈环节，林在心里暗暗为蔡祥忠感到高兴。

听过媒婆耳语吩咐后，蔡祥忠没有马上过去，而是推着自行车绕到林的身边，他避开女方亲友团的视线，低声而急促地说：“快把怀表借俺用用，快把怀表借俺用用。”

林赶紧掏出怀表，递给蔡祥忠时，怕他不会按旋表头上的旋钮，便将怀表盖打开。蔡祥忠接过怀表，隐蔽而快速地装进“相亲棉袄”的胸前口袋里，然后推着那辆半旧的“永久”自行车，大摇大摆地走过去。

林蹲在不远处，静静观察双方的谈话表情，希望从两人脸上看到双方都满意的笑容。两人交谈的声音很小，听不清都说了些什么，但从双方的表情看，似乎很顺利很投机。

“几点了？”蔡祥忠忽然高声问。

那姑娘被吓了一跳，红着脸摇摇头。

蔡祥忠不紧不慢地从棉袄口袋里掏出怀表看了看：“噢，十二点五十八分了。”

交谈又继续进行，蔡祥忠张了两次嘴，姑娘刚张嘴，蔡祥忠又突然高声问：“现在几点了？”

那姑娘又被吓了一跳，还是红着脸摇摇头。

蔡祥忠掏出怀表看了一眼，郑重其事地宣布：“现在十二点五十八分半了。”

刚一转眼的工夫，蔡祥忠故伎重演，在姑娘被惊吓后高声宣布：“现在十二点五十九分了。”

“现在已经整整十三点了。”蔡祥忠第五次高声报时。

林的心立刻揪了起来：蔡祥忠呀蔡祥忠，你就是个十三点，像这样报时下去，非黄了不可。

蔡祥忠每半分钟就准确报时一次，又连续报了四五次，他不仅对那姑娘报时间，而且转过身遥对着姑娘亲友团成员们高声报时间，最后发展到对整个集市的人们大声报时间。

林每次都被蔡祥忠的自问自答惊得冷汗直流，又羞又急又无奈，恨不得冲上去连扇蔡祥忠几巴掌。

“现在又到几点了？”蔡祥忠环顾左右，旁若无人地再一次朗声大问。林见那姑娘脸色已经由红变紫，好像早已经不耐烦了，可能碍于初次见面不好立即生气走开；林的心已提到了嗓子眼。

蔡祥忠却全然不觉，慢腾腾地掏出怀表，并把怀表送到姑娘眼前晃了晃，而后故作潇洒地划出一道大大的弧线，清了清嗓子准备报时，当他看过怀表后，却闷不出声了。

原来他刚才过于兴奋，用力又太大，不小心把怀表盖合上了。他以前没用过怀表，不知道怀表盖怎样打开，他好像有点急了，连忙用手指去抠，始终没抠开，改用双手大力地拍，还是不行，又拿在手里来回摇晃，越急越是打不开，他的头上脸上开始热汗直流。

蔡祥忠长时间打不开怀表，只得转回头看向林想寻求帮助。这时的林，早被羞得面红耳赤，正在寻找地缝往里钻呢，哪敢再抬头多看他一眼？

见林久久不抬头，蔡祥忠只好无奈地转过脸去，发现那个姑娘和亲友团已经走远了。

经过这两次尴尬的相亲经历，以后无论谁要求，林都坚持不再骑车送人去相亲了。但有个人的要求，林破例了。他叫保东，和林同一个生产队，天天干活在一起，两人相处得很不错，而最最主要的原因——他是花的同族哥哥。不看僧面看佛面，有花这层关系，保东的要求，林是无论如何也不能驳的。

年龄三十出头的保东，和已经成年的四个弟弟——卫东、捍东、向东、永忠，都是婚姻的老大难。像他一家五条光棍的情况，队里虽然有，但不是很多。保东好不容易有了一次相亲机会，林自然乐助其成。

那天出门前，保东换上了林的全部行头，除棉袄怀表外，还有一条好看点的裤子，连林平时舍不得穿的白色回力鞋也被保东套在了脚上。

林脱袄给保东时，里面露出一件毛线背心，被保东看见，他眼睛顿时发亮，可能心想，这件毛线背心穿在身上一定会增彩不少，所以，他坚持要穿一天。

林起初不同意。并不是舍不得借，而是不愿借，因为毛线背心实在太旧太破，而且是用几十种粗细不等、颜色各异的碎线头拼织而成，花花搭搭，实在太难看；林平时只敢穿在里面，从不敢露亮示人，怕被别人笑话。

可保东一再坚持，说别的可以不借，这件背心一定要穿；还说别人远远看见，不以为是虎皮也会以为是豹子皮的。

拗他不过，林只得羞惭地脱下那件实在难看的毛线背心。保东欢天喜地地接过去，立即套在贴身的小棉袄上，而穿在最外面的自然是“相亲棉袄”。保东还故意不把“相亲棉袄”的纽扣扣上，让棉袄始终敞开，以便时时露出他所谓的“虎皮”或“豹皮”来。

保东为自己的这身打扮感到相当满意，一再说：“这次相亲，是手拿把攥，不会再扑空了。”他还站到高凳上，把外面的棉袄频频扯到大开，露出让林感到难为情的那件毛线背心，并且一遍遍问林：“你看俺像不像打虎上山的杨子荣？”

林早已羞惭得无地自容，哪里再敢多看一眼，更不敢说他像杨子荣还是不像杨子荣，赶紧推出自行车，走到院外，想早点结束这窘人的局面。保东见没人欣赏他的“杨子荣”形象，才余兴未尽地怏怏离开。

这次相亲地点，女方选在集市的一个偏僻角落；保东来到相亲地点时，女方相亲团早已等候在那里。女方这样的主动，是少有的情况，看来是个好兆头。

见此情形，按捺不住内心激动的保东，早已喜形于色，兴奋得不住发抖的双手，不知道究竟该放在什么地方才好，有意无意地，一会儿按在自行车把上，一会儿插在裤兜里，一会儿抚摸身上的“相亲棉袄”，一会儿故意扯露出他最得意的那件“豹皮”背心；两条腿，也频繁地立正、稍息、立正、稍息着；保东已经兴奋得手足无措。

林接受上两次的经验教训，早早跑到百步远的一个角落，远远观望、静候佳音。

相亲仪式正式开始，女方相亲团的主角是个坐在圈椅上的大脸姑娘；那姑娘衣着鲜亮，银盆一样的胖白脸，格外圆大富态，在众人群星拱月般的簇拥下，胖脸姑娘成为保东的目光聚焦所在。可惜，那姑娘戴着大墨镜，看不清眼睛大小，心灵的窗户被遮挡，总让人感到多少有些遗憾。

保东和胖脸姑娘远距离对视了一会儿，远观程序就算结束，接下来进入近距离交谈阶段。

女方团队成员纷纷散开，只留下圈椅上的女主角；保东则像舞台上杨子荣打虎上山时的动作一样，作出夸张的骑马扬鞭姿势，向圈椅上的大脸姑娘飞身扑去。保东扑到“圈椅姑娘”面前，做出“勒马收鞭”的动作后，双手抱拳、弯腰打拱，比杨子荣拜见座山雕时的动作还要夸张，很是滑稽搞笑。

双方交谈正式开始，开头好像还很顺利；由于离得远，林只能看到男女双方在微笑、在嘴动、在摇头、在比画、在互问互答；还能看到保东频频扯着棉袄，使劲向两边张开着，有点像振翅欲飞的草绿色大苍蝇。

交谈终于结束。女方团队重新聚到圈椅旁，把“墨镜姑娘”团团围拢起来；保东也“扬鞭策马”驰回林的身边。

对刚刚“收鞭下马”的保东，林关切地问：“情况怎么样？”

保东好像不知道结果会如何，只说了句：“等媒婆来了看她怎么说。”

林又问：“你们刚才说了些什么，看你又是比画、又是扯袄的。”

“唉，”保东叹了一口气，“这个女的，什么都不懂，俺看她有点差心眼。”

“怎么差心眼啦？”

“怎么说她呢，俺刚才上场时，谁都能看出来，俺是杨子荣打虎上山时的打扮和动作呀，她却没有看出来。”保东甚为不满地说，“俺后来问她，俺像什么？她直摇头，说不知道像什么。俺叫她猜三次，她后来猜了五次，也没有猜对。”

“她猜了五次？”林有点好奇。

“第一次猜俺像乌鸦，”保东掰起手指细数起来，“第二次猜俺像麻雀，第三次猜俺像蝙蝠，第四次猜俺像蜻蜓，第五次猜俺像知了。俺叫她朝人物上猜，她一个劲地摇头；俺启发她想想《智取威虎山》，看看俺像那里面的谁？她忽然拍手笑，说想起来了，想起来了，说俺和那里面的‘小炉匠’一模一样。俺明明是杨子荣，她却说俺像‘小炉匠’，你说她是不是有点差心眼？”

林刚想笑，忽见媒婆已走了过来。保东快步迎上前，急切地问媒婆：“怎么样？她同意吗？”

媒婆摇摇头："女方不愿意。"

"她说俺哪点不好？"保东急得快要哭了。

媒婆一直在摇头，好像很为难，不愿把女方的话说出来。保东带着哭腔反复恳求，请媒婆一定把话说出来。

"女方嫌你差心眼。"媒婆丢下这句话，转身匆匆跑走。

"明明是她差心眼，反过来说俺差心眼，俺还没嫌她是个瘸子呢。"保东愤愤不平了，"她戴着个大墨镜，把眼睛挡着，就以为俺看不见她眼上的大疤啦？这个疤逼……"

回去路上，保东坐在自行车的后座上，整整骂了三十多里路。下车时，林见保东两个嘴角尽是白沫。

农村的冬天，是相对闲暇的季节，进入腊月的后半月，农活越来越少，尤其过了俗称"小年"的腊月二十四，生产队一般不再安排农活；人们开始忙年货准备过年，这时的祁峰村，真正进入一年一度的休整期。

腊月二十六，是岗上乡本年度最后一个逢集日；林三天前就答应秀，这天和花、菊、秀一起去岗上乡赶集。

早饭后，四个人刚出门，生产队长突然跑来，安排林去项山乡供销社一趟，把原来卖石头的尾款结回来；林只得因公废私，答应队长而爽约于秀。

秀她们前脚刚走，祁玉田后脚就到，他是来借自行车的。林三天前就计划和秀她们一同去赶集，所以一天前，当祁玉田说要借自行车去相亲时，林就满口答应下来。林向来是言而有信的人，不能因自己突然要去项山乡而反悔。祁玉田借过自行车，又开口借棉袄，考虑同村同队的，林只得把棉袄脱给他。其实，祁玉田和村里许多借车人一样，也不会骑车，可他们觉得推着自行车去相亲，就像戴手表镶金牙一样，既光彩荣耀，又可以大大提高相亲成功率。

林那天只能徒步去项山乡。好在腊月中旬以来，天气持续晴好，上午的暖阳也很适合出行；他带上干粮，立即出发，沿着村东的那条小路进山。

从祁峰村到项山乡，有三条路：北路、中路和南路。北路和南路，都是绕山的大路，路程都在三十多里；而中路距离最近，只有十七八里，但要翻过两个山头，是一条崎岖难走的羊肠道，有些地方路窄坡陡，连自行车也不易通过。

林到祁峰半年来，去过项山乡十多次，除了送人去相亲，每次都是生产队安排去卖石头卖柿子什么的；每次走的都是北路或南路，中路虽近，却没走过一次。

当他翻过村东的山冈，穿过山坡上那片洋槐树林，登上黄泥岗，不由想起揎树枝的旧事，想起花的两次帮助，心里既酸痛又甜蜜。

下了黄泥岗，一片榈桔帐簇拥在小路两旁，一群鸟雀在榈桔帐的枝条上跳跃着，叽叽喳喳，给静寂的山野增添了不少闹趣。早就听人说，在春夏秋三个季节里，中路的风景很不错；眼下是冬季，到处万物凋零，一片萧瑟，没有什么风景可看，可第一次走这条路，林还是感到很新鲜。

他想轻轻走过榈桔帐，尽量不去打扰鸟雀们的闲逸。刚进入榈桔帐时，一只野兔突然从榈桔帐里蹿了出来，枝条上的鸟雀被惊起——那群可爱的精灵们，立刻盘旋在碧蓝的天空。

那野兔向左前方的一片空地跳跃着跑去；没跑多远，它就回过头，一动不动地回望着林，像是在挑逗。林撒腿追了过去，快到跟前时，那小东西又欢快地跑跳起来，拉开一段距离后，又是回望、挑逗，林又追了过去。几次三番后，那小东西忽然在一溜坟头前消失不见。

林绕着坟头找了一圈，没有发现野兔的踪迹，却突然觉得这一溜坟头有些奇怪：在周围大片空旷的坡地上，只有坟地这一段明显隆起，且呈北高南低走势，一溜有六个坟头，除最北面的那个坟头大一些，其余五个，大小一样，间距一样。

林在寻思：这六个坟墓之间是什么关系呢？举目四望，附近没有人，无从打听这六个坟墓的来历。这时，东面坡下忽然传来大钟的声声长鸣，循声望去，坡下不远处，有个近百亩大的圆形水库，像一面镜子，比谁更蓝似的对映着天空；水库的南面和东面，是一大片没有叶子的树林，偏东的树林缝隙中，隐约露出一片红墙黄瓦的院落，像是一座古寺；寺前耸立着一座古塔，钟声应该是从古寺里传出。

那黄钟大吕之声，在环抱的群山之间缭绕，在朴拙苍凉、粗犷遒劲的峰巅冈陵上回荡。钟声悠长而空灵，令人肃然起敬，林顿觉心灵像被洗礼净化了一样，心胸突然变得醇和旷远了许多。

从那片树林的枝梢上看过去，项山的主峰五花岭，清晰可见。巧的是，六坟地与水库、树林、古寺、五花岭，恰处在同一纬线上，这是偶然的巧合吗？

林带着疑惑离开六坟地，快到水库时，迎面走来一位老大爷，林连忙上前讨教。那位大爷和蔼地告诉林，刚才的地方叫六坟坡，那六个坟墓，古来就有，传说是一个财主和他五个妻子的坟墓。眼前的古寺叫禅堂寺，树林的地方叫梨堑沟，水库因古寺而名叫禅堂水库。

林谢过大爷继续赶路，可还是心有疑惑：既是财主和五个妻子的墓，为什么要分开造呢？“祁峰文化”的墓地，不是一男五女葬在一起的吗？他觉得事情不会像大爷讲得那样简单。

路经禅堂水库时，一群白色的鹭鸟在水面上低飞，偶有几只钻进水中，叼起小鱼后，惬意地跃出水面，欢快地飞向蓝天。林静静地看着鹭鸟们的翩翩翔姿，由衷赞叹鹭鸟捕食的技巧和轻松飞天的神态，心里不由得一阵愉悦轻松。

走进那片梨树林，但见四处伸展的梨树，老干虬枝、旁逦斜出，像是在飞扬跋扈地恐吓路人。梨树林中有一条宽宽的深沟，那是夏季雨水的通道，在眼下的冬季，只是一条干沟。林走过梨堑沟，出了梨树林，脚下的岗坡路，经过禅堂寺前一直向东延伸；那禅堂寺和寺前的古塔都在岗坡路的北旁，而古塔离路最近，至多有几丈远。

林经过时，见一年轻僧人正在古塔旁的井边打水，那僧人身材小巧，面目清秀，有些眼熟，可自己是第一次路过这里，不可能见过那人的，或许是和某个熟人相像吧。林见那小僧人频频抬头看来，便笑着向他道好，那小僧人愣了一下，经过短暂的迷茫，却又很有礼貌地连连作揖：“阿弥陀佛，阿弥陀佛。”

林听出小僧人的话音柔和而清细，似乎有些女声，忙在疑惑中还揖，顺便问了去项山乡的路怎么走。小僧人笑答：“施主一直向东，过了前面的岗坡不远，便是黄草湖；沿着湖边小路向南，过了银花岭，顺着虞河向前走，看到河上有座小木桥，过了桥一直向东，不下道，翻过山就可以看见项山乡了。”

小僧人解答得如此细致，林连连表示感谢，作揖告别后，还是心疑不解，总觉得在哪里见过这个僧人，可怎么想，也还是想不起来究竟在哪见过。

林走上前面的岗坡，果然看见一个占地几千亩的湖泊，应该就是僧人说的黄草湖。按照僧人的指路，走向湖边，并沿着湖边小路向南行走，不远处果有一坡灌丛，蔓过岭去，那坡灌丛整齐得像是人工栽培，这岭应该就是僧人说的银花岭。黄草湖的南端连着一条小河，应该就是僧人说的虞河。那虞河从银花岭的东坡下经过，像是从远处的山坳里弯来。

林沿着湖边小路，途径那坡灌丛，上到银花岭的最高处，眼前豁然一亮：虞河就从脚下伸向远方，那澄蓝透绿、微波不兴的蜿蜒河水，羞羞静静地依偎在项山怀抱，又像翡翠色的丝绸飘带，从脚旁逸出后，向着前方的远山妖娆而去。山和水竟是如此的和谐相融、如此的美妙动人；那零星村落，成片树丛，散布在山旁水畔；那起伏的丘岗，星罗的库塘水面，分不清谁在谁中，既像一幅实景的泼墨画，又像梦中的世外仙境，林被深深震撼着。

这还是在冬季，最萧然的时候，林后悔没有早来，没有在风光无限的时候，多来走走看看。他觉得这个地方很美很奇异，一定有许多鲜为人知的故事。

林只顾一路欣赏着、贪看着，还没跨过虞河上的小木桥，就已临近中午。他只得赶紧一路快跑，翻过山到达项山乡供销社时，刚好到了下班时间，他只能在供销社门前徘徊，等人家下午上班。

不巧的是，一个叫童刚的经办人员回家办事，下午没有按时上班。林急得满头大汗，又等了很长时间，才终于等来那个姗姗来迟的童刚经办员。其人身材纤瘦，左肩高而右肩低，长得像一根被寒霜打过的老丝瓜，蔫不拉儿，实在不敢恭维。尤其他纤细的小腰，完全可以用双手对掐过来，他两腮无肉、黄皮香蕉一样的脸上，罩着一个大眼镜，说话女声女气，态度阴阳怪气，对林拖延刁难，很是尖酸刻薄。等林终于结完款往回赶的时候，已经天昏地暗，骤起的寒风，裹着铺天盖地的扬尘滚滚而来，浓厚的乌云将天空压到了最低，昏暗的云天似乎抬手可及。

林一路快跑，刚跑到项山的山腰，天已经完全暗黑下来。原来以为来时的路应该好找的，哪知人在暗夜山林，已经难辨东西南北。他摸索着爬到山顶，发现山下更是漆黑一片。由于到处山环水绕，到处坡岗相连，他只能艰难地慢慢摸索着下山，好不容易摸到虞河边，却不知道小木桥在哪里。

原来他摸黑下山时走错了路，而此时的暗夜天空像巨大黑幕，厚重而低沉。他抬头看不到一颗星星，低头见不到一点亮光，四周死寂般黑暗，伸出手也看不清五指；脚下是嶙峋乱石，周围是树木灌丛，而风雪正飘摇着寒冷和迷茫。他进退维谷，第一次在陌生之地迷路，不敢也无法再继续走下去，只能等有人路过附近时求助一下。

腊月寒冬，人们都在温暖的家中，谁会在黑夜里外出呢？在阵阵袭来的寒风中，林只能蜷缩着身子，蹲倚在一棵树下，祈求贵人相助。

寒风中的肆意飞雪，越来越大，时间变得越来越慢，林强忍着刺骨的寒冷，焦急不安地看着怀表上的荧光指针：秒针移动一圈，却像一个时辰那样漫长，每一秒每一分都是煎熬，他能做的只是祈求祷告和心急如焚地苦苦等待……

已经晚上七点了，还是不见有人路过，而嗖嗖劲刮的寒风中，大片大片的雪花，纷落在他已经冰冷麻木的脸上；树枝发出折断前的呼救和哀鸣，耳边不时响起惊魂的“咔吧、咔吧”声，那是树林中的枝干不停折断掉落的声音，每听一下，都肉跳心惊。他开始向四周放声大喊，想让附近的人们听见，可他尖利的叫喊声，被瞬间湮没在肆虐呼啸的寒风中，难以传远。

寒风越刮越紧，越刮越冷，像无数根冰针一齐袭来，在他的脸上身上肆意乱扎，又冷又疼。越下越大的飞雪在暴风中起劲地狂舞着，渐渐的，寒冷和害怕，让他浑身发抖得不行；失望越来越大，心情也越来越沉重。他只能一遍遍默想着亲爱的姥姥、心爱的花，唯此才有忍耐坚持下去的信心和勇气，才能横下心，苦撑苦挨着。

泛着荧荧磷光的怀表时针，已经指过八点，林在难以忍受的苦苦等待中濒临绝望，内心恐惧到了极点。就在叫天不应、叫地不灵的时候，突然，一点微弱的亮光出现在远处，他心里顿时涌现出希望，立即迎着肆虐的寒风，向那亮光又一阵放声大喊起来。那亮光好像在慢慢移动，慢慢向他移来；他想：自己的求救声一定被听到了，心里顿时一阵激动，眼眶里也涌动着热泪。

忽然，那亮光又折转向另一处，他的心一阵发紧，赶忙使出全身的力气，大喊：“那面有人吗？快过来！我需要帮助！那面有人吗？快来帮帮我……”

他的呼救声终于被听到，那亮光又折转回来。不一会儿，他听到几个杂乱的跑步声，越来越近，有人还不停呼唤着他的名字。噢，她们是花、菊、秀的声音，他一面呼喊应答，一面流下激动的泪水。

亮光终于来到面前，亮光终于照到了林。看到林抖动的身子、冻僵的脸，花和菊都哭了，秀一头扑进林的怀里，她那满是泪水的小脸仰了上来，林的脸上顿时有了久违的温热……

第九章

林迷路被救后，春天在不知不觉中到来。

春天是万物萌动、生机勃发的季节，池塘里的水渐渐由蓝变绿，碧空下的一朵朵悠悠白云，随意倒映在池塘水面，又从水面悠然飘过，不留一痕踪迹，池边杨柳泛出嫩嫩的绿芽，幽幽芳草绣织在路边渠堤，绿浪翻涌的麦苗像地毯一样铺向天边，一群群衔着思念、如期归来的燕子，在和风丽日中翩飞起舞，处处透出爽朗清新欢快怡人的气息。

随着春天的到来，林从花的脸上看到越来越多的春意。虽然花说话仍很少，和林单独接触的机会也不多，可林越来越发现花不再是过去的那个冷面美人：人少时，她会对林露出微笑，让林看到她极整齐的洁白米牙；迎面相遇而没人时，她会说几句关切贴心的话，让林春心荡漾、想入非非。林想对花表白深藏心中的深深感激和浓浓爱意，可当面又说不出口，怕花生气令他尴尬下不了台阶；想写情书表达吧，可惜花不识字，他只能等待着合适的机会。

转眼到了清明节。那天农活不忙，林向队长请假，说要去项山为革命烈士扫墓；他想在这春光无限的时候，再游一次项山，去解开六坟坡的谜底。

早饭后，林带上干粮，沿着那条进山的小路出发。与上次进山不同的是，如今到处花红柳绿、生机盎然，尤其是路渠的向阳处，竞相绽放着各种各样的小野花，它们红的像半枝莲、黄的像金丝桃、白的像茉莉……美艳芬华，馨香迷人。那片记忆深刻的洋槐林，已被铺天盖地的绿色所笼罩，而洋槐树的绿丛中，正争相吐放出一簇簇白花来；这些白色的洋槐花，以其独有的清香，招引来大批采蜜授粉的蜂蝶族群。林近前掐了一大簇洋槐花，边走边吸嗅着清新幽幽的香气。

眼前的黄泥岗，茵茵一片，郁郁青青的橺桔帐里，那些闹了一冬的鸟雀，仍在枝头上欢快闹春；唯一遗憾的是那只调皮的野兔没有再蹿出来，让林多少有点失落。

出了橺桔帐，林向左前方的那片坡地信步走去，想先去看看财主和他五个妻子的坟墓，六坟坡的谜底还待解开。此时坡地上的芜草和藤蔓，茂盛得开始绊脚，林虽然费力却十分惬意地行走在这大好春色中。

当六坟坡出现在前面的坡地上，远远望去，那北高南低的一陇浓绿，在周围的嫩绿中明显隆起，那六个坟茔像绿莹莹的宝石，嵌在隆起的那陇浓绿中。

走着走着，林忽然发现坟茔中间，一个满头白发的老人正向坟头上摆放着什么。近前仔细一看，老人眉毛胡须尽白，在微风拂动下有种“飘飘欲仙”的感觉；老人的年龄应该八十来岁，腰背略微弯驼，精神却很矍铄，棱角分明的紫铜色脸上布满皱纹，一看就知道老人年轻时肯定是个俊美的男子汉。老人手里拿着几个用嫩柳条和野花草编成的花环，他每走到一个坟前，就拿出一个花环，恭恭敬敬地套放在坟头上，然后跪下磕头，仪式肃穆而庄重。

林静静站着，不愿打扰，想等老人的仪式结束后再过去，可心里总感到奇怪异常：老人和六个坟墓的主人是什么关系呢？是他们的后代吗？

见老人献花环结束，开始整理坟墓周围的野草，林便轻轻走到老人身边，鞠躬问道：“老爷爷，您老人家上坟扫墓呀？他们是您的亲人吗？”林一边问话，一边把手中的那簇洋槐花拆分成六份，每个坟头都放上一份白花。

“城里来的？”老人抬头看看林，没有正面回答，而是目光带疑、面露微笑问，“是走亲戚还是逛朋友？”

“老爷爷，我是祁峰村的，”林连忙笑答，“我要去项山扫墓，正好路过这里，顺便过来看看。”

“不要骗俺啦，年轻人，”老人摇摇头，“你不是祁峰人，祁峰的后生小伙子，俺个个认识。”

“老爷爷，我真是祁峰的，”林虽然感到诧异，但还是赶紧解释说，“我是去年夏天才来祁峰插队的知青。”

“噢，俺说怎么没有见过你，原来是知青，俺听说过你。第一次去项山吧？正好和俺一路，俺今天正好没事，就带你上山转转。”老人对林突然热情起来；他站起身，拍了拍身上的草叶和泥土，招呼林一起离开；林赶紧上前，搀扶着老人向坡下走去。

这时，坡下又响起悠长的钟声，还像上次那样肃穆旷远、涤荡人心。只是那古寺的红墙黄瓦看不见了，因为那大片的梨树林，早已枝繁叶茂得密不透风。只有那座古塔，露出上部尖尖的灰色塔顶，在绿树的枝梢间昂向天空。

老人一走进绽满白花的梨树林，便指着一树树漫雪般的梨花不住赞道：“你看这花多好！你看这花多好！”

林一心想知道六坟坡的秘密，随口附和后，又问道：“老爷爷，您和六坟坡的墓主人是什么关系呢？”

“嗯……”老人想了一下，避开林的疑问目光，小声说，“没什么关系，这些坟墓很早很早就有了。”接着，老人也说是一个财主和五个妻子的坟墓，和上次路遇的那位老大爷讲得一模一样。

林总觉得不会这么简单，如果真是这样，老人怎么会为毫无关系的古人上坟，而且又是在清明节前来扫墓献花环呢？老人一定有着什么秘密不愿告诉外人。林满腹狐疑地搀扶着老人，走过葱郁茂密的梨树林。

经过禅堂寺时，上次“指路”的小僧人正在寺前菜园里浇水，他看见老人便连连打躬作揖：“师太，到寺里喝过茶再走吧。”

“不啦不啦，俺还有事，改天再过来吧。”老人摆摆手，笑着走开。

小僧人可能只顾与老人说话，也可能是老人的身体遮挡住了视线，小僧人没有注意到林，可林看清了他，可无论怎么想，也还是想不出这个面善眼熟的人在哪见过；林频频回头，直到小僧人进了寺院。

“老爷爷，他为何叫您师太呢？”林有些不解地问老人。

“噢，俺小时候在这寺里当过和尚，刚才那小和尚的师傅，现在是这寺里的住持，还是俺的徒孙呢。”老人说话间登上了前面的坡岗，他指着眼前湖泊说，“这黄巢湖，最深的地方有十几丈，湖里的鲤鱼呀，真是又大又肥又鲜美，早年俺还在这湖里捕捞上来一条三十多斤重的大鲤鱼呢。”老人边说边张开手臂比画着那条大鲤鱼的个头。

见林露出很吃惊的表情，老人高兴地嘿嘿笑了；他又指了指湖面东南角的山隘口：“你看见湖那边的山隘口了吗？那叫黄巢关，你看那地形多险呀，那里自古就是兵家必争之地，乾隆皇帝每次走旱路下江南，那里是必经之路。”

林又有些不解地问：“听人说，这湖不是叫黄草湖吗？那关不是叫黄草关吗？”

老人摇摇头：“黄巢湖、黄巢关，是因黄巢在这里待过才起的名字。说起黄巢，那可是大英雄啊，他领导起义时，是登高一呼，八方响应，杀了多少贪官污吏呀，那真是‘黄巢杀人八百万，在树一个也难逃’。黄巢起义快失败时，最后就退守在这项山上；他率众据关死守，几十万官军轮番围攻不下，只因山上有一宝塔，能保佑他不败。后来被一个阴阳先生破了：就是在项山东西两面的沭河沂河上筑坝拦水，漫水淹灌，这黄巢湖就是那时候形成的。黄巢被大水围困数月后不战而溃，最后败退到山东泰山的狼虎谷，才被唐朝官军诛杀的。后来官府忌讳黄巢的名字，不仅把山上的黄巢护身宝塔拆掉，还把黄巢湖、黄巢关改了名。不过，本地一些上了年岁的人，还一直叫黄巢湖、黄巢关。”老人说到这里轻轻叹息了一声。

说话间，老人和林已走上湖边向南的小路，登上了银花岭。那银花岭上已是花簇锦绣，一树树金银花，像一个个巨大的花团，在暖暖的春风中摇曳多姿。让林感到奇异的是，那细小喇叭状的花儿，总是一黄一白、一雄一雌，并蒂同时绽放。老人指着争艳的花丛又赞不绝口说：“真是好花！真是好花！”

两人顺着虞河西岸的弯曲小道，一路向南行走。开朗健谈的老人，又兴致盎然地细说着乾隆皇帝每次下江南路经此地的逸闻轶事，以及当地的民间传说。说话间，两人不知不觉跨过了虞河上的小木桥，向山顶走去。

刚过小木桥，林远远看见半山腰处那棵巨大的柿子树；他腊月里上项山时就很是惊奇，连忙问：“老爷爷，那棵树怎么这样大呀，一定长了很多年了吧？”

老人笑了：“这是大王树，有六百岁了，不过，它不算大，原来山顶上还有两棵更大的大王树，那两棵树奇异得真是天下少有，说出来你都不会相信，只可惜在‘大跃进’年代被砍伐了。”老人说着说着，脸上的笑容不见了，语调里也充满了惋惜和悲伤。

“那两棵树奇异在什么地方？”

“唉，传说那两棵是夫妻树，”老人有些感伤地说，“一棵两千多岁，另一棵也接近两千岁，它们每年都开不同的三样花，都结不同的三种果；你想想，一棵树开三样花结三样果，还不奇异吗？人只要吃了那树上结的三种果，就可以无病无灾、益寿延年。”

“那树真能开三种花、结三样果吗？”

“唉，”老人叹了一口气，“要不怎么说它奇异无比呢？一般柿子树是活不了太长时间的，传说山顶那两棵大王树也一度枯烂变成了空心树。就在那两棵柿子树将要枯死时，不知从哪飞来了一群大鸟，听说还有孔雀和凤凰；

它们在空心的树干里做窝，时间久了，里面积满了鸟粪；鸟儿们飞走后，那两棵柿子树不仅重新活过来，反而比原来更加枝繁叶茂，更奇的是，两棵老树中间都长出了白果树。又过了千百年，白果树干也枯空了，那群大鸟又飞了回来；等它们再次飞走后，又在白果树的枯干中长出了两棵桑树。据说那树要是能活到三千岁，就可以开五种花结五样果，只要吃过一次那树上的果，人就可以长生不老了。唉，可惜呀，真是可惜呀！”

老人已走到山腰的大王树下，用他粗糙的大手深情抚摸着已经裂开深深口子的树皮，突然高兴地说：“这棵树就是山顶夫妻大王树的后代，近些年来，枝叶果实明显少了，好像树心开始干枯了，估计再等上个百十年就该长出新树了。如果它能活到三千岁，结出五种果实就好喽，到那时，人们就可以无病无灾、长生不老喽。”

林心里感到难过，为那历尽两千年磨难终于长出三种果实最后又被无知毁灭的夫妻树，也为老人这真心实意而又虚无缥缈最终很难实现的善良愿望。林想安慰老人，想说这树会活到三千岁会长出五种果实让人们长生不老的，可又一想，别说三千年后，就是三十年后的事情谁又能知道呢？他没有说，也说不出口。

清明节上山扫墓观光的人真多。为了避开拥挤的人流，老人带着林钻树林走小路，先到项山革命烈士纪念塔瞻仰，再游经三仙洞、七真岩、药碾石、药王洞、斗金关、飞瀑泉、仙人湖、美人湾、霸王岭、试剑石、虎跳峡、鹰愁涧，最后到达项山主峰五花岭。

路经这些景点时，老人都会详细解说每个景点的相关故事和美丽传说。林原来看过蒲松龄《聊斋志异》中的名篇《三仙》，却不知道是写项山三仙洞的；原来知道巾帼英雄梁红玉抗金不让须眉的故事，却不知道梁红玉就是在项山的斗金关据关守隘的，老人真是让林大开了眼界。

在“药碾石”前，老人指着在巨大石头上凿出的药碾，问林：“你知道这是干什么用的吗？”

林笑笑：“这是古时候碾药用的吧？”老人脸上顿时露出惊喜，满意地笑着点头。

到了“药王洞”，林觉得这洞好像很熟悉，有似曾相识的感觉，可自己从未来过呀；他忽然想起曾在一本书上，看过一篇介绍药王孙思邈故事的文章，那插图上的洞和这里的一模一样，忙问老人："老爷爷，这是药王孙思邈住过的洞吗？"

老人大为惊讶："孩子，你第一次来项山，怎么知道这是孙思邈住过的洞呢？"

"我在书上看到过。"

"看来你是个有心人，"老人呵呵笑着说，"难怪我们这么投缘。这确实是药王孙思邈住过的洞，一千多年前，孙思邈来到项山，见这里到处是药草，就在这里采药行医，还在民间流传下不少秘方。药王一百多岁时，就终老在这个洞里；每年都有很多人来到洞前烧香跪拜，我们也来拜拜药王吧。"

拜过药王洞后，老人边走边介绍山路两旁的一些药草，还特意介绍了哪些药草该什么时候采摘、如何炮制、怎样入药最好。

过午时分，随老人登上项山峰巅，林顿觉风清气爽心旷神怡：静静的虞河，像碧绿无瑕的翡翠，温婉缠绕在项山周围，又像处子明媚的眼睛，清澈而安娴；山下岗坡田畴处处尽绿，水库湖泊片片镜蓝；沭河泛着清亮的粼粼波光，自北而南曲折徊转，从项山东面不远处缓缓流过；极目西天尽处，沂河像一条蜿蜒的碧带，妖娆于项山远处的岗坡之间；远黛近绿，百花争艳，移步景换，春光无限；林连声赞叹："项山太好了！项山太美了！"

老人呵呵笑了起来："项山好的地方多着呢。"他带着林绕行五花岭，边走边讲，越讲越兴奋。从老人的讲述中，林知道了许多关于项山的美丽传说：

项山地处马龙山东南端的"龙头"位置；传说马龙山是玉皇大帝坐骑白龙马变的。亿万年前，白龙马犯了戒律，被玉皇大帝贬到下界沂蒙山悔过反省；暗恋白龙马很久的东海龙王的两个小女儿，偷偷离开父王来到沂蒙山，陪伴在白龙马的身旁。一天，白龙马和两个小龙女玩耍得高兴，一路向南奔来，它们时而奔腾跳跃，时而匍匐前行，一路向南、不停向南。那两条小青龙，一左一右，紧紧伴随在白龙马的身边。当它们来到项山这个地方时，两条小青龙担心白龙马太过劳累，担心跑远了找不着回去的路，便赶在白龙马的前面挽手会合，汇聚成万顷湖泊，拦住了白龙马的去路。白龙马见这里风光秀美，便停下脚步休息片刻。当白龙马一觉醒来，想重回沂蒙山时，已经动不了身、抬不起头了。原来附近一个项姓村民，在它头上栽了一棵柿子树，早已经长成千年柿树王了。后来，人们依照它像马又像龙的山形，为它取名叫马龙山，而拦在白龙马前面的名列中国第七大淡水湖泊叫骆（落）马湖。那两条痴情的小青龙，不肯离开心爱的白马王子，便化作两条大河，永远依偎在马龙山的身旁：东面的妹妹叫沭河，西面的姐姐叫沂河；马龙山的头部也因项氏村民的缘故叫项山了。白龙马一去不回，急坏了王母娘娘最小的外孙女，她对白龙马痴迷已久，便偷偷下凡化作虞河，永远蜿蜒在项山怀抱里。

马龙山的山头众多，各有其名，各有其胜，尤以项山最负盛名。项山方圆几十里，东临沭河，西滨沂河，南枕骆马湖，怀抱几十个湖泊水库、坐拥数百个坡岗丘陵。山里植被丰茂，物种众多，巉岩间流泉飞瀑，密林中莺啭鸟鸣，风光秀丽，气候清新，名胜甚多，景色迷人，为马龙山美景之最，是辽阔黄淮平原上最璀璨的一颗明珠。

到过的人都说项山最美、虞河最柔，都说这儿是全天下最得天独厚的一块风水宝地；只因很久以前，一个风水先生路经此地时，受到了当地顽童奚落，羞恼之下，便使了毒计，破了风水；这本应是出龙产凤的地方，最终却没能走出皇帝和娘娘。也许是风水先生的阴差阳错，这里虽然没出皇帝和娘娘，却出了比皇帝和娘娘更有名气的大英雄大美女，他们就是项羽和虞姬。

早在两千多年前，项山脚下的虞河两岸，各有一个不大的村落，河东的叫项村，河西的叫虞村。秦灭六国后，楚国没落贵族项梁为避秦国刺客追杀，隐姓埋名，带着兄长唯一的遗孤，也就是年少的侄儿项羽，逃回项山脚下的老家项村。在叔父的励志下，项羽天天骑马练剑，夜夜挑灯苦读，伺机东山再起，一报国仇家恨。

从小就天资聪颖的项羽，力大超群，且行侠仗义、抱负高远。他每天清晨在项山骑马练剑时，总能见到一个俊美无比的少女在虞河边浣纱洗衣，也能看到五个美丽可爱的小女孩，在山坡茶园里带露采茶。

一天，那洗衣少女落水，项羽策马奔到虞河边，纵身河中，救起仙女一样的虞姬，两人一见钟情，私订了终身。山腰采茶的五女孩，目睹英雄救美的一幕，个个感动得泪如雨下。

又一天，项羽在山坡上练剑，忽然一阵地动山摇，一块巨石从项山顶滚落下来，直奔五个采茶女孩滚去；正在五女孩惊呆之时，项羽飞身向前，双手擎住巨石，救了五女孩的性命。被救五个女孩相约发誓：非英雄项羽不嫁。

后来，项梁带着项羽出山，拉起一支队伍，呼应各路义军，给秦王朝以致命重击。不料征战途中，项梁伤病而死；项梁临终前反复叮嘱项羽：千万不要把他葬回项山，以免殃及家乡人民；说是项山东北二十里处的沭河中有一孤岛，那里才是自己最好的安身之地，务必将他葬在河中的那个小岛上；同时要求项山族人一律改姓“木目——相”，以免将来受到株连。

项梁死后，项羽重振三军、号令诸侯、进军秦都、摧枯拉朽、一举荡平秦朝势力，划疆割地，分封王侯，一人独断乾纲，彰显出盖世无双的英雄本色。可在后来的刘项争斗中，项羽拘于小节，与弱不忍，与敌不狠，宅心太过仁厚，最终错失天下于掌中。在垓下与心爱虞姬诀别时，年仅三十一岁的项羽，把酒悲歌，发出“天亡我也”的悲叹。虞姬感念项羽英雄情柔，谢歌起舞，舞毕刎剑而死，演绎出感伤千古的凄美绝唱。

项羽和虞姬蒙难后，家乡的族人们痛哭经年，感念项羽居功至伟，英雄盖世，功败垂成；痛惜虞姬忠贞决绝，死后凄凉，红颜薄命；遂集资建造禅堂寺庙，筑九层宝塔，天天烧香念经，超度他们的亡灵。项氏族人遵照项梁的遗嘱，全部改为“相”姓；虞姬族人痛惜虞姬自刎而死，也都不忍姓虞，把“虞”字去掉了虎头，一律改姓吴了。虞姬族人还偷偷跑到百里之外的虞姬墓前，烧香祭拜，并把取回的虞姬墓土撒到家乡的土地，撒进美丽的虞河。

那五个美丽的采茶女孩，闻知项羽已死，都不忍苟活，偷偷选择了一块隆坡地，为项羽堆筑了衣冠冢；她们连续哭了七天七夜，哭干眼泪后，手拉手一起跳进了虞河。

两姓族人感念五个花季少女忠贞不渝，把她们葬在项羽的衣冠冢旁，并把项山主峰命名为五花岭。

老人讲到这里，竟声音哽咽、泪流不止。林忽然惊问：“老爷爷，六坟坡是那五个少女和项羽的衣冠墓地吗？”

老人稍作停顿，而后轻声说：“那是财主和他五个妻子的坟墓。”

林猛然惊醒过来：老人和当地人，一代代坚守着心中秘密，如果不是这样，项虞两姓族人也许早就受到牵连，那六坟坡也许早已不复存在。让那个“财主”和他五个妻子静静厮守在一起而不被外人打扰有何不好呢？林也应遵从他们的意愿，谨守这个秘密。

天色已经不早，老人带着林开始下山；他们穿过密密的树林和灌丛，下到山脚，沿着蜿蜒的虞河，绕行在项山脚下。林怅望身旁的虞河：河面幽幽静静，清清亮亮的一河碧水，一纹不起、一波不兴。林看着看着，出现了幻觉：那水面慢慢浮现出绝代佳人虞姬和五个美少女的影子，她们个个美过天仙，然而她们凄美的眼睛里，却都是无尽的悲伤和哀怨。

傍晚的春阳，斜照在身上仍是暖暖的，可林的心里有了寒意，看着眼前的好山好水，不由得心中生悲：想到那横扫天下杀人如麻摧毁唐朝大厦撼动帝国基业的草莽英雄黄巢，想到那开奇花结异果几度枯荣恩泽人间千年终毁愚昧之手的夫妻大王树，想到那披星戴月遍尝百草满山采药为民祛病的药王孙思邈，想到那拔山盖世、英雄无比、美过天仙、忠贞不渝演绎爱情成为千古佳话的项羽和虞姬，想到那美丽善良、知恩图报、纯情天鉴、感天动地的五个采茶美少女，天地悠悠，山河依在，斯人斯树，都已远去，空留下一个个凄美动人的故事，让后来人徒增心酸和伤悲。

林默默悲凄，随老人向虞河上的小木桥走去。虞河对岸忽然有人喊话：“俺老爹，你快回家吧，俺奶在家等你吃饭呢。”喊话的是个年约五十的壮汉。

“是小三呀，”老人停下脚步，转向那人高声笑说，“告诉你奶，叫她先吃，俺一会儿就回去。”

那壮汉应了一声，转身向不远处的村落走去。林感到诧异，老人不过八十多岁，怎会有这么大的孙子呢？连忙问：“老爷爷，他都这么大了，是您的亲孙子吗？”

“当然是俺的亲孙子咯，”老人笑了起来，“他还不算大，只有五十二岁，俺的大孙子已经五十六啦。”

林更加疑惑：“那您老今年……”

“你问俺多大了是吧，”老人爽朗大笑，“俺今年虚岁九十六了，明年是俺的本命年。”

林感到吃惊：“老爷爷，看您不过八十岁呐。”

“年龄怎会有假呀，孩子，俺是光绪七年出生的，一生经历过多次改朝换代，光皇帝、总统就换了不下十个，说了你可能不相信，俺还经历过八十多年前的甲午海战呢。”老人说到这里，突然收起了笑容。

“您老经历过甲午海战？”林更是惊讶。

“经历过，那次海战呀，真是太壮烈、太悲惨了。”老人又讲起了经历甲午海战的往事：

老人小时候家里很穷，不到十岁就被送到禅堂寺做了小和尚。十三岁那年，在北洋军舰上当厨师的叔叔，回项山探亲时把他带走；他在叔叔的舰船上帮厨。那军舰真大，有十间屋宽、几十间屋长，天天有二三百号人吃住在上面，那军舰日夜停泊在黄海湾里。

老人帮厨一年后，大概是仲秋时节的一天，叔叔所在的军舰突然起锚出海；经过一天一夜航行，在一个叫大东沟的海面上，与日本人的军舰遭遇交上了火。那天的海战异常激烈，双方各有十来艘军舰参战，炮弹像雨点一样飞来飞去，天空都被炮弹炸红，许多人的耳朵被震出了血，一些军舰被炸沉。叔叔的那艘舰也受到了重创，炮弹也打光了，急红了眼的舰长，亲自驾驶军舰撞向日本炮舰，想与敌舰同归于尽；眼看就要撞上敌舰时，自己的军舰却突然发生爆炸，舰上的大部分人当场被炸死，叔叔的肠子也被炸了出来。叔叔临死前，一手捂着肠子，一手把救生圈套在他的身上，用尽最后的力气，将他推到了大海里。他刚游出不远，就看见那艘军舰在大火中沉入海里，那个舰长，还有舰长的狗，在海水中挣扎了一会儿就不见了。

老人擦了擦泪眼，说他既恨那片海，又忘不了那片海，常常在梦中回到那片海、回到那片伤心之地。他常常想起叔叔，想起那些视死如归的英雄们；他对黄海之战充满着愤怒和悲情，那场海战，成为他心中永远的伤痛；他目睹了海战的残酷，目睹了勇士们视死如归的壮烈场面，目睹了军舰在熊熊烈火中沉入海底，目睹了被海水渐渐淹没的舰长和那寸步不离的狗。这些悲惨的一幕幕，让他刻骨铭心，永世不忘。

林和老人走过虞河上的小木桥，沿着虞河西岸的那条小道，原路返回。老人稳定情绪后，接着讲起后来发生的事情：

后来，他在一条小渔船上苏醒过来，是一个渔民大爷救了他。后又在海上漂了两天两夜，才在一个叫墟沟的渔村上了岸，他沿路乞讨半个月，才辗转回到家中。

从那以后，他痛恨外国人，尤其痛恨日本鬼子。他参加过义和团，烧过外国人的教堂，痛打过洋教士。而国内发生的战争，他一概不参加，因为那是同宗同族的内斗，他不想自己人打自己人；外国人就不同了，他从心底里仇恨他们，他不想中国人被外国人欺负。

抗战爆发后，老人成了抗日模范，他和游击队一起拆过桥、破过路、埋过雷、扒过鬼子的炮楼。最让他解恨的是，一次在黄巢湖里捕鱼，两个日本鬼子要从湖上经过；那两个鬼子没把他放在眼里，认为他只是一个五六十岁的捕鱼老汉，不会拿他俩怎么样，就放心大胆地上了他的小渔船。当老人把两个鬼子载到湖心时，故意把船弄翻；老人一向身体壮、水性好，在水中先把一个鬼子打晕后，将那鬼子死死地摁到水底下，直到那鬼子被淹死。另一个鬼子见了拼命向岸边游，老人几个猛子扎到跟前，抡起拳头一阵猛砸，后用双手紧紧掐住鬼子的脖子，将鬼子活活掐死在水中。

说到这时，老人像孩童般大笑不止，笑着笑着竟流出兴奋的眼泪。

太阳正在落山，西天已隐隐斜挂出一芽“蛾眉月”。林见天色已晚，连忙向老人惜别；老人却依依不舍地坚持送林到了银花岭。林离开后，老人久久站在银花岭上，一直不肯离去；林几步一回头，当走到一处坡岗、回望老人时，晚霞的金辉正镀亮老人，也镀亮老人身后的项山；远远望去，老人像一座熠熠生辉的塔，和身后的五花岭一样，金光闪闪、高大形伟。林每次回望时，见老人仍伫立在金银花的花簇中，频频向他挥手致意，直到走远了，老人的身影才渐渐融进暮色苍茫中。

那天晚上，又让花虚惊了一场。当林跑进梨树林，天已经完全黑了下来；他刚跑出橱桔帐，就听到前面的黄泥岗传来急促的脚步声：是花、菊、秀正气喘吁吁跑来，她们以为林又迷路了，正火速赶来营救呢；大家相见后变惊为喜。当林向她们讲述与那位老爷爷奇遇经过时，秀连连捶打林：“你怎么叫他爷爷呢？他可是俺的亲二老太呀。”

回村路上，四个人欢声笑语不断，一直开心到家。

第十章

在丰饶辽阔的黄淮平原，横亘着一条自北而南的大河；这条大河既旖旎出两岸秀美的风光，也福祉着沿岸世代的百姓，还养育过诸葛亮、王羲之等一代人杰，这条大河就是鲁南和苏北人民的母亲河——沂河。而游走两旁的沭河、京杭大运河与沂河并行不悖、若即若离。

作为中国屈指可数的南北走向河流，沂河既因常年水量丰沛而具舟渔灌溉之利，也因河道宽畅而清波安澜。逢其夏秋之际的汛水期，沂河大水会从沂蒙群山里汹涌而出，挟着泥沙一路波涛滚滚向南泄下，到达东陇海铁路时，会从那座五里长的大铁桥下激情湍过。此后，已进入下游的河面坦然变宽，水流也渐行渐缓。变宽变阔后的沂河，在流经岸边的一座古塔时，潇洒地转了下身子，从一个美丽的村庄旁弯绕而过；那个被沂河格外厚爱眷顾的湾里村庄，名字叫沂湾。

沂湾村外姓人很少，世代以张姓村民为主。

冬至前夜的沂湾村，漫天大雪正在凛冽寒风中肆意飘洒，持续三天的暴雪寒流，让沂湾人有点措手不及。入夜后的沂湾村到处漆黑而寒冷，只有村东头一户张姓人家的屋里，隐约透出煤油灯的昏暗微光；屋里摇曳清冷的灯影下，十多个人正焦急围站在里屋床前，守护着病中的那位七十二岁老奶奶。

老奶奶消瘦憔悴的脸，看上去只有巴掌大小；大家见老人两眼紧闭高烧不止，纷纷小声议论着。一个二十左右的小伙子急切地说："俺小叔，俺二奶的高烧持续不退，看来情况有些不好，应该赶紧送医院。"

伏在病床边的是个三十来岁的瘦小中年男人，他慢慢站起身，含泪摇头说："俺娘刚吃过退烧药，不会有事的，明天是冬至，俺找算命先生算过，过了冬至，俺娘就会一天天好起来的。"

"俺小叔，算命先生的话怎能全信呢？俺二奶的病不能再耽搁了，快送医院吧。"小伙子一脸焦急地继续劝说着。

中年男人还是摇头："现在天黑路滑、风雪又大，去县医院有五十多里路，怎么走呀？"

“俺小叔，那就送堰桥医院吧，那里的条件也不错，路也近，你先准备一下，俺现在就到沂河里看看，如果河面结冰厚的话，就从沂河上过去，这样，至多两个小时就可以赶到堰桥医院。”小伙子说完，扭头抄起靠在门边的一根长扁担，快步跑出院门，直奔沂河大堤而去。

过了一会儿，病床上的老人慢慢睁开眼，在人群中寻找着。中年男人赶紧俯身向前：“俺娘，你找谁呀？”

“俺找林儿，”老人发出微弱而嘶哑的声音，“俺的小儿林来了吗？俺想他了。”

“娘，俺已写过信，”中年男人流着泪说，“要不明天再给他发个电报吧，他在东阳，路很远，一两天内可能到不了，你安心养病，医生说你过了冬至就会好的。”

老人有些失望地叹口气，轻声说：“你明天给林儿发个电报吧，俺等他，小乖乖不来，俺是不会合上眼的。”老人说完，眼角流出几滴泪，那泪滴慢慢滚落，最终停在了腮边——在摇曳的煤油灯光里不停闪动。

中年男人已泪流满面，屋里的男人和女人们都在轻声啜泣。

生病的老人，现在叫张沈氏，她原名叫沈文静。

沈文静的祖父是沂河下游骆马湖一带有名的财主沈峙峻先生。沈峙峻幼时家境富足，天资聪颖，年少时就考中过全县头名秀才，后因国运衰落、家中变故，辍学经商；他凭着过人的机敏和才干，很快就创大了家业，渐渐成为沂河下游、骆马湖一带的首富，有了“沈半湖”的名号。

沈峙峻的子女很多，九个成家的儿子，每人都分到了一份厚实的财产；可他的儿子们大多花天酒地坐吃山空，只有小儿子沈玖饱读诗书，风流倜傥，最肖父亲。沈玖不仅早早中了秀才，而且善于持家理财。眼见晚清腐败、外辱频仍、国运日衰，沈玖不慕宦海虚名，只喜耕读经商，广交侠友，快逸人生，当地士绅无不仰为师友，争相攀缘。

光绪三十二年冬，沈玖第二个女儿出生。由于第一个女儿出生后不久就夭折了，对二女儿的出生，沈家上上下下欢天喜地，沈玖更把这个女儿视为掌上明珠，倍加疼爱。沈玖见女儿文文静静的，就给她取名叫沈文静。

沈文静在童年和少女时代，长得无比漂亮，亲邻们都说她比画上的美女漂亮多了。

最让沈玖奇异的是，女儿非常聪慧，记忆力十分惊人；文静五六岁时，沈玖在书房朗读文章，只要小文静在旁听过一遍，就可以大致复述出来，这让沈玖既震惊又自豪。

小文静非常孝顺，向来避讳父亲的名字，从不在父亲面前说与玖同音的字，沈玖因此常在朋友面前夸耀。一位好友不信，便和沈玖打赌说："俺可以叫文静说出玖的同音字，如果她没有说出玖的同音字，俺愿输十两银子。"

那朋友让沈玖单独待在屋里，把只有六岁的文静叫到院外，说："小静，回家告诉你爷，就说东村的张九、李九，九月初九要到你家去喝酒，要喝九年零九个月的陈酿酒，要准备九斤酒，菜要有：韭菜炒鸡蛋，韭菜炒辣椒，韭菜炒豆干，韭菜炒小鱼，酒不喝好俺不走。"这段话里共有十五个玖的同音字，他不信一个六岁女孩能够全部避开。

小文静听后急忙跑回屋，那人紧紧跟在后面，见文静一进屋就告诉沈玖："俺爷，东村的张三三、李四五，十月之前的初八后一天，要来俺家喝一三五，只喝十年差三个月的老陈酿，说八斤不够还要加一斤，菜要有四样：炒鸡蛋、炒辣椒、炒豆干、炒小鱼，样样都要放那常割常长、名叫八加一的茬茬菜，三六喝不好人不走。"

那朋友听了愿赌服输，承认小文静确实聪明过人，于是逢人就夸："这女孩真是绝顶聪明，如果是男孩，将来考不中状元，至少也是个榜眼探花。"

沈文静十六岁那年出嫁了，她嫁到五十里外的沂湾村。

沈文静出嫁时的排场很大，陪嫁物品装满长长的车队；沈玖对文静最是疼爱，明面上陪嫁不少，暗地里私房钱更多。沈玖嫁女高兴，给全村每户人家都送去了肉食和喜钱；士绅乡党乃至左近州县的官府人，前来贺喜的不绝于路。

沈文静嫁的人叫张可庄，字百村。

张可庄的曾祖父叫张乔峰，是清朝举人，当地名流，家大业大。传说他才高八斗，棋琴诗书画样样精通，百般武艺无所不能，上至官府衙门，下到三教九流，无所不交，在当地是说一不二的豪强。可张乔峰教子无方，五个儿子都不争气，分家后，个个好逸恶劳养尊处优，而且都吝啬刻薄，家道逐渐衰落。

据说张乔峰最擅长易经八卦，能卜算出人的生老病死，尤为奇异的是，他准确推算出自己死去的确切时间，因而在生前就早早为自己选择了一穴风水墓地。据说那墓地的风水非常好，可让儿孙后代福寿长远。他临死之前，亲自在选定的风水墓地上钉桩画线，亲自穿上殓葬寿衣，一切准备停当后，自己躺到堂屋床上，手指院门，笑对家人说："时辰已到，俺要走了，八抬大轿已到了院门外等俺，你们多保重吧。"说完在哈哈大笑中逝去。

张乔峰的儿子们按照父亲事先钉好桩画好线的墓穴方位，派人开挖墓穴；一个中年人在挖墓时不注意，一口痰吐在了墓穴中，这事被张家人发现。张乔峰的儿子们向来刻薄，暴怒之下痛打了那挖墓人，那人被打得满口喷血，并被逼着当众用嘴将那口痰吞回到肚子里。

张乔峰儿子们走后，那挖墓人流着泪，悄悄改动了墓穴方位，还把吐出的鲜血偷偷深埋进墓土里，并双膝跪地向天发下毒誓："老天爷呀，俺今年四十八岁了，只要让张乔峰儿孙后代们个个吐血而死，人人活不过四十八岁，俺情愿回家就死。"果然，那人回到家就死了。

后来，张乔峰的儿子们，真的个个患了肺病，人人不到四十八岁就都吐血而死。

张乔峰的小儿子，虽然比他的哥哥们多活了几岁，但也是在四十八岁时吐血而死的。他死时只留下一根"独苗"，叫张鹤翔。

与父辈们有所不同，张鹤翔为人谦和，饱读诗书，勤勉持家，又守着沂河边几百亩肥沃的祖业良田，过着殷实富足的生活；在穷乡僻壤，也算志得意满、人物一个。虽然家境很好，但最终也没能躲过家族的魔咒，在四十八岁那年，也因肺病吐血而死。

张鹤翔一生有过六个孩子，其中四个孩子在五岁之前就相继夭折，只有老三张可仁和老五张可庄长大成人。张鹤翔四十七岁那年，夫人因病去世，撇下十七岁的张可仁和十三岁的张可庄。丧妻悲痛之余，张鹤翔已感到肺部疼痛，且经常咳血，便想赶在家族魔咒降身之前，早点把两个儿子的婚事办了。

他在世谊好友中，挑选了骆马湖两个财主——马家和沈家，聘娶十七岁的马家四小姐马荷花给大儿子张可仁，聘娶沈家十六岁大小姐沈文静给小儿子张可庄，并把家产一分为二，给了两个儿子，不久便撒手而去。

张可庄和哥哥张可仁，从小在父亲既溺爱又严格的管教下，专心读书不事稼穑，过着衣来伸手饭来张口、一心一意埋头读书的日子。

自从张可庄娶了沈文静后，自己所分到的财产丰厚不说，妻子又带来一大笔陪嫁财物，自然过起娇妻温顺、富足安逸、百事舒心的生活。尤其父亲死后，他和哥哥渐渐放松了学业，一天天悠闲颓废起来。

哥俩天天游手好闲不问世事，地里家里的事任由妻子打理。那两位大家庭出身的妻子，的确都很有治家理财能力，里里外外被管理得井井有条。哥俩那两个高大的身影在村里晃来晃去，两人妻子从小都受“三从四德”的家教影响，在多次婉言规劝不听的情况下，也只好任由他俩去了。

后来，哥哥张可仁爱上了习武，天天和拳师在一起舞刀弄棒，竟成了远近闻名的武功高手。弟弟张可庄虽也身材魁梧，可他生性懦弱、胆小怕事，不喜欢耍刀弄枪，却对打算盘产生了兴趣，每天算盘不离手；练到后来，竟可以闭上眼睛双手打算盘。那接连不断的算珠声，就像地锅炒黄豆，“噼里啪啦”连声爆响，尤其他的心算口算本领十分了得；一次和朋友上街，那朋友在菜摊买了十几样蔬菜，卖菜人拿起算盘刚算到第三样菜钱时，站在一旁的张可庄，脱口报出菜的总价钱，卖菜人感到怀疑，算到最后果然分文不差。

张可庄还真是有点奇异，他出生时，右手中指上就长有一颗小肉瘤；随着年龄增大，肉瘤也慢慢变大，后来竟大如鹌鹑蛋，不仅家里人感到奇异，外人见了也都说少有；他小时候被多位相面先生看过，都认为他的手相非常主贵，说他一生经手的金钱，多到无法计数；长大后，谁见了谁都说那是大富大贵手。

张可庄也认为自己的手，生来就是天天数钱的富贵手。可做什么才能天天数钱呢？靠区区几百亩祖田收入，不可能天天数钱；做生意倒是可以天天数钱，可他又不想吃那个苦。有一天他突然想到了赌博，那可是天天数钱呀；他开始出没于赌场，成了最受欢迎的“赌场豪客”。

在赌场，他可以连续三天三夜不睡觉，照样精神抖擞地不停眨动顾盼着“火眼金睛”，就像孙悟空一样。他的赌局越来越大，每天输几百块银元，看不出他懊恼，每天赢几百块银元，也见不到他欣喜。

张可庄确有精明过人之处，他总是赢得多输得少，经常是腰间捆着沉沉的一袋银元出门，回来时，腰里的银元不仅不见少，手里还提着重重一袋银元回来。久而久之，家中的箱子柜子都装满了银元。后来时兴纸币，他嫌银元太重携带不方便，干脆把银元都换成了纸币。家里的几百亩祖田也被卖了，说是田里一年的收入，还赶不上他一夜赢得钱多。到了当地快解放时，他家成捆的纸币到处都是，而且全是面值千元万元的。别人劝他多置房产多置地，他却说那些东西太招摇太显眼，不如现钱方便实际。也有人劝过沈文静，沈文静笑笑说："俺是窗，他是门，出来进去都走门，随他。"

当地一解放，那些纸币突然变得一文不值，烧锅做饭当柴草烧，烧了半个月也没烧完。

沈文静既没有抱怨，也没有惋惜，反而说钱财是身外之物，生不带来，死不带去，有多多花，有少少花，没有就不花。完全是一种"不以物喜、不以己悲"的超然态度。一个不识字的女子能够不被物累达到如此程度，难怪村上很多男人都说自己做不到这一点。

村里的一些穷人家，经过多年省吃俭用、苦苦奋斗打拼，终于积下了一些田产钱财，土改划定成分时，倒都成了地主富农，财产全被没收充公；而张可庄家的土地卖了，银元又都换成一文不值的纸币，反被定为中农。张可庄不无庆幸地说："'塞翁失马，焉知非福？'这话不是没有道理的。"

沈文静靠着温柔贤惠、宽厚包容，始终与丈夫相濡以沫相敬如宾，几十年没有红过一次脸；哪怕家里油瓶倒了，丈夫不扶，房屋着火了，丈夫不扑，她也不会有一句怨言；对全村大人孩子，都亲如自家人，无论谁家有灾遇难，她都会尽其所能，倾力帮助，仗义疏财的性格，和父亲沈玖先生一模一样。

沈文静只有一个弟弟，叫沈文山，比沈文静小六岁，长得也非常俊美；他不仅书读得好，而且举止稳重，重情重义。沈文静刚出嫁时，十岁的沈文山到沂湾接姐姐回娘家，沂湾人谁见了谁都夸他长得漂亮。酒席间，面对满桌大人，沈文山沉稳儒雅、答对得体，长辈们深感奇异，姐夫张可庄和大哥张可仁更是赞不绝口。正是这次相识和敬佩，才有了后来张可仁投奔沈文山的一段经历。

尽管沈文山这样出类拔萃，可父亲总还是不满意，说他还不如姐姐一半聪慧，时不时挑他毛病。后来沈文山一气之下，离家外出求学，几年后考入北平燕京大学，成为全校屈指可数的高才生。“九·一八”事变后，沈文山和同学们走上街头，参加游行抗议示威，后又和同学们奔走于全国各地，从事抗日宣传鼓动工作，渐渐显示出过人的胆识和才能。

沈文山在外求学多年，后又奔忙于抗日救亡运动，已经用去家里大量钱财；可每次给父亲写信要钱，沈玖都二话不说，马上寄钱，资助他用作抗日活动经费。沈文山频繁写信向父亲要钱，次次没有落空过，最后一次，父亲不仅寄来很多钱，还寄来一封亲笔信。信里说这是最后一次给他寄钱，如果他还需要更多的钱，家里可以给，前提条件是：他必须回家一趟。

收信半月后，沈文山回到家中，见到了多年未见、已经满鬓花白、眼含热泪且都苍老的双亲。沈文山双膝跪地流着泪说：“不孝儿子回来了。”

看到儿子泪流满面双膝跪地，母亲顿时哭出声来；沈玖却背转身偷偷擦去眼角泪水，然后字字斩钉截铁地说：“你起来，俺今天有话对你说，到外求学是好事，俺依你；长期在外不回，忙的是正事，俺也依你；参加抗日救亡运动更是大事，俺支持你；可你也要依俺一件事，就是把从小订下的娃娃亲成了。如今你已二十好几，你娘和俺也头发花白、土埋半截了，俺只想你能生下个一男半女，也算俺老沈家有了后；依俺就算你尽了孝道，无论以后干什么，俺都依你！”

沈文山没有答话，只是流着泪长跪不起。母亲边哭边挪着小脚进了卧室，她既不忍心看着儿子长跪不起，又不敢违拗丈夫向来说一不二的火爆脾气。

父亲见儿子没有答应，开始叹气：“唉，俺知道你对这桩婚姻不满意，俺知道自己做了糊涂事，早早给你订下这门亲，可覆水难收呀，说过的话，一言既出驷马难追呀？俺老沈家，向来吐口唾沫砸个窝，什么时候背信弃义过？再说，人家姑娘等了你这么多年，总不能叫人家望瞎双眼、老死家中吧？”

沈文山还是没有答话，还是流着泪跪地不起。

父亲看了一眼长跪在地的儿子，开始流泪了：“俺沈玖，一辈子是刚强硬汉，从没向谁服软过，俺向你服软行不行？不要说俺和你是父子骨肉、前生后世十八辈子缘分了，就是二十多年朋友一场，你也不能让俺没脸见人吧？俺一生好强，除了父母，从没求过别人，俺只求你一个人，也只求这一次，俺给你跪下，你答应俺行吗？”父亲说着说着，扑通一声跪到儿子面前。

沈文山一把抱起父亲，泣不成声："俺爷，我，我……答应您。"

沈文山成亲了。

沈家的喜庆排场向来是盛大的，而这次却只能按照沈文山的要求，低调简单，草草了事。沈家只办了几桌酒席，宴请少数至亲；远亲故友，一律不请，繁文缛节，一概免去。

沈玖夫妇心里干着急，却一点办法也没有；总觉得儿子结婚是家中大事喜事，结果办得如此简单草率，见了庄亲庄邻和至交故旧，总觉得有点灰头土脸抬不起头来；可与儿子早已有言在先，一切只能由着儿子意愿来。可私下里，夫妇俩还是嘀嘀咕咕、怨这怨那的。

沈文静知道父母心思后，劝导父母说："弟弟走南闯北，见过大世面，婚事简办自有他的道理。弟弟素有大志，绝非等闲之辈，凡做大事有抱负的人，都不图虚荣，不拘小节；他这样移风易俗，不仅不会辱没沈家声誉，相反还会彰显二老开明呢。"沈文静短短一席话，母亲听了愁云顿消，父亲听了开怀大笑。

然而，儿子婚后第二天，沈玖夫妇就愁云又起，再也笑不起来了。

常言说："好汉无好妻，赖汉折花枝"，这话说在沈文山身上，再恰如其分不过。

沈文山在罢宴送走亲戚后，被众人推入洞房，当他揭开红盖头的那一刻，一下子呆傻了，只能痛苦地转过身，再不敢多看一眼。他觉得天底下最丑的女人，也不能比这个女人再丑了：她没有眉毛，没有鼻梁，几乎看不到眼睛，大柿饼一样的肉团上，咧着一个大大的嘴巴，那嘴巴大的快要连到了耳朵。

沈文山连续三个月不肯同床，天天夜里在灯下看书，困了就趴在书桌上打个盹。

当父母亲第二天见到丑陋儿媳时，也都傻了眼，她真是太丑了。他们才华横溢漂亮潇洒的儿子，竟摊上了奇丑无比的妻子；沈玖夫妇天天愁眉苦脸，躲着不敢见儿子，尤其是沈玖，悔恨自己不该酒后荒唐，和朋友指腹为婚、订下儿女娃娃亲，结果毁了儿子的一生幸福。沈玖夫妇都觉得愧对儿子，每次见到儿子，都面带惭色，背后更是唉声叹气、无比的后悔和惋惜。

沈文山在燕京大学读书时，才貌出众，风度翩翩，是校花美女们关注的焦点；向他眉目传情、书信示爱的，多不胜数。他也曾动心过，可一想到国家面临存亡之际，不愿因儿女情长而卸肩上道义。如今竟要天天面对这样的丑妻，他何能心甘呢?

婚后的几个月里，沈文山每天都有一万次离家出走的想法，可一想到父母脸上的愧疚，想到母亲眼中疼爱慈祥的泪光，尤其是父亲那番掏心掏肺的话语，还有那让他心酸动容的一跪，他实在无法也不忍心即刻出走。他和父亲一样的重情重义，对外人尚能一诺千金，对父亲的允诺岂能反悔？迫使自己做一回“梁鸿”吧，为了父母亲，为这个等了自己二十多年的女人，为了越来越紧的时局，为了能早日奔赴抗日第一线，他只得屈辱违心一回，只能在心中暗暗流泪伤悲。

当全家人都知道那个丑陋无比的女人怀孕时，沈文山立即整理行装，心安理得地离家出走，从此他再也没有回来。

沈玖也兑现早先对儿子许下的承诺，变卖了全部家产，资助儿子拉起一支抗日武装。精明的沈玖，对外声称与儿子断绝了父子关系。知道内情的亲朋，都说他应该留下一些财产养老，沈玖哈哈大笑说：“国和家就如同皮和毛一样，皮之不存，毛将焉在？在此国家生死之际、存亡之秋，毁家纾难，本是义中之事，况且财产本是身外之物，生不带来，死不带去，俺每天有三顿粗食、一身布衣足矣。”

沈文静和丈夫张可庄知道弟弟举义抗日，立即送去一独轮车纸币和八千块大洋，资助沈文山。在以后的几年里，沈文静夫妇隔三岔五给弟弟的部队送去钱粮衣被等物资。大哥张可仁变卖了家中全部田产，加入到沈文山的沂河抗日游击纵队。很快，马龙山区、项山脚下、沂河沭河流域、骆马湖沿岸各地，纷纷响应，一支上千人的抗日队伍迅速组成。他们依托河湖山冈，与日寇展开轰轰烈烈的抗日游击战；这支抗日武装鼎盛时期，发展到了近三千人。

沈文山的抗日纵队，在极端困苦环境下，历经大小战斗百余次，歼灭日伪军不计其数，渐渐成了日伪军的眼中钉肉中刺。为了剿灭这支抗日最坚决顽强的地方武装，敌人调来大批人马，从四面布网，慢慢收拢包围圈。担任掩护突围任务的第一大队，在纵队副司令张可仁的率领下，苦战一昼夜，掩护大部队突围成功。可第一大队的四个连主力，几乎损失殆尽，张可仁在撤退途中壮烈牺牲，年仅三十五岁。

大部队突围后，化整为零，时聚时散，在广阔的马龙山区、沂河沭河两岸、骆马湖周围与敌人周旋；到一九四三年，沈文山的队伍又恢复到近两千人。由于一次叛徒出卖，敌人突然重兵包围了纵队指挥部，当时指挥部只有一个大队兵力，纵队机关又有很多家属和伤员病号，难以全部突围。

沈文山知道这是一场恶仗，凶多吉少，决定亲率一个连的敢死队阻击敌人，掩护纵队机关和伤员病号撤退。他对贴身的警卫排长汪子辉说："子辉，你是我同村的乡亲，也是跟了我四年多的好兄弟，这次我可能回不去了，你和纵队机关一起突围吧。如果突围成功，你到我家里告知一声，就说我不能尽孝了。"

沈文山拉过既是燕京大学时的学妹，又是燕京大学校花的第二任妻子，托付给汪子辉："子辉，你嫂子怀孕在身，请把她护送到我的家中，告诉我父母，要照顾好她，等她生完孩子，让她带上孩子改嫁吧，千万不能为难她。"他拥别娇妻时，只说了一句话："保护好自己和孩子。"说完，扭头冲进阻击阵地。

纵队机关大部分人员突围成功，可三十一岁的沈文山和那一个连的阻击战士，全部壮烈牺牲。

几天后，汪子辉带着沈文山的第二任妻子，辗转回到村里。汪子辉跪在沈玖面前，哭诉沈司令牺牲经过和生前交待。沈玖流着泪仰望苍天，悲伤地说："老天爷呀，人都说忠孝不能两全，俺儿尽了孝，也尽了忠，他死得壮烈，死得其所，他没给俺老沈家丢脸，不愧是俺沈家的好儿男。"

在沈文山带领队伍抗日的几年里，沈文静夫妇给弟弟送去大量钱粮物资。沈文山感激姐姐和姐夫对抗日的支持和贡献，把随身佩带的一把勃朗宁手枪送给姐夫，一为纪念，二为姐夫防身之用。生性胆小怕事的张可庄不敢接下那把手枪，只收下沈文山曾经用过的一架望远镜。那望远镜是沈文山在一次战斗中，从日本军官手里缴获的；虽然望远镜很小巧，只有十六倍，但它很神奇，可以把很远的村庄树木清晰地缩近到眼前。那架望远镜成为张可庄一生最珍爱的宝贝，平时家里汉玉清瓷摔坏不心疼，望远镜被划了一下，他要难受好多天。那架望远镜也是沈文静最心爱之物，每当她想念弟弟时，总会把望远镜拿出来，一边细细擦拭，一边流流眼泪。

沈文山第二任美妻来到沈家四个月后，生下一个男孩。沈玖夫妇都说这个男孩和沈文山出生时长得一模一样，只是比沈文山小时候更白一些。男孩满月后，沈文山第二任美妻流着泪，带着孩子找部队去了，沈家人此后再也没有见过那娘俩，只有沈文山的警卫排长汪子辉后来见过。

那是“文化大革命”刚开始的那年春天，已是某省副厅长的汪子辉，到北京开会时，见到了沈文山的第二任美妻。二十多年未见，她漂亮模样没有变，气质却更加高雅，仪态也更加富丽端庄。她的职务是国家某大部的司长，比汪子辉还高出半级，据说她嫁给了原沂河抗日纵队的副参谋长。那副参谋长当年也是燕京大学的高才生，追随沈文山投身抗日运动多年，早已是中央一个很重要部门的部级干部。那个男孩长得一表人才，比沈文山年轻时更风流倜傥，而且已经从一所著名大学毕业并参加了工作。那孩子叫X念山，是战友夫妻俩为怀念过去的首长和爱人共同商定取的名。

“文化大革命”开始后，汪子辉受到了冲击和批判。后来他年龄慢慢大了，又在解放战争中失去过一条腿，虽然安了假肢，行走多少有些不便，渐渐与战友们少了联系，况且此时的战友们多数丢了职务、赋闲在家。那对战友夫妻好像在“文革”中也受到了冲击。

新中国成立前后，沈文山的父母，在长期丧子之痛中相继去世。传说沈文山还和一些女人有过孩子，但那些都是传说，没有真凭实据；一度盛名的沈家就此彻底衰败了。

沈文山离家半年多后，他的丑妻生下一个女孩；那女孩的长相，没有继承父亲一点点优长，而是和母亲一样丑陋无比。女孩的丑母，由于被丈夫离弃，天天处于耻辱和悲愤之中，生理需求长期得不到宣泄，感情空虚长期得不到慰藉，备受痛苦的煎熬；时间久了，渐渐恼羞成怨、积仇成恨，畸形丑陋的心态超过了丑陋的容貌，几乎天天是在痛恨和诅咒中度过。那女孩在长期没有父爱，母亲又严重心理变态的情况下，其成长环境可想而知。久而久之，丑女孩内心渐渐变得冷酷、阴暗、自私、无情。

沈文静得知父母因弟弟牺牲、终日郁郁寡欢时，便把当时唯一的女儿送到父母身边，想给二老添些吵闹、增加些乐趣。可沈文静的女儿到了姥姥家后，丑女孩从心底里嫉恨，把这个大她一岁的表姐视为仇人。她看到表姐在张可庄夫妇面前撒娇，会醋意大发，歇斯底里，常用尖酸刻薄的语言，莫名其妙地攻击表姐。丑女孩看表姐穿漂亮新衣要嫉恨，见表姐脸上有笑容要嫉恨，看见别人夸奖表姐要嫉恨，甚至别人多和表姐说句话也要嫉恨。丑女孩无时无刻不在仇恨之中，胸中的无名怒火每时每刻都在燃烧，随时随地都会像火山一样爆发出来。时间长了，表姐和表妹之间积怨越来越深，相互争强好胜，水火不容。

表姐和表妹，都是在沈玖夫妇家读完小学的，且同班同位，两人却始终明争暗斗、互不服气；长大后，也一直脾气不和，一辈子斗勇斗智、斗气斗狠，都巴不得对方有病有灾、遇到什么不幸。

新中国成立后，表姐和表妹先后结了婚。

表姐夫是一九四二年就参加抗战的老革命，仪表堂堂，相貌英俊，文武都精，在解放初期就担任了区领导；不足之处是，年龄大表姐十三岁（表姐对表妹隐瞒说只大七八岁），且有过一段名存实亡的包办婚姻；新中国成立后，在当时干部中纷纷“倡导新生活，脱离旧家庭”的风气下，与小脚的前妻离婚后，与表姐结了婚。

表妹婿是表妹的一个远房亲戚，比表妹大六岁，参加过解放战争和抗美援朝，小学三年级文化，脸黑得像炭（表妹对表姐说是打仗时被炮灰熏黑的），长相比表妹略强些，以副连级干部身份转业到地方，担任乡食品站的站长；表妹婿在大龄不好找对象的情况下，由亲戚撮合与表妹结了婚。

按说表姐妹的丈夫各有短长，难分高低，可两人都以为自己胜过了对方，都认为对方的婚姻不如自己，都嘲笑对方的人生很失败，都在对方面前沾沾自喜，都经常当面说对方的风凉话。

表妹和表姐，的确都很聪明，记忆力都非常之好。

表妹对见过一面、听过一次的人和事，有终生不忘的本领；她回忆起二十几年前某天发生的某件事情，不会有任何的细节遗漏，包括那天事情的来龙去脉、每个人的言谈举止、所有人的面部表情、所有人的心理活动；如果把表妹对那天事情绘声绘色的叙述完整记录下来，肯定是一部不低于三十万字的长篇纪实文学。

表姐这方面也不弱于表妹。对几十年来，表妹何时何地穿过什么衣服，何时何地说过自己坏话，何时何地瞪过自己一眼，何时何地因何事出丑难堪，都记得一清二楚。表姐尤其出色地继承了父亲张可庄的口算心算本领，譬如在百货公司卖货时，效率高得惊人，不论人家一次买多少样东西，她从不用算盘，都是一口报出总价钱。买货人常常怀疑报价不准，便拿过算盘细细核算，结果竟次次都不差一分一厘。

然而，表妹和表姐的大聪明，往往都用在了小地方。两人常常只见树木不见森林，只见尘沙不见大山，只见涓水不见海洋；经常依仗自己的聪明，做出“省盐坏菜”、“捡芝麻丢西瓜”的事情；就像一心想画好大树的人，却不得要领，总是先从树叶画起，然后再画树枝，最后才画树干，结果总是画得不像、画得不好。两人都认为对方不如自己，到一起就一个针尖一个麦芒，见了面就斗就掐，非要争出个我胜你败、我高你低来。

表妹曾在表姐面前说：“找丈夫一不能找离过婚的，别人会以为是剩女找不到对象；二不能找年龄悬殊的，走在一起别人会笑话。”

表姐迅速反击表妹：“黑脸最吓人啦，表妹天天夜里做噩梦吧？文化不高也就算了，如果两人都丑，生的孩子个个都丑。”

表妹马上反嘲：“你那位俊，怎么没去演电影呀？俺那位丑，还被选去演电影了呢”。

表妹说的演电影，是电影制片厂在拍摄《南征北战》电影时，由于战争影片场面宏大，需要大批群众演员，表妹婿所在的部队，被临时抽去参加影片的拍摄工作。据表妹说，电影里有行军跑步镜头，表妹婿就在跑步的队列中。

后来，表姐的儿子，也就是林，看过《南征北战》影片无数次，每次都聚精会神地仔细寻找，却一直没有找到熟悉的表姨父，后来还专门问过表姨父。表姨父嘿嘿一笑：“我确实参演了，我也没有在电影里找到过自己。”

其实，表姨父没有说实话，那部电影里确实有表姨父，只不过在电影里一闪而过、不容易被发现罢了。表姨父在电影中，出演的是个不知名的小角色——蒋匪军的一名溃兵。他对林不好意思实话实说，而林每次又都是在解放军的队列里寻找，自然就一直找不到了。

表妹和表姐，次次都是平手，谁也没能胜过对方，谁也不服气对方。不过从此以后，再没见过表姐夫妇俩一起出行，如果有事一同出去，也是一前一后走，中间留有很大的一段距离。

后来表姐有了几个儿子，个个都还聪明，长得也都不错。表妹只有一个儿子，丑如母亲，而且智商低得比傻子强不了多少，学习成绩在班里回回垫底，在这方面，表姐似乎明显占了上风。

第十一章

一辈子互不服气的表姐妹终于见了输赢；表妹抓住了一次难得的机会，就让表姐一败涂地。

那是表姐一家刚从乡下回城，刚好住在剧院和电影院之间，离表妹家非常近，直线距离不足百米。表妹婿觉得表姐一家搬回城里住，两家离得这样近，又赶上自己唯一的宝贝儿子过两周岁生日，就邀请表姐一家前来吃顿饭。

一个星期天上午，表姐一家带着生日礼物登门。午饭前，表姐夫和表妹婿抽着烟喝着茶聊着工作；不到四岁的林和刚上小学一年级的哥哥，在表姨家的院子里玩耍。哥俩玩的是父亲刚买的一个好玩具——比林的拳头还小的“玩具孙悟空”。只要把那“孙悟空”腰间的发条上足劲，它可以连续在地上翻十几个筋斗，比起电影里的孙悟空，那筋斗翻得丝毫不差。那从小到大就一直你争我斗、毫不相让的表姐妹，到了一起又开始斗智斗嘴了。

“俺表姐，”表妹瞟了瞟表姐身上半旧的出客礼服，掸了掸自己身上的毛料新衣，撇着嘴说，“别看表姐夫官大、工资高，你也在百货公司上班拿工资，可你家里有什么？大人孩子吃得又那样差，穿得就更不用说了。你家是双职工，还不如俺这个不工作的家庭妇女，俺是天天吃肉穿新衣。猪身上哪块肉好吃，俺就吃哪块，现在猪身上的所有好肉都被俺吃厌了；哪像你家半个月也不买一回肉，你省吃俭用的，攒那么多钱干吗？”看到表姐顿时涨红了脸，表妹感到既解恨又畅快。

表妹说的是实情，没有任何夸大成分，只不过说得太直接、太让表姐难堪接受不了罢了。表姐一时语塞，脸气得发紫发青，她看了一眼表妹那两周岁的憨儿子，语中带恨、话中带毒地开了腔：“表妹呀，你孩子都两岁了，怎么还不能走路、还不会喊爸喊妈呀？俺家两个孩子，不到一岁就会跑会说话了。大孩子刚上学不到一月就当了班长，小二子还没上幼儿园，就会十以内加减法了。吃穿再好，孩子长得又丑又笨，将来能有什么出息？”

表姐的话太恶毒，表妹几次想发火翻脸，考虑是在自己家，只好把心中的怒火强按了下去，她在寻找机会，想一举彻底摧垮表姐。

午饭开吃后，表妹婿和表姐夫推杯换盏，开心喝酒；表姐和表妹各怀心思，不声不响闷头吃饭；林和哥哥见满桌肉菜，兴奋得大口猛吃。表妹瞟了瞟两个孩子，阴阴地笑道："猪肉好吃吗？"

"好吃！好吃！"两孩子连声回答。表妹瞟瞟表姐那又开始发红发紫的脸，嘿嘿嘿嘿地连声笑了起来。

"没见过肉吗？"表姐终于有些按捺不住，无名之火猛然腾起，手中筷子突然打向哥俩正伸向肉碗里的筷子，"看你俩那个馋样，让人笑话！"

哥俩不知道母亲为何突然发火，怯生生地缩回空空无肉的筷子，哥哥眼中有些迷茫，弟弟眼中盈着委屈的泪水，饭桌上顿时很尴尬。

"做菜就是让孩子吃的，表姐你管孩子干什么？"表妹婿首先出面解围，并把两碗肉端到两个孩子面前。

"就是呀，孩子能吃才能长身体。"表姐夫也笑着圆场。

哥哥低着头小心翼翼地吃了几块肉；弟弟恐惧地看着母亲的脸，觉得母亲还在生气，筷子再也没敢伸向肉碗里。

饭后似乎一切复归平静，表妹婿和表姐夫红红的脸上洋溢着酒足饭饱的幸福，边抽烟边大声谈笑着；两个孩子也忘记刚才发生的委屈和不快，又开始嬉耍起来。

在刚才的交锋中，表妹明显取得了胜利，尤其看到表姐发怒变色的脸，想到两个孩子受伤的心，心里愉快得直想笑，却忍住没有笑出声来，她想伺机扩大战果，让表姐溃败得一塌糊涂。

她决定从小孩子入手，便拉过哥哥问话："考试得了多少分？听说你刚上一年级就当了班长，是真的吗？"

"语文数学都是一百分，班长是上个星期刚选的。"哥哥回答完跑到院里玩去了。

表妹"噢"了一声，好像有点失落。表姐开始得意了，孩子的答话证明自己没有夸口，竟笑着说："表妹，怎么样？我说的不假吧？"

表妹又拉过不满四岁的林，想从这个更小的孩子身上找到漏洞，她眨眨比绿豆粒还小的眼睛，开口问话："听说你都会加减法啦？我问你，七加二等于几？"

"等于九。"林脱口而出，表姐在一旁激动地捂住嘴，努力不让笑声发出来。

"那八减五等于几？"表妹又问。

"等于三。"林想也没想，又一口说出，表姐终于忍不住"咯咯咯咯"地笑出声，连眼泪也笑了出来。

表妹阴险一笑："那你知道爸爸比妈妈大多少岁吗？"

表姐骤然止住笑，脸色大变，想阻止林说话，可已经太晚，林已准确报出了父母相差的年龄："爸爸比妈妈大十三岁"。屋里的大人们都一下子愣住了，表姐的脸色已经由红变紫，浑身哆嗦，好像站都站不稳了。

表妹得意地看了一眼表姐，转头问："表姐夫，你真比表姐大十三岁吗？"

表姐夫看着表姐狠狠瞪来的目光，犹豫了一下，最终还是诚实地点点头。

表妹一阵"哈哈哈哈"大笑过后，转问表姐："俺表姐，你原来不说表姐夫只比你大七八岁吗？怎么又突然变成十三岁啦？"

泪流满面、浑身颤抖的表姐，甩手就是一巴掌，打得林鼻口流血，她狠狠拧着林的耳朵，将林半提半拽着冲出表妹家……

母亲精神崩溃了，家里天翻地覆了。

母亲完全失去了理智，把满腔怒火发泄在不到四岁的林身上。林把天大的秘密泄露给她的仇敌，让她颜面彻底扫地，让她从此在那恶妇面前抬不起头，她的自尊心受到永远无法修复的伤害，她的全部优越感荡然无存；她甚至想到了死，觉得活着远比死了更痛苦。

可怜不到四岁的林，要承受任何人都无法想象的暴打，要承受以后漫长的苦难。

母亲的暴打是魂飞胆丧的。扫把、鞋底、棍棒，身边能用的一切，都成了母亲暴打林的工具。半天一夜的暴打，林已遍体鳞伤，几次晕厥过去。打着打着，母亲也心疼得流泪了，可一边流泪，一边照打不误。

林一生中第一次见到父母亲打架，这也是父母亲唯一一次打架。父亲在抗日战场上是个硬汉，对日寇从未手软过，他受过伤流过血没有流过泪；而在母亲面前从来都充满柔情，过去一切都谦让着母亲，从没见他发过脾气，后来也永远忍让着母亲，谦卑得像个仆人。那天为了林，恩爱的夫妻翻脸了，父亲第一次不忍心而不得不动手。可这对母亲毫无用处，只会激起她更多的愤怒，更重的暴打，父亲第一次流下无奈伤心的眼泪。

林小小的年纪，在不到四岁时就想到了死，他实在受不了那痛彻心扉的打，受不了母亲痛不欲生的悲伤，受不了父亲无助的叹息和痛苦眼泪。一个不到四岁的孩子，他不明白自己做错了什么，他一直感到母亲是爱自己的，应该是爱的收藏家的母亲，怎么会突然翻脸无情、变得如此凶狠呢？他不知道自己闯下了大祸，他已经吓傻；他不知道怎样才能止住母亲的痛打，怎样才能平息母亲似乎永远熄灭不了的怒火。

林曾经天真活泼的性格突然间彻底改变，原来喜欢吃肉的他，以后在家中不敢再把筷子伸向肉碗里；原来爱笑的他，在家中不再有笑容；每当见到母亲、甚或听到母亲的声音，他都会浑身发抖、惊恐万状，不知道什么时候又会遭到突然的暴打；在他童年和少年记忆里，每天少于两次暴打，他就感到很幸福很幸福了。

他无数次想到了死。

事后表明，母亲早有精神分裂的症状，这件事成为导火索，成为燃爆点，让她彻底爆发而一下子崩溃。她从此变得喜怒无常、说一不二，性格极度扭曲，偏执到了极端。

母亲一共生了五个儿子，为了报复表妹，她将第三个儿子，也是她最爱的儿子，起了一个不该叫的名字——和表妹的儿子同名。家人亲戚都反复劝阻，都说这孩子和姨哥取同样的名字犯忌讳，对两个孩子都不好；再说，这孩子是块“宝玉”，怎么可以和他姨哥那“顽石”相撞呢？母亲根本不听任何劝阻，就像一个厌恶苍蝇的人，不找苍蝇拍子去拍打，却抱起身边的大西瓜去砸，结果苍蝇没砸到，西瓜却摔了个粉碎。母亲已经愤怒到了一切不管不顾的程度，哪怕随珠弹雀、玉石俱焚，也在所不惜。大家只能痛惜无奈，只能在惴惴不安中希望不要发生悲剧。

然而悲剧最终还是发生；在母亲眼里“最俊美聪明、最伶俐可爱、将来也会最有出息”的三儿子，在三岁多时不幸淹死，这成为母亲永远的痛。每当母亲想起这事，总是感到绝望，总是痛不欲生，总是平添新仇旧恨。

后来，林每每想到自己的错误，为给母亲造成的伤害而感到后悔，感到一生愧对母亲。

母亲一想起林的那次错误，都会没有任何理由地把林拉过来痛打一顿；只要林有任何一丁点错误，只要看着林不顺眼，只要母亲有任何不顺心的事情，都会把他拉过来一顿暴打——随时随地。

林在外面无论受到谁的欺负，都不敢回家诉说，如果母亲知道了，他只会遭到更重的痛打；林每次被哥哥欺负，母亲知道后不仅不会责怪哥哥，相反会拉过林继续加罚暴打一顿；林在外面没有和任何人打过架，只能永远被别人欺负；林即使在班级年级考了第一名，母亲也从不会夸奖一句；林从来穿不上新衣，永远没有一分一毛的零花钱，在母亲面前永远不敢抬头；每顿饭只能吃半饱，很少知道菜是何味；母亲的一个眼神，林会连忙放下碗筷，赶紧寻找家务活去干；家里的脏活累活全部由小小的林一个人来承担，例如冬天到汪塘里砸开冰窟，站在随时会掉下去的冰窟边沿，用满是冻疮的小手，为弟弟洗裤子上的屎尿，早上倒全家人的尿盆，晚上再把尿盆端回……难怪那丑表姨常对林说："你不是母亲生的，是她从一个开封来的叫花子母亲那里捡来的。"

林不知道开封在哪里，却在心里无数次地痛苦呼唤那个开封的叫花子母亲：快来把儿子带走吧，一起去讨饭也比这里强一万倍。林已万念俱灰，在他稚嫩的心里，想到的都是死，怎样才能不痛苦地死去。

最亲爱的姥姥终于来了，林哭着扑进姥姥的怀抱，当姥姥看到林满身伤瘀，抱着林呜呜痛哭："俺的乖乖，俺的小儿，俺的心肝，谁把你打成这样的？"

林不敢说出谁打的，只是哭着问："姥姥，开封在哪里？"

"俺的小乖，你问这干吗？"姥姥感到吃惊。

林痛哭说："我要到开封找妈妈，我要和妈妈一起讨饭去。"

"傻孩子，你讨什么饭？这里就是你的家呀，你身上的伤，是你妈妈打的吗？"

林摇摇头，又问："姥姥，怎样死才不痛苦呢？我想死。"

姥姥紧紧抱着林大哭起来，她在林的脸上亲了又亲，把林的小手放进她的怀里，让林摸到她那松弛的乳房，那是林从小以来最喜欢放手的地方。姥姥悲伤地哭着说："俺的小儿呀，你还不到四岁，怎么会想到死呢？你不想姥姥啦？"

"想姥姥，天天都想姥姥。"林以为姥姥生气了，仰起小脸，睁开红肿的泪眼，看着姥姥。

"俺的小儿呀，你要是想姥姥，就不准再说想死的话；以后再提死字，姥姥就真生气了。俺的小心肝呀，你快快长大吧，长大成了男子汉，就没人能欺负你了。姥姥还等着你长大了买很多好东西给姥姥吃呢，你能做到吗？”姥姥一边说一边流泪。

“能，姥姥，”林睁大泪眼认真地说，“我长大给你买很多好吃的，给你买新衣服，天天跟你在一起。”

“这才是姥姥的好孩子，”姥姥仍在流泪，却挤出笑容，“从今以后，有姥姥在，没人能欺负你。以后，你不光听姥姥话，更要听妈妈话，将来还要听老师话，长大了，学习好了，有本领了，姥姥还要享你的福呢，你能做到吗？”

“我能做到，我能做到。”

“真能做到，你就是姥姥的好孩子，”姥姥终于带泪笑了，“相信你将来会有出息的……”

林也嘿嘿露出了久违的笑脸，他笑过之后认真地想：自己长大后，买什么好吃的给姥姥呢？他想到花生最好吃，连忙说：“姥姥，我长大后，给你买好多花生，让你天天吃花生。”

“好，好，”姥姥顾不上去擦自己脸上的泪水，抱着林，在林的脸上长时间地亲着，“俺就等着吃你买的花生，你可要说话算数哟。”

“我一定说话算数。”林说这话时，突然发现姥姥嘴里少了几颗牙齿，心想：姥姥可能开始换牙了。

林心中的乌云，被姥姥的一番话，被姥姥滚烫的爱，驱散了。他抽出小手，替姥姥擦去腮边的泪痕后，又重新伸进姥姥怀里，摸玩起姥姥的乳房。姥姥的乳房，是他的最爱，永远摸不够。

夜里，林趴在姥姥怀里安心放心地睡着了。看着外孙睡梦中的可爱笑脸，老人在叹气悲伤，心头突然涌现出莫名的恐惧。想起张家祖上的刻薄，想起家族可怕的魔咒，她开始伤心流泪。

自从嫁到张家，她天天积德行善做好事，天天烧香磕头求菩萨，祈请上天大发慈悲，除去张家魔咒，让丈夫和儿女们都能平平安安、健康长寿。她每次都在菩萨面前祷告：宁愿上天把张家灾祸全部降到她一个人身上，只要丈夫和儿女们都能健康平安，她宁愿减去自己的人间阳寿。

老人共生过七个儿女，多数都在幼小时夭折，长大成人的只有一儿一女。如今儿子胆小懦弱，女儿骄横暴戾，她开始迷茫了：是自己善心不诚吗？好像不是，她几十年来一心向善，从不杀生，连蚂蚁也没有踩死过；无论远近亲疏，无论大人孩子，从没有打骂过一回，连瞪一眼、指一下也没有过呀。虽然丈夫躲过了魔咒，已经五十多岁，可儿子还不到二十，而女儿又像祖先一样刻薄，对亲生儿子都能下得了狠手；女儿怎会如此的薄情寡义、暴而无恩呢？想到这里，她心里阵阵发慌，前所未有的担心和害怕汹涌袭来；更让她感到不祥和恐惧的是，眼前老是浮现五个先辈暴打挖墓人的情景，她担心祖上的罪孽还没有终结，还会随时报应在张家后代身上，担心丈夫和儿女会随时应验家族的魔咒。老人开始怀疑：难道是祖上的罪孽太深太重？那也不该永无赎期、永无转圜呀？她决定立即行动，趁女婿出发不在家，好好劝说女儿，绝不能让祖上的罪孽在女儿身上滋生、延续和加深。想到这里，她立刻起身，在黑暗中窸窣穿衣，穿上尖尖小小的布鞋，急急走到女儿房间……

当林又一次从噩梦的恐惧中惊醒，发现姥姥不在被窝里，害怕得想哭，忽听姥姥正在母亲卧室里说话，他赶紧竖起耳朵听："……说大十三岁，又怎么啦？鞋大鞋小脚知道，幸不幸福你心里有数。不错，你们年龄是悬殊些，可他为人忠厚心眼好，他走过那么多地方，在区里乡里领导过那么多人，有人说过他一个不字吗？对你对孩子知冷知热的，时时处处让着你，这样的男人上哪找？你不要身在福中不知福……"

"……你知道表妹当时多猖狂吗？"是母亲小声插话，"让我以后在她面前怎么抬起头？一想到她当时那丑脸得意样，我心里就像被锥扎一样疼。"

"唉，原来只知道你俩到一起好拌嘴，哪知道你俩成见这样深。"姥姥叹气说，"俗话说：良言一句三冬暖，恶语伤人六月寒。你平时说话不能让着她一些？当表姐的，姿态高点，让着表妹一点，她也不会增高，你也不会变矮。你只有这一个亲表妹，两人之间能有什么样翻不过去的山、趟不过去的河？"

"你为什么老是偏向她？是我和你亲，还是她和你亲？"母亲声音很大，好像生气了，"……反正我一见到她那又丑又毒的坏样，心里就生气！"

"俺谁都不偏，谁都不向，俺是向理不向人。你是俺亲生骨肉，她是俺亲如骨肉的亲侄女，俺一样疼一样爱……"姥姥好像也有些激动，"她丑，是父母给的，不能怨她；她就是有点不好，也不能全怨她。她一生下来，就不知道父亲长得什么模样，她心里有多苦？她母亲有多苦？你知道吗？她母亲被你舅舅离弃，守寡守了一辈子，对一个女人来说，这是多大的屈辱？每天会有多少悲伤和心酸？她们母女俩在屈辱孤苦中，是怎么熬过来的，你知道吗？”姥姥说着说着，哭了。

“我反正是说不过你，”母亲声音低了下来，好像说不过姥姥，转了话题，“我管教小二子也没错，他平时就调皮好说，不分场合，不像他哥稳重；从小看大，三岁知老，看他将来也不会有什么大出息。再说，上次把他爸的手枪偷出去玩，我就想打他了，你说万一把枪弄丢了、万一出了事怎么办？”

“这你就更不对了，”姥姥停住哭声，却毫不相让说，“俺不反对你管教孩子，可你打孩子就是管教吗？他一个吃屎大的孩子，知道什么？你也能下得了狠手？你和你弟长这么大，你爷和俺指过你们一手指，还是大声呵斥过你们一句？俺承认小二子调皮好说，那有什么不好？生个憨子傻子，不调皮、不好说，你愿意吗？他偷手枪出去玩，不能怨孩子，只能怨大人，你们为什么不把手枪收好？自己有错怎么能往孩子身上推呢？俺看小二子就不错，聪明爱动心眼又好，俺敢和你赌一次，这孩子将来绝对差不了……”

林听到姥姥这番话，头蒙进被窝里，呜呜哭出声来。等姥姥回到被窝时，被子已被哭湿了一大片。

几天后，林跟着姥姥飞走了，飞回沂湾了，他完全自由了，像笼中的鸟放飞到了蓝天。

在林幼小的眼睛里，姥姥的家乡真美：空气是那样清新，天空是那样湛蓝，鱼儿是那样自在，云儿是那样悠闲；鸭鹅塘中游，小河流水欢，风动树叶响，岸柳絮如棉，草房农家院，袅袅升炊烟，阡陌连远村，好像童话一般，一切都让他好奇新鲜。

在姥姥家，林开始了一段快乐而美好的生活。

他把姥姥家从不示人的宝贝望远镜，天天挂在胸前，手拿一根细树棍当作指挥刀，指挥小伙伴们玩起打仗的游戏。有的小伙伴比他大好几岁，都要听命于他的指挥，为的是能亲手摸一摸那周身裹着硬牛皮，中间系着柔软细长牛皮带的望远镜。表现好的小伙伴，还可以拿在手上，亲眼体验一下能让物体变近的神奇。

一天，林奔跑时摔倒了，胸前的望远镜被压在身底下；他爬起来首先检查望远镜，发现望远镜的镜片裂了一道缝，他伤心地哭着跑回家。姥爷姥姥不但没有责怪他，反而好言抚慰；当姥姥洗去他膝盖上的泥土，发现他膝盖受伤时，心疼得掉下了眼泪。

林和当地小朋友一样，喜欢玩弹弓；那弹弓是姥爷用一段树杈和两根皮条做成的。他一开始玩弹弓，总不如其他小朋友射得准；一次和小朋友比赛射弹弓，他又输了，回到家难过地流下眼泪。姥姥见了笑问怎么了？他哭着说："姥姥，我为啥这样笨，每次射弹弓都射不过人家呀？"

"小乖乖，你一点也不笨，"姥姥笑着说，"你只是没有别人的工夫深，姥姥不是给你讲过'铁杵磨针'的故事吗？只要你像磨杵人那样，勤学苦练，工夫到家，就能百发百中的。"接着，姥姥给他讲了卖油郎的故事。

说是从前有个卖油郎，每次往油瓶里灌油时，不是灌多了就是灌少了，还常常洒了一地油，他老觉得自己笨。一天，他见一个人在射箭，那人连射了一百支箭，箭箭都从同一个小洞中穿过，卖油郎非常震惊，逢人就讲百箭穿洞的事。有两个老妇人听了，都微笑着不以为然，邀请卖油郎参观她俩的绝技。卖油郎跟随她俩走进锅屋，那锅屋是里外两间，中间隔着一堵墙；两妇人分坐在两间屋里，一人在里屋擀饼，一人在外屋烙饼；里屋人将擀好的面饼用力一扔，面饼便从房梁上飞出，神奇般地飞到了外屋的饼鏊上，不偏不斜。外屋人把烙熟的面饼，也用力一扔，面饼便从房梁上飞回到里屋的饼筐里。她们连续烙了一百张面饼，每次都是扔来扔去，从未出现过毫厘误差，卖油郎惊讶不已。一老妇人笑笑说："我们是练多了，熟能生巧而已，只要用心，行行都可以出状元的。"卖油郎受了启发，回到家天天苦练，终于练出自己的绝技：他每次卖油，都在油瓶上放一枚铜钱，在闭着眼睛的情况下，用瓢舀油，直接灌进油瓶里，即使是在大风天，铜钱上也不会沾一点一星油滴。

听过卖油郎的故事，林也天天苦练起弹弓来，最后竟达到指哪打哪、弹无虚发的水平。

每天夜里，林都在姥姥怀里睡觉，睡醒时会一边摸着姥姥乳房，一边听姥姥讲好听的故事。有时也在被窝里钻来钻去，一会儿在姥姥怀里，一会儿又钻到姥爷怀里。

姥爷身上最好玩的，自然是手指上那个鹌鹑蛋一样的肉瘤；林天天摸，渐渐成瘾，每次吃饭时也要摸一摸，不摸就吃不下去饭；姥爷也很自觉，知道林想摸时，总是微笑着早早把手伸过来。林每次摸着肉瘤都想笑，因为滑溜溜的手感太美妙，比起父亲买的“玩具猴”，至少要好玩一万倍。

林天天摸玩佬爷的肉瘤，也天天摸玩姥姥的乳房。有一天，他突然对姥姥的小脚产生了兴趣：姥姥走路时，迈着小脚，半尺一步地左摇右摆着，像是走路不稳的学步幼童，好像一阵大风吹来，都有可能被吹倒一样。他在被窝里十分好奇地研究起姥姥的小脚来，发现姥姥的小脚像大人的拳头，四个脚趾紧紧攥在一起，只有大脚趾舒展伸直。他白天学着姥姥，把四个脚趾蹩在脚底走路，没走几步就差点摔倒，而且那些脚趾疼得钻心。他想：姥姥走路时也一定很疼，便决定把姥姥的畸形小脚治好。他等姥姥睡熟后，把姥姥的小脚抱在怀里，双手用力向外扳，想把攥紧的脚趾扳直。

“干什么呀，俺的小乖乖，你把姥姥弄疼了。”姥姥被疼醒，连忙止住林。

“姥姥，”林认真地说，“等我把你脚趾扳直，走路就不疼了。”

“乖乖，姥姥脚趾扳不直的，”姥姥笑了，“你要是把姥姥脚趾扳直了，姥姥就不能走路了。”

林叹着气停止治疗，心想：姥姥的脚趾生来就是这样的，可怎样才能减少姥姥的脚疼呢？他发现姥姥的脚，每天晚上都是冷冰冰的，他每天等姥姥睡熟后，慢慢缩进被窝里，把姥姥的小脚抱放在自己的肚皮上，每当姥姥的小脚由冷变热，他总有一种成就感和自豪感，也是他最幸福开心的时候。

林在姥姥家学会了下棋，并且成为名副其实的小棋迷，启蒙老师就是擅长象棋和围棋的姥爷。姥爷的棋艺非常高超，他可以同时和几个当地高手对弈，保持常胜不败，而且可以把下过的棋局重新复原回去。可姥爷与林下棋时，却几乎没有赢过，每次都是林在险中取胜。每当听到姥爷又惊讶又后悔地说：“哎哟哟，哎哟哟，俺怎么又输给你啦？”林都会“咯咯咯咯”地笑个不停，然后又不依不饶地缠着姥爷接着再下。

林的棋艺日渐长进，慢慢可以与一些普通棋手过招并常常下赢他们；可与姥爷下棋却越来越费力，尽管每次还都赢，却一次比一次难。姥爷每次还总是后悔地说：“哎哟哟，哎哟哟，俺怎么又输给你啦？”林总还是“咯咯咯咯”地笑个不停。林的棋艺在“咯咯咯咯”的笑声中突飞猛进，到了中学时，很少再遇到强如姥爷那样的对手了。林后来在一次县里的象棋比赛中，进入前三名，上台领奖的都是中老年人，只有他是少年。林这时才知道，姥爷过去一直故意让着他，一直在鼓励和培养他的兴趣、增强他的自信心。

姥爷的牌技也很高，很少有人能及。每到晚饭后，村里的一些老人常会聚在一起打牌娱乐，输的人要往脸上贴细长的小纸条。林倚在姥爷怀里，一边摸玩着肉瘤，一边嬉笑看着其他人满脸的纸条，姥爷的脸上总是光光的。姥爷一边逗林玩，一边打牌，好像不太用心，别人都是用手去摸牌，姥爷却用一根手指头按在牌上，那半寸宽三寸长的小纸牌，就被轻轻吸了过来，姥爷只是瞟上一眼，便反放到面前的牌桌上，出牌时好像看也不看，很随意地抽牌打出去，结果总是赢。

林在姥姥家重显调皮的本性，常有出格的举动，也惹出过不少麻烦，可无论林有多么调皮，亲爱的姥爷姥姥，都舍不得骂一句瞪一眼。然而，谁也想不到的是，有一天，竟因为林的一句话，一辈子没有骂过人打过人的姥姥，不仅骂了林，还打了林一巴掌；这也是姥姥唯一的一次骂人和打人。

那是初冬的一个后半夜，姥姥住屋的窗棂纸上开始渐渐发白，再过一会儿天就亮了。姥姥穿衣下床，点亮煤油灯，走到外间厅屋，开始进行每天必修的早课：在那尊菩萨面前烧香磕头，小声祷告。林每次竖耳去听，总是听不清姥姥祷告的内容。这天有点好奇，想听听姥姥天天都在念叨些什么，于是悄悄穿衣下床，轻轻走到姥姥身后；见姥姥直直跪在蒲团上，努力低垂着头，脑后的花白发髻朝向屋顶；姥姥双手合在胸前，一脸虔诚地向菩萨低声恳求着：“……大慈大悲的菩萨呀，保佑俺张家老少吧，保佑俺丈夫和儿女后代们吧，只要他们都无病无灾，平平安安，福寿延年，就是要俺死，俺也心甘情愿……”

林突然眼睛一热，眼泪流了下来：亲爱的姥姥怎能死呢？他赶紧跪到地上，哭着说：“不要姥姥死，要我死也不能要姥姥死。”

姥姥突然一愣，猛回头，一巴掌打在林的嘴上，随即转回头，对着菩萨连连磕着响头说：“大慈大悲的菩萨呀，小孩子是臭嘴，他胡说八道的，慈悲的菩萨千万别当真，所有罪过全由俺一人承担……”

后来，姥姥还像以前一样，天天亲着林的小嘴，天天慈爱地说：“俺的小乖，俺的小肉，俺的小心，俺的小嘴……”

林不明白姥姥为何骂他是臭嘴，还天天抱着他的臭嘴亲呢？

当姥爷姥姥带着林出门，每次遇到人，不管熟人生人，姥爷姥姥总是首先微笑着问好打招呼；林有些奇怪和不解，他们却说：微笑不用钱买，送人微笑，会得到别人的微笑，送人快乐，会得到别人的祝福，何乐不为呢？

每当“桂花——云片糕，沂湾——又来喽”的叫卖声在院外响起，姥爷姥姥总会从长袍或大襟褂子里，掏出一把零钱递给林。不一会儿，林抱着一包桂花云片糕跑回院子，并把开封后的第一片桂花云片糕塞进姥爷姥姥嘴里，吃着外孙塞来的云片糕，姥爷姥姥总是喜上眉梢、甜在心里。

当村里的小伙伴们来找林玩耍时，姥姥会给大家切西瓜；一开始，林先拣最大的那瓣西瓜。过了一两天，姥姥给林讲了孔融让梨的故事，再切西瓜时，林不好意思拿大瓣了，而是先挑最小的那瓣；站在一旁微笑的姥姥，笑着笑着，眼里忽然有了泪花。

当一次林和村里小朋友吵架，还差一点动了手。姥姥知道后，问了林一道数学题：“小乖乖，如果你和别人打架，你打了别人十巴掌，人家还了你五巴掌，你算一算是吃了亏还是占了便宜？”

林心想这题太简单，马上回答：“当然是我占便宜喽，我净赚了五巴掌的便宜。”

“小乖乖，你算错账了，你是净吃了五巴掌的亏。”姥姥摇头笑笑说，“如果你学会谦让，不和人家打架，就不会挨那五巴掌的。省事饶人祸自消，忍让谦和少烦恼，饶人的不是傻，傻子才不饶人的。”

从那以后，林很少再和人争吵斗气。

当一个讨饭的老人，拄着一根树棍站到姥姥家的门前，林连连摆手说：“没有剩饭了，你去别人家吧。”

姥姥听到了，不声不响地从屋里拿出一张煎饼，追到很远的大路上，递给那讨饭老人。姥姥回来后告诉林：“俺的小乖呀，要饭的口难开，人要不是穷到一定程度，谁会出来要饭呢？穿棉的要知穿单的冷，饱汉要知饿汉的饥。只要人家上了门张了口，当你有时，帮人一把，人家高兴，你也会快乐；当你无时，送人一句好话，人家心暖，你也会心安。俺的小儿呀，人行好事，莫问前程，只有多做好事，才能广结善缘，一生无忧呀。”

从那以后，每当看到讨饭的上门，林总会拿着食物，跑向门外，姥姥见了总会和颜微笑、频频点头。

当村里那些散养的鸡呀、猪呀、羊呀，前来糟蹋姥姥家的小菜园时，林会拿着树棍或砖石追打它们。过了一两天，姥姥又给林讲了许许多多动物可爱的故事，还说动物都是通人性的，例如，牛郎就是因为有了通人性的那头牛的皮，才飞到天上与织女相会的；那无所不能的无毒，是一只神奇大鸟变的；那个善待马匹的将军，在落难受伤后，是他那匹通人性的好马，跪到悬崖边，垂下脖子上的缰绳，才把主人从悬崖下救上来的；那湿草救主人的忠犬，救了主人自己却力竭死去……林边听边感动哭了，哭着听着，以后再也没有虐打过动物，还时不时拿一把青草，送给猪羊，抓一把粮食，撒向鸡鸭。

当一个节日的傍晚，林和姥姥来到大姥姥马荷花家。一见到大姥姥，姥姥就跪下了，还向大姥姥连连磕头行礼。林感到奇怪，回来路上问姥姥："你喊大姥姥叫嫂子，怎么向她磕头行礼呀？"姥姥给林讲了"包拯老嫂如母"的故事。林还是不明白，又问："那包拯嫂子，和包拯年龄相差大，又对包拯有养育之恩，可大姥姥只比你大一岁，她也没有养育过姥爷呀？"

姥姥笑笑说："年龄不在大小，也不在于有没有养育之恩，在于大姥姥是你姥爷的嫂子，是嫂子就要敬重。人不是常说'家有长子、国有大臣'吗？长幼次序不能乱，孝悌礼义不能丢呀！"

林对姥姥说的许多道理，虽然懵懵懂懂，不能完全明白，却相信姥姥的每句话都是对的、都是真理，后来更渐渐悟出姥姥话中的深意。比起以后教过他的许多老师来，姥姥高出他们不知道有多少倍；和他们比起来，姥姥虽然不识一字，可她简直就是天才的教育家；她从不训斥，永远只是和风细雨，却总能一字不漏地濡润心田、嵌进脑海、融入血液之中。

在姥姥家的一年多时间里，姥姥总能饱含深情，面带微笑，不露痕迹地矫正林的缺点，让林没有丝毫的反感、在心悦诚服不知不觉中改正错误。林不知道像姥姥这样艺术高超，化坚冰为春水、点顽石成赏品的伟大教育家，其他地方有没有、多不多？

林在姥姥家度过一年多愉快而难忘的日子，那是影响林一生的难忘岁月，是他最美好的童年记忆。尽管以后每年寒暑假，也会来到姥姥家，但每次时间都很短，往往还没有尽情尽兴，就又要伤心地匆匆离开。

林每次离开时总是恋恋不舍，两步一回头，远远看向那不停挥手的姥爷姥姥，看向那渐渐模糊的美丽村庄，他都会伤心落泪。每次惜别时，姥爷姥姥总是眼含泪水，站在村头沂河堤岸上的那座古塔下，张望着林渐渐远去的背影。回望那一个高大魁梧、一个瘦小单薄的两个身影，眼含泪水的林，实在不忍离开，只有走远、看不到古塔时，林才敢放声大哭，直至走到十五里外的火车站，上了火车，甚至有时下了火车回到家中，林还是泪水涟涟、久久不干。

林深深爱着自己的姥爷姥姥，因为他们是天底下最好的姥爷姥姥：他们是那样的慈祥，看林时总是那样的爱意无限；他们的手是那样轻柔，抚摸在身上总是那样舒服和温暖；他们总是面带微笑，林只要看向他们就会有深深的依恋；他们的话语总是那样和善，字字句句都像春风化雨荡漾在心田；他们的举止是那样儒雅，对任何人没有一点点浮躁和轻慢；他们的爱心是那样博大，对待邻里，对待路人，对待讨饭的，总会以礼相待好茶好饭；他们的知识是那样渊博，肚子里装满古籍经典；他们的故事是那样动听，好像一辈子也讲不完；他们讲的故事又是那样美丽动人，故事的主题永远都是劝人向善；他们的涵养是那样深厚，嘴里永远不会有一个脏字出现。

在林眼里，沂河湾最美，因为那是姥姥湾，他永远的心灵湾。

第十二章

冬至前夜的马龙山，它那形似奔马又似龙的巨大身躯，静卧在飞雪漫漫的黄淮平原，层层峦峦的群峰丘岗，参差兀立于白雪皑皑之中；它头枕处曾是烟波浩渺的骆马湖，已被广袤的冰雪所覆盖，不见了往日水光潋滟的无垠碧蓝；银装素裹的湖山，浑成一色，悄然于冬夜的冰雪世界。与湖山同色一体、散布在层峦之中的幽静村落，笼罩在飞雪氤氲的寒冷清雾里，其朴淡悠远的意境，如梦如幻。这些被雪夜静谧出的童话般世界，既美丽又恬然。

因冬夜飘雪，尤为静穆安然的祁峰村，仿佛正置身于这美丽恬淡的童话世界中。此时的祁峰人，多已进入梦乡，那个怀春思情的“灰姑娘”，却还在回忆着童话般的难忘旧事，思念她一往情深的白马王子。

一整天茶不思饭不想的花，晚饭时勉强喝了点山芋糊糊；天刚有了黑影，花就躺到麦草铺上蒙头睡觉。娘以为她困了，不便太多过问；秀也早早上了床，她明天还要起早赶到县里参加竞赛考试。花蒙在被窝里无人打扰，可以安心静气地去想林，去想自己与林的那些难忘旧事……

林刚到祁峰的几个月里，花天天都在痛苦中煎熬，天天都在诱惑中挣扎，连续几个月下来，精神极度疲惫；而生理上的萌动苏醒，心理上的欲罢不能，让她几近崩溃，尤其入冬以后，她更觉得痛苦难熬。农忙时，她还可以让自己劳累困乏，躺倒就睡，暂时忘却那不惹自来的烦恼；农活少时，闲暇时间多了，她如何才能阻拦记忆的滚滚波涛、抵挡体内情欲苏醒的汹涌洪流呢？

她一面要苦苦阻挡旧有的诱惑，一面又要艰难忍受新的“触燃源”的袭扰，渐渐左支右绌，感觉快要撑持不住、快要无能为力了；她坚守几个月的情感大堤，终于出现了“蚁穴”，眼看就要溃堤决口。

其实，“蚁穴”随时都可能存在、随时都可能出现，有时只是一些偶然发生的身边琐事，都会触动花的那根敏感神经，在她心底里掀起意想不到的狂澜。在经受最初几个月的煎熬后，突然有一天，她感到再也坚持不住了。

那是前年入冬后的一天下半夜，寒冷的西北风在不停飙刮着，持续多日始终处于浅度睡眠的花，忽然被东屋的轻轻开门声惊醒，警觉中听到了林和才的脚步声；她忍不住轻轻起身，从门缝里向外张望，见林和才已在院中；皎月的清辉下，林的健美身材显得玉树临风，格外挺拔动人。她还想细细多看时，林和才已拉着平板车向院门外走去；花知道他们又去县城拉化肥了。望着林出门远去的背影，她有些失落，有着说不出的难受，神情落寞地回到铺上，感慨思绪万千。

她一直就是这样，当面躲避着林，背后又偷偷去看林，看不到林就会失魂落魄、萎靡不振。一想到清冷月光下，林迅走在通往县城崎岖山路上的矫健身影，想到林要迎着寒冷的西北风来回跑一百多里路去拉化肥，心头就止不住发酸，眼泪也扑簌簌流淌出来；她的心早已飞到了林的身边，她的魂早已随着林一道同行。

就在花魂不守舍、朦朦胧胧、似睡实醒的时候，娘轻轻穿衣下床，轻轻走出家门。不一会儿，娘借来了生产队的一头驴，在院子里开始推磨。花赶紧起身穿好衣服，走到院子里的磨道旁替换娘，让娘去烙煎饼。

那头蒙上眼睛的大叫驴，围着磨道转圈走着。花那清澈美丽的大眼睛里，目光始终直愣愣的，她盯着两片磨盘间流淌出来的面糊，在想着绵绵不绝的心事。她忽然觉得磨盘间流淌出来的不是面糊，而是源源不断的泪滴，她的眼睛又开始湿润模糊，她在想林，她的心完全在林身上。

推完磨，天已大亮，花将卸了套的那头驴送回生产队饲养室去。刚走进饲养室的院门，那头叫驴突然兴奋起来，一下就挣脱花手中的缰绳，快速冲到驴槽边，张扬起两条前腿，瞬间爬到了拴在槽边的一头母驴身上；那叫驴后腿间猛然伸出一根又粗又长的黑东西，一下抵在了母驴的腚后，那黑东西左冲右突了几下，忽然不见了，好像插进了母驴身体里。花顿时感到浑身的血液一下涌到了头顶，两条腿像灌了铅一样沉重，木然呆立在那里，又惊又怕又羞，又毫无一点办法，她急得快要哭了。

正在饲养室里烧水的饲养员老汤，听到外面的动静后，立即跑了出来，他拿过一根细树棍，边呵斥边抽打叫驴。任凭老汤怎样呵斥抽打，那头叫驴就是不肯从母驴背上下来，看样子它不心满意足是不打算从母驴身上离开的。花心慌意乱，不敢再看下去，扭头拔腿往家里跑，跑回到家里，心中的躁动仍汹涌不止。当她慢慢平静下来后，忽觉得两条大腿冰冷冰冷的，这才发觉自己的内裤已经湿透；她慌忙换下湿裤，端起一大盆脏衣服，快步向村中的水井走去。

村庄里只有一口水井，坐落在村庄中央的一块高地上，水井旁有条小水沟。花快速蹲到水沟边，背对着水井，一边埋头洗衣服，一边回想刚才发生的事。她刚才确实被那头叫驴的骇人行为所惊吓，现在细细回想，还是心有余悸。虽然当时又惊又怕，可并没有立即移开目光，就像几个月前林第一天夜里的骇人行为一样，既让她胆战心惊，又耐她咀嚼回味，这种刻骨铭心的记忆，是一辈子也忘不掉的。刚才如果不是饲养员老汤及时跑出来，她可能还会呆在那里看完全过程，不知道别的怀春女孩是不是也有这种心理。她为自己不纯洁的内心而感到羞愧，可当时实在是身不由己，实在是没有办法的事情，现在回想起来，心里还是七上八下，久久难以平静，那太有诱惑的一幕，像过电影一样老是出现在眼前。

来井边打水的人，熙熙攘攘，相互间的招呼声嬉笑声，花一概听而不闻，完全沉浸在回忆和心事之中。不知什么时候，一对妯娌也来到水沟边洗衣服，她们是祁生老婆和祁明刚过门的漂亮新媳妇，妯娌俩就蹲在离花几步远的地方，边洗衣服边说着悄悄话。

一阵嘻嘻哈哈笑声过后，祁生老婆的声音大了起来，好像故意说给花听的一样："他小婶子，结了婚不一样吧？夜夜有人楼着，恣不恣？"

"嫂子，你……真是的，"祁明的新媳妇有点害羞地小声说，"那面还有花呢，她一个姑娘家，听见了多不好。"

"现在都什么年代了？眼下的姑娘可不比从前，什么不懂？"祁生老婆边说边朝花瞟了一眼，"你不要看有些姑娘表面文静，说不定那个火呀，比谁都旺呢。"

"嫂子，你别再说了。"祁明的新媳妇想止住嫂子不让她说下去。

"怕什么？你怎么知道人家不想听？你过门半个月，天天夜里又吃油条又喝粥的，你饱汉哪知道人家饿汉饥呀。你给俺老实交代，今夜里又吃喝了几回？"祁生老婆越说越放肆下流了。

"嫂子，你能不能说点正经话？"祁明的新媳妇像是有点生气。

"好了好了，说点正经的。哎，你说男人那玩意，到底长没长骨头？"祁生老婆像一个懵懂好奇的学生，在向生物老师请教男人的生理结构问题。

“谁……谁知道呢？”祁明的新媳妇犹疑忸怩了一会儿，才怯生生地表明她对这个问题也一无所知。

“你说没有骨头吧，有时比骨头还硬，你说有骨头吧，有时比大豆虫还软，真是奇了怪了。”祁生老婆满脸疑惑、甚是不解地说。

祁明的新媳妇嗯嗯唔唔，好像嘴里含着东西，听不清她说了什么。

花羞臊得不知道是走好还是留下好，本来一句也不想听的，可不知为何，那对妯娌的话，句句钻入耳朵里，字字震在心坎上。祁生老婆的话好像提醒了她，她也开始思考这个问题：那东西到底长没长骨头呢？为什么忽大忽小、又忽软忽硬呢？联想到那天夜里的林，又想到今天早上的驴，再听了刚才祁生老婆的那番话，不由得身上一阵燥热，竟又心猿意马起来，刚换过的内裤又湿透了。

花赶紧洗完衣服，故意把盆里的水溅一些在裤子上；这样做，别人即使看见，也不会怀疑裤子为何单单湿在“要害”部位。她下端着洗衣盆，遮挡着湿裤，艰难地回到家中；当她再次把湿裤换下来，头脑里的眩晕仍一阵阵袭来，浑身酸麻瘫软得不行，只能躺到铺上休息一会儿。

过了晌午，娘已烙完煎饼从鏊窝里出来，花还是没有缓过劲来；整个下午也是慵慵懒懒的，从早上到下午只吃过半张煎饼，也不觉得饿，精神恍恍惚惚，实在吃不下东西。

太阳快要落山了，才和林还没有回来，花忽然揪心起来：往常这个时候，才和林拉化肥早就到家了，今天是怎么回事呢？路上遇到什么事情了吗？林会发生意外吗？她开始有了想哭的感觉。随着天空越来越暗，时间越来越晚，她越来越焦躁不安，越来越心烦意乱；林没能按时回来，她顿觉心里一下子空了。这时才真正明白：自己是多么的在意林，多么的爱林啊，以前逃避只是自欺欺人。她渴望立刻见到林，不想再这样痛苦煎熬下去，她已被林的无形魔力慑服，已经深深陷入情感的泥潭，不能自拔、也无法自拔。

天渐渐黑了，已经升悬到村东山岗上的月亮，像正圆未圆的冰轮，在流云中游走得越来越慢，渐渐被浓云遮挡得走不动了。还是不见才和林的人影，花急得直想哭，她对娘说了句“俺到菊家去”，就跑出家门。

花一口气跑到村北通往县城的岔路口，伫立寒风之中，借着蒙眬月光，眼巴巴地向北张望，她在担心，在思念，在一遍遍宣泄眼泪。

村头大喇叭里开始播送晚间天气预报，这说明已经到了晚上九点，花在岔路口流泪站等了快三个小时，也在寒风中焦虑煎熬了快三个小时；就在她想放声大哭的时候，突然心头一阵激动狂跳：远处月光下，终于出现两个熟悉的身影，终于听到了最想听到的那个极富磁性的声音。她立即猫着腰躲到路边的灌丛后，目不转睛地看着心爱的人，正一步步向她身边走来，走近，走过，又走远。她刚刚踏实下来的心，忽然又是一阵剧烈颤抖，她终于忍不住哭出声来……

起伏不定的情绪波动，竟让花一天之中几次悲喜交加，几度身心失控；她确实已经身心疲惫、苦不堪言，确实再难承受情感和理智的两难纠缠；她深陷矛盾的困厄之中，实在无力解脱自拔。当天夜里，她仍是百无聊赖、苦思无眠，却又时时细心留意静听外面的动静，想在第一时间捕捉到东屋房门哪怕轻微的响声。

当半夜里林和才又起身出门时，花依然无法控制住激动焦渴的情绪，忍不住贴着门缝向外偷望：那轮臻于浑圆的明月，继续在云隙处漂移，间或将澄澈的清辉倾洒在那个离去的动人背影上；随即，花又是失落感伤、浮想联翩、思绪翻腾，脑海里又不断浮现出崎岖山路上的那个奔跑身影，耳边不断回响起耐听诱人的那个磁性声音；正是沧海月明珠有泪，此情难追也惘然，花情难自禁的泪水，再一次潸然而下、源源不断。

第二天早上起床后，花一直无精打采、魂不守舍，前所未有的痛苦正向她汹涌袭来、步步紧逼。正当她身心憔悴、无能为力时，忽然想起当天是农历十月十五下元节；据说在下元节持斋诵经、祭祀亡灵，可以排忧解难、让人摆脱困厄的。吃早饭时，花告诉娘，说想去给父亲上坟烧亡纸，娘听后立即表示赞同。花接过娘给的零钱，跑到村代销店买了一包火纸拿在手上，向父亲墓地匆匆走去。

父亲的墓地，与生产队里故去的人一样，被统一安置在村东北角的一片树林里。从村代销店到墓地不算远，先走一里大路，再走二里小路就到了。按照风俗，当地人烧亡纸，多在下午；花却想趁着上午人少，可以在烧送纸钱时，把心里话向天上的父亲诉说，还可以大声祷告一番，祈请父亲的在天之灵保佑她、帮助她、赐福她，让她能够从情感与理智的纠葛中摆脱出来，重拾曾经心如止水的那份恬淡安然，还原心池本来纯净无漪的那片蔚蓝。

花急切得只顾埋头走路，走着走着，突然心头一惊：一辆自行车戛然刹停在面前，那自行车的前轮距离花不到一米远。刹住自行车的，是个骑跨在自行车座上的年轻人，他一双乌黑发亮的尖头皮鞋，分叉在自行车的两边，两脚尖忽上忽下、似站未站地来回交替用力，努力保持着身体的平衡，以不使人和车子倒向一边。

花见状，顿时红着脸羞窘一笑，连忙躲闪身子给自行车让路。由于道路不宽，花连续躲了两次，巧的是，那自行车的车头始终与她躲的方向一致；她干脆停在路边不再躲闪，想让自行车先过去再走。

骑车的年轻人油头粉面，穿着打扮更是超前得有些纨绔，尤其左袖高高卷起的手腕十分亮眼——那是二十六元钱一块紧缺抢手凭票供应代表高贵身份的“钟山表”——在初冬的艳阳下熠熠生辉；而他又有些不搭调的是，一个黄帆布书包斜挎在肩，包上绣有领袖头像和“为人民服务”字样。他下车后，并不马上走开，而是挤眉弄眼地同花搭讪。

“呀，呀呀，”那年轻人媚着矫揉造作的表情，发出嗲声嗲气女人般的温细声音，“这么早就去烧纸？为谁烧纸呀？”见花没有搭理他，又把带有刺鼻香气的粉脸油头朝前靠了靠，继续娇声柔气地说，“怎么不说话？我在问你话呢，看我一眼好吗？”

花显然被他粉脸上的香气熏着了，连连后退两步。那年轻人立即发出更加女人般的咯咯笑声：“咯咯咯咯……哎哟，嗨哟哟哟，这么漂亮的姑娘，还会害臊呢。”

花有些厌恶地皱皱眉头，想赶紧跑过去，可前面的去路已被“纨绔”挡住。见花有点生气，那人不仅不以为然，反而扎住自行车，又咯咯咯咯地笑了起来：“咯咯……哎呀呀呀，美人蹙眉赛西施，生气也这样漂亮动人。”他见四周没人，嬉皮笑脸地向花又靠了靠，“一个美女去上坟，让人怪不放心的，让我送你去吧？”

“俺不认识你，凭啥让你送？”

“你是不认识我，”那人非但没有生气，反而洋洋自得地说，“可全乡的村队干部几乎都认识我；我是岗上乡的贾文书，虽然姓贾，但却是手眼通天的真文书。”他举止很轻薄，嘴脸又很丑陋，完全像个“恶少”。

又羞又怒的花已经厌恶得无法忍受，立即冲过去，想从“恶少”身边赶紧跑开，却不料被“恶少”侧身一把抓住；花几次用力想挣开，无奈被“恶少”

紧紧抓住不放。在挣逃撕打中，花手中的火纸被碰撒一地，“恶少”的自行车却被花推下路边的水沟里，“恶少”肩上的挎包带也被扯断，挎包掉到地上和火纸混在一起，被两个人踩来踩去。正当花无法脱身时，远处岗坡上走来一个年轻女子，花突然轻喝一声：“俺家来人了”，那“恶少”立即慌张地望向远处来人，心有不舍地松了手。

花快速捡拾散落一地的火纸；那“恶少”突然恼羞成怒地问：“你叫什么名字？哪个村的？”

“怎么？想治俺罪？”受到羞辱早已愤怒的花，见远处来人越走越近，毫不示弱，“俺是祁峰村的，打算定俺什么罪？要不要去见村队干部？”

那“恶少”被噎得脸冒青筋，脖颈上也长出了几串肉疙瘩；他虽然低声隐忍却又咬牙切齿地问：“你家什么成分？”

“贫农！”

“如果不是贫农，我现在就可以宣布你为“现行反革命”！”

“凭什么？！”

“就凭你冲撞乡干部！就凭你把绣有领袖头像的挎包踩在脚下！”说这话时，那“恶少”已把水沟里的自行车拖到路上，见来人将要走近，他恨恨而又狠狠地瞪了花一眼，连忙跨上自行车，逃也似的慌张离去。

沿着通往坟地的林间小路，花一边走一边回想刚才“恶少”所说的话，越想越不是滋味，越想越感到不寒而栗，如果不是贫农出身，如果是早两年，自己说不定真会被打成“现行反革命”的；保东的父亲不就因为一句骂而被定为“现行反革命”的吗？

一想起保东的父亲，花不由得阵阵难过和不安，脚步也开始慌张凌乱起来。保东与花是刚出五服的同宗同族兄妹，虽不算太亲太近，可也不算太远。保东父亲曾是生产队的会计，比起一般人家来，他家的日子自然要好过些。在别人家只能张贴领袖画像的时候，他家早早就摆放着一尺高的领袖石膏站像，这让许多人好生羡慕。一天夜里，野猫钻进屋里，碰倒了那尊石膏像，保东父亲追打野猫时脱口骂了一句，结果被人听见报告给村里。在人证和石膏碎片的铁证下，第二天下午，保东父亲被打成了“现行反革命”，受尽了酷刑。由于实在忍受不了惨无人道无休无止的批斗折磨，保东父亲带着悲愤跳进东山岗的石塘里摔死了。

花越想越担心害怕，越想越恐慌紧张，就在她神情茫然、步伐慌乱地走进那片有坟地的树林时，一个小头小脸小眼睛的小个子男人，站在不远处紧紧盯着她。早已六神无主不知所措的花，僵硬的脸上竟然露出一丝不自然的笑容；就在一笑之后，她马上意识到笑有不妥，立即收住笑，羞涩地低下头，快步向坟地走去。

在父亲坟前，花一边烧纸一边哭泣，倾诉心中的悲苦，哭求父亲在天之灵保佑庇护她。一包火纸烧完后，她依然趴在父亲坟前继续哭诉，因为肚子里的苦水实在太多，想和父亲多待一会儿，把苦水全部倒给父亲。她哭着诉着，声音慢慢低了下来，竟然在父亲坟前睡着了。

睡梦中的花，意识却很警醒，蓦然发现林远远走来，她顿时激动得欣喜若狂，本想迎上去，却又不由自主地转过身、低下头。林从身边经过时亲热地叫了她一声，她本想大声热情回应，甚至给林一个拥抱热吻的，却只在嘴里轻轻“嗯”了一声，连头也没抬，看也没看林一眼。林犹豫片刻，最后只能带着沮丧神情失望走开。看着林越走越远的身影，花心如刀绞、泪如雨下，心里虽然无比的后悔懊恼，可又实在没有勇气面对心爱的人。

这时，先前纠缠她的那个“恶少”忽然从后面追来，她想喊林，却张不开嘴，也喊不出声。那“恶少”抓住她后，说有两条路供她选择：一条路是被打成“现行反革命”，有可能像保东父亲一样死去；一条路是接受他，和他做爱。花立即愤然正色说：“俺宁可去死，也绝不受侮辱！”

那“恶少”嘿嘿一笑：“没有这样便宜的事，就是想死也要等我快活过后才行。”说着就扑了上来，花立即和“恶少”搏斗撕打起来。就在花渐渐力不能支、万分危急之时，林突然出现了，他一个飞腿将“恶少”踢翻在地，拉着花赶紧跑开。可刚跑出不远，一群人却从四面围了上来，“恶少”招呼那群人一起上；忽见林手臂一抖，一道闪光飞了出去，花知道那是飞镖，她曾见林偷偷练过。

只听“啊呀”一声，那“恶少”就手捂着流血的脸倒在地上。林一边原地转着圈，将花紧紧护在身后，一边向那群人高声喊话：“我是知青，是毛主席周总理派来的，谁敢上来？凡是反对毛主席周总理，不怕死的就上来。”

那群人一听此话，开始慢慢后退，纷纷小声议论着：

“原来是知青？知青可都是城里下放来的，个个不怕死，都是不要命的角色。”

“知青和军婚一样，是‘高压线’，听说杀了人都不用偿命的，没人敢惹的。”

“谁惹知青，那不是小鬼惹阎王吗？还是躲远点好。”

“看样子，他俩是恋人，我们都走吧，千万别做伤天害理的事。”

“……”

见众人纷纷离去，“恶少”也捂着伤脸仓皇逃走，花早已激动得热泪盈眶，羞涩地张开双臂想抱住林，想与他亲热甚至和他云雨一番，哪知她两手紧紧抱着的却是冰冷坟地；花猛然从梦中惊醒过来，为梦中之事感到迷茫惊疑，刚想从坟地爬起，却有人伏在身后紧紧抱住了她，她以为是林，刚想回身去抱林，却听到嘿嘿嘿嘿的淫笑声：“嘿嘿……小美人，让我亲热亲热。”她顿时警醒，心头一惊：不是林的声音！立即从坟地上抓起一块石头，向着正朝她脸唇靠来的瘦小头脸狠狠砸去，随着“哎哟”一声，后背上的小个子男人立即翻滚在地，花趁机爬起，快速跑开。

跑出树林，花仍然感到后怕，这个欲行不轨的家伙，正是刚进树林时遇到的那个小个子男人，原来他一直在跟踪盯梢，险些被他占了便宜；花一路跑一路想，这个小头小脸小眼睛的小男人，好像在哪见过，是不是一次赶集时遇到的，秀叫他秦老师的那个人呢……

第十三章

花的回忆被张六家的叫骂声中断。在宁静的夜晚，那叫骂声的穿透力实在太强，隔了那么远还能这样大声地传来；张六老婆又高又尖的赌咒发誓，更是是句句清晰在耳：“……老不死的张四，无论他明天是死是活，都不能在俺家过大冬节，除非俺死……这个早就该死的丧门星，巴不得他明天就死……”听着张六老婆句句带死的诅咒，想起那个可怜的张四老汉，花感到身上阵阵寒凉……

夜深了，屋外的雪还在沙沙下着，村里的狗儿们，时不时从远处近处发出几阵吠叫，偶尔还能听到张六家的院子里传出的骂声，张六两口子还在因张四老汉而拌嘴骂仗。花不想听这些让人心烦的杂音，她用枕巾擦着眼中源源不断的泪水，缩进被窝里，继续回忆着与林亲密接触的往事，那些一辈子也忘不了的经历，常忆常新，天天都想回忆。

与林近距离的亲密接触，是从弟弟当兵离开那天开始的。

那天，花的家人亲邻们，和林一起到火车站为才送行；当载着弟弟的火车在雨雪中渐渐远去，花还伫立在月台上，为弟弟前去西北边防线戍边而担心伤感，脸上抑制不住的泪水顺着雨水一起流淌下来。

突然，一把油布大伞出现在头顶，让花蓦然一惊；身后站着的，正是惹她天天寝食难安的林；看着林怜惜而深情的目光，她顿时感到了慌乱和不安。让她感动的是，林努力前倾着身子，把大伞高举过她的头顶，而林自己完全暴露在雨雪之中。她立即惊恐地回头张望寻找，发现家人和亲邻们正走过出站口，她才没有推拒林擎过来的雨伞，随着林一起向站外慢慢走去。

在午后不紧不慢的雨雪中，在那把引燃爱情之火的油布大伞下，花和林贴身并肩，一起向汽车站静静走去。这样近距离地走在一起，是几个月来的第一次；虽然满脸羞涩的林，始终低头走路，没讲过一句话，花却能真切感受到林的体温和气息，感知到林的真诚和情义；看着身边这个害羞腼腆、刚满十七岁的英俊少年，她的心里充满柔情、感激和爱意；她暗下决心，要在以后的日子里，尽其所能地爱护林，不让林受到任何委屈。

一路上，人们迎面相遇时，总是用迟滞而艳羡的目光看着他俩，让两人羞涩的脸上更添红云。几个女孩迎面走来，她们大胆的眼神在一直注视着他俩，从旁经过后，未及走远，就传来了女孩们的纷纷议论：

“两人真般配……”

“看样子是小夫妻呢……”

“真是幸福的一对……”

“……”

花听了有些窃笑，心头又突然热辣辣的，她不知道一直低头走路的林，是否也听到女孩们的议论，侧头看林，发现林红红的脸上漾着羞窘的笑容。

回祁峰的路上，花一直在幸福地回味着，回味白天发生的一切，第一次与林近距离接触，确实让她回味无穷；可她既不敢目光直视林，也不敢直视其他人，生怕别人看出她的心思，猜出她心底里的秘密。

晚上，花吃着娘特意为她庆生做的鸡蛋面条，几次差一点笑出声来，这是林来祁峰几个月里，她第一次如此的快乐。娘见她兴奋欣喜的表情，还以为她是过生日了而高兴，平日里难得见她这样开心过。

那天夜里，花又一次梦到了林。梦里不仅和林情投意合、恩爱缠绵，而且还拜了天地、成了夫妻，而令她困惑的是，当两人进入洞房脱衣上床后，竟有一把油布大伞罩在林的“帐篷”部位。花想把那伞拿开，林却紧紧抓住不让，还说下面的东西不能见光。她才不信呢，几个月前就在煤油灯光下见识过，只不过她不能把曾经见过的事情告诉林罢了。她坚持把伞拿开，可就在蓦然见到的一瞬间，那根早已相识的粉红色棍子突然变色膨大起来，而且越变越大，很快变成了一座高塔，那塔再也无法变回去了；花顿时惊慌失措傻了眼，难过伤心地哇哇大哭起来……是娘推醒她，让她从那天的梦中回到了现实。

她那天醒后一直无法入睡，一直在想着“变塔”之事，既感到害羞，又感到忌讳：自己怎么会做如此之梦呢？天刚蒙蒙亮，她穿衣去锅屋做早饭时，发现林的屋里已经亮着灯光，她为林起得这样早而很是诧异。

弟弟走后，她不再像过去那样刻意躲避林，但在众人面前尤其娘的面前，她仍像从前一样，与林保持着不亲不热、不远不近的距离，以继续维护自己在公众眼中“稳重端庄不苟言笑”的好姑娘形象。可私下人少时，她不仅不躲林，还与林对视过几次；让她心花怒放喜不自禁的是，每次对视，都能从林的羞涩眼神里，看到殷殷期待和款款深情。

可几天后的一件事，让她惭愧蒙羞、无地自容。一想起当时在林的面前失态失禁，她就深深自责、不能原谅自己。

那天送粪下地，她碰巧与菊和林成了一拨。让她格外动心的是，一身红色运动衣的林，拉着粪车箭步飞奔，越发衬显出矫捷健美的身材，青春阳刚的脸上更是透露出干练和朝气。在通过那片采石场时，跑在前面的林突然停在路上不走了，她和菊一同走上前想看个究竟，刚到林的粪车边，突然发现前面路中间有两只狗正在交配，她和菊只得赶紧扭头往回走。

小狗交配这种事，在农村不稀罕，连小孩子都屡见不鲜，习以为常；诸如鸡鸭猫狗之类小动物的交配，几乎天天都在发生，经常可以看见。每遇这事时，男人们可以边说边笑、毫无顾忌地看完小动物交配的全过程，女孩子不行，她们至多只能在无人时偶尔偷看几眼；只要有男人在场，女孩子绝对要回避走开，否则是会被取笑的。

见林红着脸，站在那里迟疑，花的心里觉得有点好笑：到底是城里来的少年，连乡下女孩子都见惯不惊的事情，竟让他不自然得脸红起来。随即，花又感到隐隐心痛，想到林竟是如此的生涩害羞，想到林刚来第一天夜里发生的震撼一幕，花的心痛就在不断加剧，进一步萌生了前所未有的怜爱和柔情。

正当三个人欲前不能的时候，路旁的采石场开始放炮炸石。随着几十响震天动地的爆炸声，漫天而下的土石纷纷砸在粪车周围；花在自己的粪车下，眼见滚落的土石尘雾顷刻湮没了前面的粪车，心里竟紧张不安起来。正在她对林担心挂怀时，一只大黄狗惨叫着从前面的沙尘雾霾中跑来，经过菊的粪车时，映入眼帘的，是那大黄狗身下垂摆着的血红肉棍，花顿时头脑发蒙，心跳也骤然剧烈起来，她的目光完全凝固在大黄狗身上，再也无法逃离。

虽然大黄狗很快从粪车旁跑走，可花满脑子全是那根垂摆的血红，不合时宜的是，林和那头大叫驴也交替出现在脑海里；她对沙尘雾霾渐渐散去竟也毫无觉察，完全痴迷于幻象之中。

当震耳欲聋的爆炸声再次响起时，花才从心猿意马的幻觉中惊醒过来，却突然发现林正呆愣在菊的粪车前；她心头一惊，立即钻出粪车，不顾一切地冲到林的身边，一把将林推向菊的粪车下，而她用身体紧紧趴护在林的后背上。

就这样，三个少男少女瞬间趴叠在一起；两个单衣单裤的性感女孩，像夹馅饼一样，把同样衣着单薄的性感少年紧紧夹在中间。这是三个相互充满诱惑的异性身体，是三个情窦初开、难有毅力自持的少男少女，他们年轻性感的肉体一旦交叠，清馨迷人的气息一旦融合，凡人非圣的他们，即刻就被情欲之火引燃，瞬间由血脉喷张而腾云驾雾了。随着少年身体剧烈弹跳律动、低吼呐喊，两个女孩也身不由己地一同共振呻吟……

当惊雷般的爆炸声又一次响过耳畔，才把误入“死亡深渊”的三个年轻人从迷睡不醒中唤回。苏醒后的三个人，顿时处于极度尴尬难堪之中：汗流满脸的林，已经被吓傻，浑身像筛糠一样不停颤抖着；花的羞人体液，不仅湿了自己的裤子，还把林的后背浇湿一片；而满脸潮红的菊，身下也汪着一摊水；花的第一反应是迅速从林的身上弹离，赶紧蹲到地上捂脸哭泣……

对花来说，危急关头保护林，责无旁贷、义无反顾；所发生的蒙羞之事，却突如其来，是完全没有想到的。在林的身上失禁湿身，无疑让她羞愧赧颜、无地自容；她和菊一样，接连几天不敢见林。

她每天只敢和菊在一起，两人长吁短叹，同病相怜，羞面以对。直到几天后的机缘巧合，才与林重新有了近距离的接触。正是几天后的偶然接触，林第一次喊出了花心底里的秘密。她一直不解：原来林早就清楚她的心思，可林是怎么知道的呢？

那天上午，大家在东山冈揎树枝，花本来一直躲着林怕见林的，可在拖树枝回村的路上，她突然听到林在后面惊叫，回头发现林在灌丛中惊慌失措；她内心深处的怜爱柔情骤然泛起，再也顾不上几天来的惭颜愧色，快速向林跑去。原来是一条花斑蛇惊吓到了林，花赶紧把蛇挑离，帮林把树枝捆拖出灌丛。林可能被惊吓得还心有余悸的缘故吧，竟然接连摔倒了两次；看着林满面羞惭、手脚并用地从地上慌乱爬起，花难过地侧转头，偷偷流下了感伤的泪水。

下午揎树枝时，花仍不和林在一起，可她的心时时都牵挂在林的身上；她发现林好像故意躲着大家，一个人离群孤单在乱石丛生的石塘边揎树枝；想起林上午被惊吓时的可怜状，想起林爬起又摔倒时的窘态，想起林的手上脸上被树枝扎破流血的伤口，她的心如同针扎般疼痛。

到了傍晚拖树枝回村的时候，大家陆续动身往回走，只有林还在原地不动，好像一时还没有走的打算。花因担心林而慢慢走在人群后面，她每走几步就回头看看，希望林能及时跟上来。

当她又一次回头张望时，发现林已从视线中消失，她顿时紧张得不行，心也提到了嗓子眼，慌忙放下树枝捆往回跑。当跑到林刚才所站的地方时，发现林揎的树枝散放在地上，人却不见了踪影，她一下子急了，迅速向不远处的石塘跑去，她担心林因不小心掉到了石塘里。一想到如果掉进十几米深的石塘里就非死即伤的可怕后果，她边跑边喊边流泪。附近的石塘快被跑遍，还是不见林的人影，正在她忍不住哭出声来时，忽听林在原处喊她，回头一看：林正从灌丛中安然无恙地走出来，她顿时变哭为笑，心想：林刚才在灌丛中方便，怎么好意思应答她呢？她帮着林把树枝捆好拖到大路后快速跑开。

刚要跑远，忽听林在后面高声大喊："花——，你——爱——我——！"

花没有回头，而是一边跑一边低头哧哧笑，心想：你是怎么知道我爱你的呢？就是知道我爱你，也不该这样大声喊出来的呀，让人听到了多不好意思。

对林喊出了她的心声，花虽然有些羞臊，却又十二分的满意，既然林已经知道了她的心思，也就没有必要再隐瞒了，于是，也学着林的语调喊："林——，我——爱——你——！"不过，没人听得到她的喊，因为那声音只在嗓子里。

那天回到家吃过晚饭，花还是兴奋不已，当天夜里更是好梦不断，几乎每个梦都与林相关，几乎次次都是从梦中咯咯笑醒的，只有最后一次让她惊出了一身冷汗，差一点还在梦中哭出声来。

花当时梦到自己出嫁了，新郎自然是爱慕已久、称心如意的林了。始终处于情绪亢奋欣喜若狂的花，却怎么也想不到后来梦中竟然出现了意外情况。

由于乡里有规定，凡是结婚的新人，必须移风易俗、统一参加乡里举办的集体婚礼。她和林只得像其他新郎新娘们一样，身着统一服装，前去参加集体婚礼。当婚礼开始后，主婚的乡干部突然宣布：新娘要先离开新郎站到一边去，每位新娘只有背诵出一段《毛主席语录》后，方可重新站到新郎身边成为正式合法夫妻，否则，要进行考试。花一听心里就急了，过去只见过在路口要道盘查行人时才要求呼喊口号背诵《毛主席语录》的，哪有结婚时要求新娘子背诵《毛主席语录》的呢？自己口号倒是可以呼喊几句，背诵《毛主席语录》实在强人所难；可别的新娘子都按照要求在认真背诵，自己想例外也是不可能的，心里顿时急得不行；她忽然想起秀曾经背诵过的“下定决心”《毛主席语录》，便在心里仔细回想着。

许多新娘因背不出《毛主席语录》而无法站到新郎身边，个个急得快要哭了。轮到花时，她一边回忆一边小声背了起来：“下定决心，排除万难，不怕牺牲……”由于太紧张，还有一句竟然忘记了。就在她心急如焚、羞窘难堪时，林在新郎队列里小声提示了一句：“去争取胜利”。花赶紧按照林的提示重复一遍，刚要松口气，可主婚的乡干部却判定违规，说是有作弊行为；还说花在背诵前三句时，二三句颠倒了次序，要求花重新另背一段。花顿时头脑发蒙，浑身冒汗，刚才那三句还是好不容易才碰巧背出来的，要她再背诵别的《毛主席语录》，实在背诵不出来；她只能和其他没有背出《毛主席语录》的新娘们一样，羞怯地站在原地，等待下一轮“考试”。

那些背出《毛主席语录》顺利过关的新娘们挽着各自新郎臂膀欢天喜地走了，花只能满脸羞愧地看着林表示歉意。接下来，进入新娘考试环节，花排在被考者的第一位。其实那考试既简单容易，又困难棘手；说简单容易，是只需在一大堆物品中随便指出一样就行，那些物品有：钢笔、手表、收音机，镰刀、斧头、安全帽，算盘、军服、手术刀……还有一座微型石塔——形状和上次梦中的丑陋石塔一模一样，让她一见就心惊肉跳、心烦意乱；说困难棘手，是主考官——刚才的“主婚人”，要花指出与新郎最有联系且印象最深刻的物品，指错的话，暂时不许结婚。花确实感到有些犯愁，印象最深刻的自然是那难看的石塔，可从心底里不想选；她的目光在石塔上来回犹豫了很长时间，最后指在石塔旁边的钢笔上。

主考官立即宣布：“错！不是钢笔，是石塔！婚姻无效！下一个考生进场……”

花顿时出了一身冷汗，连声大喊：“俺选石塔！俺选石塔！……”

主考官翻了一下白眼：“背《毛主席语录》不行，喊口号倒是蛮行，看来，你还需要再补补课。下一个考生进场……”

花当时急得险些哭出声来，是一阵敲门声把她从梦中惊醒，是菊来喊她下地干活。原来秀已经吃过早饭去上学，林也下地干活去了，娘见她多日来难得有这样香甜的好睡眠，不忍心叫醒她，而是轻轻关上堂屋门，独自到院门外的猪圈里整理圈舍。等花起身开门一看，太阳已经升起一竿多高，院子里的西墙上撒满了阳光，村头大喇叭里正传来县广播站女播音员的清亮声音：“毛主席教导我们说，世界上怕就怕认真二字，共产党就最讲认真……”花看了看冉冉升起的红太阳，突然一拍脑门：这大喇叭里天天播的两句话，怎么会在梦里忘得一干二净呢？她细一想，梦里的主考官一定是共产党的好干部，他做事“就最讲认真”。

经过揎树枝的两次近距离接触，花不再怕见林。既然林已经喊出她心中的秘密，既然她爱林的“窗户纸”已经被林挑破，也就没有必要再在林的面前刻意回避、刻意隐瞒了，只是见面时仍不免有些羞窘不自然；至于失禁湿身的事，依然是她心中的阴影。可有时细细回想起来，又感到丝丝的幸福和甜蜜；林是她心爱的人，她可以为心爱的林做任何事情，包括献身也愿意。然而，她还是小心翼翼地与林接触，因为还不知道林的心里是否也爱她，更不敢在众人面前表现出过分的亲热亲近，她和家人都承受不起外人的冷眼和口水。

渐渐的，花和林之间不再疏远，一起劳动的时间多了起来。素来是干活能手快手的她，过去干活时很少歇息，现在趁人不注意时经常歇手；每次歇手必多看林几眼，每次眼睛里必含情带笑。有时林发现了，也会回看过来，林回看的眼睛里竟也带笑含情。每当这时，花又面带羞色地赶紧低下头去，实际心里高兴着呢，只是怕人看见说闲话罢了。每次得到林的倾情回馈，她心情愉快得老想放歌一曲，可生性稳重内敛、羞涩怕人的她，一次也没有大声唱出来过，至多在无人时轻声哼哼而已。

揎完树枝不久，转眼间要过年了。临近年关的祁峰村，家家户户都在准备着过年的饭菜；虽然祁峰人很穷，大家不奢望过年时能大鱼大肉、张灯结彩，可磨点豆腐、蒸点馒头、炸点萝卜丸子、贴副对联还是必需的。村里最早开始兴奋的当然是孩子们，他们盼望着春节早点到来，能吃到好东西不说，还可以得到一毛两毛的压岁钱，这可是他们期待已久的一笔大钱。

腊月二十六是岗上乡春节前的最后一个逢集日；花、秀和菊，都早早起床梳洗打扮，她们要到岗上乡去赶集。本来三人几天前就合计好了的，由秀出面邀请林一同去赶集，林也满口答应了秀。事有不巧的是，就在四个人刚出门时，生产队长突然跑来，要林去项山乡把什么欠款结回来。林虽然表现得有些不情愿，但还是当场答应了队长。四个人错过了第一次一起去赶集的好机会，不仅花感到了失落遗憾，连菊和秀也是一脸的不高兴。

本来兴高采烈的三个人，因林不能一同去赶集，情绪顿时都低落下来，无精打采地低着头，默默走在下山路上；差不多走有三里多路，谁也没讲过一句话。菊终于耐不住沉闷，先开了口："夏天时，就是在这里第一次见到林的，那时他还像个孩子，见人连头也不敢抬，想起来怪好笑的。"

菊本来是笑着说的，是为了打破沉闷无话找话说的，可语调中竟有伤感的成分。听了菊的话，秀好像一肚子委屈似的，眼里群满了泪水；受到秀的感染，菊的眼睛也开始变红。其实花的心里更难受，林初来祁峰时，她就是从这路旁的玉米地里抱胸跑出的。想起当时的尴尬，想到后来林的种种美好，想到林独自一人去了项山乡，她止不住心头发颤，鼻子发酸，想流眼泪，因菊和秀在身边，她最终还是控制住，没让眼泪流出来。

岗上乡的集市不大，主街道只有半里路长，是附近乡镇中最小的集市；平时逢集人不算多，这天临近年关，赶集的人却比平时多出好几倍。

当三人来到集市，主街道已经挤满了赶集的人们，她们只能随着拥挤的人流，在碎步挪移中前行。

和其他女孩子们一样，她们到岗上乡赶集最喜欢去的地方，永远是那有着五间大瓦房的供销社门市。那里面的服装百货琳琅满目，百看不厌，只是她们口袋里的钱往往太少，买不起那些用元计价在她们看来相当高档的奢侈品，她们每次几乎都为一饱眼福来的。

不同以往的是，今天她们都有备而来，不准备再空手回去。三人中，要数花最有钱，她手心里紧紧攥着两张大面值的钞票，其中一张是两元的旧钞票，另一张半旧的钞票也是两元的；这两张大钱是娘早上刚给的。出门前，娘从床席下的铺草里摸出一个小布包，里面有一小叠钞票，是弟弟从部队寄来的娘一直省着用结余下的钱。娘从中抽出面值最大的两张递给花，说是闺女大了，过年该添件新衣服了。在平时，花是不会接下这钱的，可这次，她没有太多犹豫就接下了钱。进入集市后，花攥钱的手一直捂在棉袄口袋里，生怕钱露了亮被扒手偷去。

三人终于从集市的人流中挤出，进了供销社门市，发现柜台前也人满为患。菊和秀立即挤进人丛中，两人的目光迅速在货架上来回游走，眼里不时因惊奇而发亮，好像每一样东西都是她俩想买想要的。花知道菊和秀的口袋里都有钱，但都不多，菊有三块钱，是早上二大爷刚给的；秀只有几毛钱，是她平时卖废纸卖废铁攒下的。只有花的钱最多，她早在路上就计划好了：自己不买新衣服，把钱省下来给秀买个新书包，秀多次抱怨自己的花布旧书包难看，一直想拥有好看的新书包，花打算今天就如了她的愿；花还打算到食品站买二斤肉，今年不比往年，家里条件好多了，即使家里再穷，也得让林过年时吃顿肉饺子才是；另外，再称上半斤糖果，大过年的，邻居家小孩子来串门，总不能连一颗糖也不给吧？她本想给林也买样东西，一来钱不多，买不到能够看上眼的物品；二来菊和秀都在跟前，不想给她俩留下取笑的话柄。

菊经过一番眼花缭乱的精挑细选后，最看中的是开司米毛线围巾，一问价格，马上羞羞地摇头，这说明她的购买力不够。在征求花的意见后，菊只能把备选的天蓝色棉织包头方巾买下来，菊刚接过方巾，即刻美滋滋地包裹在头上。

秀则始终在百货文具柜台前犹豫，好像一时拿不定主意。文具柜台后面的货架上展示着几款包，只有一款是书包，估计那书包至少要两块钱，花走过去掏钱刚想把那书包买下来，秀连忙上前阻拦："姐，我不要书包！"却又有些不好意思地说，"姐，不如给林哥买样电器吧。"

花听了顿时一愣：自己身上只有四块钱，哪够买电器的呢？急忙说："秀，姐身上只有四块钱，不够买电器的。"

"够了够了，用不了那么多的钱，"秀高兴地赶紧指向玻璃柜台，"你看这手电筒才要两块五毛钱。"

花立即同意，付钱买下了那把早被秀选中的手电筒。

在家家户户尚未通上电的祁峰村，手电筒无疑是最经济实用的电器，方便随身，尤其适合走夜路。不过，多数人还是舍不得这两块多钱；在普通人家里，这笔钱不算小数目，可以派很大的用场，再说电池耗费也是一笔不小的开支。所以，除了少数村队干部拥有外，绝大多数祁峰人宁愿夜路摔跤，也不愿花这笔"冤枉钱"。正因如此，手电筒是祁峰村的稀罕之物，拥有者嫌手电筒的名称太土气，且与自己的财富和地位不相称，便洋气地改名为"手电"。

林本来有一把小手电的，因经常有人夜出借用，甚至有的小伙子相亲也来借，说是相亲时手里有了这电器，既可证明自己的经济实力，又有"前途光明”的吉祥寓意，能够大大提高相亲的成功率。就这样你借来他借去，最后竟被借丢了。

后来，秀在一次放学路上，看见南庄二队王朝奎的腰间挂着一把小手电，和林的那把一模一样；秀把这“惊人”发现偷偷告诉了花。花要她不要瞎猜疑，说买一样东西的人多着呢。见花不信，秀一再举例辩解，说王朝奎家穷得连盐都买不起，他妹妹瑾玲为了半支铅笔一块橡皮，常与老师做丑事，他家里的小油灯从来都舍不得点亮，即使晚上家里来了人，也都是摸着黑说话，他还能有钱买手电？花当时既说服不了秀，也不赞同秀。现在看来，秀无法替林找回小手电，为林买一把也就顺理成章了。

花对秀不买书包买手电的决定，打心底里高兴，这既了却她本来就有的意愿，又让菊看不出一丝破绽；这是秀的意思，娘知道了也不会猜疑。经此一事，花觉得秀到底是长大了，上了六年学的文化人，就是不一样，考虑问题很细心很周到，不像村里同龄人那样，有好事总是先想着自己。花认为秀天天缠着林讲故事、问功课，现在知道感恩回报了。

买过手电，花手里只剩下一块五毛钱，她缩减糖果开支，只买了三毛钱的糖果，买二斤肉所需的一块二毛钱必须预留下来；她宁可压缩糖果支出，也不想动用秀的那点“私房钱”，秀平常的铅笔橡皮纸本费用都要从那钱里开销。

买过糖果后，菊和秀都说要到集市上再转转，花便离开菊和秀，快步向食品站走去。

在岗上乡买肉，只能到独此一家的乡食品站，除此之外，再有钱的人也是买不到肉的。让花想不到的是，买肉的人竟排着长队，她只得站到买肉的长队后面慢慢向前挪移。看到长队前面有人接二连三地嬉笑离开，不少人手中竟拎着三四斤重的大肉片，花这时才突然发现，岗上乡竟有这么多吃得起大肉的有钱人。

祁峰村的一般人家，平时是不买肉吃的，即使过年过节买个半斤一斤肉，不是留吃，主要是留看的；只有招待亲朋贵客，才会把挂在门旁最显眼处、已经变色变硬的小块肉拿下来，切下个几片；那切下来的肉片，大小厚薄，与瓜子壳几乎无异。当“炒肉”上桌时，主人会豪气顿增地大声招呼来宾：“来！来来来！吃肉，拣大肉吃！”这不是祁峰人小气，而是祁峰人太穷，一个壮劳力干三天苦力活，还不一定挣得到一斤肉钱，连饭都吃不饱的祁峰人，谁舍得花钱买肉吃呢？如果一般人家院子里不合时宜地飘出肉香，那是要被众人指戳脊梁骨的。

祁峰人吃油更节省，自家人吃菜，每次只用一根筷子在油瓶里蘸一下，过年过节时也只蘸两次，除非贵客来，才破例蘸三次；如果老人们听说谁家三个月里吃完了四两油，肯定会说："作！太活作了！不是吃油，是喝油了！"

花对自己站到有钱人的队列里，既觉得惭愧，又感到心酸，可一想到过年时林能吃到香喷喷的肉馅饺子时，心里又感到了幸福和快乐。

让她很满意的是，终于拎着半指厚的大肉片离开食品站，而排在她后面距离稍远些的人，可能就没她这样幸运了，因为肉案上已经所剩不多。让她很不满意的是，瘦肉太多，肥肉太少，本来吃肉就是吃油水的，谁愿用同样多的钱，买油水少的腿部瘦肉呢？

第十四章

夜越来越深，张六家的咒骂声已经听不到了，周围也越来越静寂，可花仍然毫无睡意；雪夜的寒气，越来越刺骨逼人，花的心里却很燥热，记不清这是第多少个难眠之夜。她躺在厚厚的麦草铺上翻来覆去入睡无眠，那双黑亮的大眼睛在暗夜里不停扑闪。屋外的风雪之声，屋内绳床上娘和秀发出的轻匀鼾声，时不时传入耳中。她失眠不因这些声音，而是那个让她思念挂怀的远方的人儿。她还在继续回想着往事，一桩桩一件件都让她难以忘怀……

赶集那天，当花拎着大肉从食品站出来，与菊和秀重新汇合时，菊和秀都惊讶花怎么会拎着这么多的大肉？她俩像在供销社门市里一样，眼里又在放光发亮。花见菊一直盯着大肉看，突然有了新的想法：包肉饺时，在肉馅里多加些大葱白菜，这样可以多包些饺子，到时给菊家里送些过去，让菊和二大爷二大娘也都尝尝鲜美的肉馅饺子。

当花笑问菊和秀刚才在集市上有何收获时，菊和秀一齐把手伸向口袋。菊掏出的是一把彩色的细丝线，嬉笑着展示到花的面前：十来种颜色的细丝线混搭在一起，显得斑斓醒眼。花连连夸说好看，她知道菊最近对绣花产生了兴趣，绣工也越来越好，可惜自己身上没钱了，不然也去买一点。秀掏出的是一挂鞭炮，大约有一百响，花刚想问价格，秀抢先笑着说："不贵的，姐，才两毛钱。"

花点点头，虽然嘴上没说话，心里却想说：还说不贵呢，差不多能买十斤大葱了，那够吃多少天的呀。可转念又一想：过年时鞭炮一响，会引来半个村庄的孩子，那该是多么热闹的场面呀。花的眼前立刻幻想出林放鞭炮时像孩子似的高兴劲，那肯定是比吃肉馅饺子还要开心快乐的事情。想到这里，花又连忙笑着对秀补话说："鞭炮好，值这个钱。"

三人又在集市上闲逛了一会儿，才动身返回祁峰，到家时，太阳还斜挂在西南天空；由于天时尚早，离吃晚饭还有一段时间，花和秀又都有点饿了，每人就从煎饼筐里随手拿了一张煎饼，卷上黑咸菜，香甜地吃了起来。

长期得不到温饱的祁峰人，向来克勤克俭，为了节省一些粮草，祁峰的大人孩子们，常年都是一天只吃早晚两顿饭，只有在地里参加繁重劳动时，白天才可以带一点干粮，以备中午饿时充充饥。由于花和秀赶集走路饿了，才破例在没有劳动的情况下加了餐。

就在她俩已经吃下大半张煎饼时，在锅屋做饭的娘忽然发现，连忙责备说："你俩怎么吃了林的煎饼？"花和秀细看手中的煎饼，顿时脸都羞红了。

自从林来到祁峰后，花家里烙的煎饼就分成了两种：一种是不加任何细粮的山芋干煎饼，一种是加了少量麦子或玉米的山芋干煎饼。后一种是专为林烙的，家里其他人不享有这一特殊待遇。花家的这个秘密，只有林一个人不知道，因为他既不注意，也难分得清。她们娘仨心里都有数，尤其娘在煎饼的摆放上，是有讲究的。这天，娘忙忘了，摆放煎饼时误了顺序，花和秀因此拿错了煎饼，也是情理之中的事情，可她俩都为误吃了林的煎饼而感到羞愧。

感到不好意思的秀，连忙躲到了同学家里；花只能躲在堂屋里，为自己的错误而内疚自责：林的煎饼怎能看不出来、吃不出来呢？林的煎饼里加有两成多麦子，颜色和口感是不一样的，秀看不出来吃不出来也就罢了，自己怎么也会这样糊涂呢？

就在花为误吃了林的煎饼而自怨自艾懊恼后悔时，院外响起了自行车的铃铛声，花突然感到一阵紧张：一定是林从项山回来了，她不知道该如何面对林。有些心虚的花，不敢出屋，只能静静倾听着林的脚步声。

那自行车响铃不断地进了院子。花对林的这一顽皮举动觉得好笑：这可不是林平时的作派，一定是路上遇到了什么开心事情。可细一听，走进院子的脚步声不是林的，林的脚步声，她敏感着呢，能从很远处就一下听出来的，因此，花的心里有些犯疑。这时，院子里传来娘和本队青年祁玉田的说话声；等花出屋时，祁玉田已经离开，林的自行车却停放在院子中，车的后架上还夹放着林的那件新棉袄。花赶紧跑到锅屋问娘，才知道林是步行去项山乡的。原来，祁玉田去了湖湾相亲，她们赶集刚出门，祁玉田就来了，不仅借了自行车，还借了林的新棉袄。

知道原委经过后，花立刻担心起来：到项山乡可不比去岗上乡，不要说路程远的绕山大路了，就是走最近的山里小路，也要远出岗上乡两三倍呢，指不定太阳落了山，林还赶不回来。想到这一层，花的心里开始烦躁不安起来。晚饭时，她只吃了半碗山芋稀饭，一来下午吃了一张林的煎饼，二来因担心林而没了胃口，连娘破例在山芋稀饭里加放了好吃的玉米面，竟也没有发觉。晚饭后，花的心里越来越疑云密布。

祁峰的腊月天，总是黑得很早，太阳刚落山就已现出黑夜的影子；林还是没有回来，而嗖嗖的西北风却来了。风在嗖嗖着寒冷，撼动着院子里的高大柿子树，也飘摇着矮屋上的檐草；大片大片又低又厚的黑云，随风而来，堆集在头顶天空，压得花心口窝喘不过气来。娘也开始担心起来，不停念叨着、祷告着，秀的眼睛里早已群满了泪水，念叨的声音里开始呜咽起来。花的担心和焦虑更是与时俱增，她早就想放声大哭，可在娘的面前，她只能让眼泪流进肚子里。

随着夜幕降临，花已经坐立不安、心急如焚。她一怕林迷了路，山上坡陡道滑、窄小多岔，山下河湖水库密布，就是惯走夜路的祁峰人，也不敢一个人在夜里走这条路的；她二怕林遇到打劫的，林的口袋里可装有结算来的几十元巨款呢，万一遇到贼人强盗，依林的性格，是绝对不会轻易交出生产队这笔巨款的，那岂不是要搏斗厮打起来？林打不过的话，岂不是有生命危险？另外，山里不仅有蛇，有野狗，还有狼，林是见了蛇都害怕的人，他怎能抵挡住饥狗饿狼袭击呢？花越想越感到害怕，越想越觉得恐惧，她再也顾不上颜面，用近乎哭求的声音对娘说："娘，让俺和秀迎迎林吧？"

"快去吧！快去！把林的棉袄也带上！"娘急促的声音有些发颤；就在花和秀将要跑出院门时，娘在后面追送了一句，"叫上菊，路上小心！"

花和秀快速向菊家跑去。花知道，菊一定上了床，因为此时的村子里，家家黑灯瞎火、到处漆黑一片。祁峰村的庄户人家，向来有冬夜不点灯的习惯，这不只是节省灯油，而是大家早已上了床。祁峰人是最怕冷的群体，他们身上的破旧棉衣，在白天就不耐严冬的寒冷，何况夜间呢？所以，只要院子里一上黑影，各家各户就都蛰伏在更黑的草屋里，闭门不出，早早蜷缩在薄薄破被下的厚草铺上。

花虽然手握刚买的新手电，却没有摁亮，也用不着摁亮，她和秀闭着眼睛都可以跑到菊家。她还聪明地想：要把极宝贵的手电灯光用到山里的小路上。秀更是聪明，她不仅把白天买的鞭炮揣在身上，还把锅台上的半盒火柴也装到了口袋里，并在心里得意地盘算着：万一路上遇到歹人，冷不丁放一个鞭炮，肯定会把歹人吓个半死。

也许太过自信，也许跑得太急，也可能是天上纷纷扬扬的飘雪已让村中小路变得湿滑，花竟摔倒在菊家的院门前，她顾不上膝盖的疼痛，立即爬起敲门喊门。

果真已经上了床的菊，听到花的喊门声，连忙披衣出来开门，闻听此事，说声“等一下”，就跑回屋，把新买的方巾包在头上，手里抄着一根擀面杖跑出来，三人立即向村庄东头跑去。

此时，纷纷落下的大瓣雪花，不断把冰冷砸在脸上，花更感到心急火燎：如果雪继续下大，山里的路更加难走，林在山里也将更加困难更加危险了。

当三人跑到庄东头的三岔路口时，停住了。面前的三条路，都可以通往项山乡，向北、向南的都是绕山大路，只有向东的是进山小路，应该走哪条路迎林呢？三人简短分析后，想法一致：林如果从南北两条大路回来，时间可能会晚些，但相对比较安全，只有山里的小路危险性最大，她们决定从小路跑步进山迎林。

很快，三人跑过洋槐树林，而路也开始变得越来越坑洼不平。花终于摁亮手电，一束白光刺破黑重的夜幕，映射在前面忽高忽低的羊肠小道上。由于羊肠小道两旁沟深崖陡，她们只能由跑而变成大步快走。过了黄泥岗，进入椈橘帐，三人更加小心翼翼起来，因为两旁的荆针棘刺扎到脸上，不仅很疼，而且还会留下不褪色的疤痕；几年前，村里有个姑娘，脸被扎过，现在每次照镜子还哭鼻子呢。

她们经过禅堂水库，走入那片梨树林，下到树林间的那条又宽又深的干沟里。这条只有夏季才走水的干沟，本来有一条横穿的人行小道，现在因大雪覆盖，已经看不清人行小道在哪里。三人不敢贸然前行，一齐在手电的光影中寻找前路。手电的微弱光影，在树林偌大的黑暗中有点“力不从心”，树林中每个空档，都像是前路。就在花一筹莫展时，菊突然想起前路左侧，有禅堂寺的古塔，顿时兴奋地脱口喊道：“姐，塔！高塔！手电快往高塔照，照到高塔就找到路了。”

被菊这惊乍一喊，花的手电一下掉到了地上。自从发生梦中的“变塔之事”，花就一直忌讳“塔”，而菊突然喊“塔”，让花惊魂不已。对“塔”极为敏感的花，顿有不祥预感，担心林一定出事了，立刻心惊肉跳得不行，眼泪也汹涌流出；她无力去捡手电，更没有勇气去照“恐惧之塔”。

是菊捡起地上的手电，迅速发现了古塔；在古塔的标示导引下，三人顺利走出梨树林。

此时的狂风越刮越紧，暴雪越来越大，整个世界仿佛被漫漫飞雪填满，分不清这雪究竟来自天上，还是刮自地下。三人在狂风暴雪中走走跑跑，刚跑过银花岭，就听到虞河对岸的山脚下，有凄切的呼救声不停传来，细一听，正是林在大声呼喊求助。三人知道林虽处困境，却安然无恙，三人一边笑出声，却又一边流出了泪。

三人绕过虞河上的小木桥，终于跑到林的面前，看到林瑟瑟发抖、缩成一团时，三人再也忍不住一齐哭出声来，花的心里更是酸得不行。

菊从头上一把拽下新买的方巾，颤抖着包缠在林的被冻僵了的头脸上，秀一边哭一边掏出口袋里的鞭炮和火柴，几经努力才把鞭炮点燃……立刻，空寂的项山、静谧的虞河、沉睡的旷野，被一一震醒，过年时的欢庆，提前到来，四张泪流滚滚的脸上漾出欢笑、荡起春风……

随着春天的到来，花与林的近距离接触逐渐多了起来，这也是花一直渴望的。只要和林在一起，她就感到踏实充实，就有说不出的快乐。可在公开场合，她还要继续维护“端庄矜持”的好姑娘形象，对林的亲近亲密，当然要“内外有别”，至少不能让娘看出来，因为娘是传统守旧的人；在菊和秀的面前，当然也不能，她经不起任何人的闲言碎语。

弟弟没当兵之前，每次到邻村看电影，都是两个小团队一起走：才、林和秀是一个小团队，有说有笑地走在前头，花和菊是一个小团队，保持十来步的距离，默默跟在后面。才当兵走后，不知不觉中，四个人慢慢合成了一个团队。秀仍像以前一样，亲密地挎着林的胳膊，在林的身旁蹦蹦跳跳；菊也很自然地走在林的身边；花则与林继续保持着普通平常的关系，即使走在林的身边，也始终会留有一些距离，至少不会身子碰到身子，但她心中愈来愈有亲近林的欲望。看电影时，她与林有过几次若即若离的身体接触，这既让她兴奋紧张、情绪激动，也成为她越来越强烈的盼想和期待。

初夏的一天，他们到六里外的岭西村看电影；那晚是两部故事片连映，看电影的人很多。每到换片子的间隙，露天电影场里都会暂时黑暗下来，人群中也会出现一阵拥挤。当又一次拥挤时，许多人忽然站立不稳，向一边倾倒；菊在众人的挤压下，倒在林和秀的身上，林和秀也因此失去重心，一齐向花倒来。不仅林的脸歪在花的肩上，一只手还从她的后背滑落，搂抱住她的后腰，胳膊肘也抵在她的臀上。虽然一切来得很突然，可花并没有感到羞涩和惊慌失措，相反，她的肩部、腰部和臀部同时发力，为倾倒的林形成支撑，她还伸手扶住林，直到林重新站稳。

短短的几秒钟，花第一次真切感受到了林的身体；那身体接触时的感觉，真的很美妙，是一种从未有过的幸福，她幸福得直想流眼泪。虽然，那次送粪时，她和林有过更紧密的身体接触，而且那次她和林，还有菊，都失态了，但那一切都是在无意识中发生的，现在已经记不清当时究竟为何会发生那种事，又是怎样发生那种事的。这一次的感觉不同，这种男女之间真真切切的感受，让她体验到了前所未有的快感，让她一下子上了瘾，欲罢不能。

电影的内容，她后来一点也记不起来了，只记得人群拥挤时发生的事情，总觉得那张可爱的脸庞还靠在自己的肩头，那唇齿留香的清新气息让她痴迷，被手滑摸过的后背，还有酥酥痒痒的快感久久不去；特别是腰，被紧实有力的搂抱之后，就一直酸软无力，总觉得还不满足，希望还能再来一次更紧密的搂抱；臀上的抵压撤离后，好像有些空虚，被压过的部位也在不停跳动、耸翘着，很希望来一次更重的抵压。这种感觉太突然太奇妙了，也许是渴望被压抑得太久太久，一瞬之间，体内的欲火被点燃被引爆。她感到下腹一阵阵悸动，浑身也不自在地颤抖起来，多么希望电影场里再来一次拥挤，多么希望林能再一次歪倒在她的身上。让她失望的是，直到电影终场，也没有再出现那样的拥挤。

在那天后来的电影放映中，花不停用眼睛余光看着林，希望林也能看向她。那天晚上一直到电影结束，一直回到家中，林始终很羞涩，始终没敢再抬头看她一眼。

随后几次看电影，林好像不是很主动，有时会犹豫迟疑，秀见了总是又拉又拽的。有一天晚上是岗东村放电影，晚饭后，秀挽挎着林，和花、菊一起向岗东村走去。走到半路时，林忽然站住不走了，怔愣地看着路边已经半黄的麦田。花感到有些奇怪，菊也不解地笑着说："怎么不走啦？想起刚来时了吧？你去年夏天来时，俺们就是在这儿见到你的；那时你又瘦又小，不敢抬头看人，转眼间快一年了，你突然间变成了大人。"

林对菊只是笑笑，没有说话。让花感到奇怪的是，林偷偷看向她时，目光始终有些异样；那平时温和柔美的眼瞳里，好像突然燃放着情欲的焰火。花几次看向林，几次都与林的“焰火”目光相遇；她顿时觉得心里扑通乱跳，胸脯起伏得越来越快，越来越剧烈。

电影散场，已经很晚了，来时还斜挂西天的上弦月，这时早已经落了下去，到处漆黑一片。当他们再次路过那片麦田时，菊说了句“你们先走”，便快速向大路边的深沟跑去，花知道菊要去方便一下。林搀着正在瞌睡的秀，没走出几步，林的身子突然激动地抖颤起来，猛出手一把握住了她；林挑逗性的大拇指，在她的手面上用力按压、哆嗦着示爱。当听到菊的脚步声从后面赶上来时，林才慌张地松开手。

花觉得林在握她手的时候，身子颤抖得格外厉害，牙齿也在“咯吱咯吱”响着，林的手心里冒着汗，手臂紧张得不停摇晃；花的心里更是紧张，刚被林握住时，立刻感到头晕目眩，浑身震颤，站立不稳。第一次被心爱的男人握住，真想一头扑到林的怀里，紧紧抱住林，她当时的身子几乎瘫软得不行。

此后的几天里，两人一直没有单独接触的机会，在秀和娘的面前，仍和以前一样，没有表现出任何的不同。

接下来，四夏大忙开始了，花和菊分在收割麦子的小组里，林和男劳力们负责运麦子。第一天收麦时，林走到地里扛麦捆，常会路过她的身边。每次望向林，总能见林投来深情的目光，那目光既柔柔的、又火辣辣的，始终充满着情爱的诱惑，让她春心荡漾、激动不已。她已完全陶醉在幸福之中，身体里的那团火，已经被林彻底点燃，心里的那道防线已经消散于无形；她实在无法控制住自己，再也不想继续压抑内心的情感，而是心甘情愿在感情的熊熊烈火中燃烧，心甘情愿在燃烧中万劫不复、化为灰烬。

也就是那天晚饭后，见娘端着猪食盆走出院门去喂猪，秀也出门找同学去了，花快步走进林住的东屋，林惊喜地迎了上来，两人立即紧紧相拥相抱在一起；在林的怀抱中，她不能动弹，两条腿被林的腿紧紧夹住，林裆部的硬东西，在她的大腿和腹部来回顶撞着，让她想起了那顶帐篷。在林的怀中，她感到身上有亿万只蚂蚁在爬，连头发和牙齿也在发痒，浑身除了战栗还是战栗，像疟疾病人一样，抖动不停，完全控制不住感情的波澜，控制不住情欲的快感；第一次和心爱的男人这样拥抱，那种快感爽遍全身。在快感驱使下，她全身心都在相拥相迎，耸翘的胸部，更是不由自主地前挺着，挺向林宽厚硬实的胸膛，并在林的胸膛上尽情挤压、滚动、不断变化着形状，酥麻麻的感觉立刻袭遍全身。林的一只手臂紧箍着她的后腰，那手臂力气真大，像是不把她的柔腰勒断不罢休一样，她不仅感觉不到痛楚，反而觉得愈紧愈舒服；林的另一只手臂从她的肩上揽过，那手在不停地轻轻抚摸着她的后背，那力道、那温柔的感觉太美妙，每抚摸一下，她浑身上下都愉悦地欢跳一次；林的温唇在她脸上游走，所到之处都是快乐的悸动；随着林的唇亲在她的额头上，每一根头发都像被充了血一样，突然变得异常敏感起来；林的唇移到了她的腮边，一口咬含住她的耳朵，一股热气灌入耳中，她顿时头脑一懵，魂一下子飞走了。她痴迷于快乐之中，脖子也不由自主地直直后仰着；两人的唇舌交含互叠在一起，争相发出滋滋的咂响声，每一个神经都在欢愉跳跃，大脑有时会突然缺氧，常常顿失一切记忆。当她又一次恢复记忆时，发现林的手，正在她敞开的上衣里抚摸那两个“牛心柿子”，她快活得又要死过去了；当林的头慢慢低下，快要抵近时，她兴奋得快要喊叫出来，希望林的温唇尽快贴上去含上去，见林迟迟没有“就位”，她实在等不及了，双手抱住林的头，猛然按向自己的胸脯。当林的唇终于含住她的“要害”，她“噢”了一声，兴奋得差点晕死过去；当林左右来回吮吸时，她终于“噢……噢……噢”地唱叫起单音字的欢歌。看到林前凸的“帐篷”，看到那憋得通红的脸，她知道林一定很难受，便一只手伸进林的裤裆，把那不停跳动的宝贝，盈握在手，来回撸摸、轻轻揉动；同时，把林的一只手也牵引进她的私密处，引向那片萋萋芳草地。她整个身子在上下左右不停地摇摆着，像是在晃转着呼啦圈，她每一个细胞都在快乐地舞蹈，两条腿也在剧烈抖动中渐渐软了下来，小腹一阵一阵猛颤，全身都在痉挛；她无法不放任自己、尽情喷泻着愉悦的情感、一次次攀登上快乐的峰巅。她每次清醒后只会重复同样的话：“林，谢谢你！”

“姐，你俩在干什么？”突然跑进屋的秀，见花和林紧紧抱在一起，她带着委屈、带着哭腔，说完这句话后，立即扭头跑了出去。

花和林都被吓了一跳。忽然听到院墙外面娘的声音：“秀，你怎么哭了，现在还要到哪去呀？”

“俺没哭，是眼里进了灰尘，俺到外面去，一会儿就回来。”秀在大声回答，像是在提醒他俩。

花快速整理一下衣服跑了出去，刚跑回到堂屋里，见娘正端着空盆跨进院门。

想到这里，花在被窝里又一次泪流不止，她心里感到酸楚和遗憾，要不是秀当时突然闯了进来，和林也许早就“那个”了……

公鸡的啼叫声，不时从外面传来，夜应该很深了。外面的寒风还在轻轻刮着，雪还在沙沙下着，院子里的柿树枝，时不时传来“嘎巴嘎巴”的折断声；娘的鼾声和秀的磨牙声，仍不时从绳床上传出。花已经连续多日食不甘味，夜不成眠，一直处在回忆眷念、苦思冥想之中，今夜至此，已经疲倦至极的她，终于有了一丝困意……

蒙眬中，一个熟悉的身影，在门外的雪地里晃动了一下，又突然不见了；花立即警醒，猛起开门，那熟悉的影子却已跑出了院门，她顾不上去穿棉衣，只穿着随身的单衣裤，追了出去。

花追出院门后，看见林的身影飞快地向村东跑去；她在后面边追边喊，林既不答应也不回头。鞋子不知什么时候跑掉了，她顾不上找鞋，光着脚，在雪地上狂奔，追赶林那幽灵般的影子。

那影子出了村庄，向东面山岗跑去，花一口气追上山冈；借着蒙眬的雪光，远远看见那影子钻进了山冈东面的杨槐树林，她追进树林后，人影不见了。她四处找呀找，始终找不到，她急得快要哭了；就在这时，那影子突然窜出树林，向东面山下跑去。

花在后面紧紧追赶，追呀追，追过了黄泥冈，追过了榈桔帐，追到了水库边，她又追过了梨堑沟，追过了禅堂祠，追过了黄草湖，追到了银花岭，就是追不上。她想大声叫喊，可无论嘴张得有多大，就是喊不出一点声音来。

花追累了，头上，身上，热汗直流；刚想停下脚步休息片刻，可一抬眼，看见林的影子已经跑过了虞河上的小木桥。花顿时看到了希望，有了信心，又立刻加快了步伐。

花边跑边想：过了小木桥，就是上项山的小路，沿着小路上山，必须经过山腰上的大王树，树旁不是住着俺的二老太吗？他可是娘的亲二姥爷，他肯定会出来拦住林的去路的。花想到这里，心中不免有些窃喜，有了几分得意，竟咯咯咯咯地笑出声来。

花一想到那棵大王树就兴奋，它岁数长，树龄有六百多岁了；树干粗，两个人都搂抱不过来；树冠大，树荫有好几亩地呢。每到秋天，大王树都能结上万斤甜柿子，那柿子咬一口，能甜到心里去。据说附近的柿子树，多是大王树的后代，自家院子里的那棵高大的柿子树，就是娘嫁来祁峰时，二老太给的树苗栽的。二老太最喜欢大王树了，每年开春到秋后，他有家不去住，专门在树下搭了间草屋，说是舍不得离开大王树。

听说原来还有两棵更大的大王树，可惜在多年前，被项山乡的王书记带人砍走，说是用去炼钢铁了。现在这棵大王树，本来也是要砍走的，正当砍树的人们准备下手时，二老太及时赶到，他跪倒在地，涕泪交零，护着大王树放声痛哭："不能砍大王树呀，要砍就先砍俺吧，实在不行，就把俺填进炉里炼钢铁吧。"项山乡的王书记，见古稀老人如此悲情，加上又和老人沾点亲戚，心有不忍，便留了这棵大王树一条生路。二老太趴在地上千恩万谢，声声感谢王书记菩萨心肠，直到砍树人走远了，二老太也不敢抬起他那没有一丝黑发的头。

花一想起二老太就倍感亲切，那是多么和善的老人呀，记得小时候，娘每次带她去项山乡赶集，路过大王树，二老太都会拿出一些好吃的，像桃啦，杏啦，花生啦，柿饼啦，白果啦。二老太知道的事情真多，每次讲故事都是那么的好听，总是听不够。

二老太待人可热心啦，每年暑夏，他天天都在大王树下，烧一大锅开水，里面加一些现在也叫不出名子的叶呀草的，那水可好喝了，既解渴，又解暑。谁家要是有个小病小灾的，找到二老太，他都会包点叶呀草的，带回去煮水喝，往往喝了就好。

算算，二老太已九十好几了，他比娘的亲姥爷还大好几岁呢，身子板还是那么的硬朗，多少年过去了，还是不见老，二老太就是个老神仙；哼，有老神仙在那拦路，看林还能跑到哪里去？

果然，花跑过小木桥，就看见大王树下有两个人影纠缠拉扯在一起，一个像是在解释着，另一个像是在劝说着，一个想挣脱，一个想拉住；花急了，大喊："二老太，你拽住，别让他跑了。"

其中一个人影听到花的喊叫声，用力挣开，快速向山顶跑去。

花大哭起来，她边哭边追，追到大王树下，却被二老太一把抓住，不让她跑开。

花急忙说："二老太，你别抓住俺，俺是花呀……"

二老太嘿嘿一笑："好孩子，别追啦，他不属于你的，放他去吧。"

"他是俺的，他是俺的。"花边哭边喊。

二老太紧紧抓住花："好孩子，他跑远了，你追不上他的，快回去吧。"

花见那人影果然已经跑远，双手又被二老太紧紧抓住，怎么也挣不开，急得双脚直跳："二老太，你快放手，俺是花呀，呜呜……你再不松开，他就跑远了，俺就再也追不上了，呜呜……"

"花，花，又做噩梦啦？你一会儿哭，一会儿笑，一会喊的，脚也是又踢又蹬的，什么跑远了，追不上了？"

花被娘的叫声惊醒，双手也被娘的手紧紧攥着；想想刚才梦中的事情，她感到十分羞惭，连忙抽出手，掩饰说："刚才做了个梦，梦到二老太了，娘，俺没事的，你早些上床睡觉吧。"

"你这孩子，最近老是做梦，有时哭，有时笑的，没事就好，俺去睡了，你也早点睡吧。"娘边说边回到了绳床上。

不一会儿，绳床上传来了娘的轻微鼾声。

花缩进被窝里，静静回味着梦中情境，想起远方的人儿，不由得一阵酸楚，抑制不住心中的思念和身体的悸动，她突然双手交叉，轻轻握住胸前那两个发痒而抖颤的"牛心柿子"。

这是一对发育成熟的"牛心柿子"，饱满坚挺，富有弹性，散着馨香，柔润可手，尤其那勃起发烫的两颗肿胀"果粒"，色如熟透的圣女果，形似臻圆的甜桑葚，正祈盼着温唇伺候……

花的双手，在胸前轻轻揉摸，她想象着是林的手在动，是林的唇在含，忽然，她一阵头晕心悸，不能自已，不行，要飞了，已经飞了，她像一片羽毛，在蓝天白云间飘荡……她晕厥过去，丢失了一切记忆。

当花慢慢苏醒过来，她感到浑身轻松，心神通透，有种满足的快意。随即，她又轻声哭了：心上人呀，俺又想你了，你想俺了吗？

第十五章

吴芸和苏荣的说话声从钻塔的角落里传来，她俩边说话边掀开油污帆布，起身走到钻塔的另一个角落，抬着一个装有柴油的铁桶，打算向钻塔外走去。林知道她俩是要到一里外的发电机处去，发电机应该添加柴油了；他赶紧走过去，笑着一把接过柴油桶:“两位师傅，外面太冷，还是我去吧。”吴芸和苏荣还想坚持，林已不听争辩地转身离开钻塔。

塔外的大雪仍在寒风中肆意挥洒，夜色像寒气一样的逼人。由于林先前在机台旁不停踱步，累了就坐在沾满油污泥浆的工具箱上休息一会儿，所以，他既不觉得累也不觉得冷，相反身上还在微微发热。尽管如此，他还是小心翼翼地拎着柴油桶，缓慢行走在风雪正狂的暗夜里。

如今的雪夜，又使他想起曾经的那个风雪夜晚，他迷路在暗夜山中，漆黑和寒冷让他恐惧，风雪和孤独让他绝望，是花带着菊和秀找到了他，把他从绝境中救出。此刻，远方的花，怎么也不会想到他正夜行在异乡的雪野，正在思念着她，林的眼里不知不觉又有了泪水。

林在雪地上走得很慢，每走几十米就停下换换手；脚下的冰雪实在太滑，他不想重蹈李伟平的“覆辙”，他要尽可能保护好自己，为了爱他的亲人，为了花。

当林终于顺利添加完柴油，安然无恙地回到钻塔，见吴芸和苏荣已经“复归原地”、重新蜷缩在那块满是油污的旧帆布下，他不由得发出一声轻惋的叹息。

随着夜色越来越凝重，钻塔周围的风雪越来越大，击打在塔衣上的风雪之声也逐渐大了起来，一股股寒凉从塔衣破洞处刮进来。已感到身上阵阵寒冷的林，一边继续踱步，一边接续回忆，让那些牵肠挂肚终生难忘的往事重拾眼前……

经过近一年的农村插队生活，林在艰苦磨炼中逐渐成长；在经历了酸甜苦辣的情感折磨后，终于在万物竞春、人也争春的季节，真切感受到了爱神正在惠顾他，真切感受到了花的那份真挚友情，终于得到了向往已久的花的包容和接受。

自从第二次被“营救”，林觉得花、菊、秀，与自己愈来愈亲近，与花和菊一起干活的时间渐渐多起来；特别是春忙以后，三人经常一起出工，一起收工；休息时，三人常围坐在一起，无拘无束地说笑，各自带来的干粮，彼此交换着吃。有时，林锄地遇到了长趟子，花和菊锄完自己的趟子后，总会过来帮忙“迎趟子”；花和菊的农活没干完时，林也会主动过去搭把手。秀每天放学后，更是连书包都不放下，直接背到林的住屋里，对他又搬脖子又搂腰的，比对亲哥哥还亲。

而他们相聚时间最多的，无疑是一起看电影。

在贫困的山区农村，文化娱乐很贫乏，看电影就成为大人孩子们最喜爱的娱乐活动。

岗上乡只有一部电影放映机，承担近二十个村的电影放映，除去下雨天，一个月里，每村只有一场电影的放映机会。每逢祁峰村放电影，都是村里的盛大节日：孩子们三天前就开始兴奋不已，撒着欢地奔走相告，中老年人也都翘首期待着。电影放映的当天，人们会早早吃过晚饭，家家锁门闭户；太阳刚落山，露天电影场里就已坐满、站满了人。

在露天电影场里，年轻人是绝对的主流群体，因为除了本村青年悉数到场外，还有大量外村的青年踊跃加盟。林和花、菊、秀，就是别村电影场里的积极加盟者，他们最喜爱的文娱活动就是看电影。只要农活不是太忙，几乎每天晚上，他们都要到周边村庄看电影，有时来回要跑二三十里路，常常下半夜才能回到家中；经典些的电影，他们都看过不下十遍，可每次看，总还是兴趣盎然，乐此不疲。

每天晚上几个小时的相随相伴、形影不离，使相互间的友谊在不断加深，林和花的感情更是在不断升华。两人由身体上的偶然接触，进而发展到碰出火花，再到伺机而动，林终于有机会“擒拿”对方了。

林始终感谢祁峰村贫乏的文娱活动，才让他有机会天天和花一起看电影，为两人的情感飞速发展提供了天赐良机。

正是在看电影中，林愈来愈感知花、菊、秀三个人的可爱和美好。正如书香尽在字里行间一样，心善源于悲悯之念；每当电影里放映到英雄人物被捕受刑、英勇就义，或群众受到敌人残害折磨时，花、菊、秀总是眼含泪水，有时还会哭出声来；当看到八路军、地下党正赶来营救，明知最终会化险为夷，可她们每次还总是紧张万分，嘴里不停地轻声喊道："快！快！快！快！"当看到最终营救成功、敌败我胜、会师团圆时，她们会和电影场里的许多人一样，一边鼓掌，一边流下激动的眼泪。每当这时，林感到她们是多么的质朴单纯和善良可爱。

有时银幕上出现"黄色"镜头，例如青年男女亲热拉手、深情对视、接吻拥抱，以及暗示将要上床欢爱时，总会有阵阵"噢、噢、噢"的男人们的欢叫声，从电影场的各个角落及时响起。每当这时，花和菊总是不自然、不自在起来，常常会抖动身子、想看又怕羞地左顾右盼着；倚靠在林的怀里的秀，身子也会不由自主地扭动起来。

对那些"黄色"镜头，林觉得一直看很尴尬，不看又有些舍不得，总是在低头、抬头、又低头、又抬头之间来回切换着目光。

电影让人娱乐的同时，也让人学到知识，林的许多知识，就经常是从电影里学来的。特别是故事片放映之前，总会插放一些短小的科普片，这些科普片对知识普及很有帮助。当放映有关人体生理知识、动物交配繁殖、良种杂交培育之类的科普片时，林会发现花、菊、秀的眼睛里，忽闪着羞涩和惊疑，她们有时会眼瞟过来，偷偷看林是何反应。

让林记忆深刻的一次科普片，是介绍小动物的。片子里的小动物们真是可爱，它们对伴侣的忠贞不渝，感人至深；它们对爱情和繁育后代的本能，有时又近乎疯狂和自残。

譬如那比目鱼，眼睛总是长在一边，需要另一只异性比目鱼与它合为一体，否则就无法辨别方向；游走时，总是成双成对、形影不离。

譬如那名叫蛮蛮的比翼鸟，无论雌雄，都只长一个翅膀，一只眼睛，只有雌雄同体，才能并翼飞行；一旦结合了，就双栖双飞，再不分开。

譬如那鸳鸯，在岸上并地走，在水中交颈游，总是成双成对；当其中一只不幸死掉，另一只会郁郁寡欢，在对伴侣无尽的思念中孤独死去。

譬如那记不起名字的雄性小昆虫，为了让雌性伴侣有足够的营养来繁育后代，它心安理得地静静趴在雌性伴侣的怀抱中，任由雌性伴侣把它一点点吞食掉。那该多么疼痛啊，可它一动不动地忍受着，它一定在疼痛中幸福地想着后代，想着后代们的未来。

还有那别名叫知了的蝉，在地底下蛰伏多年，据说最长的蛰伏了十几年；由一粒针尖大的卵泡，靠吮吸树根汁液，靠汲取土里养分，在漫漫黑暗中褪了一次又一次的皮，经受了一次又一次的磨难，一点点慢慢长大。当它们钻出黑洞爬上树梢时，已经死期将近、来日不多了——最多只能再活几十天。它们在最后的时日里，不分昼夜地干着最想干的事情：雄蝉在声嘶力竭地不停高唱，引来雌蝉与它不停交配，共同繁育它们的后代；雌蝉也在一刻不停地生育，直到耗尽生命的最后一点一滴。它们在地底下蛰伏了几年到十几年，为的就是这短短几十天，为的就是生命基因的永恒延续。

谁能说它们不是舍生忘我品格高尚的精灵呢？这些精灵们真是可亲可爱、可敬可叹。当大家看到这里时，电影场里寂静无声，偶尔能听到男人们的叹息，叹息声刚停，女人们开始了轻声唏嘘甚或抽泣。这时，秀会抹抹眼睛，紧靠在林的怀里，露出小鸟依人的模样；花也是满脸羞涩，在林的身旁不停抖缩着身子；菊的情绪好像很激动，站都站不稳了，接连碰触着林的肩背。

当草长莺飞、麦子抽穗时节，林不断感受到爱情信息和初恋的甜蜜。在电影场拥挤的人群中，林和花有过几次若即若离的身体接触，每次都令他心痒难耐。一次，林被电影场里的人们挤得站不稳，倒在了花的身上，手还抱住了花的柔软的腰，触摸到她的优美臀部和腹胯部，脸也靠到了花的肩上，闻到了她嘴里馨香迷人的气息。虽然时间很短暂，那醉人的触觉和嗅觉，一直令他回味难忘。

还有一次，他们从岗东村看完电影返回的路上，经过那片“密林”地时，林想起第一次见到花的情景，想起花的无比动人的背影，想起花的种种美好，抑制不住内心的激动，天赐良机的是：菊忽然放慢脚步，跑向路边的大沟里。林趁着菊去小解、趁着夜幕的掩护，把困倦打盹的秀揽到左臂，腾出右胳膊悄悄碰触走在身边的花。让他惊喜的是，花不仅没有躲开，似乎还靠近了一些，让他若即若离的碰触，得到了进一步的抵实；花的温软身体和清新气息，让他陶醉，意犹未尽的他，开始有了得陇望蜀的冲动；于是，他突然伸出右手，一把握住花的左手。可能已有充分思想准备的花，除了身子轻轻抖动、呼吸微微变急外，没有任何的抵触和反感，因为花被握住的手，好像很顺从，没有立即抽离的打算和努力。林突然感到幸福降临了，胆子也大了起来，就在他得寸进尺、打算把手伸向花的耸胸时，菊从后面追了上来。虽然袭占酥胸的计划没能得逞，可他还是收获颇丰，“攻城略地”的想法逐渐多了起来。

山区的夏忙总是来得很早，刚进入阳历五月下旬，祁峰村就已经一片繁忙，夏收夏种在同时紧张进行。大麦开镰的第一天，花分在收割组里，林和一些男劳力们则负责把割下的麦子运送到晒场上。每次到地里扛麦捆时，林都会深情地望着花，有时会故意绕走到花的身边；当两人目光近距离相遇时，花那羞红的脸颊，让林如痴如醉；花那柔情似水的眼睛，让林一次次砰然动情。林每次都会用大胆火辣的眼神，向花发去撩拨的挑逗，传递出情爱的诱惑；他一次次无语自有的情爱邀请、一次次由心而生的情爱攻势，是想让花早早就范。渐渐的，两人充满情爱的火热眼神，在交织、在碰撞、在互动、在你来我往、在传递你情我爱的信息。

就这样，两个人的情欲之火终于被点燃。

当天傍晚，两颗心终于想到了一起，两个人的身体主动贴到了一起。当两人紧紧拥抱的时候，蓄积已久的欲火爆燃了：滚滚的浓情烫得两人浑身发抖，两人唇齿交叠在一起，相互轻咬着对方，两片红舌卷裹纠缠着，在彼此的口中进出抵顶，四只手急切摸索着，相互爱抚对方的身体，探寻和感知对方的私密。花那深潭一样水汪汪能照见人影的两只大眼睛，像是再也无力睁开、仅留下一丝细缝；那线条优美的腰胯，在轻轻颤抖摇摆颠顶着；那剧烈耸动的神奇秀美山峰，留给手和口太多诱惑、太多柔润和温香；那初露乍现的芳草地，潮润湿滑盈手之处，在蠕动在弹跳在发热在等待，在急切渴盼爱的暴风骤雨。看到花一次次忽生忽死、一次次在高潮巅峰兴奋痴迷，林也一次次宣泄，在生与死的波涛中沉浮迷离。

如果不是秀突然闯进屋来，把他们从醉梦中惊醒，他们会在情欲深渊里，共度巫山、同游云天，流连忘返不知何时还呢。

秀发现林和花的秘密后，不仅哭过，而且与花赌了气，对林也冷淡了好几天。从那以后，秀当上了“特工”，天天暗中监视着林和花，让两人没有单独亲密亲近的机会。

花的娘好像毫不知情，对林的热情照顾，丝毫不减于前。看来秀没有把秘密告诉娘，这让林放心不少，不过他再也不敢轻举妄动了。

林和花除了眉目传情、秋波暗送外，只能见缝插针地接触一下身体，但这样的机会不多，秀总会“适时”地出现在他俩身边。

就在林和花开始频繁接触、急切拥抱热吻、初尝爱情甜蜜的时候，一件改变生活轨迹的事情正悄然来临。

自从来到祁峰的第一天，林心里就迷恋着花，随着时间推移，对花的情感由最初的一见钟情，到痛苦暗恋；随着二人慢慢接触，波折误会渐渐解除，进而迅速升华到热恋，再到以身奉献、情有不舍；特别是麦收开镰的第一天晚上，他和花激情热烫的身体，相拥相抱在一起的时候，他再也不想离开花，再也不能离开花了。

爱，有时真像明媚的阳光一样，可以照彻寒冷的心房，而更多时候像震颤的弦音、花香的弥撒，热烈持久，延己及人。林获得了花的爱情后，只想和花在一起，朝夕相伴，形影相随，不离不弃地共度每一天，幸福一直到永远。可偏偏喜欢捉弄他的命运之神，在他毫无思想准备的情况下，突然来临，让他从花的身边离开。每次回想起后来发生的事情，他就像喝了五味瓶里的混合液，说不清是酸甜，是苦辣，还是什么都有。

麦收开镰的第五天晌午，林又一次来到那片“密林”地，把麦田里割下捆好的麦捆，一捆捆扛到田头大路边，然后装上平板车，运送到生产队的晒场上。

每次到地里扛麦捆时，林都会痴情凝视着花，凝视正在割麦的那个动人的汗湿背影，心中止不住阵阵激动。想起近一年来的思恋，想起几天前的那个傍晚，想起两人的亲密举动，是那样的甜蜜美好，那样的心痒难耐，仿佛一切都在梦中。他幻想着如何才能更进一步，使两人的浓情蜜意更快得到提升；他想天天跨着爱情骏马，与花一起，在幸福的康庄大道上恣意驰骋。

当林在火辣辣的骄阳炙烤下装满板车，又朝着花的背影张望了一会儿，才拉起车子，艰难行走在上坡路上；他因用力而前倾的身子，几乎俯卧到了地面，脚下每蹬一步，都可以踩到刚刚从脸上滚落下来的汗珠。

林气喘吁吁地终于登上了一道长长的慢坡，迎面而来的是又一段陡坡；他停下车子休息一下，缓口气，以蓄积些力量，准备对那段陡坡发起冲刺。

林回过头，又一次向坡下的那片“密林地”深情凝望，眼前是怎样动人的场景呀：人的河，流进了麦的海洋，微风涌动着金色波浪，一个个尖顶的六角斗笠，忽隐忽现在金色麦浪里，每个斗笠下都有一张汗湿的可爱面庞；每个弯弓一样的背前，银镰在挥动，于阳光下泛着一道道青光；金色波浪之中，那扁担颤悠悠，挑着两座“金山”，那大车摇晃晃，驮走一架“太阳”。心爱的花呀，就在那片金色的地毯上，她的曼妙身姿，总是最美之所在，她的优美肢体语言，总是最动人之乐章。不知不觉，林被眼前的景象所感动，他想：如能天天和心爱的花在一起，那么永远都是最幸福快乐的。

突然，有人在身后喊他，回头一看，是祁峰村工勤员老姜气喘吁吁跑来，老姜要林立即去村部一趟，说是乡里宣传科姚科长要接见他。

林在麦场上卸完车，急忙赶到村部，在村书记吴德才的办公室里见到了姚科长。

姚科长四十多岁，个头很高，笑容可掬地露出一口大牙，见到如此降贵纡尊的表情，林很有点受宠若惊。姚科长一见到林，就开门见山地说：“祁峰小学六年级语文老师患了重病，眼下学校里的师资严重不足，考虑村里没有别的高中毕业生，乡里决定安排你先去顶替一段时间。”姚科长稍作停顿，看了看身边吴德才书记一眼，见吴德才连连微笑点头，接着说，“我已和学校里打过了招呼，你先回去收拾整理一下，今天下午就带着行李去学校报到。”

“这是好事，这是好事，”吴德才赶紧点头接话说，“快答应姚科长，快答应姚科长呀。”

“不行，不行，不行，”林一听姚科长要他去祁峰小学教书，不能和花天天在一起了，浑身发凉，心里顿时就急了，连连摇头，“我不能去教书，这不行。”

“怎么不行？”姚科长没想到林会如此回话，又好像有点不明白，依然露出大牙笑着问，“为什么不能去教书？”

“我虽说是高中毕业生，其实也只上过六年学，现在去教六年级学生，那不是误人子弟吗？不行，不行，不行。”林涨红着脸急切摆手说。

林只上过六年学是实情，他不惜以自暴其短的方式，是想让姚科长收回成命，他不想去学校教书，只想天天和花在一起。

“这也是没有办法的办法。”哪知姚科长只是苦笑了一下，耐心地解释说，“现在老师实在太缺，祁峰小学的老师大都是初中文化，水平普遍不高；虽说几个公办老师是中师毕业，可多是‘工农兵学员’，实际文化程度也不算高。现在上级开始重视教育，各校的学生都在大量增加，祁峰小学还打算下学期增设初中部，师资就更缺了。想来想去，觉得你还是很合适的。”

“教书既不累，”吴德才立即在一旁帮腔说，“又能发挥所长，俺看行。”

林还是又摇头又摆手，就是不松口，因为他一刻也不想离开花。同意去教书，就意味着不能和花一起劳动，不能天天长相厮守、时时笑颜以对了。

“你不去，怎么知道不行？”见林始终摇头不答应，姚科长脸上的笑容突然不见了，满口大牙也看不到了，他一脸严肃地说，“这是组织上经过慎重考虑作出的决定。你是知青，也是党的未来事业接班人，党叫干啥就干啥嘛，怎能不服从组织安排呢……”

“就是的，就是的，”吴德才连忙接话，“你到学校先教一段时间看看，实真不行，再回来嘛，组织上的决定，是一定要服从的。再说，你向村党支部递交了入党申请书，也被村支部列为培养对象，现在考验你的时候到了。别说是去教书，就是上刀山、下火海，组织上安排去，也绝不能含糊。”

林受到了批评，两位领导又都搬出“组织”来压他，再看看两位领导脸上严肃得不容再争辩的表情，他无法再固执地加以拒绝。

按照姚科长的要求，林当天下午去了祁峰小学报到。学校负责人牛校长热情接待了他，说是根据乡里的通知，已经为他安排好了一切，还专门在教师宿舍里安排了床铺，要他第二天上午就把行李带到学校来。林起初坚持不住校，牛校长却微笑中带着不容置疑地说：“一定要住校的，除了每天晚上要备课外，还经常要开教师会，住远了不方便。再说，住在学校里，也有护校的任务，大家可以互相照应，有事也方便些。”林虽然很不情愿，却又不得不违心地勉强答应下来。

对林将要住校教书，花的娘很有些不舍，可她还是笑笑说：“这回好了，你不用再吃苦受累了。在学校教书，天天风不吹头、雨不打脸，按月还能领到工资，这是别人想都不敢想的，到底是有知识有学问的好啊，孩子，你终于出人头地有出息啦。”她说着说着，竟流下了眼泪。

林偷看花和秀的表情，她俩都一脸的不高兴，尤其是花，几次避开娘和秀，偷偷抹眼泪。林深知花和自己一样，心中很痛苦，两个有情人朝夕相处、天天见面的机会没有了。

林和花偷偷约定：以后每到星期天，两人就一起去赶集，以弥补一个星期来的离别苦、思念情。

第二天上午，林带着一千个不乐意一万个不情愿，万般无奈地去祁峰小学教书了。

祁峰村共有两个自然村庄，相距三里多路。花的家在北庄，只有两个生产队，而南庄则有四个生产队。祁峰小学设立时，考虑到南庄人口多，学校建在了南庄。由于祁峰村地处岗上乡和项山乡的接壤部，周围的七八个偏僻村，大都只有初小，所以，祁峰小学建校之初，是按照中心学校规划的，规模相对较大。祁峰学校建在南庄正南面的一片空地上，有三十多间房子，是一个大的四合院。学校东墙外，有一条大路，穿过南庄，连接北庄。从学校到花的家，约五里多路，步行要半个小时。

林到祁峰学校，顶替生重病的王老师，教六年级语文课，兼任六年级的班主任。

牛校长和老师们，对林热情有余，信心不足，都觉得他这个新来的教师太年轻，对他的教学能力普遍感到怀疑和担心。林也对自己第一次站到讲台而感到紧张和忐忑。事情来得太突然，没有一点思想准备，他不知道该怎样面对同学们。

第一天上课的铃声响过，林在教室门外踟蹰一会儿，才红着脸走进教室。

“老师好！”六年级的同学们齐齐站立在座位前，大声向林问好。

林慌忙向同学们鞠了一躬，请同学们坐下后，他稳了稳情绪，抬眼看向同学们时，那一双双明亮的眼睛齐刷刷地看过来，他心里顿时有些紧张，当看到秀的惊喜的目光后，马上又镇定下来。

一番简短的自我介绍后，林诚恳地说：“很高兴与大家相识，能和同学们共度一段美好时光，既是缘分，也是荣幸。由于本人才疏学浅，没有教学经验，不足地方，请同学们多谅解；希望今后，我们一起学习，一起进步，一起提高，大家能够成为好朋友。”

话音未落，课堂里竟响起热烈的掌声。一个叫孙家玉的男同学忽然站起大声说：“老师，听秀说，你很会讲故事，你给我们讲个故事吧。”

孙家玉话音刚落，课堂里掌声又起，大家齐声喊：“老师——讲故事，老师——讲故事……”掌声随着喊声的节奏，整齐地响起来。

“好，今天这节课，就讲故事。”林笑笑说，“不过，我们先约法三章，只要大家认真学习，书本上应知应会的，大家都掌握了，我以后天天给大家讲故事，同学们能不能做到？”

“能！能！能！”大家兴奋地齐声高喊。

林在第一堂课里讲了两个小故事：一个是卧冰求鲤，一个是卧薪尝胆。

他边讲边看着大家的眼睛，同学们个个全神贯注，无论他走到哪，大家齐刷刷的目光就跟到哪，他感到自己受到了莫大的鼓励。故事讲完后，他问大家这两个故事告诉我们什么样的道理？

同学们争着举手发言。林对大家发言给予肯定后，总结说："我们读书是为了明理，为了增长知识和才干，而明理要以忠孝仁爱为先，知识才干要以勤学苦练为重。只有具备忠孝仁爱之心，具备过人的知识才干，于家，才可以让长辈安乐；于国，才可以让百姓安康。大家既要学卧冰求鲤的孝子，更要学卧薪尝胆的勾践。勾践能够报仇雪耻、终成大业，靠的是心系黎民、忍辱负重，靠的是长期准备、蓄势待发。我们学习也要一步一个脚印，才能集腋成裘、积沙成塔，终有所成。跬步虽短，不停行走，可以到达万里之外；滴水虽小，积聚多了，可以成为汪洋大海。大家如能认真学习、脚踏实地，就能学有所成；这样，小可以让家庭富足安乐，大可以让国家富裕强盛，使民族傲立于天下。"

看到同学们有的在一个劲地点头，有的则眼里闪动着泪花，林的心里更是受到了鼓舞和感动。下课时，他刚跨出教室，身后又响起一阵热烈的掌声。

第一个星期天到了，这是与花约会赶集的日子。这天正好是项山乡逢集，林早早来到村东曾经揎过树枝的那片洋槐树林里，低头踱着步子，等待花的到来。遇到生人，他装作漫不经心在散步，遇到熟人打招呼，他又装作偶然路过。好不容易才瞧见花的身影出现，却发现花不是一个人来的，秀也紧跟在花的身边。见此情形，林赶紧扭头朝着项山乡方向疾走。

秀其实老早就看见了林，连忙大声招呼，林只好停下来等她俩。

原来秀听说姐姐星期天要去项山赶集，马上就明白是怎么回事了，也坚持跟姐姐一起去赶集。

她俩走近时，林露出惊讶："你俩也去赶集呀？怎会这么巧？"

花的脸顿时红了。秀跑上前挎着林的胳膊，回头看看花，笑着对林小声说："以后的巧事还多着呢。"

果不其然，以后几个星期天，林次次都与花和秀"巧遇"在逢集路上。林心里干着急，可又一点办法也没有。

林发现同学们的学习自觉性在一天天提高，要求背诵的课文，个个背得滚瓜烂熟，要求熟读的课文，许多人已能背诵出来；语文作业工整认真多了，作文一次比一次写得好；其他任课老师也普遍反映：六年级的学生突然变了。

林信守承诺，坚持每天至少讲一个故事，有时上课时没有时间讲，就利用自习课或课余时间讲。其他班级的学生，也知道林会讲故事，遇到他们的任课老师有事，林去临时顶课时，他们一致起哄，要求林给他们讲故事。林每次都笑着答应，前提条件是：本节课的内容，大家都学会了才能讲故事。出奇的是，同学们只用不到半节课的时间，就掌握了全部内容。渐渐的，林受到了全校学生的欢迎和爱戴。

林感到庆幸，小时候的免费电影戏剧没有白看，加上姥姥又是故事大王，给他讲了无数的故事，现在终于派上了用场。

暑假眼看就要到了，林只等一放暑假就搬回花的家，那样就有机会天天和花在一起，就可以零距离地亲密接触了。

临近暑假时，乡里组织了一次期末抽考，林教的班级，总评全乡第三，语文成绩更是名列第一；祁峰学校受到乡里表扬，林也被评为“标兵教师”。这时，全县增设初中部的学校名单下来了，祁峰小学的“戴帽初中”也榜上有名。

乡里和学校研究决定，新学期一开学，林将跟班走，教“戴帽”初中班。根据县里安排，低学历的新任中学教师，一律要参加为期三年的高师函授培训。集中面授一般都安排在假期里，为期四十天的第一次集中培训，就安排在暑假里，培训地点在县城北郊六里远的教师进修校，林原来暑假搬回花家住的计划泡了汤。

第十六章

漫长而难熬的集中培训开始后，林天天期盼着星期天早早到来。为了多看一眼心爱的花，为了向她倾诉一个星期来的思念情，每到星期天，林都要早早起床，于东方熹微的晨霭中，骑行近七十里路赶回祁峰，很晚才回到进修校。可秀每次总陪伴在花的身旁，形影不离，不让他有与花单独倾诉心声、身体接触的机会。

在进修校培训的四十天里，除了上课，林一有空闲就钻进图书室，想用看书来排遣思念和郁闷。正是在图书室里，他第一次领略了钱钟书、沈从文、莎士比亚、托尔斯泰、普希金等中外大家的文采，被他们深邃的思想、生花的妙笔而由衷折服；那些书为林打开了一扇扇窗户，让他看到了不可思议的新世界，同时也让他有了新的感悟：书是过去的生活，过去的一切时代精华尽在书中；书也是当下和未来文化生活的源泉，读书学习便成为充满思想的愉快劳动；读好书是在同最杰出高尚的人交谈、是借助贤者思想智慧提升自己；万物可灭，唯有书籍不朽。

集中培训期间，校方常会邀请当地政界、文化界的名流来给函授生们讲课，林曾见过的曹主任、彭部长、申编辑都先后前来授过课。

曹主任号称“全县第一笔”，他一开场就口若悬河地辨析古代师爷与现代秘书的异同，而论述最多的却是共通之处。说古代师爷与现代秘书一样，都是刀笔吏，治政兴废全在字里行间；都是幕后捉笔，领导只是出面代言；都运筹于帷幄，领导只是依计而行；都是领导心腹，实际操持掌控着重权；都聪明绝顶，料事如神预案周全；都明察善辩，洞悉官场风云变幻；都能挽狂澜于既倒，转圜只在瞬息之间；都有三寸不烂之舌，成败仅凭片语只言。他还举例，说如果没有左宗棠、李鸿章这两位师爷，就成就不了曾国藩；说如果没有现代秘书，国家根本无法运转。他的结论是：现代秘书和古代师爷一样，目光如炬，可察秋毫于微末；身怀绝技，有经邦济世安民之才；只要假以机会，像左宗棠、李鸿章一样，可以出将入相，成就伟业。他还郑重强调，处在尔虞我诈波诡云谲的官场之中，没有圆融折冲的智慧、不是出类拔萃之人，很难胜任秘书工作。他讲到公文写作时，眼望屋顶，自信满满，始终带着官笑，迈着官步，打着官腔，说着官话，而所讲内容，却是云天雾罩、似是非是、玄之又玄。大家总觉他胸有千峰万壑，却又深不见底、高不可攀。在谈到讲话稿的写作时，他总是把领导人的讲话稿说得如何如何难写，说领导人的讲话稿，不仅要有角度，也要有高度，还要有广度，更要有深度，尤其不能少了厚度，说得大家面面相觑、云里雾里。

彭部长是函授生们早就景仰的对象，他一登讲台，就自称是摄影界领袖、古诗词传人。在自我介绍时，却又谦虚地告诉大家：虽然贵为宣传部的副部长，实际官不过“九品”，不值得大家仰慕；再说，他早就厌烦“官身烦冗”，早已对仕途“云淡风轻”，多次把晋升机会，拱手相让给了年轻后辈，早想去官一身轻，专门从事他最擅长的文学艺术。但他话锋一转，要求大家切莫学他的不求上进，而应该审时度势、“投机取巧”、乘势而上。当大家对“投机取巧”四个字感到诧异时，他诡秘一笑，故留悬念，引而不发。过了一会，才向大家释疑，说他所谓“投机”，是投照相机之机，尽早掌握摄影技术，可取“登堂入室”之巧；说学会摄影，最容易博得领导赏识，他在这方面最有经验和体会；还说很多跟他学习摄影的人，早已经鲤鱼跳过了“龙门”。在他列举出的长串事例名单中，就有刁难过林的项山乡供销社童刚。据他说，两月前，童刚因摄影专长已被提拔到了县供销社。说完“投机取巧”后，开始介绍他的文学艺术成就，依然很谦虚地告诉大家：虽然他的学识和成就，在省市县里都有相当名气，但还没有达到应有之高度，有愧为“马龙山八大文人之首”，如果想继续在文学艺术殿堂上登峰攀顶、摘取皇冠，还有一段路要走。他在接下来的讲课中，却又顾盼自雄，大有舍我其谁的霸气和傲气，他频频亮出的摄影代表作品，大都是领导人的工作照或参观照；他吟诵起自己的代表诗作来，摇头晃脑，完全沉醉于得意忘形之中。林细细听后，总觉得既无思想，也无内涵，更无意境，像是东拼西凑的顺口溜。他在黑板上一共书写了四五行粉笔字，竟歪歪扭扭，文理不通，还出现了好几个错别字。

申编辑一上讲台，就大谈新闻工作者是“时代骄子、无冕之王”，是“铁肩担道义、妙手著文章”。接着，又大讲一通“狗咬人不是新闻，人咬狗才是新闻”。随后反复强调：新闻的“十八般武艺”最难掌握，即便掌握，也很难娴熟；能够真正做到“怀中掏宝、倚马可待”的新闻工作者，寥寥无几。他十分谦虚地告诉大家：“鄙人只能勉强算个怀中有宝者”。在传授写作技巧时，说经过他的对比研究，有着重大而惊人的发现，过去一直秘而不宣，现在分享给大家，这就是：在各种文体中，最数新闻稿难写。因为能写好理论文章的，不一定能写新闻稿；会写领导人讲话稿的，不一定会写新闻稿；如果这几样都不会写、都写不好的，可以去写诗歌嘛；连诗歌也写不好的，那就去写散文、写小说。不懂文法、不会使用标点符号的人，最适合去写诗歌，因为文字语法愈是不通、别人愈是看不懂，恰恰才是好诗，恰恰能显出诗的意境莫测，恰恰符合意识流的要求；至于散文和小说，那是最好写的了，因为散文和小说，全是瞎编乱诌、胡说八道的。

后来有个当地很出名的诗人，据说获过全国诗歌大奖，他来讲课时，大家都受了申编辑的影响，一开始对他很是轻慢；当他讲到“简洁是天才的姊妹，质朴是艺术的兄弟，诗歌要发乎情”时，更是一片笑声。没想到那位诗人后来竟引经据典、满肚子学问，水平明显高出了前面几个授课人。在讲到诗文写作时，那诗人的古文功底甚是深厚，说起“李杜韩柳”等古诗文大家来，总是眼睛发亮、滔滔不绝；他都快六十岁的人了，可脸上常常露出孩童般的微笑。在结束讲课前，他预留一个小时，布置了一道课堂作业，要求大家现场写首小诗交给他。林苦思冥想了好长时间，也没能酝酿出“诗兴”来，忽然想起才哥当兵离开的那天夜里，曾草草写下的那段白话小诗《雨中》，边回忆边抄写出来，署上单位姓名后，很不好意思地递交上去。那诗人看过林的“作业”，微笑着说：“我可以帮你改个字吗？”林红着脸，窘迫地连连点头。那诗人临走前，归还了同学们的“作业”，唯独林的“作业”忘记还回。

和林同桌的是老同学薛明坤，也是“知青教师”，来自大庙知青点。与林一样，他也是抄了旧作交上去的；那是一首古体五言诗：“徐风何云闲？相争一宠间。莫道风云乱，恣夸夜缠绵。”林看后连连摇头，笑说看不懂。那薛明坤诡秘一笑：“你当然不懂啦，可在大庙知青点，谁看谁都懂。”他见林孤陋寡闻、一脸无知的表情，笑着解释他的诗中含义：“徐风、何云，都是我们知青点的女知青，徐风长得矮丑不说，品质也很差，优势在于她的父亲是县领导。何云品质虽然也不好，但长相比徐风强一些，个头也高高大大的，她父亲也是县里的一个局长。两人为了抢到刘新，便使出各种手段，明争暗斗、互不相让。徐风见人就说她和刘新早已是同枕鸳鸯了；何云更是逢人就讲她为刘新流过几次产。” 林一听尽是些狗屁乱骚事，感到恶心，连忙借故走开。

林除了天天钻图书室，也喜欢带本书到不远处的城郊公园转转。每次坐到公园树荫处，或看看书，或欣赏那茂盛美艳的一池荷花；惬意之余，偶有心得：那出水芙蓉，出淤泥而不染，娇艳而不矫情，娇柔而不娇弱，和心爱的花品性多么相同呀。渐渐地，他对那荷塘越来越情有独钟，临近培训结束时，竟忽然头脑发热，写下了一篇短文，名之曰《荷塘赋》，内容如下：

一池之秀水，碧澈而微蓝；芳草绣织于塘畔，垂柳窈窕于池岸；小桥曲栏，回廊拱轩，亭榭倒影，雕画篷船；含英而装点景观，抱池而守护荷莲；悉池边之望眼，尽游走于湖面。

景之美在湖心，美之甚在荷莲；绿叶之播茂，半池之荷鲜；亭红之摇曳，带羞之娇莲；荷喜绿叶之阔美，张舞裙而展显；莲矜芙蓉之国色，常犹疑而缱绻；华贵因于雍容，高雅源自清涟；

空中风之清清，水里云之淡淡；风轻掠而拂水，云淡过而安闲；风虽微而花叶颤，云有尘却水无染；鸟绕飞于荷旁，喜其叶之蕤蔓；蝶翩然于莲上，爱其蕊之美艳；恣意之锦鳞，结伴而翔潜；嬉戏而弄荷影，迤荡而泛漪涟。

清晨之来荷塘，露闪荷彩万千；傍晚之来荷塘，金辉镀亮荷颜；月夜之来荷塘，池中清雾田田；晴明之来荷塘，莲与波光缠绵；雨中之来荷塘，绿叶红花愈鲜；雨后之来荷塘，娇荷出浴嫩艳——示人之聪荷，美轮而美奂。

因圣洁成佛花，有品性才蕙娴；处淤泥而不攘，遇污水而不嫌；善洁身而自保，虽置秽而不染；亭直而中空，宁断而不弯；虚心兀立向上，诚情可鉴青天；养性之于荷塘，做人之于荷莲。

培训结束，林回祁峰时路过邮局，一时冲动，把短文投寄给了地委机关报。

集中培训结束后，新的学年即将开始。林回到了日思夜想的祁峰，见到了天天想念的花，他发现花越来越美丽、越来越楚楚动人。已满十四周岁的秀，好像也开始发育成熟起来，已由原来的美女孩，变成靓丽的美少女；菊也比原来漂亮了许多。

在开学前的短短几天里，林白天与花一起锄地拔草，一起说话啦呱开心嬉笑。每每与花对视时，总能见到花的美丽大眼睛里，深情无限、爱意绵绵。每天晚上，林会与花、菊、秀一起到附近村庄看电影，一有机会，就与心爱的花偷偷拥抱亲吻一下，以纾解身体里时时萌生的冲动。不过，与花身体上的亲密接触机会总是不多，因为秀时时在跟踪，对他俩的提防好像更紧了。

开学了，师生们兴高采烈得像过年一样；林的心里却有说不出的酸涩和失落，只能隐忍着无法与花厮守相伴的痛苦，强颜走向教室。

原来的教室一切如旧，只是教室门旁标注年级的小木牌作了更换。林跨进初一年级教室，看向那一张张可爱的脸庞，忽然有种熟悉的陌生扑面而来：经过一个酷热的暑假，同学们都长高长大长结实了，红扑扑的脸颊上，挂满青春而质朴的气息，每个人清澈的眼眸里，闪动着惊喜而沉静的光；他们突然间长大，不再是一个多月前的小学生了，他们身上已处处洋溢着中学生的风采。林暂时忘却心中的郁闷和不快，迅即融入同学们的欢声笑语之中。

开学没几天，大家都还沉浸在喜悦亢奋之中，突然发生了举国震惊的大事件：毛泽东主席去世了。整个祁峰村立即和全国一样，陷入悲哀和忙碌之中。几个用松枝和白花扎成的巨大挽门，迅速耸立在村口的各条大路中央；村头大喇叭里不断播放低回的哀乐；村民们被要求每天几次到挽门前肃穆致哀；持枪而立的民兵日夜侧站在挽门两旁，无论谁经过那里，都要表示出沉痛和哀伤；无论谁家有天大的喜事，那些天都不能表露出一丝笑容和窃喜。有两个村民经过挽门时，由于不够严肃，受到村里严厉责罚。

学校也是如此，唱歌课和文娱活动都被取消；师生们见面时不许问好不许笑；人人都必须低头走路，脸上要现出痛苦的表情；老师无论何时走进教室上课，学生们起立时不准说“老师好”，而一律改说“老师早”。

追悼大会的那天上午，全校师生整齐排列在操场上，垂头聆听追悼大会的实况转播。大家低着头一动不动肃立在那里，以表示对领袖的真诚哀思。刚过十分钟，一些低年级学生开始站立不稳、歪倒了，他们只能按照学校事前要求，坐在地上垂头哀思。二十分钟后，高年级的学生也开始歪倒，坐在地上垂头的学生越来越多。

突然，“扑通”一声，初一年级的兰兰同学重重摔在地上。林跑过去扶起她时，见她眼睛紧闭，额头上裂开一个大口子，鲜血直往外涌，林一边大声呼唤，一边用手绢捂住她的伤口止血；可无论林怎样呼唤，她都毫无反应，林顿时惊出一身冷汗。幸好有别的老师在旁提醒：“快送卫生室！”林惊醒后，立即抱起已经身子发软的兰兰，迅速向村部卫生室跑去。与兰兰要好的秀、马莲、淑艳等女同学，神色紧张地帮在林的身边，一起向卫生室飞奔。

看着脸色苍白如纸的兰兰，林难过地流着泪，边跑边大声呼唤她的名字，兰兰始终没有回应，只是她的嘴鼻还微微在动，凸起的胸脯也起起伏伏着。

当林跑到卫生室时，大汗淋漓的他，几乎瘫软在地，身上的衣服早已湿透，像是刚从热水里钻出来一样，正冒着腾腾的热气。医生了解情况后，立即给兰兰打了一针，并对伤口及时进行了清洗包扎。

过了一会儿，面色苍白的兰兰终于从诊疗床上慢慢苏醒；当她看到自己的上衣被揉皱，又见林的胸前湿衣上有一大片血迹时，她苍白的脸颊倏地一下子红了，美丽清澈的大眼睛里顿时充满着羞涩和愧意。秀、马莲、淑艳等几个女生，都低着头在不停抹泪。

看着受了伤有惊无险的兰兰在女同学们的搀扶下慢慢走回学校，林心酸地长出了一口气。

林仍和以前约定一样，每天至少讲一个故事，这时所讲的，不再局限于以往的神话传说和历史英雄人物，开始出现了一些外国人的故事。比如一生充满着坐牢、苦役和颠沛流离痛苦的冉阿让，相貌奇丑、心地善良、为高尚的爱而自我牺牲的巴黎圣母院敲钟人，冲破家族世仇藩篱、为爱殉情的罗密欧和朱丽叶，无比吝啬的葛朗台，历尽艰险的汤姆索亚，笑话百出的钦差大臣，脱离实际的堂吉诃德，卑微胆小的公务员……通过讲故事，让同学们第一次知道了《荷马史诗》、《神曲》、文艺复兴、十四行诗，也让同学们记住莎士比亚、巴尔扎克、但丁、托尔斯泰、普希金、泰戈尔等一批世界文学巨匠的名字。

同学们上语文课更认真了，这让林在语文课业的教学上，几乎毫不费力。同学们逐渐掌握了课文的分析方法，基本可以独自总结出课文的中心思想和写作特点。教和学事半功倍，让林和同学们有了更多的自由时间，大家可以在课业之外涉猎更多感兴趣的知识。例如，同学们对课外阅读越来越感兴趣，哪个同学借到了一本好书，大家会提前预约，排队等看；就连学校特意为初一班订的地委机关报，也成为深受同学们欢迎的读物，尤其报纸上每周两期的“放鹤亭”文学副刊，更是受到大家的喜爱，期期都爱不释手、争相传看。同学们的语文成绩，特别是作文越来越好，在此后乡里组织的作文竞赛中，祁峰学校初一班，多次包揽全乡前三名。

林对教书工作，似乎越来越得心应手、游刃有余，可在与同事们相处时，却感到越来越力不从心。按说老师都是知书达理的人，聚在一起，应该有共同语言、容易相处的，可实际情况却经常不是这样。

祁峰学校共有十三位老师，其中五位是公办老师，林和剩余七位，都是民办老师。林总觉得老师之间，有股相互轻慢、自以为是的风气，多数人不懂得友谊要靠真诚播种、热情浇灌、谅解护理，故而，相互间缺少信任和理解；尤其五位公办老师之间，总是不太融洽和谐，常常是四条心。牛校长夫妇都是公办老师，两人之间虽然也经常吵架、偶尔还会动手，但基本还是一条心的，特别是在大的立场观点上保持一致。其余三位公办老师，就各有各的想法，有时“合纵”，有时“连横”，更多时候“三国鼎立”。

教政治的马京纲，是全校老师中工资的第二高，每月有三十六块钱之多，除了牛校长，就数他的工资高；可他却小气得要命，像老葛朗台一样，是个守财奴。他按月定存三十块钱，雷打不动，只留下六块钱作为每月生活费用，还经常有结余。每次到学校食堂吃饭，他都会瞪大眼睛，在馒头筐里挑来拣去；食堂里的炒菜他很少买，而不要钱的青菜汤，却能一连喝上几大碗。那青菜汤，只是加了点碎菜叶和粗盐粒的白开水，里面看不到油星；那碎菜叶比瓜子壳还小，而且少得可怜，即使别人细心捞，一次也只能捞出三四片；可他有绝技，每次把勺子放进“汤”里，静静地保持长时间不动，然后再轻轻慢慢地抬起手，一次竟可以捞出七八片碎菜叶。他已经瘦得两眼深深凹陷，脸也皮包骨头走了形，却一再说太胖需要减肥。他尽管这样小气，还总是笑话别人吝啬，经常指桑骂槐，说他的牙膏和肥皂被阶级敌人偷用过，并发狠说，一旦发现阶级敌人，将会用铁的手腕，进行无产阶级专政。

教自然和物理的樊财军，好像比马京纲要大方些。他虽然常常把牛顿第一定律和第二定律搞混，但对事物的观察力却超出常人。每次到食堂吃饭，他总能一眼看出哪碗菜的数量足，哪碗菜的肉丝多，在大家毫无觉察时，他会很随意地端走早已选中的那碗菜——早在厨师分菜时，他就精确目测出每份菜的数量和质量。他常在背后笑话马京纲，说马京纲瘦得皮包骨头像刀螂，叉开腿又像一支大圆规；当听说马京纲在背后讥笑他长得黑时，他会涨红着脸进行反辩："我黑，我的体表面积大；我黑，我的身体压强小；我黑，我的单位肌肉多。总比他两腮无肉、坏到骨头强。"

教数学的秦传岭，虽然长得很丑，且眉额间有块不规则的大疤，但他早得风气之先，挺爱臭美的，天天对着镜子照来照去，每天多次用小木梳蘸着洗脸水梳头，让他的头发始终保持"水滴滴"的。自从教了初一数学后，秦传岭开始自命不凡、趾高气扬起来，三句话不说，就会搬出他长期研究得出的理论发现："能学好数学的，最需要头脑聪明；能教好数学的，最需要心智悟性。"言下之意，能教数学的老师，才是天赋异禀的佼佼者。他除牛校长还稍稍瞧得起外，其余老师都是残障弱智者，一概难入他的法眼。他教书的唯一诀窍和不二法宝是，给学生布置大量课外作业，按他话说，这叫"笨鸟先飞、勤能补拙。"他的口头禅是："要想羊肥猪壮，全靠勤喂多喂。"

这三人都有些自负清高，都不把别人放在眼里，都以为自己有经邦济世之才，点评起时政来，个个慷慨激昂、滔滔不绝；议论起人物来，是众人卑贱、唯我独尊；三人都认为自己怀才不遇、明珠暗投，每次发起牢骚时，指天骂地、不绝于口。林与这三位公办老师同住一个宿舍，在他们之间，常常左支右绌、进退维谷，有时游离于三方纷争之外，有时又处于三面尴尬之中。

三人间的矛盾确实很深，经常在背后互相诋毁，教数学的秦传岭，更是常常讥笑马樊二人不学无术，饭桶两个。

一次，祁峰学校几个高年级老师到乡里开会。去时路上，教自然的樊财军向马京纲和秦传岭出了一道智力题，结果把他俩难倒了。那道智力题是："路上走着一排鸡，其中，一只鸡走在两只鸡的前面，一只鸡走在两只鸡的后面，一只鸡走在两只鸡的中间，问一共有几只鸡？"

林当时就在心里笑了，这题太简单，没上过学的幼童也能回答出来。可马京纲和秦传岭想了一路，猜了一路，憋了一路，始终没能猜对。马京纲好像并没觉得太难堪，毕竟自己是政治老师，只要懂点冠冕堂皇的大道理就行，对这些小孩子过家家的“雕虫小技”，无须太费脑筋。秦传岭则不同了，一整天都涨红着脸，认为自己是数学老师，竟连小孩子都会的简单智力题也没猜出来，觉得很没面子，心里又很有点不服气，也想出道题为难他俩。

散会回来路上，经过一个水泥制品场地时，秦传岭看到里面有一堆码放整齐的电线杆，他一边走，一边数，得出结果后，便对马樊二人提议说：“看你俩谁能先数出那堆电线杆的数量来？”话音刚落，马樊二人立即跑到电线杆旁，快速数了起来。林看了看那堆电线杆，便和秦传岭先行走开。

等马樊二人满头大汗追赶上来时，林问他俩：“是六十六根吗？”

马樊二人连连点头：“对对对”，“一根不多一根不少，正好是六十六根。”

秦传岭大为惊讶问：“你又没去数，你是怎么知道的？”

林笑笑：“猜的。”这其实很简单，那堆电线杆排列整齐，像个“金字塔”，最下面一层是十一根，每层少一根，最上层只有一根，几秒钟就可以算出总数来，根本不需要一根根去细数的。林之所以不说出如此简单算法，而说自己猜的，主要是不想让他们过于难堪而已。

秦传岭自以为挣回了面子，常常以这件事取笑马樊二人，说他俩笨得像两头猪。

马樊秦三人不仅天天当面互相取笑拆台，更在背后相互诋毁中伤，经常为一些鸡毛蒜皮的小事，彼此争执得面红耳赤；有一次竟为了一个饺子而吵骂起来，还差点动手打架。

起因是学校食堂改善伙食，厨师特意包了四份韭菜鸡蛋馅饺子；每份饺子只收半斤粮票、一毛五分钱。厨师包饺子时没有细数，盛完等量的四份饺子后，锅里还余剩一个饺子。马樊秦三人都想吃锅里那个饺子，所以都在慢慢地吃，都想成为吃得最慢、走得最晚的人。当林吃完饺子回到宿舍，过了一刻多钟，忽听食堂里吵吵嚷嚷，好像还有骂声，他连忙跑过去，见马京纲和樊财军正卷袖撸胳膊要打架，秦传岭也满脸怒气地站在一旁。原来三人为了锅里那个剩饺子，相互争执，不肯让步，马樊二人因此发生了冲突，他俩互指着对方，频频跳骂。林上前想拉开，结果两个人都连推带搡，不容林说话调解。最后还是厨师聪明，想出了绝妙的办法，才解决了纷争——厨师把那个饺子捣碎后，匀到他们三人碗里，才终于给难解的纷争画上了圆满句号。

类似的矛盾和纠纷，经常发生，而且一般很难调和。林每次都很为难，不上前调解吧，同事一场，天天吃住在一起，似乎不太好；上前调解吧，又常常动辄得咎，三方不讨好，里外不是人。为此，他经常煞费苦心而又无能为力。

为了摆脱这些烦闷和苦恼，只要一有空，林就往花的家里跑，只有见了花，才时时处于快乐之中。晚上只要不开会，林都会约上花、菊、秀，一起到附近村庄看电影；每到星期天，不是去赶集，就是到花的家里帮助干农活。林和花的感情愈来愈深，只是秀盯得实在太紧，两人“得手”的机会总是不多。

第十七章

在贫困落后的祁峰村，小学老师算得上高级知识分子，至少村里的普通百姓是这样看的，至少祁峰学校的老师也是这样认为自己的。老师们虽然囊中羞涩，可在慢条斯理的举手投足中，处处显示出有别于普通村民来，至少要显示出自己是有钱、有闲、有地位的人。因此，在当地丧葬嫁娶的事主家，能够请到祁峰学校的老师光临前来，是一件很有面子的事情。

其实老师们尤其“民师”们，工资微薄得可怜。在“民师”中，林虽说是刚入门的新教师，教的却是“中学”，所以拿的是月薪十六块钱的“高工资”，这很令其余七位“民师”羡慕不已。在那七位“民师”中，有的教了十余年，每月最多只能领到十四块钱，刚教一两年的低年级老师，每月就更只有区区的八块钱。林如此的“高工资”，是其他“民师”可望而不可即的，就连同宿舍的三位公办老师，背后也有妒意和微词。

农村的丧葬嫁娶，向来很热闹很隆重；每户人家遇到这种事，总会倾其财力，千方百计办得体面风光些；村干部是公众人物、精英阶层，自然更不用说。其间，林就经历过一些农村丧葬嫁娶事，对这类事情自然熟稔于心。村里每遇此事，好像过年过节一样，其场面之热烈，仪式之隆重，令他感慨良多，久久难忘。

作为山村高级知识分子的小学老师，一般人家的丧葬嫁娶，很少参加，不是事主们不尊重老师，而是怕请不动，不敢请。有时，事情过去了几个月，一些老师还会言不由衷地抱怨事主，说些诸如事主瞧不起自己之类的话。这时，事主们总是一面受宠若惊着，一面满脸窘愧地一遍遍解释抱歉着。

民兵营长马棚大女儿出嫁，风风光光办了三十多桌酒席，就很瞧得起祁峰学校的老师们，因为祁峰学校的全体老师都早早收到了请柬。老师们虽然只需出两块钱喜礼，就可以敞开肚皮猛吃猛喝一顿，可老师中还是有不少人噘嘴抱怨。

民师们的不满情绪，大都不敢明显表露出来，是怕影响自己的职业生涯；公办老师则不同，他们的不满情绪，简直可以用“明目张胆”来形容。

教政治的马京纲就天天抱怨：“唉，十天生活费没了，唉，十天生活费没了。”他事前三天就开始少吃饭，只等喝喜酒时捞回来。

教物理的樊财军和教数学的秦传岭，也不尽其烦，天天指天骂地，牢骚怪话满嘴，牙齿恨得嘎嘎直响。不过，他俩暗地里也都提前做好了大吃一顿的思想准备。

马营长家的喜宴办得果然不错：八碟凉菜，八碗热菜，还有两个果盘，比一般人家要好出很多。据樊财军事后精确测算：每桌八人，每桌收礼不会低于十六块钱，而每桌饭菜烟酒成本，应该在十一块五毛钱到十二块钱之间。他对马棚嫁女儿净赚的钱，多次表露出惊讶和羡慕。

秦传岭为了赴宴，不仅换上出客礼服，还一改平常蘸水梳头的习惯，把锁在柳条箱子里的那一小瓶头油拿了出来，很快就让头发由原来的“水滴滴”而一下变成了“油滴滴”。

到了酒宴场所，秦传岭开始小眼睛溜溜乱转起来，好像有点四顾不暇。当他发现其他桌子有两个空位时，便借口不能喝酒，硬拉着林一同坐了过去。

原来那桌坐着一位“美女”，秦传岭想离开老师们独自坐过去，又觉得不好意思，便找了个借口硬拉上林，好让林掩护他。

那“美女”其实并不算美，只不过衣着比农村人稍微鲜亮洋气些。秦传岭一到那桌，便眉开眼笑地与那“美女”热聊起来。

从两人谈话中得知，“美女”叫姚淑霞，是乡里宣传科姚科长的二小姐，与马营长的新婚大女儿马翠是初中同学。

林对姚淑霞的起初印象并不太好，因为她夸夸其谈时，不仅嘴角有白沫，而且唾星四处飞溅；尤其她几次站起身，得意地亮出新裤子给满桌人看；每次站起时，她还晃动着自认为姣好的身材；吃菜时，也像男人们一样大口咀嚼，不时发出“吧唧、吧唧”的粗鄙响声，完全不像个淑女，实在有愧于她的名字。

可她父亲是乡里主管教育的领导，林也不能过于轻慢，对她的主动问话，有时简单应答一两句；她却突然来了精神，没话找话地同林大谈起理想和爱情之类话题，这让林顿觉脸皮发烫心烦意乱，只能支吾招架着。

而秦传岭几次拿眼瞪林，好像心中甚为不满，后悔不该拉林过来，愤懑林不该利己损人，擅自越位由“陪衬”而成“主角”。林虽然明知秦传岭心思龌龊，虽然不稀罕他的“腐鼠”，可一时又想不出别的好办法来。

对姚淑霞的滔滔不绝，林渐渐心生厌烦，每次见她涂脂抹粉的银盆大脸像远照灯一样迎照过来时，总想低下头；对她每次眉飞色舞、频频笑睁着有疤的眼睛时，总想视而不见。林心生后悔：刚才实在不该过来，即便是秦传岭硬拉硬拽，也不该过来，害得自己在好酒好菜面前索然无味。

新娘子马翠过来敬酒，才让林的心情好起来。马翠一身漂亮新衣，又经过仔细梳妆、精心打扮，容光焕发得很有些女星范，比自己班里的女生马莲还要漂亮。特别是该凸的地方凸起来，该凹的地方凹进去，看脸蛋像天使，看身材又像魔鬼，“天使”和“魔鬼”竟能如此完美结合、巧妙于一体，很让林感到不可思议。

姚淑霞可能尚有自知之明，在美貌的新娘子面前或许感到了自惭形秽，她终于默不出声，却又装出一副安之若素的样子。秦传岭则大睁着始终睁不大的小眼睛，呆呆地看着新娘子；他的嘴巴已经大开到极限程度，不知是何原因，他筷子上的那片大肉，几次想往嘴里送，不是送到鼻头上，就是送到下颌部，老是送不进嘴里去，连新娘子敬的那杯酒，也被他全部倒在那经过梳洗打扮过的他的丑脸上。

新娘子听过别人介绍后，走到林的面前，斟满一杯酒，双手擎起，嫣然笑说：“常听马莲提起你，谢谢你来参加婚礼。”林慌忙接过酒杯，一饮而尽。

新娘子走后，林突然发现秦传岭气得嘴歪眼斜，真是“波清鱼显，水去沙出。”秦传岭丑态毕露，林心想：他可能还为刚才那杯酒倒在脸上而懊恼生气吧？

那姚淑霞经过短暂沉默后，好像闷久了的鸟雀，又开始放喉叽喳起来；她不仅夸说自己的才艺美貌，还夸耀自己的家世和传奇，说自己有怎样殷实富足的家庭，说多少人在她面前倾倒折腰，说得秦传岭咂嘴咋舌艳羡不已，说得林像吃了苍蝇恶心不已。

快要罢宴时，姚淑霞又一次站起身，扭腰摆动着那条已经显摆过多次的新裤子。林这时才看清那条虽已染成蓝色，依然薄如蝉翼、隐约见腿的裤子上，有四个清晰的大字：“尿素”、“日本”。

姚淑霞的新裤子，绝不是一条普通裤子，而是名副其实地地道道的“化肥裤”；那裤子确实能代表当时的特权和时髦，是廉价却又高档的代名词，是人人见了都不敢小觑的身份象征；虽然那裤料原本只是产自日本的尿素化肥包装袋。

林始终不明白心如蛇蝎的日本人，为什么会用那么好的尼龙布料，来包装尿素化肥呢？而且那化肥包装袋的正反两面都印着碗口般的大字，一面是“日本”，另一面是“尿素”。

那日本产的尿素，曾经风靡中国，不仅仅因为尿素的质量，更因为那外面的包装袋，那是当时农村最受欢迎的衣料，是乡里头头们手中最紧缺的物资。谁能有关系花上一块钱买到两个尿素包装袋，做一条结实而又时髦的“化肥裤”，那是比包了金牙齿还要荣耀的事情。难怪孩子们编成了顺口溜：“乡干部，村干部，人人都穿化肥裤，前面是‘日本’，后面是‘尿素’。”

姚淑霞的化肥裤，可能是裁缝的失误或故意，并不像孩子们念唱的那样：“前面是‘日本’，后面是‘尿素’，”而是左腿是“日本”，右腿是“尿素”。

林看清姚淑霞的化肥裤后，忽然憎恨起日本人来：他们在侵华战争中被打败，却用经济手段来侵略中国，用精神鸦片来毒害中国，他们用那么好的尼龙布来包装化肥，目的是让中国人美滋滋地做成裤子，成为日本的活体广告，以宣扬他们的“大和民族”；连眼前这个可怜的爱美女人，也以穿上日本化肥袋为美为荣。

林在心里为姚淑霞感到羞耻。那位写过《背影》的朱先生，宁愿饿死也不吃外国人的救济大米，周恩来总理宁愿中国人受穷挨饿，也要拒绝日本人的战争赔款，表现出中国人的傲骨，你为什么不能宁愿裹树皮也不穿日本人的化肥袋呢？别说你不美，就是你很美，我也从心底里鄙视你、永远瞧不起你。

后来，不知是出于本意，还是受人之托，牛校长要为林介绍一个对象，是个刚入伍的女兵，说林认识，还和林一起吃过饭，那人正是姚淑霞。林说已有了心上人，一口予以回绝。牛校长笑问：“你对象是城里的同学吗？”林表面笑笑点头，心里却在想：将来中日之间打起仗来，那个穿日本化肥袋的女兵，会不会成为战场上的逃兵呢？

如果说马营长嫁女很体面，那村支书吴德才家的丧事，简直可以说是风光无限。

在吴德才家办丧事的那几天里，村头大喇叭里又一次反复响起低回的哀乐；从吴家门前到村头大路上，摆满花圈挽幛，十二个鼓乐手，拿出看家本领吹拉弹唱了几天几夜。村里的孩子们则在灵堂内外、乐班周围，钻来跑去，比过年时还高兴。与孩子们截然不同的是：大人们或则痛心疾首，或则神情凝重，或则奔忙穿梭于里里外外。

每到“送汤”时，头戴孝帽、腰缠白巾的队伍，步履蹒跚在村前大路上，头尾有一里多长，还时不时有人自动加入。在大家哭丧声中，要数村队干部最悲最响，他们不愧是村中的骨干，许多人即使哭不出眼泪，也会吐口唾沫，涂到眼睛四周伪装眼泪，足以达到以假乱真的程度。

正吊那天，吴家同时布置了四个礼桌收钱，还是忙不过来。按当地风俗习惯，凡出礼两元以下的都算“烧白纸”，不安排坐席吃饭；而前来吊丧的人，几乎没有两元以下的，大家出过礼钱后，都很识时务地走了。

结果，吴家只办了十来桌酒席，坐席吃饭的全都是远路来的亲朋，本村没有人留下吃饭。祁峰学校的老师们，几经商定才统一意见，约定每人出三块钱，自然也都没有留下吃饭。

尽管宴席的桌数很少，吃饭的场面有点冷清，可村民们尤其老年人，眼里尽是羡慕的目光，他们普遍认为吴家的丧事办得体面风光，都认为吴德才的父亲哀荣无限，当应含笑九泉。

其实，吴德才书记早在“棺棚”里先替九泉下的父亲笑过了；他见大家出过礼，一拨拨都走了，几次擦抹喜笑而出的眼泪。吊礼的人刚走完，吴德才立即在棺材旁，迅速召集四个礼桌的“管账人”仔细对账。他看到收入如此之多，心潮激动难平，忍不住又“嘿嘿嘿嘿……”笑出声来，是兴奋让他忘了顾忌。

算账算到最后，发现账面少了两块钱，吴德才立即起身怒骂：“这里面肯定有孬种！”由于太过激动，他的大手猛砸在棺材盖板上，大伙顿时都愣住了。吴德才反应确实够快，立即解释更正说：“棺材里的不算！”

事后，马京纲对自己光出礼没吃酒席，心疼念叨了好多天：“唉，半月生活费没了，连一顿饭也没捞到。”

秦传岭背后嘲笑他：“出三块钱，就想喝酒坐席呀，人家马营长出了三十块钱，不是也没吃饭就走了吗？”

樊财军经过细细测算后，惊得张着大嘴：“吴家这次丧事的纯收入，赶得上我大半辈子工资啦！”

林自从到学校教书，白天不能和花在一起，只有到了星期天，才可以一起去赶集；可秀每次都紧跟在身旁，使他无法在花的面前尽情倾诉，无法淋漓表达自己的那份浓情蜜意。只有晚上看电影时，才与花偶有身体接触的机会，只有通过身体上的亲密接触，才能深深感知彼此间的炽热情爱。因此，林最期待的事情，就是晚上到周边村庄看电影。

他每天总是提前把课件备好，除非晚上老师开会，除非阴天下雨，他都会约上花一起看电影。当然，每次看电影都少不了菊和秀，尤其是秀。由于牛校长对林的教学工作越来越满意，所以，对林晚上外出看电影也不再加以约束。

去临村看电影，林常常是傍晚之前就赶到花的家，一起吃饭，一起动身；散电影回来，花、菊、秀都坚持先把林送回学校，她们再回去。四个人每晚同来同往，亲密无间，越来越像亲兄妹，越来越成了一家人。

与以往看电影不同的是，如今到外村看电影，他们常常受到“嘉宾”待遇。因为几乎每次在电影场里，都会遇到林的学生，这些学生不仅会让出自己的板凳，还会从家中拿来吃的喝的。当遇到突然下雨时，这些学生会跑回家，拿来雨伞蓑衣之类的防雨物品。

林的班级，共有五十六个学生，祁峰村的学生只占四分之一，其余四分之三，来自临近的六七个村，分属于岗上和项山两个乡。在学生的性别比例上，女生十四人，刚好是四分之一；在临村看电影时，自然经常遇到班里的女生。在她们亲切招呼、热情让座的客气中，林有时会突然不自在起来，没有了在学校时的开朗大方，尤其见了班里的漂亮女生，有时甚至会十分拘谨——这都是有花在旁的原因。每当这时，善解人意的花，总会把头早早扭开，与林之间空出较大的一段距离——让林不至于过分尴尬。

和林一样，秀也常常变得拘谨起来，神情有着明显的变化；在没遇到班里女生时，秀与林亲密无间、无话不谈，可一见到班里的女生走过来，秀会慢慢移离身子，在不知不觉中，与林空出一小段距离，神态也慢慢恢复到在学校时——与林虽近却不十分亲密的关系。

只有菊依然保持着原来的自然状态，与林该说什么还说什么，该干什么还干什么，对林甚至比平时还要亲热。看到菊对林如此亲切自然，班里的女生们常常露出惊讶神色，会把疑惑而窥探的目光，在林和菊的脸上不停来回游走。每每看到女生们如此目光，菊总是表现出很开心的样子，对林愈加亲热起来。菊的亲热表现，客观上既深藏了花，也掩护了秀，反而让林觉得很受用很安然。

当电影放映结束，四个人返回的路上，花恢复了常态，秀又重新挽起林的胳膊，蹦跳嬉笑在林的身边，菊的热情泼辣一如既往，始终不变。

正是在一次次看电影中，林和花的恋情，得到了顺利发展、秘密加深。晚上一起看电影，成了四个人最快乐、最习以为常的事情，除了阴天下雨，除了学校晚间开会，几乎很少中断过。可在刚进入深秋的时候，还是中断了一个多星期，这都是林的原因造成的。在这一个多星期里，林每天都会及时对秀做出解释，大都是说晚上有些忙，没空去看电影；他的这些理由，自然会一字不漏地很快转达到花和菊那里。

林这段时间不去看电影，而是另有重要事情要办，却又实在不好把内情告诉秀。

自从到祁峰学校教书，随着教学工作的顺利开展，林不仅受到了学生们的热爱，他也深深热爱着学生们。每当他走进教室，看到的都是青春面孔、奕奕神采、灿烂笑容。男同学们个个朝气蓬勃、阳光俊朗，女同学们人人风姿柔美、亭亭玉立，他为此感到快乐。这些学生们都是那样的质朴懂事、上进好学，每人身上都有数说不完的优点，林常常会在不知不觉中受到感动，他越来越发现自己不仅爱这些学生，也爱上了教书育人这一行。他想：是棵树，就要洒下一片绿荫；是株草，就要增添一穴绿色；是蜜蜂，就要酿造一份甜蜜；是教师，就要甘做育人阶梯。还能有什么比看到学生们健康长大、迅速成熟更快乐的事情呢？他真心诚意地想在学习上全力帮助他们，想在平时的一点一滴中关心爱护他们，为他们成长提供力所能及的好环境，不让他们的心灵受辱蒙尘。

让他一直感到欣慰的是：班里的学生们自从进入初中以后，学习更加用功，每个人的进步都很快，尤其是语文成绩突飞猛进，林为他们感到欣喜和骄傲。然而，近一段时间里，好像班里女生们的数学成绩不够理想，连一些学习成绩比较好的女生，也常常被秦传岭单独留下来，说是要进行重点辅导。每次看到留下来补课的女生，面带羞涩和恐惧来到办公室，见了林不敢抬头，林总是心有疑惑：她们都是能吃苦、肯用功、极上进的好学生，怎么需要留下来“吃小灶”呢？

由于一段时间看电影的缘故，林每天离开学校比较早，不知道这些“吃小灶”的女生，是什么时候离开学校的。可隐约听闻，这些被重点辅导过的女生，都走得很晚，据说每次离开时都神色紧张、步伐慌乱，有的还偷偷抹眼泪。林不知道是什么原因，让这些女生羞惭而来，惊魂而走？难道真如传闻所说的那样，是秦传岭行为不端、欺负这些女生不成？他虽然知道秦传岭内心卑劣龌龊，可也不至于对这些小女孩下手呀？

一切生物都有自私自利的本能，而幸运的生物如蜜蜂，却能自私自利心安理得地过着惬意而甜蜜的幸福生活，整天四处纷飞、追逐芬芳、寻觅艳丽，将采撷到的精华酿成可口甜品，尽管蜜蜂如此自私自利，却广受喜爱和恩宠，竟被誉为“执着的多情种、勤劳的小精灵”。

而丑陋又无耻的秦传岭，自私自利得近乎贪婪，他不是“小精灵”，却痴心妄想成为蜜蜂一样的多情种，林岂能容忍和答应。于是，他决定不去看电影，留在学校观察观察。

下午放学时，他悄悄告诉秀，说晚上有事，没空去看电影。秀走后，同学们也陆续离开教室，只有秀的同桌马莲没有起身；她满脸羞红，目光发愣发呆，没有马上回家的意思。

“马莲，”林见她神态迟疑，甚为不解地问，“已经放学了，怎么还不回家？”

马莲立即低下头，脸上的羞惭之色顿时凝重起来，好像有难言之隐、张不开口似的。“……秦老师要我留下来，”她嗫嚅了一会儿，才小声说，“让……让我去他那补习数学。”

林感到十分诧异：马莲虽然不如秀的学习成绩好，可毕竟也进入了班级前十名，怎么连她也需要补课“吃小灶”呢？诧异归诧异，林还是点点头，刚要离开教室，“老师，你等一下，我有话对你说。”马莲似乎有些难为情地走到林的身边，在林的耳旁小声说，“我现在就去秦老师那里补课，等办公室里其他老师一走完，你就回到办公室好吗？”

“为什么呢？”林有些费解地笑着问。

马莲好像既不愿意说、又实在有点说不出口，犹豫了一会儿，才噙着泪水低声说：“补课的女同学都反映，秦老师每次补课时……不正经，一见办公室里没了人，就对……动手动脚，我……怕他……”

“别怕，”林忽然感到愤怒和震惊，但还是强压下怒火，安慰马莲，“你先去，我一会儿就过去。”

马莲听了林的话，抹去眼泪，放心地走出教室。

林望着马莲出门的窈窕背影，想到秦传岭那恬不知耻的丑恶嘴脸，胸中的怒火一次次腾起：这个道貌岸然、为师不尊的东西，怎配在教师之列？这个披着“教师”华丽外衣的禽兽，竟敢对含苞待放的花朵下手，真是胆大妄为，自己岂能坐视不管？岂能让他罪恶魔爪玷污这些可爱幼小的心灵？他恨不得立即跑过去痛打秦传岭一顿。

可他努力控制住情绪，把胸中怒火一压再压下去，他怕一时冲动，干出不计后果的事情来；他在教室里烦躁不安地来回走动，直到渐渐平静下来，决计采取紧盯战术，与秦传岭耗磨时间，不让这个衣冠禽兽有得逞机会。他不等办公室里的老师们走完，便回到了办公室，坐在自己的办公桌前，打开一本书慢慢翻看……

半个小时过去，其他老师陆续走出办公室，只有林还静静坐在那里看书。由于心烦意乱，他始终没能看清书上的任何一个字。

天慢慢暗了下来，窗外已尽染暮色，秦传岭还是没有放走马莲，还在等待着下手时机。血气方刚、生性倔强的林，几次耐不住性子，几次血涌上头，又几次强忍下来。

天色渐渐黑了，时间在僵持中一分一秒流逝，考验着林和秦传岭的耐心。秦传岭知道林每天晚上都要去看电影的，所以还想再等等。

林忽然想出了办法，便合上书本走出办公室。刚走出不远，突然转身，几步跨回办公室，刚到门旁，就一眼看见秦传岭像饿狼一样扑向马莲身体，那无耻的双手伸向马莲胸脯，那“水滴滴”的头正向马莲的脸面凑来；马莲则紧紧抱着胳膊护在胸前，涨红的脸左躲右闪着。林在门前猛然咳嗽了一声，那秦传岭像弹簧一样，立刻弹了回去；也许是弹劲太大，只听“咕咚”一声，秦传岭便连人带椅子仰面栽倒在地；秦传岭好像摔得不轻，过了好一会儿，才从地上艰难爬起。林却退后一步，站到门外，装作没看见刚才的一幕，停了片刻才走进去，对着马莲大声说：“马莲，我想起来了，昨天马营长找我说有事，他在家的话，你现在就带我去你家吧？”

受了惊吓的马莲，听到林的咳嗽声，已从慌张中稍稍平静下来，听了林的问话，马上会意地连声说：“在家，在家，我现在就带你去。”

“秦老师，天也太晚，今天就辅导到这儿吧，我要马莲带我去她家，你看好吗？”林转向秦传岭冷冷地问。

秦传岭手捂着后脑勺，龇牙咧嘴地点了一下头，表情很痛苦；林不清楚他到底是被摔得头痛，还是没占到便宜而心痛。

林和马莲一起走出学校。刚才还一脸惊慌、手足无措的马莲，她脸上的羞红还没有完全褪去，现在却开心地笑了，好像完全忘记了刚才的“险情”。看着马莲的漂亮模样，林的心中隐隐作痛：像这样美丽清纯的少女，本该心如止水，本该充满美好的人生梦，可竟有肮脏的手向她伸来，而这肮脏的手，竟然来自道貌岸然的“为人师表”者，这是多么的滑稽可笑、多么的可悲可叹。

快走进村庄时，林回看学校一眼，发现办公室的灯影下，秦传岭正贴在玻璃窗的一角，偷偷张望。林想：他是怀疑我到底去不去马营长家呢？还是舍不得快要到手的美少女飞走了呢？

到了马莲家院门前的草垛旁，天几乎完全黑了。林告别马莲，转身离开，刚走出几步，马莲突然从后面紧紧抱住林：“谢谢老师，你……真好！”她羞声怯怯，说完，马上跑开，等林回过头，见马莲正一手揉着眼，跑向自家院门……

第十八章

“已经九点半了，班长他们怎么还没回来呀？”是吴芸的问话打断林的回忆。吴芸显然受不了雪夜寒冷，从油污帆布下钻出来，跺着脚走到林的身边，她那俊秀的江南美女脸被大口罩紧紧包裹着，“保尔帽”檐下露出的那双大眼睛疑惑地望着林，长睫毛扑闪着两道黑而亮的温柔目光。林虽然从回忆中迅速转到现实场景，却无法立刻回应吴芸的问话，因为他一时还想不出应该如何回答，脸上也露出和吴芸一样疑惑茫然一无所知的表情。

“已经五个多小时了，”这时，同样把漂亮脸蛋包裹在大口罩里的苏荣也起了身，她揉着“保尔帽”檐下的惺忪睡眼，边说话边跺着脚走过来，“看来情况有点不好，王裕明的伤情一定很重，不然的话，班长不该去了这么长时间不回来的。”苏荣的话里有些悲伤的语调，秀美清澈的眼眸里泛着晶莹的水光；她求证似地注视着林，想从林这里得到与她臆测完全相反的意见。

苏荣说得没错，林的心里也是这样想的，这也正是他所担心的，如果王裕明是一般伤情，早应该回来，不至于耽搁这么久的。“两位师傅，你们不用太担心，”林有些嗫嚅地说，“我觉得，问题不会太严重；也许，班长他们马上就会到。”林说这话，既是安慰她俩，也是在安慰自己。因为林看出她俩的担心和关切，因为自己心中也正萌生不祥的预感；可他要在两位女钻工面前表现出镇定自若很有主见的样子，要表现出果敢坚毅的男人本色来，他必须也只能这么说。

林忽然想到：既然已经九点半，还不知道班长什么时候才能回来，即使班长很快回来，时间已经很晚，人手也不一定够用，离大夜班的换班时间又很近，再说，她俩也冷得不行，再这样下去，说不定她俩会冻出病来的，不如叫她俩先回去休息，自己一个人完全可以值守钻塔，没有必要三个人一起耗着。想到这里，他笑笑说：“两位师傅，时间太晚了，班长就是回来，可能也无法开机钻探，你俩不如先回去吧，我一人留在这里就行。”

吴芸和苏荣听了都连连摇头不同意，表示要和林一起留守。

“两位师傅，”林赶紧补充说，“你们先回去，可以帮食堂师傅准备点好饭菜，王裕明回来是很需要营养的。”

她俩虽然觉得这话有道理，可又表示不放心林一个人在钻机留守。

“两位师傅放心吧，”林看出她俩顾虑，笑着说，“我一个人没问题的，再说，离大夜班的交接班时间只有两个多小时，班长也可能马上回来，你俩放心走吧。”林见吴芸和苏荣还想坚持，只得笑盈盈地把她俩推离钻塔。

吴芸和苏荣走后，林独自在旷野中值守，还是感到了冷清和孤单，他对当下的静寂很不习惯，对曾经深恶痛绝的钻机轰鸣声，又突然有些留恋怀想了。他好像已经开始适应钻机队的生活，尽管还不能像眷恋祁峰村插队生活那样，但随着时间的推移，他对钻机队的感情可能会慢慢加深，终会像对祁峰的感情一样，慢慢融进血液骨髓里。

为了排解孤寂和寒冷，他继续踱步，继续回忆那些难忘的往事……

那天，林从马莲家返回学校时，一来天已完全黑了，二来对村庄里的道路不熟，只能高一脚低一脚地慢慢探路摸索着，可头脑里却快速地胡思乱想起来。

对马莲的意外举动，林着实有些吃惊，刚被美少女抱住后背的那一刻，心里顿时有了异样的感觉。美少女的身体，真的很有魔力、很诱人，很容易让人想入非非，做出错事来。还好，马莲搂抱的时间短，如果时间再长一些的话，他可能无法完全控制住自己，即使原本不想做错事，他十八岁血气方刚的身体也可能迫使他做错事。他终于明白，“男女授受不亲”，就是用来约束警醒像他这样年轻人的。他已经不怀疑甚至确信，只要两个青少年男女私下到一起，难免不会被异性所吸引；时间稍长，难免不会做出错事来。他想：如果自己没有心爱的花，一定很难经受住美女“诱惑”，很难不被美丽女孩的身体所吸引。可又一想：自己与秀几乎天天都有身体接触，为什么没有这样的心动感觉呢？可能一来她是花的妹妹，二来与秀已经亲如兄妹了；两人即使有情，也是兄妹之情，即使有爱，也是兄妹之爱，是与马莲之类美少女截然不同的。林从那次送粪时就第一次切身体验到：美女是什么？美女是销魂蚀骨！是无法抑制的强烈快感！从那时起，林就知道自己成不了柳下惠；当他刚与花和菊的身体碰到一起，就立即口干舌燥、热火烧身，魂灵立即飞得无影无踪，身子欢快得不受控制地弹上跳下，那种浑身通透的欢愉，如何控制得住呢？就是后来想起当时情形，仍会呼吸急促、脸上流汗、下身湿粘。想到这里，他忽然又为自己感到羞耻和不安：已经有了花，怎么还会对其他女孩有心动的感觉呢？马莲的举动，仅仅是表达感谢的意思，自己却想歪想远，太不应该了。他内心里又开始抱怨起马莲来：马莲也真是的，作为老师，总不能眼睁睁看着你被欺负吧？就如一只小鸡马上要被黄鼠狼叼走，总不能眼睁睁看着不管吧？在危急之时，谁见了都会一样出手相救的，这只是举手之劳，根本不需要开口言谢的。如果真想说谢，你就说吧，为何还要紧紧抱住老师呢？你这样做，很幼稚很危险，你太信任老师了。你应该知道，老师也有心思不正的时候，老师不都是你想象的正人君子，老师也是生理正常的男人，不是坐怀不乱的柳下惠。万一你刚才多抱老师一会儿，你想过会有什么样的可怕后果吗？万一老师刚才有了邪念怎么办？万一被别人看见了怎么办？

林只顾胡思乱想，只顾低头探路，拐弯上了大路时，隐约发现有个人影跟在后面，他停下脚步仔细辨认时，那人影又不见了。他想：会是马莲吗？看那人影的形体有点像。应该不是马莲，刚才亲眼见她跑回家了，再说，马莲也没有必要躲在后面跟踪的。是秦传岭吗？也许是，说不定他偷偷跑来，暗中监视，这种可能性应该是有的。

林回到学校，发现秦传岭已经人在床上、头蒙被窝了。林心里想笑：这家伙不是被摔成了脑震荡，就一定是害羞怕见我，自然没有胆量暗中监视了。刚才的人影排除秦传岭，那是另外人，能是谁呢？林想不出会是谁，也不再多想，赶忙去食堂吃晚饭。

接下来的一个多星期里，每天下午放学前，林都会及时告诉秀，说他晚上有些忙，实在没空去看电影；秀总是点头笑笑，表示理解。每天下午放学后到天黑前的这段时间里，林都会在办公室里看书，总是最晚一个离开。渐渐地，秦传岭不再留女生单独“吃小灶”，他想占女生便宜的机会不再有了。

林的“重要事情”解决后，晚上看电影的惯例自然恢复为常态，与花的恋情也在秘密中顺利发展。每次和花在一起，总给他带来太多的快乐和幸福。虽然两人白天不能在一起，但几乎每晚见面，花已成为他的全部精神支柱。他和花的秘密，只有秀一个人知道，花的娘好像还浑然不知，对他仍是一如既往，没有任何的异样和不同，这说明秀一直没向娘透露过。而秀在学校时，表面上对林近而不亲，可在没有同学外人的私下里，却表现出前所未有的亲热和亲密。尤其随着秀的作文次次评优，总评成绩连续几次全班第一，秀对林好像越来越好，早已把他当成了亲哥哥。当然，林也非常感激秀，尽管秀天天像个跟踪的“特务”，监视他和花，可秀一直对那秘密守口如瓶，让他不至于被外界干扰，这一点很让他安心放心；他非常享受着与花全家人在一起的幸福和甜蜜。

可林慢慢也有了苦恼：同宿舍的三位老师不容易相处，与学生们的关系，也渐渐令他头疼。男同学有时调皮点，还好处理，而女同学向来内心细腻、情绪多变，有些事让他经常无所适从。

自从兰兰摔伤后，一贯活泼好动的她，突然沉静了许多，好像心事很重，常常不知不觉就红云上脸；每次见到林，总是很不自然地低下头，每次和林说话时，也是未语先羞，从林的身边经过时，常常或凝视，或沉思，或发愣。

兰兰上课时的注意力越来越不集中，两只大眼睛经常在羞涩发呆，学习成绩远不如以前好了；尤其近一时期的课堂上，当兰兰发现林看向她时，脸会毫无理由地一下子红起来，目光也躲躲闪闪着。林觉得有点奇怪，这个十五岁的小姑娘天天都在想些什么呢？这样下去会影响学习的，林决定抽空和她好好谈一次。可怎么找她谈呢？女孩子一般都爱面子，找她谈话的事情最好不要让别人知道，林在寻找合适的谈话机会。

秋冬之交的一天下午，放学值日的兰兰，把教室地面扫净后，才走出校门；林见人少是个机会，便远远跟在后面。

兰兰的家在学校南面五里远的岭前村。当兰兰走到半路时，林快步赶上，笑着同她打招呼。兰兰见林突然来到面前，脸上的红晕一下子延伸到了脖颈里；她边走边浑身抖动，表情极不自然。林连问了几句话，她好像很紧张，一句话也答不出来。林很是纳闷，又笑着问她最近上课为何经常走神时，兰兰停住脚步，低下头在静静沉思，好像这个问题很难回答一样。

“老师，”过了一会儿，她终于鼓起勇气，憋着红脸小声说，“上次的事，谢谢你。”

“谢什么？” 林马上笑着说，“那是老师应该做的。”

“老师，”兰兰停顿一会儿，才又说话，“如果，再……再遇到那样的事，你……还会抱我去卫生室吗？”她的声音忽然小得像蚊语。

“你真是孩子气，”林呵呵笑出声来，“怎么可能再有那样的事情呢？”

“你……”兰兰盯着林，突然满脸羞红、流着眼泪，结结巴巴地说，“你上次，抱……我去卫生室，我当时晕过去了，没能感觉到，你……现在……还能，再……抱我一次吗？”

林吓了一跳，连忙后退几步，一脸严肃地说：“这怎么可以呢？”说完，转身向学校走去，刚走出不远，忽听后面传来兰兰的大哭声。林回头看时，见兰兰蹲在地上捂着脸，面朝林的方向，伤心地痛哭起来。听着兰兰的哭声，林有些心软，本想回去安慰她几句，可又一想，兰兰可能是用哭的方式，令他心生怜悯回去做错事吧？他知道女孩子身体是火炉，一旦投身火炉，有可能立即被烤化。他狠了狠心，对兰兰的痛哭不管不顾，扭头一口气跑回学校。

回到学校，想起兰兰刚才的哭声，林的心里感到难受和不安，本来找兰兰谈话是想解决问题的，哪知问题没解决，又添了新的烦恼，最后还落荒而逃，如今处于进退维谷的尴尬境地。可一想到兰兰的要求，既觉得好气，又觉得好笑。上次抱她去卫生室，是抢救，是非常时刻，那时心里想到的，只是赶快救人，争分夺秒地与时间赛跑，根本来不及想到其他。现在情况可就大不相同了，他深知自己这支“雪糕”，去拥抱火炉会是什么后果，怎敢一试呢？别说孤男寡女授受不亲了，仅凭师生这层关系，也无论如何不能按她说的去做呀。

第二天上语文课时，林发现兰兰的座位空着，她没来上学，林的心里顿时七上八下：她生病了？生气了？还是……眼前反复出现兰兰蹲在地上捂脸痛哭的模样，心里一阵阵不安，讲课也心不在焉，好不容易煎熬到下课。

林向校长请了假，立即跑去岭前村。在当地村民的指路下，林很快找到了兰兰家。刚走进她家院子，就听到兰兰正在屋里伤心地哭泣着，原来只有兰兰一人在家。当兰兰听到林的声音后，立即迎出屋门，见到林时，她已破涕为笑，红肿的眼睛里放射出惊喜的亮光，她一头猛扑到林的怀里。林紧张得想赶紧推开，可她紧紧抱住不放。“我们不能这样！”林生气地说，“赶快回去上学！”她突然在林的脸上猛亲了一下，然后嬉笑着跑进屋去。

林扭头就往回走，快到学校时才发现：兰兰像一只欢快的小燕子，正朝学校翩翩飞来。从那以后，兰兰又像从前一样学习用功、快乐活泼了，她那深蓝的眼眸里又像从前那样清澈明亮、顾盼有神了，对林处处表现出敬重和感激。

兰兰回来上学了，可那个叫淑艳的女生却辍学出嫁了。

淑艳的哥哥是个大龄青年，因为家穷一直找不到对象，家里只好用淑艳来为哥哥换亲。

在当地，这种换亲现象非常普遍。山区的穷人家，儿子大了找不到对象的情况比比皆是；于是，有女儿的家庭，就想出这个没有办法的办法，用女儿去换儿媳妇。这样的换亲，虽然解决了家族传宗接代问题，可这样的婚姻，却少有爱情幸福可言，无数美丽女孩的青春和爱情被换亲而葬送。

淑艳的这次换亲，是三个家庭同时轮转换亲的：三个家庭在同一天举办婚礼，每家都要有一个女儿嫁出去，同时又有一个媳妇娶进门。

林为淑艳的悲惨遭遇感到深深惋惜，不仅因为淑艳是个很美的姑娘，而且她只有十六岁，学习又非常用功，如果继续上学的话，以后上高中考大学，应该没有太大问题，林为这棵“好苗子”中途被毁而痛惜。最可惜的是，她嫁的人，年龄正好大她一倍，据说那人长得既不好，又好吃懒惰，而且脾气也很坏，家里穷得叮当响，真可惜淑艳这朵鲜花插到了“牛粪”上。林曾劝阻过她，可父母之命难违，为了哥哥的终身大事，淑艳只能牺牲个人的前途和幸福。

辍学那天，淑艳不听林的一再劝说，最终还是含泪走了。

回想起淑艳俊美的脸上流满泪水，回想起她离开学校时，依依不舍一步几回头的样子，林不断漾开的悲悯柔波，始终与心痛的涟漪共振，在心里偷偷替她难过了无数回，没人时，还几次流出同情感伤的泪水。

对于农村换亲这种陋习，林一直深恶痛绝，他痛恨这种极不人道的行为。记得有位名人说过：没有爱情的婚姻是不道德的。可这种不道德的婚姻，在落后的农村普遍存在、数不胜数。林插队农村以来，经常见证许多年轻漂亮的女孩，她们对爱情婚姻有着憧憬和追求，甚或有了自己仰慕的心上人，甚至有了心心相印的恋人，可在残酷的现实面前，她们只能身不由己地任凭悲惨命运主宰，只能在不幸福的婚姻泥淖中沉沦。经常有些极端想不开的女孩，嫁出去不久就喝药或上吊自杀了。

林既痛恨贫穷落后的社会，制造出那么多凄惨的人间悲剧，让无数人在无望的痛苦中挣扎，就连那些可怜可爱的花季少女们也不放过，就连她们仅有的一线曙光也要遮挡住。

林也厌恶那些换亲的愚昧家长们。他们用虚报年龄、瞒天过海的方式，亲手断送未成年女儿一生的幸福，狠心地将女儿送入万劫不复的地狱，置她们天天泪水洗面于不顾，让她们在痛苦的深渊中永无出头之日。可笑的是，这些家长还得意地以为，他们换来了家族荣耀、世人钦敬，殊不知她们换回的，将是永生永世的仇雠。因为他们的儿媳妇，将和他们的女儿一样，心中只有痛苦和仇恨，这些痛苦和仇恨，终将使他们自吞苦果永无宁日。

林自然更瞧不起那些换亲的光棍们。就在他们欣喜若狂、手舞足蹈之时，根本充耳不闻妹妹们的哭声，根本视而不见妹妹们的心在受伤流血。这些卑劣可耻的可怜虫们，靠妹妹们的肉体换来自己贪欲，靠妹妹们的哭声换来自己欢笑，靠妹妹们的耻辱换来自己虚荣，他们是纯纯粹粹极其贪婪无能而又自私自利的一群可怜虫。

林对这样的换亲行为极其悲愤，因为这自始至终都充满着血和泪，自始至终都是无耻的交易。这种赤裸裸的交易，泯灭人性，不要说为文明社会所不容，就连不通人性的动物也不如；因为动物也还有自由交配的权力，凭什么要恣意剥夺女孩们生而有之的权力和尊严？林身处如此环境中，目睹一幕幕悲剧就在身边发生，怎能不悲愤难抑、泪水长流呢？

像淑艳这样用来换亲的女孩，等待她们注定是一生的痛苦和不幸。她们中的一些人，自然而然地，宁愿把初贞献给自己喜欢的人，也不愿留给让她们永生痛苦的归宿。她们普遍认为，那些用换亲方式赢得婚姻的光棍们，见了残柳败絮的半老徐娘，就张狂不已、情难自禁了，根本不配享有妙龄花貌的少女初夜。她们不仅不准备把心交出去，而且还打算在未来多备些绿帽子，因为像淑艳这样被惨无人道婚姻戕害的人，虽然无力挣脱捆绑在她们身上的枷锁，却可以永远放飞自己的寻爱之心。

就在淑艳出嫁的前一天傍晚，她突然来到学校找林，说是到外面有话要说。林和淑艳走在通往她家的那条山路上，淑艳一路上却什么话也没说，只是抽动着身子在哭泣。林心里很难受，知道淑艳不情愿这桩强加的婚事，想反抗却又身不由己；为了哥哥婚姻，她不得不放弃自己的理想和追求，不得不放弃自己一生的幸福。面对淑艳如此的伤心悲痛，林实在无能为力，也说不出什么安慰的话，只能心酸地默默陪她走一段路。

当走到两个高岗之间的一段洼地时，淑艳见四下无人，突然跪了下来，双手紧紧抱着林的腿，仰起泪巴巴的脸，近乎恳求地恳切说：“老师，你要了我吧，我把第一次给你，我不喜欢那个人，我要在出嫁前，把第一次给我真心喜欢的人。”

林顿时蒙了，当他意识到问题的严重性后，惊慌地躲闪着：“不行，你快起来，不行，你快起来，再不起来，我生气了，我要回去了。”

“我知道，你是嫌我不漂亮，呜呜……”淑艳跪在地上不起身，无限委屈而又极其失望地哭着说，“我知道，你喜欢秀，不喜欢我，呜呜……我只想，第一次给，呜呜……给……给我喜欢的人，呜呜……你为什么，不能成全我呢，呜呜呜呜……”

“不，别，不是的，”林急得有些语无伦次，“淑艳，你很漂亮，真的，我喜欢秀，也喜欢你。”他突然发觉说错了话，急忙词不达意地纠正，“不是的，不是的，你别误解，我说喜欢，不是那种喜欢，不是那个意思，快起来，我们是师生关系，让人看到不好。”

“我……不喊你老……老师了，”淑艳还是跪地不起，泣不成声，“喊你哥，好……好吗？哥，亲哥，我喊你亲哥了，你能不能可怜，呜呜呜呜……可怜可怜小妹一次呢？求求你，哪怕抱我一下，亲我一下也行呀。”

见淑艳跪地痛哭不起，又说出如此可怜兮兮的话，林慌乱得不行，连忙说：“叫我哥，我能答应你，别的真不行，你原谅哥，好吗？”

“呜呜呜呜……”淑艳伤心地大哭起来，“你上次，不是还抱过兰兰吗？为什么不能抱我一次呀，呜呜呜呜……我以后，天天要和那人在一起了，再也见不到哥了，哥就抱我一次，亲我一次吧，算我最后求哥了，呜呜呜呜……你要是不答应，我不起来，就跪死在这里，亲哥，小妹求求你了，小妹只能，最后求你这一次了，呜呜呜呜……”

听着淑艳悲伤不止的绝望哭声，林心酸得不行，眼泪再也控制不住，断线似的滚落下来。看着眼前这个可爱的小姑娘，哭得伤心裂肺，几次像是要晕厥过去，实在不忍她再一直哭下去，实在不忍她再一次因失望而伤心绝望下去，便一把将她挽起，轻轻拥入怀中。淑艳突然一怔，立即转泣为喜、一头扑进林的怀里，双臂紧紧抱住林。她那少女之身像发疯一样前顶着，胸脯上的凸部，像两个硬硬的大桃子，使劲抵顶冲撞着林的胸口，泪眼里闪现着狂野的激动，脸颊也涌现出潮红……林既不能也不忍心挣脱她的“纠缠”，更没有勇气把她重新推入万劫不复的深渊。

就在这时，一个骑车人出现在远处的坡岗上。显然，淑艳也发现了远处的那个骑车人，她在片刻羞涩迟疑后，猛然搬下林的头，在林的脸唇上狠狠亲了一口，她随即松开，附在林的耳边羞怯而又满足地说："哥，你抱了我，我也亲了你，你是我第一个抱过亲过的男人，小妹的心，永远是哥的了。"说完，她抹抹泪，深情地看了林一眼，慌忙跑走。

回来路上，林心里一直酸酸的，这个小姑娘是那么的美丽可爱，可命运又是如此的悲惨可怜，实在让人心疼。整个晚上，林入睡难寐，一直为淑艳的悲苦命运惋惜伤心。

就在林开始蒙眬入眠的时候，突然，淑艳披头散发、光着双脚跑来。"怎么了，淑艳？"林大惊失色，忙问，"出了什么事？"

"我不想嫁了，"淑艳边哭边说，"你带我走吧，我喜欢的是你。"

林顿时被惊得说不出话，等稍稍平静些，才急急地说："淑艳，你冷静点，不要冲动，我们不可能……"

"怎么不可能？你未婚，我未嫁，再说，你已经抱过我了，把我的心也偷走了，我已经是你的女人了。"

"淑艳，你……不能这样，你，你……"

"你就得娶我！你不娶我，我就去死！"

"别……别这样，淑艳，别……"

"你说，到底娶不娶我？！"

"淑艳，我……我，真的……不能……"

"那我就死给你看！"淑艳突然从身后拿出一把菜刀，立即架到自己的脖子上，眼睛紧紧盯着林，"我只问一句，娶？！还是不娶？！"

"你别乱来，"林已慌乱得六神无主，连忙说，"你千万别乱来，让我想想，让我再想想……"突然外面有响动，趁淑艳转头的一瞬间，林猛地一把夺下菜刀，然后面带愧疚说，"淑艳，原谅哥吧，哥已经有人了，真的不能娶你……"

"那我现在就去死！"淑艳决绝地转身就跑。

林顿时心慌得不行，怕淑艳说到做到，出了人命，连忙丢下菜刀，追了出去。

跑夜里的山路，是淑艳这个山里姑娘的优势；在微弱的月光下，陌生的山路崎岖不平，林尽管使出了全身力气去追，却始终追不上，几里路追下来，林已经上气不接下气。淑艳可能也跑累了，当她跑到一座高高的古塔前，终于停下脚步，林才渐渐赶了上来，快到淑艳跟前时，没等林开口说话，淑艳先开了口："哥，你重情重义，是个好人，我刚才是考验你的，我知道你有心上人，我知道花比我漂亮，我比不上她，也配不上你。谢谢你能追来，说明你心里有我，我很知足，现在我到家了，也累了，再见。"说完，转身一头撞向古塔。

林连忙扑身去抓，已经太晚，淑艳已撞上了古塔，林扑了空，摔倒在地上，顿时大哭起来。他想：如果淑艳真的死了，自己就是凶手、罪人了。他连忙从地上爬起来——眼前只见古塔，淑艳却不见了。他一边哭，一边绕着古塔寻找，没有找到淑艳，却发现塔身的每块砖上，都刻有一个人的名字。他有点好奇地走上前细细查看——在他胸部以上的塔砖上，那些名字里没有一个人是他认识的。于是，他就重点在胸部以下寻找，果然在腿部附近的塔砖上，发现一些熟悉人的名字，其中就有申修长、牛校长、吴德才、马棚等。他接着再往下找，想看看塔砖上是不是也有花和自己的名字，如果有的话，是不是并排在一起；找来找去，始终没有找到。他想：刻有花和自己名字的那两块砖，肯定是并排在一起的，或许就在塔身里，要不然就埋在塔基下面。

当他扒开塔基旁的一片新土时，忽然发现了淑艳名字，可刻有淑艳名字的那块砖，已经断成了两截；断砖处正有鲜血不断流淌出来，联想到淑艳刚才撞塔，那鲜血一定是从淑艳身上流出来的，淑艳一定是死了。他立即一边大放悲声痛哭着，一边赶紧用双手去扒，想把那两截断砖尽快扒出来，只有为断砖迅速止血，只有把断砖重新结上，才能把淑艳救活过来。他拼命地扒，不停地挖，挖呀挖，终于快要挖出来了，忽然，古塔一阵摇晃，顷刻间倒塌下来，快要挖出来的那两截断砖，被塌下来的砖土所掩埋，再也找不到了。一想到淑艳再也救不活了，他便声嘶力竭地向四周哭喊："大家快来帮帮忙吧！大家快来救救淑艳吧！你们来晚了，淑艳就没命啦……"

任凭他把嗓子喊出血，也还是不见有人来，他渐渐由慌乱害怕而伤心绝望；他后悔、痛恨自己，如果不是自己的自私，如果先前答应了淑艳，她会去死吗？如果淑艳还能活过来的话，一定亲口告诉她："我不娶花了，我不要幸福了，我娶你，只要你能幸福，只要你能活下去。" 一想到是自己没有答应淑艳，才让她走上绝路的，一想到是自己害了淑艳，便悲不能已，号啕大哭起来……

是马京纲推醒了他，让他从惊魂的梦中重回到现实中来。

他羞愧地掩饰过后，重新回想起梦中之事，心里还是酸酸的。可一想到了花，又顿时心虚起来：如果花知道他下午的“荒唐”，知道他刚才做的梦，花会怎么想呢？会原谅他吗？

林是一个内心极柔软极善良、看见人家害眼睛也会跟着流泪的人，可他不会在强权面前屈服，只会为弱者流泪。他觉得自己对淑艳的所作所为，如果是爱的话，只能说是对自己学生的真心关爱，只能说是对弱者的同情怜惜之爱，只能说是对不幸人儿的悲悯之爱。而对花的爱却极大不同了，那是发自内心、纯粹纯情、刻骨铭心、任何人都无法替代的，就像鳞云只恋高天、雁阵只往南北一样，他的心里只爱着花。

可每次想起这件事，林还是觉得有愧于花，怕花知道，却又同时为自己想出了开脱的理由：这是情非所愿、是情急之下的心有不忍，除非铁石心肠，否则，谁能狠心拒绝一个如此可怜不幸的人呢？淑艳就像一个溺水者，仅仅要求岸上人投给她一根稻草，要求过分吗？岸上人不能下水去救她，连一根稻草也不肯给她吗？别说自己没有这样的狠心，估计任何人也不会这样狠心的。花是一个心地善良的好姑娘，如果知道了这种苦情，会理解这么做的，是能够原谅的。

虽然心里这样自我开脱，可每次见到花，林总觉得愧疚汗颜，总觉得做了一件最对不起花的事情，在花面前总是诚惶诚恐、忐忑不安。

第十九章

林万万想不到，淑艳的事情刚过去，一贯小鸟依人、把他当成亲哥哥的秀，突然和他闹起了别扭。

临近学期末的一天下午，同学们正在教室里紧张复习功课，准备一周后的期末考试。林有事临时离开学校一会儿，刚出校门不远，见乡邮递员骑车进了学校。当林从外面回到学校，刚走到办公室门外，就看见几个老师围站在一张办公桌前大声议论着：

“我看不可能，重名重姓的人多着呢。”

“我也觉得不是，他只有十八岁，怎么会有妻子呢？”

“对，对，从没听说他有女朋友，肯定是另外的人。”

“…… ”

老师们发现林走进屋，忽然都不说话并很快散开。林觉得有点奇怪，瞟了一眼那桌子，除了一张摊开的地委机关报，没有什么异样；他没有多想，连忙抱起课本和学生作业，向教室走去。

刚走到教室门前，就听见那个叫孙家玉的男同学正在高声朗诵：“各色各样的伞，在雨中移动。我的伞下，妻和我并肩而行…… ”林停住脚步，想听听孙家玉到底在朗诵什么。

“一位农村大娘走过，她没有雨具，浑身水湿，冷得令人同情。妻突然夺过伞，冲向大娘，将我丢在雨中。妻呀，你有美的外表，更有美的心灵。”林觉得朗诵的内容很熟悉，细一想，这不是自己写的那首《雨中》吗？孙家玉同学怎么知道内容的呢？他推门走进教室，见孙家玉手里拿着一张报纸，许多男同学围在他的身边，大家的眼睛一齐紧盯在那张报纸上。

见林进了教室，同学们纷纷围拢过来，眼里露出惊疑的目光，连连问：

“老师，这诗是你写的吗？”

“老师，你结过婚啦？”

“老师，师母一定很美吧？”

林没有答话，而是迅速从孙家玉手中拿过报纸，一看是地委机关报的“放鹤亭”副刊，报纸左上角最显眼位置，两个粗大的黑体字赫然在目：“雨中”，标题下面正是自己的名字，他顿时心头一震，迅速看完诗的内容，和自己原来写的完全一样，只是原诗中的三个“花”全部改成了“妻”。诗的旁边还有一幅画面很美的速写插图——雨帘像风中飘柳，斜在半空，一把小巧的雨伞正滴着水珠，一对恋人紧紧依偎在伞下，行走在水汪汪的路上……林看后激动得只想流泪，忽然想起那个诗人带走自己的“作业”，一定是他帮助发表的。可他转念又一想：这一字之改，意思差别太大了，这岂不容易造成别人的误会吗？自己还是个未婚青年，哪来的妻子呢？秀要是知道了，她和花肯定会产生误解，到那时就有口难辩了。他看了一眼秀的座位，见秀正趴在课桌上，为了不引起秀的误会，他决定暂不承认是自己写的。

见同学们齐齐看过来，眼瞳里是急切等待的目光，希望他尽快解开大家心中的疑团，林连忙笑着摇了摇头。同学们见状，立即收回疑惑，一哄而散，纷纷回到座位，七嘴八舌地议论开了：

“我说不是老师写的吧，刚才有人还要和我打赌呢，我猜得一点都没错。”

“是呀，老师还没结婚，怎么会写出这样的情诗呢？”

“一看就知道不是老师写的。”

“我刚才就说是重名人写的，果然不假吧？”

不仅男同学们开心笑了，连兰兰、马莲等女同学也轻松笑了，只有秀趴在课桌上，身子不停抖动，好像在抽泣。

“怎么啦？”林满脸疑惑地走过去，轻抚秀的肩，小声问，“身体不舒服吗？要不要去看医生？”秀没有答话，而是用力晃动身子，不让林的手停留在她的肩上；秀的身体抖动幅度越来越大，好像有很大委屈似的，她面前的课桌渐渐哭湿了一片。

林很是纳闷：秀今天究竟怎么了？她平时可不是这样的，每天欢快得像只小喜鹊，在林面前又说又笑、又蹦有跳的，她今天在和谁生气呢？难道是我做错了什么事情，惹她生气啦？“和谁闹别扭啦？”林又俯下身，在秀的耳边轻声问道，“是生我的气吗？”他一边说一边再次把手轻抚到秀的肩上。

秀突然怒气冲冲地站起身，猛力推开林的手，拿起桌上的书包，边哭边冲出教室，头也不回地跑走了。

林顿时愣住了，他不明白这究竟是怎么一回事。

“老师，”与秀同桌的马莲站起说，“我去看看秀。”林点头同意后，马莲立即跑出教室，追秀去了。

整个下午，林都在疑惑不解、心神不宁：自己没有得罪秀呀，她对我怎会有那么大的火气呢？思前想后，林终于意识到：聪明的秀，也许已经猜出那诗是谁写的，因此产生了误解，只有坚持不承认，才会消除秀，还有花可能产生的误会。

下午一放学，林急匆匆赶往秀的家，想向秀解释那诗不是自己写的。赶到时，花的娘正在做饭，秀不在家，花在农田水利工地干活还没回来。他想：秀一定在马莲家；赶紧折回头，快到祁南三队马莲家附近时，迎面遇到了秀，林连忙上前解释说："秀，你可能误会了，那诗不是我……"

没等他把话说完，秀就气得脸已变了形，红肿的大眼睛狠狠瞪着林："你骗人！骗人！骗人！"秀说完，扭头跑开。

接下来的两天里，秀一直气鼓鼓的，见到林也一直不理不睬。林每次上前刚想解释，秀见状扭头就跑，不给他任何解释的机会。林打算再到花的家里去，当面向秀解释清楚，可想来思去，还是不敢贸然前去，怕秀当着花和娘的面，会让他难堪下不了台阶；那样不仅消除不了秀的误会，反会引起花和娘的猜疑。

第四天是星期天，林早就在心里盘算着：赶集时最有机会对秀好好解释清楚，他打算早饭前就赶到花的家，与花和秀吃过饭，一起去赶集。

没等天大亮，林就起了床，开门一看，外面正下着毛毛细雨，而且还夹杂着细碎的雪花，地上也开始潮湿。他想：这样的小雨雪只要不再下大，照样可以去赶集；他实在受不了三天来的憋屈，看到秀每天和自己别别扭扭的，总是心神不宁、坐卧不安；他被秀的态度时刻折磨着，担心一直这样下去，会影响他和花的关系。再说，五天后就放寒假了，一放假，自己要到进修学校去，还有十天的集中培训等着他。等培训结束回来，离过年只有两三天时间，如果秀老是这个态度，那他怎么回来面对花，如何安心过好这个年呢？只有尽快解除秀的"包袱"，才能坦然面对秀，更欣然亲近花，才能在花的爱情路上轻装上阵、快步迅跑。

哪知雨雪越下越大，地面上的雪水开始肆意流淌，天公如此不作美，心急火燎的林也只能另寻机会。

星期一上午，随着天气转晴，秀的脸色似乎也"阴转多云"，见到林时虽然还冷眼冷脸的，但反感的情绪明显缓解了不少，林几天来的忐忑之心终于稍安一些。他打算下午放学后，陪秀一起回去，到时秀一定会听他耐心解释，至少不会让他在花和娘的面前过于难堪。

下午，林在办公室批改完学生作业，由于对大家的复习成绩很满意，又想到秀的态度有所转变，四天来第一次感到浑身轻松。他看了一眼墙上挂钟，离放学还有一段时间，便信步出了校门，沿着平时散步的进山小路，边走边思考着：应该怎样向秀解释才更具有说服效果呢？他知道秀是极聪明的女孩，不容易被蒙骗，秀发那么大的火，一定结下了不小的思想疙瘩，绝不是三言两语就可以轻易解决的。如果考虑不周，就会在秀的面前露了马脚，出现破绽；只有精心准备，才能巧妙过关。他想出的策略是：态度要诚恳，表情要自然，否认要坚决，理由要充分。经过深思熟虑后，他对说服秀的话术已成竹在胸，就在他信心满满往回走的时候，马莲和秀却在班级里大吵一架后，两人都哭着跑走了。

原来，自从林护送马莲回家的那天晚上起，秀就开始对林和马莲心怀不满了。

那天下午放学时，秀突然听林说晚上有事不能去看电影，她虽然表面笑着答应，心里却产生了怀疑：本来头天晚上说好一起看电影的，为什么临时变卦了呢？而且只说有事，却不说是何事，有什么神秘的事不能明说而要瞒她呢？回家路上，她越想越觉得不正常，越想越觉得疑点重重。吃过晚饭，她急忙跑回学校，躲在办公室的外墙窗下，偷看偷听里面的动静。

让她心里窝火的是：林只是在办公室里看书，而且心不在焉地看书，这也算“有事”？也能成为不去看电影的理由？她一下子明白了，原来马莲也在办公室里，林的心里已经有马莲了，林是宁舍电影不舍马莲了，这能不让她窝火吗？

她平时就有火，一看到班里女生们见到林时就眉欢眼笑的兴奋样，她就来气、就有火，尤其听到女生们私下里的肉麻议论，她更是气愤得不行。她平时就看不惯女生们呆呆痴迷的样，她们每次听到林的脚步声，就人人手足无措，个个紧张得不行。要是天天也像她一样、挎膀搂肩地和林一起看电影，她们还不花痴得张狂发疯？

她曾痛苦且无数次地设想：如果林不来学校教书多好，就不用担心林会见异思迁、有了杏又去想桃；如果林还像原来一样，天天只和那些老妇女傻姑娘在一起多好，就不会遇到这些摆姿撩情的女生，更不会眼睁睁看着林被春情荡漾的女生们所招扰。为此，她没少心痛、没少苦闷、没少烦恼，如今又害得她担惊受怕地蹲在窗外偷听，担心办公室里会有不该发生的事情出现。

她的担心果然应验：先是听到林的大声咳嗽，紧接着又听到咕咚一声巨响，不知道办公室里到底发生了什么事，她想起身看却又不敢看，还得赶紧把身子往下缩，担心林会站到窗边发现她。当听到林要求与马莲一起走、马莲竟一口答应时，她紧张的心顿时提到了嗓子眼：天已沾了黑影，还要一起去马莲家？谁知你俩在路上，孤男寡女会干什么？原来不去看电影，为的是和马莲一起走黑路呀？

她听到林和马莲一起走出办公室，很快就会从她的身边经过，便赶紧找个障碍物躲起来。当她看见两个熟悉的身影，在夜幕中并肩北来，而且不知羞耻的马莲，竟然离林那么近，几乎要靠到林的身上了，顿时醋意上涌：过去怎么没有看透马莲、还把马莲当成无话不说的好友呢？于是，她悄悄跟在两人后面，胆战心惊得像做贼一样，可她无论如何也不能让林犯错呀。

还好，那天晚上有惊无险，没有发生可怕的事情，她也不允许可怕事情发生。万一当时出现一丁点苗头，她会不顾脸面冲上去，及时阻止林，不让林失足下水。

在随后的一个多星期里，林每天下午都说晚上有事，没空去看电影；她每天都不放心，每晚都会偷偷监视林，每次都发现林只是在办公室里看“闲书”，这很让她气恼得不行。

四天前，林在报纸上发表诗歌的事，让她不仅发现林是骗子，也窥探到了马莲的“肮脏秘密”，自然对林和马莲更加的不满。那诗明明是林写的，而且白纸黑字署名发表出来，可林拒不承认，心里没鬼，干吗不承认？林的行为让她伤心：她实在没有想到林会公然骗人。

她那天哭着跑走是实在憋不住，实在不想当面揭穿林，是想给林留点面子。可马莲追上她，帮林说了一大堆好话，说林绝对不会写出这样的情诗，还要她不要冤枉好人。她冤枉林了吗？她本来就知道那诗是林写的，而且知道是写谁的，可她又不能明明白白说出来。

在马莲家，她趁马莲出去一会的时机，偷看了马莲枕头下的日记。那日记里竟不知羞耻地记下了马莲对林的爱慕倾心，甚至有时做梦都和林在一起；日记还记下林护送路上，马莲的内心是如何复杂，对林关爱女生的行为是如何感激，而且时时都有向林投怀送抱的冲动。那天要不是马莲突然跑回屋，她就能看完后面的内容了，谁知道马莲在日记里还记下什么秘密？

她对马莲日记里的秘密，既想知道，又怕知道，她真怕林和马莲已经到了“水乳交融”的程度，真怕林在女生们的乱花丛中花了心，这是她最最担心的。林虽然在她面前，亲近却不亲昵，虽然身体频繁接触却从不轻浮花心，可这并不等于林在其他女生面前不花心呀。噢，知道了，明白了，林是把她当成“窝边草”了，不吃“窝边草”，专吃别处花。如此看来，林这只兔子确实够狡猾的。

让她更起疑并看出马莲心虚的是，马莲跑回屋的第一件事，就是首先查看枕头下的日记本，这不很说明马莲心虚有问题吗？这不很说明林也有问题吗？看来对林要重新认识，看来林不仅会骗人，而且已经花了心。

而最让她气恼不过的是，今天下午刚到的地委机关报上，又发表了林的新作品，竟然是什么《荷塘赋》，里面竟是些赞美荷花、娇莲、芙蓉国色的艳词，我们山区哪有那些荷花娇莲芙蓉的？她四天来的火气刚刚有点消，一想到林的《荷塘赋》意有所指，刚消的火气又重新复燃。而马莲却在一旁大声朗读起来，看到马莲朗读时津津有味的兴奋样，再想起马莲日记里的那些话，好像这是专为马莲写的一样。细一想，可不是吗？只有马莲的名字才可以近义为娇莲呀，一定是林在赞美马莲。一想到林夸赞马莲是芙蓉国色，她顿时就气不从鼻孔出、火不打一处来，一把夺过马莲手中的报纸：“读什么读，谁不知道你是娇莲、芙蓉国色呀！”随后将报纸撕得粉碎。于是，马莲和她立即大吵起来，两人都气得哭着跑走了。

当林自信满满地回到学校，刚进校门，就有班里学生跑来向他报告秀和马莲吵架跑走的事。他来不及问清缘由便赶紧去追，当他跑至学校东墙外的大路时，不见马莲只见秀。家近的马莲可能已经到了家，而秀也已跑出了一里多路。林不想放过这次解释的好机会，立即撒腿去追。林边跑边喊，秀不仅不应答，连头也不回，相反还加快了速度。

林终于在离秀家不到一里远的大路上追上了秀。林气喘吁吁地追至秀的身边，秀依然没有停下脚步，继续边哭边跑，林赶在前面拦住了秀。

“别拦我！骗子！”秀见四周没人，一边躲闪着，一边口出恶语，“别拦我，你这花心的骗子！”

“秀，”林知道秀的气恼未消、误会还在，便笑着说，“你听我解释好吗？”

“我不听！我不听！我不听你解释！我不听骗子解释！你是地地道道的花心骗子！”

“好吧，这事以后再向你解释吧，”见秀火气正大，不听解释，林只好叹气说，“可你也该向我解释一下吧，你为何与马莲吵架呢？”

“我为何与马莲吵架，你心里没数吗？”秀突然杏眼圆瞪，哭声倍增起来，“是心疼你的娇莲、芙蓉国色了吧？”

“秀，”林有些疑惑不解地笑着问，“你与马莲因何吵架，我怎么会有数呢？什么我的娇莲、芙蓉国色？”

“你，”秀继续大哭着说，“做了哪些好事，难道不比我清楚？还用问我吗？”

“你让我愈来愈糊涂了，”林有些丈二和尚摸不着头脑，只得苦笑着问，“你告诉我，我究竟做了哪些不好的事，让你这样发火？”

“你这个笑面虎！”怒不可遏的秀有些口不择言了，“对女生呵护赞美献殷勤还不够呢，还会对女生做坏事？你左一个娇莲，右一个芙蓉国色的，有人被你关爱得快要成为花痴了。你不仅会骗人，而且还花心，你是个地地道道的骗子！花心骗子！”

“秀，你说清楚，”林觉得颜面有些挂不住，本下脸，“我骗哪个女生了？什么娇莲、芙蓉国色的，你能不能说清楚一些？”

“哪个没被你骗？”秀降低哭声，却一脸怒气地大声说，“你说，上次那诗是不是你写的？”

“不是！不是！真的不是！”林一口否认，非常坚决，脸上还露出十二分的坦诚。

“好，你嘴硬，”秀止住哭，冷冷地说，“明明是你写的，就是不承认。那我问你，《荷塘赋》是你写的吧？”

“什么《荷塘赋》？”林更有点莫名其妙起来。

“你不仅会骗，而且更会装！就是今天报纸上署你名发表的那篇，还不承认吗？”

经秀这么一说，林忽然想起来，那是暑假培训结束时寄给地委机关报的，难道真的发表了？可他转念又一想：既然前面没有承认，后面就更不能承认了，便装出毫不知情的样子，一脸无辜地委屈说：“你不要冤枉人好不好？我真不知道什么荷塘赋不赋的。”

“既然你不愿承认，我也不能强迫你。不过，有人看见你……比如夜晚啦……比如单独和女生在一起啦……还做过什么、什么啦……多了，我不想一一说出来，让你自己慢慢回忆吧，你想说就说，不想说就算，随便你自己。”秀其实是在捕风捉影地诈林。

听秀这么一说，不经诈的林顿时心里发慌，脸上头上开始出汗了：夜晚？单独和女生在一起？那天晚上跟踪的人影，是秀吗？秀所说的“多了”，也包括兰兰和淑艳的事吗？他越想越心慌：看来，秀知道不少事，不然秀不会发这么大的火，不然秀不会这么肯定，看来想瞒是瞒不过去了。可他又不想如实说出来，一旦说出实情，会伤及好几个女生，他只能所有过错一人扛。于是，他央求说：“秀，都是我不好，都是我的错，都怪我花心，你原谅我好吗？求你别告诉花，别告诉娘好吗？”林当时想，只要秀肯答应，给秀下跪也行。

秀本来就是诈一诈、吓唬吓唬林而已，其实她最想要的结果，就是林断然不承认。即使秀知道林有时可能做过错事，即使秀心里很清楚，像林这样招女生喜欢、常受到女生诱惑的青年男子，是不可能一点小错误不犯的。所以，秀并不希望他亲口承认，并不希望他把“窗户纸”捅破，而是希望他把“窗户纸”上已有的破洞遮挡着，别让人看见。现在林不仅不遮挡破洞，反而把破洞指给她看，这能不让她伤心难过吗？秀见林不加任何抵抗遮掩，就轻而易举地缴械投降、幡然悔罪了，反而大怒说：“你这个花心骗子！我就是不原谅！我就是要告诉姐！告诉娘！我以后再也不想理你了！”秀说完，大哭着跑走了。

林没有再拦秀，而是任由秀从身边跑开。他不拦秀，也拦不住，秀正在发火大哭，他怕秀在此气头上难以理喻地说些更出格的话，怕路人看见了说不清道不明而产生误会，怕熟人见到他颜面尽失的狼狈相，怕自己忍受不住会哭出声来。

望着秀跑远了的背影，他早已盈眶的泪水再也止不住流了出来；他被秀的话深深刺痛，他从未有过如此的尴尬难堪，他的自尊心被严重伤害，心里有着说不出的难过。

林是一个羞涩内向的人，当秀一遍遍羞辱他是花心骗子时，就像被一盆冷水当头浇在身上，感到了从未有过的悲凉。他能理解四天前秀为什么恼怒发火，却不知道今天秀的怒火为何更大，秀为何连一句原谅的话都不肯说呢？实在想不到一贯小鸟依人的秀，会说出让他透心凉的决绝话。看来，秀确实已经知道了他和女生的事情；他想起那天送马莲时跟踪的人影，那一定是秀在暗中跟踪他，不然的话，秀怎么会说夜晚单独和女生在一起呢？秀一定还知道兰兰和淑艳的事，他怀疑自己在梦中哭喊时，一定喊出淑艳的名字，一定被传到了秀的耳朵里。

他一想到秀哭着跑回家，会把这些事情全部告诉花和娘，心里就痛苦恐惧，那会是多么可怕的后果，跳进黄河再也洗不清了；一想到花和娘将会产生怎样的误会，他有何脸面再去见她们呢？一想到花的痛苦失望、悲伤落泪，他怎样做才能得到花的谅解和宽恕呢？一想到幸福的爱情将从此烟消云散，他再也抑制不住内心的悲伤，扭头向山里冲去。他冲进那片曾经揎过树枝的洋槐林，蹲到花曾经探头下望的、那个深深的石塘边，终于忍不住痛哭失声……

当林在石塘边伤心哭泣、回首痛苦往事的时候，当他揣测秀此刻正在花和娘的面前声泪俱下地控诉他是“花心骗子”的时候，就不能不紧张无比，不能不痛苦万分，不能不痛心疾首，不能不大放悲声。

在来祁峰前的十七年岁月里，他基本都是在心酸和苦难中度过，鲜有快乐可言；只有在姥姥家的那段童年日子，让他感到了亲情的温暖，让他有了美好的记忆，让他有过心无旁骛的安全感，让他真正流淌过幸福甜蜜的泪水。虽然在姥姥家的旧事美好难忘，一直存留在记忆中，但毕竟已经久远，谁能永远靠着童年回忆来一直支撑自己呢？谁能永远生活在遥远追忆之中呢？人总是需要补充新的能量和新的美好记忆的，总是需要有新的前行方向和不竭动力的。他过去一直渴望亲情的温暖，却一直寡有少见，直到来祁峰后，才有了游子回归的感觉，才有了真正到家的体验。这一切都因花的出现，这一切都因花的存在，这一切都因花的美好，这一切都因花的爱情。

他深深感到：只要有花在身边，再累的劳动也快乐，再难的事情也想做，再冷的寒冬也温暖，再苦的生活也甜蜜，一切只因有了花，才会如此。

对他来说：有花，才有春意盎然；有花，才有阳光灿烂；有花，才有天高水蓝；有花，才有幸福可言。

一想到此时此刻的花，也许正在生气发火，正在骂他是负情的“花心骗子”，正在痛心疾首伤心垂泪，正在准备断交绝情、永不与他相见。一想到这里，他心如刀绞、惶恐不安。

原来以为自己是颗幸福的珍珠——全身焕发着爱情光芒，不想如今却成了一滴摔疼的露珠。他不敢想象，如果没有花的垂怜，他的道路将会如何艰难；如果没有花的陪伴，他的日子将有多么平淡；如果没有花的笑容，他的内心会是怎样孤单；如果没有花的眷顾，他的精神将是何等空泛；如果没有花的爱情，他的人生将会多么黯然。

想到这里，他感到痛苦无助、悲伤绝望，几次想纵身跳下那深深的石塘，与其备受痛苦折磨，不如一了百了算了。可一想到了花，他又没有往下跳的勇气，就是跳，也要等和花再见上一面。因为他太爱花了：他对花有着无限的眷恋，有着万般不舍的情感；自从第一次见到花，他的魂就被花摄去了，他的心早已保存在花那里；从第一天起，他已经只属于花，不再属于自己，他早已成了花的仆人，花早已是他的主宰。

当夜幕降临，林突然决定去见花，现在就去，立刻就去，一刻也不能再等了。既然秀已经知道了他对马莲，对兰兰，对淑艳犯下的错误，那就向花统统坦白出来，所有过错独自一人承担，无论花谅不谅解，无论最终结果如何，无论是悲是忧，一切由花。

他立即擦去泪水，快速向花的家里跑去。当他一口气跑到村头时，村子里已漆黑一片；他摸着黑向花的家里慢慢走去。快到花家院子时，他突然改变了主意，不打算直接进去，而是想悄悄潜伏在院墙外面，偷听里面的动静，然后看情况再说。

他轻轻走到花家矮矮的院墙前，弯着腰从矮墙上缘向里张望，发现堂屋里亮着灯光，估计秀正在油灯下复习功课，马上就要期末考试了。他蹑手蹑脚地走到院门前，轻轻推了推院门，发现里面已经插上了门闩；他直起身，在院门前屏住呼吸，侧耳静听堂屋里花和娘的说话声。

那娘俩对话的内容，没有牵扯到林，而是关于菊的，说是有人正在给菊提亲，男方是滨湖什么地方的；说那个地方是鱼米之乡，男方的条件很不错，二大爷很想愿意这门亲事，如此等等。秀一直没有插话，可能只顾埋头做作业了。

是花先转了话题："秀，学校几时放假？今年寒假能放多少天？"

"考完试就放假；和往年放寒假差不多吧，接近一个月。"秀回答的语气很平静。

“哪天才能考完试？”花又问。

“后天上午开始考试，大后天下午就能考完，估计星期五下午就放假。”秀的答话，既听不出与平时有何不同，更不像还在生气。

“今天星期一，到星期五还有四天，”花好像在自言自语，“今天是腊月十三，加上四天，就是腊月十七，离年关还有十三天。”花算着算着好像有了笑声。

“秀，你林哥寒假里还去县里培训吗？”是花的娘在问话。

“听说要去的，通知都下来了。”

“那他几时走？今年还在俺家过年吗？”花的娘又问。

“说是一放假就走，今年来不来过年，林哥没说，估计他多数不会来了。”秀的答话，让林一惊：自己还有脸面、还有机会来过年吗？花肯给这个机会吗？

“林好像有四五天没来俺家了，几天不见这孩子，还怪有点想念的。”花的娘像是在自言自语。

“娘，这段时间学校忙，林哥放假前都不一定有空呢。”秀是笑着说的，这让林突然一喜：自己整整四天没来花家了，而闹了四天别扭的秀，此时却在帮着他。

“唉，”娘叹了一口气，“俺知道这孩子做事认真，工作上心，等放假了，你叫他走之前来俺家吃顿饭，到时，俺做他爱吃的葱花饼。”

“我不叫，要叫姐去叫，我的面子没有姐的大。”秀的话根本不像是生气说的，因为话里有几分俏皮的口气。

花没有接话，而是走到堂屋门外，抬起手在脸部来回擦了一会儿才回到堂屋去。由于天太黑，林从门缝只能看见花一共擦了七个来回，却实在看不清她是擦脸上的灰，还是擦眼里的泪。受了花的感染，林像花一样抬起手，在脸上来回擦着，他擦的可是真真正正的眼泪，因为他的脸上早已汹涌滔滔泪水滚流了。先前只顾偷听，忘记擦泪，要不是花及时出门示范提醒，他激动欣喜的泪，可能要“水漫院门”了。

看来，秀没把他“花心的事”告诉花和娘，这是可以百分之百肯定、铁板钉钉无疑的。他不知道自己有多么的感激秀，只知道如果此刻秀在面前的话，他一定会紧紧抱住秀，亲她、狠狠地亲她、不停地亲她，亲得她喘不过气来。除此之外，他首先想到的是：秀平时作文最多只给过 98 分，这次期末考试，秀的作文给100分！先内定下来！哪怕这次作文不如平时，也给满分！才不怕说闲话呢！既是老师，连这2分的私权利都没有吗？那秦传岭为了讨好女生，一次加个几十分的，不是司空见惯吗？不怕说闲话！与“秦大巫”相比，自己连个小巫也算不上呢。至于“三好学生”评比，秀次次都是，无须他再锦上添花了。另外，还要买样礼品送给秀，以表彰她宽厚待人之心，答谢她相瞒救命之恩。买什么礼品好呢？对了，想起来了，秀的钢笔坏了，给她买一支，而且最好是金笔。如果金笔太贵实在买不起的话，那就买支“铱金”的，毕竟“铱金”也含“金”。为秀该做的事情都想完后，林重新贴近门缝向里看时，堂屋里的灯已经熄了。

第二十章

林回到学校，躺到宿舍床铺时，仍然兴奋不已，想不到下午的大悲、晚上的大喜，竟会转圜得如此之快，如同梦中一般，让他难以置信。几次掐了自己，次次都很疼，他由此不仅确信一切真实无假，而且确信人生有时就像“过山车”，谷峰一转眼，悲喜一念间。由此更确信，得到了真爱，再野的心也要收敛；从此，他幸福的“风筝”，完全系在与花的爱情之线上；必须牢牢抓住这根线，宁愿不求“风筝”放飞得最高远，也要确保“风筝”永远不断线；从现在起，必须时刻注意与女生们保持适当距离，做到亲而不密，疏而不远，绝不让秀在旧惑未除的情况下再添新疑。当务之急是抓紧笼络秀，在与花爱情继续升温之时，只能让秀添柴，不能让秀抽薪。给秀买金笔的事，最好放假前就办好，到时，只要秀接下金笔，火气自然会消去一半，其他问题就可以轻舟畅过万重山了。

接下来的几天里，秀表面上还在生气，见了林还是满脸愠怒、不言不语。对此，林并不十分担心，他清楚秀这是“色厉内荏”、表面文章，所以，也不急于主动和解；他深知“欲速不达”的道理，一切等买了金笔再说。况且，期末考试前后一两天，正是老师们最忙的时候：考前，要为同学们的最后冲刺加油打气；考完试，还要抓紧阅改试卷，班主任更有填写家庭报告书等许多工作要做。直到星期五快中午时，林才把学校里的事情基本忙完。

这次期末考试总评成绩一出来，还是让林感到有些意外和紧张；由于受近期情绪的影响，秀的总评成绩由原来的第一滑到了第三，特别是作文，写得不够理想，不仅不如第一名的孙家玉，甚至占到前五名都很勉强。林还是出于私心，给秀的作文打了 99 分，与孙家玉的作文成绩并列领先。至于评选“三好学生”的事，正如原来预想的那样，秀毫无悬念地再次当选。

下午学校放假，第二天一早还要赶去进修校，买金笔的事，一直没有来得及去办，不能再拖了，要赶在下午放假之前办好。于是，林顾不上吃午饭，利用中午的一点时间，骑车赶到岗上乡供销社，想把金笔早点买回来。

这天岗上乡不逢集，供销社那五间大瓦房的门市里，空荡荡的只有中年女营业员一个人。林径直走到文具柜台前，发现柜台里的钢笔，多是几毛钱一支的普通钢笔，最贵的也不过两块多钱。他对女营业员试探着问了一句：“同志，有金笔吗？”

那女营业员一下子笑了：“我们这样的小地方，哪会卖金笔呀，一支金笔差不多要十几块钱呢，在岗上乡这样的穷地方，哪有人买得起呀。”她话锋一转，“别说金笔了，稍微贵一点的东西，在我们这里根本就卖不动；你看见货架上那瓶茅台酒了吗？我们前年一共才进了两瓶，两年多时间，只卖出去一瓶；不要说一般人了，就是一月五六十块钱高工资的乡领导，也舍不得花七八块钱买瓶茅台喝呀？”

“那还有再贵些的钢笔吗？”林觉得两块多钱的钢笔，封不住秀的嘴，所以想买再贵一点的钢笔。

“这就是最贵的了，”女营业员向柜台里指了指，“就这两块多钱的铱金笔，一个月也卖不出一两支呢，看来小同志不是我们岗上乡的吧？”

林不好意思地摇摇头：“我是祁峰的。”

“小同志真会开玩笑，”女营业员咯咯地笑起来，“祁峰是个穷地方，哪有像你这样的有钱人？”见林的脸被笑红了，她才止住笑，却眼盯着林继续说，“听煤油门市的赵大姐讲，祁峰人买煤油都不在村里的代销店买，说是常会掺水，每次来供销社买煤油，都是三两二两的买，很少有超过半斤的，走的时候，煤油瓶都不拎在手里，而是抱在怀里，如果一次买一斤煤油，那就是很稀罕的大客户了，哪有祁峰人一开口就要买金笔的？”

林的脸被羞臊得火辣辣的：自己哪里是什么有钱人，口袋里只有区区十块钱的“封口费”而已；他只好一再解释，说自己确实是祁峰人，真的不是有钱人，只是买支钢笔送朋友的。

“你要真是祁峰人，”女营业员显然还是有些不相信，盘问道，“那我问你，祁峰有个教书的知青，你知道吗？”

“……知道。”

“他的人品怎么样？”

林有些张口结舌了，他实在不好对自己的人品作自我评价，因为说好、说不好，都不好，只得心虚地说：“不是很了解。”

“你听说他有对象吗？”女营业员继续追问，见林的目光有些疑惑不解，她连忙解释说，“有人托我打听一下，想给他介绍一个对象。”

林松了一口气，赶紧说：“噢，这我知道，他已经有对象了。”

女营业员终于相信林是祁峰人，可又神秘一笑："买金笔不是送普通朋友吧？是定情用的？"

"不是，不是，"林连连摇头，急急地说，"就是送普通朋友的。"林觉得在女营业员面前，渐渐有些招架不住，赶紧掏钱买了一支"铱金笔"，慌忙离开。他本来还想买些女孩用品的，一来给秀的礼品太轻，二来想给花也买点东西，又怕被女营业员继续审问盘查，露出蛛丝马迹来，只好尽快逃离。

回去路上，想起刚才女营业员贬低祁峰人，林的心里很难受，为祁峰人难受，也为花难受。他暗下决心：要努力奋斗，争取让花早些脱离苦日子。如果花有好看的新衣，就是天仙见了花，也要羡慕嫉妒的，他想着想着，突然笑了，可笑过之后，不知不觉眼里又有了泪水。

下午，发"学生家庭报告书"时，果如林所预料的那样，秀的脸一下子红了。秀的羞愧之色，让林感到了歉疚，这都是因他而起才会这样的。他几次摸向口袋里的钢笔，觉得实在有些拿不出手了，这两块多钱的钢笔，别说去"封口"，就是表达歉意也不够的，他后悔没买再贵重些的礼品。

领过"学生家庭报告书"的同学，陆续离开教室，个个欢天喜地走了；依然满脸羞红的秀，一直没有动身，好像还在犹豫着。在大家快要走完的时候，秀才犹疑地站起身，低着头慢慢走过林的身边，她忽然小声而又急促地说了句"娘叫你去家吃晚饭"，说完便匆匆跑开。如果不是教室里还有人，如果不是心里正发酸，林很想追送一句："是吃葱花饼吧？"

当林带着满脸羞愧来到秀的家，锅屋里正外散着葱花饼的香气，熏得他直想掉泪：自己去学校教书，把秀由原来的第一教成了第三，实在有愧，实在对不起秀，对不起花和娘，也对不起葱花饼。他先进了锅屋，满面羞惭地同花的娘打过招呼，然后走进堂屋。

花和秀都在堂屋里。秀见林走进屋，重新泛起在学校时就有的脸上红云，不好意思地低下头。花的脸上则堆满灿若红霞般的笑容，眼睛里闪亮着穿云破雾般的惊喜。美，永远是美好的衣裳，花那红霞般笑容每次在林的眼前绽放时，都美好得让他魂不守舍；他经常扪心设想自问：如果把花脸上的红霞移到天空，岂不比天上彩霞美丽一万倍？他平时最爱看花的眼睛，那可不是一般人所能有的；花的眼睛天生就是两潭清泉，清澈明亮、一尘不染，眨动时会扇动着鸟翼般的长睫毛，而眸子里泛起的清波水影，最让他心醉神迷。每次花的清波向他荡来，都会让他的心旌自然而然地摇曳起来；

每次花的水影向他掠过，他的魂灵就会受到一次净化洗礼。他这十八年生命中，除了姥姥的慈祥目光最让他幸福而哭外，只有花的挚爱眼神最让他动情落泪。而现在，面对花的灿烂笑容、迷人眼睛，他第一次不敢抬头直视过去，怕花看见他不安的神色、知道他心中的羞愧。

正在林面带惭色、心有羞愧时，菊跑来了。她一进屋，就笑嘻嘻地把手中的四个咸鸭蛋亮给林看，并风风火火地说："听说你明天就要去县里学习了，把这咸鸭蛋带到学校吃吧。"

菊的举动令林感动。在贫困山区的祁峰村，咸鸭蛋是很金贵的稀罕食品，平时祁峰人很少能够吃到咸鸭蛋，就是鸡蛋也很少吃的，一个鸡蛋三四分钱，谁舍得吃呢？家里养鸡下蛋，主要用来换钱，只有小孩子生病时，才偶尔可以吃上一两个；所以，祁峰的一些小孩子，为了能吃到鸡蛋，常常盼着自己生病。

菊拿来的咸鸭蛋产自骆马湖边，是向菊提亲的人从男方家里带来的。菊舍不得吃，却要送给林带到进修学校去，林既不能回绝菊的一片心意，又不想把咸鸭蛋带走，他只能感谢菊的同时，借花献佛，把咸鸭蛋转送给秀吃："谢谢菊！这咸鸭蛋，让秀替我吃吧，这次秀的作文考了 99 分，全班第一名呢，算是我奖励秀的。"林本想安慰秀，让她不再难过，可秀一听此话，眼泪竟一下子流了出来。林接下来只能三缄其口，再不敢乱说话了。

菊突然有些兴奋地说："听说北面的小徐庄今晚放电影，吃过饭一起去看电影吧？"其实，林和花也早想一起看电影了，自然踊跃响应，秀却不好意思地"嗯"了一声。由于小徐庄路程比较远，花提议菊留下来一起吃晚饭，以便早点动身，菊没有客套就答应下来。

秀从饭桌上拿过一个咸鸭蛋跑进锅屋，转眼间就捧着四瓣咸鸭蛋回来；秀在分发咸鸭蛋时，最大的一瓣放到了林的面前，最小的那瓣留给她自己。林见了心里有些发酸，忙把自己的那瓣咸鸭蛋递给秀："我不能吃咸鸭蛋，吃了会过敏，还是秀替我吃吧。"花菊秀三人都用惊疑的目光看过来，林连忙笑着解释："这是真的，一过敏浑身痒，很难受的。"

骆马湖的咸鸭蛋，确实与别处的不同，不用吃，只需闻一下看一眼，就知道鲜香无比，就能令食欲猛增。骆马湖的鸭子，应该说是幸福一族，它们天天巡游在荡漾的碧波中，大快朵颐地饱食着湖里的小鱼小虾，至少比祁峰人幸福不知多少倍。骆马湖的鸭蛋既大不说，那蛋黄快要把蛋白挤占的没有地方了，那浓缩了的精华，最会表现在浓香扑鼻的黄油上。可如此美味的咸鸭蛋，花和秀竟都只吃了一点点，尚有一多半剩了下来。只有菊不仅吃完了自己那瓣咸鸭蛋，而且是连壳一起吃的，菊说这样吃最香。

林在不解中有解地想：如果鸭蛋太咸的话，菊为什么不怕咸？菊能吃完，花和秀为什么不能吃完？自己说不能吃，会过敏是假，并非不想吃不能吃，而是心有歉意想让秀多吃些，这既能让秀高兴，菊也不会见外，花也会满意。花肯定知道此中之理：如果林不爱她这“屋”，哪里会及秀的“乌”呢？难道花和秀吃咸鸭蛋也会过敏不成？显然不应该是，她俩可能是省给娘的，也可能一顿舍不得吃完。想到了这层不解中的有解，林感到心里一阵酸紧，喉咙里有液体不停下咽着，苦涩咸都有，那是泪水滚滚内流向肚子里，只有想哭有泪又不能流泪而哭时，才会有如此的感觉。他在心里又一次发誓：要努力奋斗，争取早日让花一顿能吃完一个咸鸭蛋。

然而，他不清楚这赤贫生活中的华丽想象，最终能够实现吗？

动身去看电影前，花、菊、秀开始忙碌起来。林还是第一次这样近距离观看女孩子们梳洗打扮：花、菊、秀在同一个脸盆里洗脸，盆里至多有两三碗凉水；一块比火柴盒还小还薄的香皂，被三人转手轻轻摸过；三人同用一条破旧毛巾，那毛巾薄得快要赶上了手绢；一把缺牙断齿的小木梳，轮流撕扯着三人的乌黑头发；三人都在雪花膏的小瓶里轻点了一下，来回擦抹在三张秀美的脸上；三人把指甲大的小红纸蘸水后，在各自的脸颊上轻轻涂抹着……很快，三人竟都容光焕发、美丽无比了。

可林看了，心里却无比心酸和感伤：既为三人如此简陋的化妆用品，也为刚才花、菊、秀吃鸭蛋时的举动，同时也为耳濡目染的祁峰百姓们的贫穷生活。

他怎能不心酸感伤呢：新中国成立已快三十年，底层百姓们还是食不能饱、衣不能暖，还像绵羊一样驯服，像豆腐一样任人摆布，还在水深火热中苦苦煎熬，这样的日子何时才是尽头？

蚌之苦，珍珠知道，所以晶莹如泪；社会之苦，百姓知道，所以忍辱负重。百姓们是如此困苦，知青们也强不到哪里去，他们在城里没有上学就业机会，被迫下放到农村，与百姓们争“食”，这样的遭遇也确实让人心酸感伤。由花、菊、秀的吃鸭蛋，林自然而然地联想起知青们的心酸事：

半月前，林到县里参加第二次知青会议，午饭时，饭菜还没上桌，林与知青们就早早等候在饭桌边；一个老同学先讲了知青吃花生的故事。说是中秋节时，大庙知青点发花生，每个宿舍八个人，可以摊到两脸盆带壳的生花生。大家一见到稀罕物，个个兴奋异常，人人喜笑颜开，立即围在一起大吃起来；由于平时吃不到花生，每个人都想多吃。刚吃到一半时，开始不停有人上厕所，上完厕所回来，接着再吃。结果，知青点的知青们，几乎人人拉肚子，有的竟一连拉了四五天，许多人像害了一场大病，很长时间也没能恢复过来。

花生的故事刚讲完，饭菜也陆续上了桌，除了丰盛的四菜一汤，每人还外加了一个咸鸭蛋。大家拿过咸鸭蛋后，盘子里还剩下一个，身旁的龙会一再小声怂恿林："那个咸鸭蛋是荣国的，他没吃，你劝他吃鸭蛋，你劝他吃鸭蛋。"

林看了看饭桌对面的汤荣国，心想：不就是劝吃鸭蛋吗，果真脱口说了句："荣国，你怎么不吃咸鸭蛋呀。"林的话音刚落，汤荣国好像嗓子被什么东西卡了一下，脸突然转向一边，口中食物像瀑布一样喷泻出来。汤荣国连忙捂住嘴快速跑开，满桌人一齐大笑起来，有人竟笑得眼泪到处飞。

原来大庙知青点，元旦改善伙食，晚上会餐后，每人发了两个咸鸭蛋。汤荣国觉得两个咸鸭蛋太少，想独吃宿舍八个人的十六个咸鸭蛋，又觉得不好意思，便与同宿舍的人打赌，说谁能连续喝完十六碗稀饭，他就能一次吃下十六个咸鸭蛋。饭量大的刘耀东为了成全汤荣国，出来"应战"，表示愿喝十六碗稀饭，赌注是两包"前门烟"，赢者得烟，输者掏钱。同宿舍的另外六个知青纷纷起哄，表示愿意贡献出自己的咸鸭蛋。

赛前，汤荣国亲自从饭锅里捞出稠稠满满的十六碗稀饭，端给刘耀东；刘耀东则把十六个咸鸭蛋细心剥去壳，放到汤荣国面前。

比赛前半程，很顺畅，不到三分钟，刘耀东六大碗稀饭顺利喝完，汤荣国六个咸鸭蛋也轻松下肚。随后的进展大大慢了下来，半小时后，刘耀东还剩五大碗稀饭，汤荣国只剩下四个咸鸭蛋，胜利在向汤荣国招手。可汤荣国的嗓子开始红肿，胃里也胀得难受，口渴得更是要命，想喝水又不敢喝，喝水撑肚子、会挤占胃里的有限空间。

稀饭虽然体积大，毕竟占有消化快的优势；在监督人员"押解"下，刘耀东去了厕所十几遍，所以，他还能一小口一小口地慢慢呷着。咸鸭蛋转化慢，汤荣国尽管也被“押”去厕所无数次，可胃里能腾出的地方实在不多，他只能干着急。

比赛进行到一个多小时，刘耀东只剩下最后一碗稀饭，汤荣国还剩两个咸鸭蛋，这时谁也无法继续下咽，两人一时难以分出胜负伯仲。在众人的起哄下，比赛双方都眼盯着对方，都在作最后的煎熬和挣扎，都想在对方之前夺取胜利。可山头好上，山尖实在难爬，为了赢得比赛，两人都只能孤注一掷、将自己逼往险境绝地。

当刘耀东的最后一口稀饭终于艰难呷进嘴里，大家刚要宣布结果，汤荣国迅速把最后一个咸鸭蛋猛塞进嘴里。当大家要求检查双方口腔、看看是否还有残留物时，只见汤荣国耸肩伸脖猛睁眼，连腿带脚狠跺地，咸鸭蛋竟被吞咽了下去。双方最终战成平手，两人都想发出胜利微笑，可笑得比哭更难看。

接下来的几天里，两人连比哭还难看的笑也没有了。比赛刚结束，刘耀东鼓着比大西瓜还大的肚子，被人搀架着四处“消食”。汤荣国起初还行，可越来越难受，胃里实在疼胀得不行，口干得要冒烟，一喝水胃里更胀更疼。可怜他既不能喝水，又不能下床走路，也只好被人架着走了一整夜。据说刘耀东有一整天没吃东西，汤荣国更是两天两夜汤水未进。按汤荣国自己的话说，不仅当时嘴里全是鸭屎味，事后想起来，满嘴仍都是鸭屎味；再后来发展到只要听到鸭蛋二字，就会把肠胃吐出来。别人都怕骂，不敢在他面前提鸭蛋二字，所以就怂恿不知情的林来提，结果，林一语应验。

还好，那天林担心挨骂的事最终没有发生，因为直到吃饭结束，汤荣国也没能再回来。

前往小徐庄看电影的路上，花和菊仍像以前一样，在林的身边愉快说笑着；秀却不再像往常那样叽喳蹦跳在林的身旁，而是保持着十来米距离慢腾腾地跟在后面。看着秀怏怏不乐的样子，林知道秀心里的疙瘩，远不是一瓣咸鸭蛋就能化解的，有成见有情绪、一时转不过弯来，也很正常。林摸了摸口袋里的“筹码”——铱金笔，想趁机送出去，于是他对花和菊找了个借口，说是有学习上的事情要和秀谈谈，便放慢脚步等着秀。秀见林停下等她，立即把头转向一边，站在原地不走了，秀的抵触情绪一览无余。林只好走过去，笑笑说：“小丫头的气性还不小呢，嘴上可以挂油瓶了。”

秀没有答话，而是转头瞪着林，鼻里重重“哼”了一声，随即又撅着嘴把头转了回去。

“送你的，”林掏出钢笔递过去，“小小礼物，不成敬意。”

秀再次回头，见是钢笔，眼里立刻亮出惊讶，很快又不以为然了：“我不稀罕钢笔，我只要你说实话。”

“我什么时候没说实话啦？”

“那你如实告诉我，《荷塘赋》和那首诗，到底是不是你写的。”

“你别误会，”林连忙赔着笑，非常诚恳地说，“真不是我写的，再说，我哪会写什么赋呀诗的？”林不想承认的目的，是想尽快消除秀的误解，让她不再继续生气。况且，自己写赋写诗，从没告诉过任何人，秀是不可能知道内情的。因此，他表现出既坦诚又坚决、既直白又合理的委屈来；他自信刚才的回答，从态度到表情，秀是看不出任何破绽的。

“明明是你写的，为什么不承认？” 秀突然涨红着脸，两眼直直地看着林，质问说，“为什么还要继续骗人？”

在秀的质问下，林低下头，顿觉脸上火辣辣的，心里很纠结：不松口吧，好像秀已经知道真实情况似的，松口吧，又怕秀和花产生误会，一时感到为难，不知道究竟该如何回答才好。他抬头看向秀时，发现秀正用锐利的目光逼视着；他立刻把目光躲闪开，不敢再看秀。过了一会儿，林回看一眼花和菊，见她俩已经走远，嘴里才支支吾吾、语无伦次地说：“秀，你……可能，真的误会我……其实，事情，不是，不像你想的那样，你确实误会，你不该，不该误会……”

“你说，”秀的目光还是紧紧逼视着，继续质问，“到底是，还是不是，我就听你一句实话。”

“这，这，”林突然感到心里一阵发虚，说话也结结巴巴起来，“是……不是，怎么说呢？秀，你……肯定，误解……”

“你还想再骗我吗？”秀突然流出泪，小声哭着说，“我去年冬天就知道你写这诗了，你说，这不是你写的吗？”她边说边从口袋里掏出一张纸递给林。

看到已经发皱了的那张纸，林顿时浑身冒汗，心里一下凉了半截：那张纸正是才哥走的那天夜里，自己写的早已涂改凌乱、字迹不清的诗稿。在

“铁证”面前，他无法继续抵赖，只得辩解说：“秀，这是创作，内容不是真的，后来培训时，为了完成作业，把这诗交了上去，我也不知道是怎么发表的。”

“真的是创作？”秀仍然既不相信、又很不满地说，“那你为何写姐不写我呢？”

“我什么时候写你姐啦？你仔细看看这上面，有你姐的名字吗？”

秀冷冷一笑：“这上面的‘H’是指谁？不是姐吗？”

“这‘H’可以代表的多了，你怎么知道就是花呢？”林心虚地继续狡辩着。

“你以为我不知道？那天你和姐打一把伞，我亲眼所见，你还想抵赖吗？”

林被秀的义正词严镇服，在如此充分的证据面前，确实再也无法抵赖，只好向秀低头认错。

秀还是不放过乘胜追击的机会，继续追问：“那你为何又把‘H’改成‘妻’了呢？”

“不是我改的，”林一下子急红了脸，连忙解释说，“可能是报纸编辑改的吧，我可以对天发誓。”

秀半信半疑地点了一下头：“那我问你，《荷塘赋》里的娇莲、芙蓉国色，是不是写马莲的？”

林更急了：“不是！不是！不是！我还可以对天发誓！”

秀见林急得又要发誓，有点信了，但还是信中有疑地问：“我们这里哪有荷塘呀？你怎么会写《荷塘赋》呢？”

见秀的语气明显转变，脸上也是疑中带信、泪中带笑，林才如释重负、心平气和地笑着解释说：“进修校附近的公园里有个荷塘，那里的荷花很漂亮，我也是一时心血来潮，随便写着玩的，想不到竟被报社发表了，这只是碰巧中的偶然，偶然中的碰巧。”怕秀不信，他又补充说，“秀，有机会带你去那公园看看就知道了，我真的不会骗你的。”

“如果真的是创作，”秀终于相信林说了实话，她擦去眼泪，带笑说，“那你还要写首诗，上次写姐的，这次要写我。”

林笑了：“我哪里会写诗呀？上次也就是一段顺口溜而已，是讲课的诗人帮了忙，报社是看他面子才发表的。”

“你不写是吧？”秀故装生气说，“那我就把你的秘密，通通公布于众，让大家都知道你是骗子！花心大骗子！”

见秀的误解基本消除，林笑着点头答应下来，还一再央求秀千万别把这事告诉花。

“这要看你的表现，”秀一把夺走钢笔，“呀！还是金笔哪！一定花了不少钱吧？”林没有答话，他心里正有着说不出的滋味，酸甜苦辣，应有尽有。

秀终于雨过天晴，嬉笑着挎起林的臂膀，又蹦跳欢快起来……

十天的集中培训一结束，林于当天下午就急匆匆地往祁峰赶；秀的思想包袱已经解除，他可以心安理得地赶回花的家，过个轻松愉快的农历新年了。

年夜饭历来是中华民族最重要的一顿团圆饭，是亲密无间一家人的象征；能与花一起吃顿年夜饭、过个祥和欢乐年，是林期盼已久的事情。从县城回来时，他除了买些稀罕年货外，还特意买了几十张大红纸，他要和上次过年时一样，为生产队里的每户人家写一副对联。来祁峰一年多的时间里，善良友好的乡亲们，给过他很多关心和帮助，他很想报答乡亲们，可心有余而力不足，只能用送对联的方式表表谢意。

祁峰人过年，虽然不像城里人那样有鱼有肉，但饭菜的品种并不少，而且是来自多个家庭的厨艺。祁峰人最朴实，大家都有一颗感恩互敬的心；谁家做点豆腐、蒸点馒头、炸点萝卜丸子、有点稀罕好吃的饭菜，都会匀出一些，互送到四邻八家，让邻里乡亲品尝一下自家的厨艺，同时，也一并馈送出浓浓的睦邻乡情。由于花家的人缘好，每年收到的年货最多，当然送出去的也多；林在花家过年，吃的基本是“百家饭菜”。

除夕，林和花的全家欢聚茅屋里，围坐油灯下，一起吃开心的年夜饭，一起守快乐的辞旧夜，对林来说，还有什么比这更有意义的呢？

大年初一，林比平时起得都早，比林更早起的花和娘，已经包好了一天吃的饺子。当林洗漱完不一会儿，热腾腾的饺子就上了桌；和亲爱亲近的人一起吃饺子，自然是最开心的事情。当谁吃到包有麦麸的饺子时，大家会一齐道福；当谁吃到包有硬币的饺子时，大家又会一齐恭祝发财。就像小鸟只恋天空的家，鱼儿只恋河流的家一样，林小时候只恋着姥姥家，如今只恋着祁峰的家，只有在花的家里，林才会有如此的其乐融融，才能体验“不知有汉、无论魏晋”的忘世感觉。

吃过初一早晨的饺子，祁峰的新年大幕才算正式拉开。村里的大人孩子们，开始相互走动、相互登门拜年；这是祁峰人新年伊始的淳风良俗，也是乡亲们增进互信友情的最佳时刻。林和经过梳洗打扮、穿戴整洁的花、菊、秀，挨家挨户登门拜年，把祝福送给每个大人孩子；大家也同样回以最吉祥的语言和祝福。

祁峰人用以招待登门拜年者的食品，最多的自然还是祁峰产的柿饼。祁峰的柿饼，糖分最足，咬上一小口，顿时可以甜遍心扉，更让人回味久远。

祁峰村属于山地瘠薄土壤，最适合生长的树种莫过于洋槐树和柿子树。洋槐树是当地最坚硬耐用的木材，用洋槐木打制的家具，可以百年不坏。因此，村头路边，满山遍野，到处都是洋槐树，近乎“一统天下”。然而，被祁峰人称之为“村树”的，却不是洋槐树，而是柿子树。这并不仅仅是家家庭院屋旁都栽的缘故，还因为柿子树对祁峰人有大恩，是祁峰人感怀最深的“救命树”。在当年其他地方大量饿死人的时候，即使祁峰人天天也吃树皮和草根，却从没有人吃过柿树的皮，因为柿树上所结的柿子，是他们生的希望；是曾经的甜柿子，让他们个个存活了下来。在那个饿殍遍地的非常年代，是祁峰的柿子树，救了祁峰人的命。所以，祁峰的大人孩子，都对柿子树爱敬有加。

从大年初二开始，新年进入个个兴奋、人人快乐的高潮期：每天都有走马灯一样的“乡会”，在各村一波波来回巡展，那些“乡会”都是滑稽搞笑令人捧腹的文艺表演，没有哪个祁峰人的肚子不被笑疼；每晚都有临村的连场电影可看，附近十里八村的人们，为了赶场看电影，络绎穿梭、不绝于路。这是贫困山区最放松的时候，是大人孩子最忘情的“狂欢节”，是祁峰人一年之中最快乐的时光。

林和花、菊、秀，每天更是乐此不疲地奔走于附近村庄，追逐着“乡会”的热闹和电影带来的乐趣。四个人天天同来同往，脸上尽情洋溢着幸福的欢笑。

快乐的时光总是短暂得让人留恋，四个人同喜同乐的半个月，转眼就过去了；元宵节后的第二天，是祁峰学校开学的日子。在快乐的半个月里，林和花私下对视时，眼睛里都充满着爱意和情欲之火，“见缝插针”地拉拉手、拥拥抱、接接吻，而更深层次的身体接触机会总是不多；两人的“干柴”有时接近爆燃，却总是遇到“意外情况”，无法实质性地燃烧到一起。

正月十六，学校开学，林只能带着欢乐后的遗憾和不舍，走进新学期的课堂。和以往一样，每到星期天，只要没有特殊情况，林都会早早来到花的家，或帮助干些农活，或与花和秀一起去赶集；几乎每天晚上，林都与花、秀、菊一起去邻村看电影，这是与花亲密接触的最好机会；虽然每次都有生理上的冲动，很想发泄一下身体里的欲火，可每次都是满怀希望而去，次次失望遗憾而回，回来后的内裤总是湿湿黏黏的……

第二十一章

林的回忆，被钻塔外突然传来的叫喊声打断，喊声刚落，班长他们就气喘吁吁地跑到林的面前。听班长叙说，王裕明果然伤得很重，他的脚踝粉碎性骨折，由于九里乡卫生院的条件太差，如此重的伤情没有办法救治处理。与班长一同赶到卫生院的钻机队杨机长，当即借用卫生院的电话，紧急向三百里外的东阳地质大队汇报求援；东阳大队部立即派了汽车冒雪赶来，连夜把王裕明接回东阳救治去了。因班长他们还要上班，机长临时安排司务长陪护王裕明去了东阳；班长他们把王裕明送上汽车后才赶回钻机。听到王裕明的伤情竟是如此之重，林难过得泪满眼眶。

此时，钻塔周围的风雪越来越大？天气也越来越寒冷。还差五分钟就到午夜十二点时，林看见清冷蒙胧的雪光下，有几个身影在不远处正向钻塔慢慢移来，他们是来接上大夜班的。

林立即转回身，手脚并用地快速爬到了钻塔顶，他要在新的一天到来之时，再看看西南方向，再一次看向那魂牵梦萦的远方。虽然登上十八米高的塔顶，在白天也不可能看到六百里外的沂河，不可能看到马龙山的那个山村，看不到亲爱的姥姥，看不到心爱的花，可他还是想再看看心向往之的远方。他知道，此刻的她们，早已进入梦乡，她们却不会知道，他此刻正站在高高的钻塔顶，在这茫茫的风雪之夜，在这天寒地冻之中，正在思念着她们。

当怀表的时针和分针，一齐指向午夜十二点时，林站在高高的钻塔上，在一九七七年冬至到来的第一时间，手抚胸前，面向西南躬身遥祝：冬至安好，亲爱的姥姥！生日快乐，心爱的花！美好吉祥，我的沂河！我的山村！

当冬至到来的第一时间，沂湾村的雪夜，正冷得令人心悸。

寒风还在嗖嗖刮着，漫天大雪还在不紧不慢下着，那个手拿长扁担、像雪人一样的小伙子，气喘吁吁地从沂河大堤跑回。小伙子刚进院子，声音就传进屋里：“俺小叔，沂河上的冰很厚，能撑住人，赶快走吧。”小伙子在院子里跺了跺脚，掸去身上的厚厚积雪，然后一身寒气地走进屋，他手捂红肿的耳朵，气喘着说，“俺小叔，从河湾下游走，那里冰冻要厚些，俺刚才从那里走了一个来回，没问题，现在动身，四更天前就能赶到堰桥医院。”

屋里已平放着一张绳床，绳床上铺着厚厚被褥，几个手持扁担和抬绳的壮汉，垂立等候在一旁。

俯身床前的中年男人，轻声说：“俺娘，现在送你去堰桥医院好吗？”

老人的高烧好像有些消退，她缓缓睁开眼，轻轻摇摇头：“俺感觉好些了，不去医院了。”老人忽然流出泪，唏嘘着说，“俺要是走了，林儿来了怎么办？前年你爷走的时候，林儿来了没赶上，他哭得多伤心呀。俺一想起他那犴牛一样的哭声，俺就心疼，俺哪儿也不去，俺就在这里等他。”

“俺娘，俺明天上午就给小林子发电报，要他直接到堰桥医院去。再说，你的病不算重，到医院一两天就能治好的，说不定你回到家，他还没有来到呢。”

屋里的人也纷纷劝着老人：

“俺二婶，早点去医院吧，俺知道你最疼小林子，愈是这样就愈该早些把病治好，让他有个盼想呀。”

“俺二奶，你这样疼二表弟，就更该去治病了，他来了见你病成这样，能不难过吗？”

“俺二太，快去医院吧，早些把病治好了，开春到东阳地质队去看看，你不是没见过大海吗？听说那里离大海很近，让二表叔带你到海边转转。”

老人还是摇头不松口，已经站起身的中年男人有点急了，扑通一声跪到床前：“俺娘，你不去医院，万一有个什么闪失，儿子承受不起呀，呜呜……”他哽噎地哭着说，“前天俺姐来，叫你去县医院，你说病不重，坚持不去。这两天又不见有大的好转，再耽搁下去，俺就是不忠不孝、不仁不义的罪人了，你叫俺以后如何见人呀？呜呜……俺娘，求你行不行？呜呜……”他已涕泪交零、泣不成声。

“唉，”老人终于有些无奈地叹了一口气，“依你，去医院吧。”

众人七手八脚地扶起老人，帮她穿上棉衣。

“儿呀，”老人好像想起了什么，忙对中年男人说，“俺去医院，不知道还能不能回来，快去把俺那新帽子、新袜子拿来吧，俺要带在身边。”

“什么新帽子、新袜子？放在哪里了？”

“就是去年春天，林儿给俺买的，”老人缩动了几下鼻翼，流着泪说，“是俺林儿插队半年挣下的工分钱给俺买的，俺平时只留看，舍不得穿舍不得戴，俺就是留着死时穿戴的，就放在衣橱中间的抽屉里，红布包着的就是。”

中年男人从衣橱里找出一个红布包袱，老人接过后，轻轻打开，里面叠放整齐的是黑白两件织品，一件是崭新的黑色栽绒帽，一件是簇新的白色棉袜子。老人一手拿起绒帽，一手拿起棉袜，紧紧抱在怀里，放声恸哭起来。老人嘶哑的哭声，是那样的凄切悲伤。随着老人的恸哭，屋里人个个哭声呜咽，人人泪水长流，那哭声在寒风里外散，在雪花中飘远。

在大家一番安抚劝慰下，老人终于止住悲声，被众人搀架下床，来到铺了厚厚被褥的绳床边，却始终紧紧攥着绒帽和棉袜，一刻也不松手。老人一躺到绳床上，众人便赶紧给她盖上棉被，那几个壮汉立即扁担上肩，抬着轻悠悠的绳床，向风雪飘飘的屋外走去。

刚出院门，老人忽然在绳床上费力掀开被子，露出瘦小的脸，对走在一旁的儿子说：“快停下，俺要再回屋一趟，刚才忘记在菩萨面前烧香磕头了，快让俺回去。”

绳床又被抬回屋里，在众人搀扶下，老人颤颤地下了绳床，将手中的绒帽和棉袜颤抖着揣进大襟棉袄里。她让儿子端来干净的温水，慢慢地、仔仔细细地把手洗了一遍；净过手后，老人跪到菩萨面前的蒲团上，颤颤巍巍地点燃三炷香，双手慢慢擎起燃香，努力举过额头，对着菩萨缓缓拜了几拜，将那三炷燃香颤抖地插到菩萨面前的香炉里；随后，老人双手合掌靠在胸前，用满是泪水的眼睛，仰望着微带笑意的菩萨，开始哭泣：“大慈大悲的菩萨在上，俺张沈氏给万能的菩萨烧香磕头了。”说完，她双手前扑在地，虔诚地磕了几个头。屋里的人们都眼含泪水，静静侧立一旁。

磕过头，老人努力直身跪着，两眼含泪，仰望菩萨，声音嘶哑轻颤却字字清晰：“今天，俺在菩萨面前，有些心里话要说，有些心愿要许。”她稍稍停顿，接着说，“俺沈文静，十六岁嫁到沂湾，成了张沈氏，五十六年来，俺谨守三从四德，不敢有违妇道，一心相夫教子，终生积德行善，不图荣华富贵，只求全家平安，上不负张家列祖列宗，下为子孙后代积德。几十年来，感谢大慈大悲的菩萨垂青厚爱，感谢对俺全家荫佑庇护，菩萨的大恩大德，俺永世不忘。”老人说到这里，已老泪纵横、悲不能抑。

众人纷纷上前相劝，老人推着众人：“等俺把话说完吧。”老人又转向慈悲的菩萨，继续流泪说，“俺一会儿就要走了，俺的病，不知去医院能不能治好，也不知道还能不能回来；如果还能活着回来，俺天天还给菩萨烧香磕头；如果俺不能回来，请大慈大悲的菩萨，继续保佑俺全家大人孩子吧，俺先谢过慈悲的菩萨，俺给万能的菩萨磕头了。”老人说着说着，又前扑在地，给菩萨磕了几个响头。

屋里一片抽泣唏嘘声。

老人再次努力挺直腰身，继续流泪诉说：“菩萨在上，俺一生心口如一，从不敢在菩萨面前说半句谎话。俺从小就立过誓，一生不做坏事，一生不骂人不打人。可俺最终还是没能做到，俺打骂过林儿，这是俺最后悔的事情，俺知道错了，俺在菩萨面前忏悔……”老人已哽咽得说不出话来。

众人再次上前，想搀她起来。老人推开众人的手，继续说：“菩萨在上，林儿是个好孩子，是俺最疼的外孙，是俺的小乖乖，俺的心头肉。他孝顺仁义，善良忠厚，请万能的菩萨保佑他吧，保佑他一生平安，保佑他福寿延年。慈悲的菩萨呀，俺还想和他再见上一面，俺快半年没有见到他了，俺天天想他，俺想看到他娶妻生子……”说到这里，老人浑身抖动，泣不成声。

老人把手伸进大襟棉袄里，摸出黑绒帽和白棉袜，双手捧向菩萨，抽动着身子哭泣说：“菩萨看到了吧，这是俺的小乖乖给俺买的。虽说不值多少钱，可俺千金不换，这是俺小儿万金难买的一片心哪！俺的林儿，插队在山村，一天只挣两毛钱，他挣到了第一笔钱就想到俺，礼不重情义重，东西不贵心难换……”老人哭得伤感不已，几次匍匐在地。

众人痛哭流涕，纷纷上前，想搀她起来，老人还是坚持不起，泪流满面地望着和蔼的菩萨，继续哭求说：“大慈大悲的万能菩萨呀，多多保佑俺的林儿吧，他是俺最疼最爱的小心肝，仁慈的菩萨呀，俺还想见到林儿的媳妇。上次林儿来，说有个姑娘叫花，和他好上了，俺只想见那姑娘一面，俺只想对她说句话，林儿是俺的好乖乖，让她替俺好好疼爱林儿吧。大慈大悲的菩萨在上，请记住林儿，永远保佑林儿吧，也记住那个姑娘，永远保佑她吧；恳求菩萨保佑她和林儿恩恩爱爱、白头到老……俺的林儿，俺的花，姥姥为你们祝福，姥姥在万能的菩萨面前为你们祈祷，姥姥已请大慈大悲、无所不能的菩萨，永远护佑着你们……”

……

沂湾村的雪夜静悄悄，从张家通往沂河大堤的雪地上，刚刚留下的那几行匆匆脚印，从岸边那座古塔旁经过后，延伸向几里外的沂河对岸。被大雪覆盖着的美丽沂河，此时不忍再像往日那样喧哗，而是静静注视、默默等候着，等候那个慈祥善良的老人早早平安归来；正是有了像她这样优秀的沂河女儿，沂河才会那样安澜秀美……

当林从钻塔顶下来，冒着严寒，踏着积雪，拖着疲惫，带着思念，流着泪水，回到钻机队食堂时，他的脸已经冻得有些麻木，眉毛和“保尔帽”檐上，已结着一层厚厚冰花；他朝麻木的脸颊轻轻抹了一把，两串冰珠从腮边滚落下来，像细小的水晶球，在灯光下闪亮晶莹。

“来来来，大家都来吃饭吧；今天夜里先将就些，明天是大冬节，食堂里已经准备了鸡鱼肉蛋，还有海蟹大对虾，明天中午再做给大家吃吧。”食堂里的胖伙夫首先表示着歉意，接着又提前预告了丰盛的午餐食材，然后笑呵呵地掀开锅盖，锅里顿时腾起香喷喷热气，直升屋顶。

快十个小时没有吃饭的钻工们，早已饥肠辘辘，急需补充食物和热量，大伙一齐围站到锅灶前。

很快，每人端着满满一碗盆青菜肉丝面，蹲在地上津津有味地吃了起来。

“朱师傅，来二两。”林最后一个走过去。

“人家都吃一斤八两的，就连女工们也都吃了半斤，你怎么才吃二两？”胖师傅满脸诧异，“想家了吧？到底是新来的，还不太习惯，慢慢就会好的。”

林记不清自己是摇了头，还是点了头，接过饭碗时，被泪水模糊的眼睛，已看不清碗里的面条了。他赶紧低下头，蹲到地上，觉得喉咙里一阵阵发紧，只吃了一口，却含在嘴里，久久难以下咽。

大伙吃得真香，一片“吃啦吃啦”声，不到三分钟，大伙就都扫光了碗盆里的面和汤，心满意足地走出食堂。

见大伙都走了，林也赶紧端着面碗跟出食堂，还未到宿舍门前，两行泪又已滚落下来，一滴不剩，全部掉进胸前的碗盆里……

钻机队的宿舍，建在远离村庄的一片高地上，是用木板临时搭建的简易棚屋。棚屋统一规制：每间棚屋长八米，宽四米，每排两间，共四排，围成一个方方正正的四合院。

四合院的南排和西厢是钻工们的宿舍，北面那排是钻机队的器材仓库和机长司务长的宿舍，东厢则是食堂和厨师的宿舍；林的宿舍是西厢北边的那间，而西厢南边那间是女钻工们的宿舍。

林进了棚屋，薄板外墙壁的每个接缝处，正有嗖嗖寒风，像冰冷针刀一样，从外面叉进来，硬邦邦的冻毛巾仍在晾绳上僵硬地来回摆动着，尽管棚屋里气温很低，可与钻塔和野外相比，林像走进了温室。

像大伙一样，林以最快的速度摘下柳编安全帽，褪去厚重的翻毛皮靴，脱掉油污的“保尔式”棉帽棉服，一头钻进被子里。

林的宿舍共有七张床铺，靠着后墙一字排开。由于到钻机队晚，是新钻工的缘故，林的床铺正对着宿舍门。他简易的床铺则和大伙并无不同：一块杨木铺板，下面用两个木条凳支起；上床下床和翻身时需要格外小心，因为动作稍大，床铺就会发出“吱嘎吱嘎”的刺耳响声。

林的床铺紧靠着薄板隔墙，隔墙那面就是钻机队的六个年轻女性；相互吸引的两极磁场，被半个厘米厚的薄板硬生生隔开。吴芸师傅的床铺，也紧挨着薄板隔墙，林和她实际只有半个厘米距离；薄隔板上原有几个花生米大的洞眼，被吴芸师傅用报纸糊上，不然的话，两个宿舍里的一切可以随意观瞻、互览无余。

林的宿舍里，现在有两张床铺空着：副班长休探亲还没回来，王裕明受伤去了东阳；林突然觉得宿舍里空荡荡、心里也空落落的，难过和伤感不断向他袭来。

刚熄灯一两分钟时间，宿舍里就响起天天熟悉的呼噜声，队友们真是疲乏困倦已极，早早进入了梦乡。林却在被窝里无眠难寐，既为王裕明的不幸遭遇而同情伤感，也为自己的安然无恙而庆幸欣慰。他此刻才真切体会到：温暖真幸福，健康最美好，同时也真切感受到：被窝里确是个好地方，温暖、私密、安全，既是封闭之所，又是情柔之地，想喜就喜，想悲就悲，只有这狭小天地，才完全属于自己，可以在被窝里大开思绪闸门，尽情想，尽情思，尽情悲，尽情喜，尽情流泪，一切由己。

今天是特殊日子，林实在无法入睡，他把头蒙进了被窝里，想再忆一忆过往事，想一想心上人，理一理思念情，流一流辛酸泪；他要顺着先前的思绪，继续回忆已经“过电”了无数遍的那些往事……

在花的家里过完第二个幸福难忘的春节，林带着留恋和不舍，又开始了新学期的教学工作。

在农村，出了正月，就算过完新年；可在祁峰人眼里，农历二月初一，才是新年的最后尾巴，只有赶过了这天的项山乡庙会，新年才算真正结束。

一年一度的项山乡庙会，那可是远近闻名的大庙会。每到项山乡逢庙会时，远近几十里甚至上百里，都有人前来赶会。

这天刚好是星期天，林按约一早就赶到了花的家，和已经梳洗打扮完毕的花、菊、秀，一起吃过早饭，动身前往项山乡。他们兴致勃勃地出了门，快走到村东的南北大路时，一辆拖拉机在前面大路上急驶而过，一只小黑狗惨叫了一声，便躺在大路上一动不动，可怜的小黑狗，身下流出了一摊血，它被拖拉机轧死了。

这悲惨的一幕就发生在眼前，四个人赶庙会的兴致顿时大减，每人心头凄冷得像是凝结了一层冰霜。林为小黑狗生命的脆弱而伤感，更让他难过的是：另一只小花狗围在小黑狗的身边，一边哀叫，一边绕着小黑狗的尸体急得团团转，小花狗几次用前爪和嘴，努力推掀着地上的小黑狗，想让它重新站起来。花、菊和秀都早早把头扭向一边，掩面抹泪，绕道避开，不忍从小黑狗的身旁走过，林也心酸得不忍多看一眼。

直到四个人走进东山岗的洋槐树林时，花菊秀还在一边抹泪，一边悲伤地叹说着小黑狗的可怜，叹说着小花狗对“亡友”的深情。走过黄泥岗时，菊突然提议说：“路过禅堂寺时，俺们都进去烧炷香，许许愿吧。”大家听了一致表示赞同。

过了檷桔帐，是下坡路，坡路两旁的小溪沟里，梯次垂挂着又粗又长亮晶晶的大冰凌，回望时像一簇簇冰帘，于阳光下闪出耀眼的璀璨。这些冰凌在冬末暖阳下，已经开始慢慢融化，静听时，有轻微“叮咚”声，愈往前走，“叮咚”声愈大，快到禅堂水库时，竟还听到了细微的“哗哗”溪流声。这是春天脚步的声音，春天正在溪水的“叮咚”声中悄悄走来，充满诗情画意的季节即将开始。

那禅堂水库的冰面上，仍是一片亮眼的镜白，十几个孩童在冰面嬉笑滑冰；他们像燕子一样飞来飞去，闪过一道道优美的弧线，并不时把欢声笑语传送给路人。看着孩子们娇捷可爱的身影，四个人忘记了刚才的悲伤，相视会心地笑了。

四人很快穿过梨树林，进入禅堂寺的正门，林请了四炷香，每人点燃一炷，擎在手上，一齐走进大殿，纷纷跪到菩萨面前的蒲团上。林见上次问路的那个小僧人，正站在菩萨身旁，他手持木鱼，轻敲慢击着，发出响脆感人的清音。当小僧人看清林、发现林也在看向他时，脸部表情突然不自然起来。

林上两次就对小僧人有过似曾相识的感觉，如今依然如是，可一时还是想不起来究竟在哪见过。想不起来，也不再多想，林开始在心中真诚许愿了：他祈盼亲爱的姥姥健康平安、福寿延年；祈盼心爱的花生活幸福、永远美丽；祈盼与花相亲相爱、白头偕老……

当林许完愿转过头时，发现菊和秀已经许过愿出了大殿，而一旁的花，也已许愿结束，正满脸羞涩含情脉脉地看过来，林赶紧笑了笑，也用深情脉脉的目光回馈花。

突然，小僧人手中的木鱼掉到地上，滚落在林的面前，林连忙捡起，捧递过去，小僧人慌忙接过木鱼时，脸上早已布满了红云，他随即羞涩地闭上了眼睛。

林和花一同走出大殿，也许刚才跪的时间长了些，花被大殿的门槛绊了一下，踉跄着险些摔倒，幸好被林一把抱住，搀出寺院。这时，身后的木鱼声突然杂乱无章起来。

出了寺院大门，林忽然想起和才哥路过县城大桥时，曾经救起的那个跳河女青年，她的面容和小僧人很像。林不敢肯定小僧人就是那姑娘，再说，她怎么可能来到这里当和尚呢？正当他往下细细深想时，突然听到来时的大路上有人在高声大喊："快来人呐，有小孩掉进冰窟啦！快来救命呐，小孩掉到冰窟啦！"

林头脑里顿时闪现出禅堂水库上滑冰的孩子们，大说一声："不好！"连忙抄起靠在寺院外墙上的一根长扁担，向禅堂水库飞奔而去。

他飞快跑过梨树林，远远看见水库中央有个冰窟窿，一个小男孩正在里面扑腾挣扎着，那男孩双手扒着冰窟边沿努力向上爬，可刚爬出半个身子，又随着冰面的塌陷掉进冰水中。

一些路人已经下到冰面，纷纷向孩子奔去，可他们都在离孩子尚有二三十米远的冰面上，纷纷掉入冰水中。

林一口气冲到水库边，紧紧握住手中的长扁担，迅速冲下库堤、冲向冰面，他避开大家的奔跑路线，迂回着向孩子冲去。就在他离孩子不到二十米远的地方时，脚下“咔吧”一声炸响，冰层断开了一道大裂缝，就在他身子倾斜即将掉入冰水中的一瞬间，他一个翻滚，顺势将整个身子平摔在冰面上。由于是平摔，又有长扁担作支撑，与冰面的接触面积大大增加，虽然沾了冰水，身体却没有掉入冰缝中。他立即将手中的长扁担伸向前方，奋力而快速地匍匐爬行。

那冰窟中的孩子可能已经累坏了、冻瘫了，已经不再扑腾，他身上的棉衣可能也快湿透，孩子在冰窟中，正一动不动地慢慢下沉。此时的冰水已经漫过孩子的胸部，正向孩子的肩部漫去，孩子随时都有沉入水底的危险。见此情形，林心急如焚，不顾一切地跃扑过去，在男孩将要沉入水面的刹那间，一把抓住了孩子的棉衣领口。

林几次想把孩子拉出冰窟，但由于冰面太薄，孩子和身上的湿衣太重，都没有成功。时间就是生命，不能再耽搁一秒，他只有跳进冰水中，才能将孩子托出。于是，他一个纵身，在跳入冰窟的同时，迅即将长扁担横放在冰窟的边沿。他一入寒冷的冰水，立即双手托住孩子，两脚猛力踩水，运足劲后，奋力一举，将孩子托出水面，推到了那根长扁担上。由于有长扁担的支撑，加上他的托举，孩子暂时脱离了险境，可林却一时无法离开冰窟。如果此刻他扒住扁担向上爬的话，冰面是根本撑不住他和孩子的，孩子会有重新落入冰窟的危险，他只有在寒冷的冰窟中紧张地踩着水等待援救。

时间在危难时过得最慢，每一秒钟都是煎熬，每一秒钟都有凶险。林一边慌乱地踩水，一边焦急地看向岸边，希望众人尽快前来营救。他忽然看见岸上的人群中，花、菊和秀都在失声大哭，她们捶胸顿足、慌作一团。林的心里顿时一阵难过：如果自己死在这里，花、菊和秀，将是怎样的难过？尤其是花，该会怎样的伤心呢？自己绝不能死！为了她们，为了花，自己无论如何也要坚持下去！自己必须坚持下去！再说，自己小时候在沭河里练出来的好水性，不至于在这小小的“塘”水里灭顶。林在紧张中慢慢放松下来，手脚交替地踩压着冰水，让身体尽可能舒展放松，让冰水始终保持在胸部以下……

长时间困在寒冷冰水中，始终难以脱离险境，林渐渐感到四肢开始麻木僵硬，体力渐渐有些不支，而时间流逝得又太慢太慢，每一秒每一分，都是彻骨的寒冷，都是漫长的煎熬。看着岸上大哭不止的三个美丽女孩，他只有咬紧牙关，苦苦承受着煎熬，他必须坚持，绝不能放弃，也没有权利放弃，因为这不仅关乎他个人的生与死，也关乎着三个美丽女孩的悲和喜，他不能让她们失望悲伤，他必须在苦苦煎熬中坚持再坚持，必须最终让三个美丽女孩笑出声来……

林在长时间的煎熬中终于等来了营救人员。大批带着门板、木梯的救援人员陆续赶到，孩子得救了，林也在众人的帮助下，从冰水中艰难爬了出来。当他浑身颤抖着向岸边跑去时，远远看见花、菊和秀都拍起了巴掌，她们脸上流着泪，边笑边哭。

林跑到了水库岸边，顿觉身上有无数根冰针一齐扎来，刺骨般的又冷又疼。花和菊都争着脱下了身上的棉袄，要给林披在身上。刚好祁峰六队的会计路过，他连忙提醒说："快把湿衣服换下来，不然会冻出病来的。"那会计还把自己身上的破旧棉大衣脱给林。

在众人的"围护"下，林赶紧换下身上的湿衣，将棉大衣紧紧裹住光裸的身子。花一把扯下自己的花头巾，包裹在林的头上，秀也取下自己的围巾，缠绕在林的脖子上，菊早已脱下了自己的棉袜，几下就套在了林的脚上，她们拿起林湿透了的衣服和鞋袜，围拢在林的周围，簇拥着林一齐向祁峰村快速跑去。

当四个人跑到水库旁的大路时，许多路人都在笑着鼓掌欢呼，只有那个小僧人躬立一旁，双手合在胸前，泪流满面地连声说："阿弥陀佛，善哉，善哉。"

当林快速跑过橱桔帐，跑过黄泥岗，跑进洋槐树林时，身上已开始微微发热；当他跑到村东的南北大路时，身体开始往外冒汗。而他看到那条小花狗还趴在死去的小黑狗身边哀叫时，浑身不由得打起了冷战，心酸的泪也一下涌了出来：狗尚且悲鸣其类，人孰能无情呢？看看跑在身边的三个美丽女性，她们为自己担心、她们为自己流泪，她们为自己付出，自己是何其幸福而又何其幸运呢？他在心中暗暗发誓，要永远对她们好，永远不能愧负她们中的每一个人。

林跑回花的家中，喝过两大碗红糖热姜茶，蒙上被子睡了一觉，出过一身大汗，浑身上下全无一点不舒服的感觉；当他从被窝里偷偷探出头，发现花、菊和秀正围在火炉旁，为他烤湿衣呢。林见她们美丽的脸上都有泪痕，心头不禁一酸，刚要流泪，突然又想笑了：原来他两脚相碰时，发觉袜底下一片光滑，刚才跑回来时，没有穿鞋，菊的那双印花旧棉袜，已被完全磨破，菊的袜子快要赶上“乔站长的袜套”了。

在三个可爱女性的精心呵护下，林没有留下任何“后遗症”；可那几个先行救人的落水者，据说都大病了一场。其中有个刚结婚才十多天的某村团支部书记，不顾新婚妻子在一旁极力劝阻，第一个跑去营救，第一个落入冰水中，不仅留下了周身的病痛，而且永远失去了性福的功能。

后来省里的报纸专门介绍了那人的事迹，还配发一张那人领奖时的大照片，那张大照片上，颁奖的人都穿短袖T恤衫，那人却穿着厚厚的棉大衣。

知道内情的人对林说：“这个奖应该你去领的。”

“不，这个奖就该他去领，”林笑笑说，“他虽然没有救出人，可他第一个去救人，第一个落水，又落下了终生残疾，精神可嘉。谁愿为了一个奖，用一生的痛苦去换呢？这个时代看重的不是结果，而是精神，对大众最有教育意义的永远是精神。”

林不光嘴上这样说，心里也是这样想的。

第二十二章

宿舍里突然传出一阵哈哈大笑声，接着是“咿哩哇啦”一通梦话，随后又是一阵咬牙切齿声——像有人嘴里啃着骨头——“嘎嘎”直响，令人毛骨悚然。由于是在暗夜，又过于突然，林被吓了一跳，他从被窝里慢慢探出头，听出那声音是最里面床铺上班长发出的。

惊魂甫定，林又继续着绵绵不绝的回忆……

冰窟救人后，春天的脚步突然加快，气温迅速转暖，不到半个月的时间，就熏风暖吹，泛着新绿的柳枝在舒展筋骨，开始苏醒的草儿花儿睁开了蒙眬睡眼，到处满眼绿色，一派春和景明气象。

一年之中，春天总给人以美好和希望，就像每一个草根都通往春天一样，每个人的心里都在向往着春天，期待新一轮的春暖花开。

对于饥寒交迫之中的祁峰穷人来说，春天尤为美好，春天让他们不再饱受寒冷的煎熬，让他们体验暖阳带来的幸福。从来在寒冬里不会笑的张四老汉，在春天到来时竟也发出久违的嘿嘿笑声，第一次听到张四老汉的嘿嘿笑声，林的心里却有说不出的酸痛。

对于孩子们来说，春天最为美好，他们可以卸下厚重的棉衣，自由舒展身体，在融融春光里尽情欢快、尽情曼妙。看着身轻如燕的孩子们，在明媚春色中恣意嬉耍，林的心里又有说不出的快乐。

随着春天的到来，初一班的学生们更是焕发出蓬勃朝气，大家在学习上更加刻苦认真，求知的欲望更加执着强烈。故而，林在语文课业教学上，只是顺水推舟，既不费力，更不费心。

开学第六周的星期三下午，林在课堂布置过作文题目后，见大家都在专心致志地思考、写作，便悄悄退出教室，信步向学校院门走去。他站在学校的院门前，饶有兴致地欣赏着黛绿的远山，葱绿的岗坡，油绿的庄稼，目光所及之处，无不春意盎然、心旷神怡。

转眼来祁峰插队快两年了，其间的往事让林感怀，尤其是花，让他动情动容，花早已成为他天天的念想，成为他生命中须臾不可或缺的精神支柱。在他目光遥及的远处坡岗上，出现一前一后两个女子，她们拉着两辆平板车，在起伏不平的山路上疾走。林的眼中，那两个拉车女子，渐渐幻化成了花和菊，好像是她俩拉着粪车，行走在那条难忘的路上。林又想起了那次送粪，虽然以往每次回想起来，都会感到羞愧，可此刻心中，却又有着说不出的幸福和甜蜜，他幻想着自己的未来，幻想着怎样和花共度幸福的一生，他在痴迷着、沉醉着、呆笑着……

“什么事让你这样高兴？”熟悉的乡邮递员来到面前，让林从幻想中惊醒过来。林不好意思地连忙同他笑着打招呼，接收下一堆报纸和邮件。

邮件中有一张汇款单，是从地委机关报社寄来的，正是那小诗和短赋的稿费。汇款单上，对作者单位姓名、作品标题、发表时间、刊登版面，都详细标注清楚。让林想不到的是，那篇短赋的稿费是八块钱，那只有几十字的小诗，稿费竟有六块钱之多；这一共十四块钱的稿费，快要赶上他一个月的工资，着实让他喜出望外；他将稿费单揣进口袋里，迅速盘算着该怎样用好这笔开支。

在“民师”中，林虽然拿的是“中学民师”高工资，虽然每月有十六块钱，比别的“民师”工资都高；可对他来说，这十六块钱的工资还是少得可怜，除去生活费用和人情来往，几乎没有结余。虽然平时也给花和秀买过一些小用品，但都是花钱不多的手绢、镜子、雪花膏之类，这次有了稿费，要给花买件有纪念意义的上点档次的礼品。他只等星期天去乡邮局取钱时，到供销社考察后再作决定，这次所买的礼品一定要能够“拿得出手”才行；另外，菊要出嫁了，也该给她买样物品作为贺礼才是。

林每天都要数十次地摸摸那张稿费单，次次都给他带来激动和欣喜。在兴奋中，他整整等待了三天，心中的秘密也窖藏了三天，晚上看电影时也憋住没有告诉花，他要给花一个惊喜。好不容易等到了星期六，可临近中午时，天开始下起雨来，雨虽不大，却也洋洋洒洒、淅淅沥沥的。

这场仲春的雨，对山区来说是喜雨，是春播作物和夏熟作物的及时雨，当地素有“仲春的雨，贵如油”的说法。可林的心里却高兴不起来，晚上看不成电影不说，星期天能不能去乡邮局也要打个大问号。下午放学时，林告诉秀：“晚上没法去看电影了。另外，我明天上午有事要到乡里去一趟，从乡里回来时直接去你家。”秀听后，开始有点不高兴，不知为什么，她一转眼又高兴地笑了起来。

雨下了一夜，早饭后便雨过天晴、春光明媚，林赶紧骑上自行车，去乡邮局取稿费。他沿着学校门前直通岗上乡的那条下山小路，飞车而去，由于心情愉悦，他一路哼唱起样板戏的片段来。他同时演唱京剧《沙家浜》里的三个角色，这也是他最擅长的拿手戏：学唱阿庆嫂时，捏着嗓子用“假音”，清亮委婉，韵味悠长；学唱胡司令时，压低喉咙用粗音，憨声憨调，老气横秋；学唱刁德一时，一会儿用平音，一会儿用变音，拉腔拖调，音颤声绵，忽抑忽扬，清亮悠然。在八大样板戏的所有片段中，他自认为“杨子荣打虎上山”和“刁德一智斗”唱得最好。

他一路哼唱，不知不觉就到了岗东村。穿过岗东村的中心路，再越过村西的“三眼石孔桥”，就是岗上乡的集市。

所谓集市，其实就是乡政府门前的一条东西路；路南都是些小商店、小旅社、小饭馆、理发店之类的小店铺。路北则是乡直乡办的大机关大单位，自东向西依次是：粮管所、供销社、广播站、乡政府、兽医站、食品站、邮局、运输站、卫生院，连成一排。

当林快速穿过岗东村中心路，快要骑过“三眼石孔桥”时，有两个小孩突然从自行车前跑过；由于是从桥脊下坡，车速太快，为了避让小孩，林只能急转车头，结果，连人带车冲进了街右边的下水沟里。

还好，水沟不是太深，人和车子都没有太大问题；下水沟里的水，也是刚下过的雨水，不脏，只是鞋袜和裤腿全湿了。林收回惊魂，连忙把车子从下水沟里搬上来，发现那两个“惹事”的小孩，正站在一旁咧嘴坏笑，大的七八岁，小的只有四五岁，都衣着破旧，面貌相像。

刚刚虚惊了一场，又见小孩在笑他，林连忙抖抖腿上湿裤，面带惭色地走进一旁的供销社门市里。一来裤子太湿，怕人看见笑话，二来也想先侦察一下，看看有什么中意的物品。他走到柜台前细细浏览，首先看中了一件大红毛线衣；那毛衣上的绣花很好看，红颜色又是花最喜欢的，刚要问价格，上次那个女营业员走了过来。“小同志，上次要买金笔，这次看中毛衣啦？是送给对象的吧？”她隔着柜台边笑边问，表现出见了老熟人才有的热情，“嗯，有眼光！一看就知道你是识货的人！这毛衣是纯毛的，织工绣工都好，档次高，是名牌，而且还不贵，只要十四块五毛钱……”林一听这话，赶紧羞涩地收回目光，转向其他物品。

林买不起这件毛衣；本来身上还有十一块钱的，昨天下午，牛校长开班主任会议，要求各班把学生所欠的学费尽快催上来；林一想到班里那几个欠费学生的犯难目光，心一软，就把身上的钱，先垫出了八块。他实在不忍心像别的班主任那样，对学生催逼得太紧；更不忍心像别的班级那样，为了区区几块钱学费，眼睁睁看着学生被迫辍学。如今，他身上只有三块钱，加上稿费也不过十七块钱，买了毛衣就不能给菊买礼物了。他只能“降格以求”，又看中了既长又宽又厚实的“开司米”毛线围巾。那毛线围巾既漂亮又实用，而且很上档次，同时有好几种颜色可供选择。一问价格，只要六块五毛钱，心想这能接受，回来买上两条，分别送给花和菊。他又想起菊的袜子被自己穿坏，便走到袜子柜台前看了看价格标牌，也能承受；刚想离开，那女营业员满脸堆笑说：“小同志，我给你推荐一样东西，你看，这大红色皮腰带多漂亮、颜色多吉利呀，既美观又实用，送给对象最有意义啦；只要这红皮带勒到姑娘的腰上，就能拴住她一辈子的心，这腰带才三块钱。”

女营业员的热情让林有点不好意思：他只是先来打探价格的，又不是马上就买，再耽搁下去会愈来愈尴尬；他连忙笑笑说：“我现在还有事，过一会儿再来买吧。”边说边匆匆走出商店。

林推着自行车朝邮局走去，心里却在迅速盘算着：几样都买，钱肯定不够，不买腰带吧，又不知道回来时如何面对热情的营业员。再说，女营业员的话确实有道理，他的心已经被打动，一时不知道如何是好；一抬头看见那两个“惹事”的小孩，正光着脚，在路边“跳皮筋”，而不远处，有一大群人围拢成一圈。

经过“人圈”时，林好奇地向里张望，见人群中间，一位五十多岁的老者，泰然自若地稳坐在木椅上，他身后高悬着的白布幌上赫然五个大字：“象棋擂台赛”；老者面前方桌上摆放着一盘象棋，老者对面还有一把虚位以待的木椅；老者不停环视着众人，显露出一副怡然自得、气泰神闲的样子。

林上前打听，人群中有人回头小声告诉他：老者叫金代瑜，是远近闻名的“象棋王”，光靠摆象棋擂台赛，每月就能挣好几十块钱；只要有人交上一块钱，就可以随时登台打擂，一盘棋定输赢，输了钱不退，赢了不仅一块钱如数退回，老者还要倒赔十块钱。

林听了顿时有些心动：输了，也就少了一块钱，还够买围巾、袜子的；赢了，不仅可以买围巾、袜子、红皮腰带，还可以买那件心仪的毛衣了。说不定还能有余钱，可以买花和秀光听说好吃但还不知道什么滋味的“大白兔奶糖”呢。他立即锁了车子，挤进人群，掏出一块钱递给老者，深鞠一躬说：“向老前辈学习了。”然后坐到那把虚位已久的木椅上。

林坐在“先手”的红方位置。老者看向林微微一笑，说是按照擂台规矩要“猜先”的；林赶紧笑笑说：“别猜先啦，还是老前辈先走吧。”老者听后既不客气，也不礼貌地出手就先来个“左路当门炮”，林略微想了想，也一反常规地跳起了与老者同路的自己的“右路马”。老者脸上顿时露出得意的笑容，可能心想：连象棋常识都不懂，也敢与他下棋？老者也接着跳起了左路马，林当即出动自己的右路车，老者也跟着出动左路车，林将车前炮推至自己的“河沿”，老者也把左路车推前“巡河”。林暗想：如果自己注意隐蔽、战术得当，完全可以利用老者现出的可能隐患；便故意搁置右路的攻防，转走起左路的“闲”棋，静候“吃车捉帅”的良机。果然没走几步，老者因轻敌而出现了“昏着”；林迅速抓住机会，将右路的“巡河炮”拨至左面的“七门卒”前，形成“打象死杀”的假象，老者在匆忙防守中丢掉了左路车。接下来一切顺理成章、势如破竹。当林的“重兵”齐临对方城下、老者又无力回天时，汗流满面的老者，只好投棋认输；人群中顿时发出阵阵叫好声。

老者一脸难堪地连忙伸手向口袋里摸钱。结果，全身口袋翻了好几遍，只凑够七块钱，这钱还包括林刚刚交给他的那一块钱。老者双手抱拳、面露惭色说：“小兄弟，实在不好意思，今天带的钱不够。”

“带钱不够，还摆什么擂台？”人群中立即有人表示不满，“你以为就遇不到高手呀？”

“这次还算小伙子幸运呢，”人群中又有人接话说，“老金平时是不带钱的，你什么时候见到老金输过棋？”

见老者脸上越来越尴尬，林笑笑接过钱，先拿回自己的一块钱装进口袋，想了一下，把剩下的六块钱，退还一半给老者，转身走了。

乡邮局营业室里，当班的是个年轻俊秀的姑娘，她见林走进营业室，连忙有礼貌地站起身，嫣然一笑：“有事吗？”

林也赶紧笑笑：“取钱。”同时把早已攥在手中的汇款单递了过去。

“《荷塘赋》和《雨中》的作者，”那姑娘看了看汇款单，带着夸张的惊讶表情说，“原来是祁峰学校的呀？”她抬头看了林一眼，好像是在自言自语，“那诗文写得好美呀，没想到我们乡里还能出诗人。”

林只是笑笑，没有搭话。

“作者本人怎么没来？”那姑娘忽然笑着问林。

“我就是。”林犹豫了一下，有点不好意思地说。

“不会吧？”姑娘的目光中顿时有了怀疑，“你这样年轻，这么早就结过婚啦？”

“还没结婚，”林羞涩地摇头说，“这只是创作，不是真的。”

“你这么年轻，能写出那样好的诗来？”

“那算什么好诗，只是押点韵的几行文字罢了。”

“你太谦虚了，”姑娘好像相信林就是作者本人了，立刻满脸堆笑说，“我上个月在县里参加文学讲习班时，授课老师还把你的诗文拿出来当范例讲呢。”接着，她又夸赞林一番，然后很认真地说，“你以后能辅导我写诗吗？”

“我哪有那个水平？”林笑笑说，“有机会向你好好讨教才是。”

姑娘一听这话，眼睛立即发亮，动情地说：“如果两个青年男女，天天在一起讨论文学，那该是多么的美好呀，那是人生最最幸福的事了。”她好像被自己的憧憬所打动，眼里竟亮出泪光。

林知道文学女青年的情感世界向来丰富，常会因花谢、叶黄、草枯、虫鸣、鸟叫而伤心落泪；他怕一不小心，会惹哭了眼前这姑娘，到时是自找难堪、难以收场，于是，赶紧低下头，不敢再接话茬。

从邮局领过稿费出来，林才感到浑身的轻松和愉悦。这时，那个摆擂台的老者和围观人群都已散去，只有那两个“惹事”的小孩，还在供销社门前“跳皮筋”。林匆匆走进供销社门市，买下刚才已经看好的“开司米”毛线围巾。在围巾颜色选择上，他颇费一番考量，红色喜庆吉祥，作为结婚礼物送给菊，是最合适不过的了；花平时也很喜欢红色，但考虑再三，决定还是有所区别，就给花选了一条绿色的，这是永远青春的颜色。随后又走到袜子柜台，特意挑选了最贵的一款棉袜，营业员特别推荐的那条红皮腰带，也是必须买下的，他想用这大红色皮腰带，像营业员所说的那样，永远拴住花的心。

要买的东西都买齐后，还有点余钱，林又走到糖果柜前，买了一块钱的

"大白兔奶糖"。这种奶糖很好吃，他要让花、秀和菊尝尝这不同于一般糖果的美味。

奶糖的价格真贵，一块钱就买了那么一点点；一颗普通的水果糖，还不到一分钱，而一颗"大白兔奶糖"，却要三四分钱。林有好久没吃这种奶糖了，他接过营业员递过来的糖果纸包，轻轻打开，从里面拿出一颗，剥开玻璃糖纸，奶糖刚送到嘴边，手又突然停住，赶紧重新包好，装进挎包里；一块钱的奶糖本来就不多，不吃也罢，毕竟原来吃过。

林正要转身离开，刚才还在外面"跳皮筋"的那个小男孩，已将脏兮兮的小手上举到他的胸前："苏苏，吃铛。"男孩虽然吐字不清，意思还是清楚的，既然小孩伸手讨要，不好不给。林打开挎包，取出一颗奶糖，他见小孩手脏，便剥开糖纸，把奶糖塞进小男孩的嘴里，小男孩立即喜笑颜开地跑了出去。

林整理好挎包走出商店门，见吃糖的小男孩正躺在地上打滚哭闹。原来小男孩跑出门后，把糖吐在手心里，伸向哥哥炫耀，哪想被他哥哥一把抢走，并立即塞到自己嘴里。看着哭闹不已的小男孩，林有些无奈，只好重新打开挎包；手刚伸向糖包，两个孩子忽然一齐围拢上来，四只脏兮兮的手一齐伸向挎包。林顿时慌了："别抢、别抢，每人都给一颗，别抢、别抢呀。"可两个孩子哪里愿意，每人都恨不得独吃所有的糖果。林只得努力上举着挎包，不让孩子来抢，那两个孩子更不愿意了，他俩不停地跳起身子，想抢夺挎包，还扯拽着林的衣服，用手抓，用脚踢，嘴里也开始不干不净起来。

正当林急得满头大汗无法脱身时，女营业员出来大声说："小芬、小芳，你们家没有糖果吗？怎能这样闹呢？再说，叔叔已经答应给糖，别再闹了。"在女营业员的解围下，林赶紧掏出两颗奶糖递给营业员，请她帮助分发，连忙推着自行车，快步跑开。

刚走到大路上，迎面遇到乡报道员老臧。"你看姚科长家的小孩厉害吧？"老臧笑笑说，"那小芬，哪有一点女孩子的样，比男孩子泼皮无赖多啦，将来长大了嫁到哪家，哪家都要跟着倒霉的。"老臧说完，和林握了握手，匆匆走开。林回望一眼，见那两个孩子一齐手指过来，不停跳骂，他赶紧骑上车子，落荒而逃。

在去花家的路上，林百思不得其解：姚科长的二女儿，不是一再夸说家里富有吗？她的妹妹为何旧衣破裤、光脚跳皮筋呢？为了怕伤害到她俩，林不顾自身危险而掉进水沟里，她俩为何没有同情心，反而幸灾乐祸地取笑别人呢？在人家财物匮乏，满足不了她俩贪欲时，为何要围殴谩骂呢？

林曾学过一篇名叫《孔乙己》的课文，对孔乙己手捂茴香豆小碟子向孩子们拽文时说的话感到不解和好笑，什么“不多，不多，多乎哉？不多也。”现在好像有点理解、不觉得那么好笑了。一个心地善良而又自顾不暇的穷秀才，面对还不算顽劣的孩童，不这样又能怎样呢？他只有不多的留作下酒的茴香豆，却分给每个孩子一粒，好笑吗？不，好让人心酸。林觉得此时的自己，比起孔乙己来更加境况不堪。

林骑车向花的家里一路奔去，本来心情很好，现在却一路懊恼着：唉，连自己都舍不得吃的好糖，白白扔出去三颗，却换来围攻和谩骂，换来懊悔的坏心情。他越想越后悔，越想越生气，只顾低头奋力蹬车，尽管是上坡路，也骑得很快，经过那片“密林”地时，竟忘记像以往那样转头看上几眼。

当林一鼓作气，骑上长长的慢坡，忽听后面有人在叫喊，回头一看，是秀正从“密林”地里向大路跑。林连忙骑车返回，刚停稳自行车，汗流满脸的秀，也跑到了大路边。

“你刚才在想什么呀？”秀气喘吁吁地说，“我喊了那么多声，你一句也没听到吗？”

“刚才光顾骑车了，”林连忙赔笑，“真的没听到。”

“你刚才是在生气吧？”秀看出林笑得有点不自然，瞪大眼睛审视着问，“在和谁生气？”

林躲过秀直直盯过来的目光，低头小声说：“没和谁生气。”

“不对，你肯定生过气了，不然就是遇到了不愉快的事，你骗不了我的。”

“上午骑车掉到下水沟里了，”见相瞒不过，林只得苦笑着说，“你看，到现在鞋和袜子还没干呢？”

秀看了看林脚上半湿半干的鞋袜，哈哈大笑起来，直到林的脸被笑红，才止住笑声。她上前一把取下车把上的挎包：“买了什么好东西，让我看看。”

林这时才忽然想起，应该给秀也买点礼物的，连忙说：“没买什么，菊要出嫁了，想送她一点礼物。”

“我先看看，”秀边说边将包里的东西全部翻出来，她指着棉袜问，“这是给谁的？”

“给菊的，我上次穿坏了她的袜子。”

“这围巾呢？怎么是两条？”

“噢，一条是送菊的，一条是给花的。”

“这皮腰带真好看，”秀展开红皮腰带，边夸赞边窃喜着，却又羞羞地问，“这是送给谁的？”

看到秀满脸喜悦、爱不释手的样子，林真有点不忍出口了，怕说出来会伤害到她，竟结结巴巴起来：“这，这个，是……”林心里真后悔没有给秀买东西。

秀忙把红皮带勒在腰上，美滋滋地说：“你看这皮带勒在我身上好看吗？”

林轻轻点头：“好看。”

“一定是给我买的吧？”秀的欢声笑语中充满了自信，她得意窃喜的神态，表明是在明知故问。

林顿觉脸上火辣辣的，他不敢看着秀，更不敢明明白白直说出来，只能艰难地摇了摇头。

秀顿时呆愣在那里，脸上的笑容也一下子不见了，双手却还紧紧按住腰上的红皮带。

“秀，你别生气，”林赶紧羞愧地解释说，“这次钱用完了，下次一定给你买礼物。”林连忙掏出那包奶糖递过去，“这是给你买的，这大白兔奶糖，可好吃啦。”

秀没有接糖，眼里开始流泪。

林的心里一下子慌乱得不行，不知道该怎样安慰她，竟急中出错地说：“这腰带，适合花，不适合你，真的，下次给你买别的好吗？”

“这腰带为什么不适合我？”秀突然扬起脸，哭着问，“怎么姐就适合？”

林顿时被问住了，嗫嚅了一会儿，才挤出几个字：“秀，你，太小……”

“小就不能勒腰带吗？我要多大，你才可以送我腰带？”

林张口结舌，再也答不出话来。见林不答话，秀一下蹲到地上大哭起来。林立刻心慌起来，怕路人见了不明就里产生误会，连忙说：“别哭，别哭，快起来吧，腰带送给你行了吧？”秀一听这话，顿时破涕为笑，一跃而起，她连忙掏出两颗“大白兔”奶糖，剥去糖纸，一颗放入自己口中，一颗塞进林的嘴里。林虽然立刻香甜满口，可心里却有说不出的苦涩。

吃着“大白兔”的秀，蹦蹦跳跳地围绕在林的身边，她好像真的变成了一只调皮的“大白兔”。

第二十三章

“吱——嘎，咣当、咕咚”，连续刺耳的响声，突然从隔壁女工房间里传过来，打破了夜的宁静。林听出那是铺板发出的响动，水桶脸盆碰撞在一起，以及有人摔倒的交叠响声；随即又听到更刺耳的叫骂声：“是哪个不长眼睛的，把水桶脸盆放这的？”

骂人者，是一班的刘兆红，来自沛凤县的那个大脸女工；因她父亲是地质队老钻工有内招指标，刘兆红一年前来到钻机队。她上的是白班，刚才起床时不小心被地上的冻冰滑倒。她破口大骂后，从地上气呼呼爬起，拉亮了宿舍电灯，随着一声重重的门响，女工宿舍的房门被打开，两扇门板立刻在木板墙壁上来回撞击着，于寂静的夜里再次发出惊魂的噪音。

跨出房门的刘兆红，迈着重重的脚步，从林的棚屋门前急急走过，向着北面的厕所方向匆匆而去，原来她要去夜解。刘兆红急促而重的脚步，像男人一样坚实有力，她平时的举手投足，都像十足的男人——眼神、四肢、胸脯、腰板和声音都像，除了披肩头发不像。

刘兆红可能还带着怒气，所以出去时故意不把房门关上，室外的风雪顿时涌进女工宿舍。

“讨厌，出去开灯不关门。”说话的是苏荣师傅。虽然她是带气说的，可她南方水乡的吴侬软语普通话很柔美，连气话也软软绵绵、蛮好听的，听不出是在生气。接着，林听到了苏荣的披衣声，下床声，关门声，上床声，一一从薄板隔墙那面清晰传递过来。

苏荣和吴芸一样，都刚满二十周岁，两人一起从苏南老家招工来到地质队。林尊称她俩为师傅，不仅因她俩比林早来地质队半年，更主要的是她俩确实有师傅的风范，在平时的工作和生活上非常照顾林。

在钻机队，有个约定俗成的规矩：只要有人在睡觉，夜晚是不能开灯的，更不能大声讲话。因为钻机队最重要的三件事，就是工作、吃饭和睡觉。大家工作三班倒，劳动强度高，算上交接班和路途往返时间，每天有近十个小时在忙碌，大家平时又舍不得过星期天，都想把星期天积攒起来，以便探亲时可以和家人多待几天。所以，睡觉休息是钻工们很重要的一件事情，无论谁，无论有什么情况，都不能影响别人休息。

显然，刘兆红违规了。

刚过一会儿，卸下负担的刘兆红，轻松而回，脚步比去时轻了不少，也缓慢了不少，心情也该愉快了不少。当她走到宿舍门口时，见房门被关上了，她怒火又起，抬腿就是一脚，房门被猛地踢开，再次发出惊魂的巨响；随即，她一步跨进棚屋，用力关上房门，随后又是一通怒骂："是哪个事儿多的关门的，不知道俺出去呀，是不是皮子发痒找揍啦……"

女工宿舍里无人答话。已经睡足的刘兆红，像是在没事找事地乱骂发邪。

见刘兆红一直在骂，苏荣可能实在有些听不下去，就小声回了一句："这样冷的天，出去不关门，还骂人，真是的。"苏荣的软语还是那样柔柔的，依然听不出是在生气。

"就骂你怎么啦？俺就知道是你干的，早就想骂你了。俺一见你那个骚样就来气，天天围着机长发嗲，还对司务长眉来眼去，连食堂里的胖猪、瘦猴，也献殷勤，对新来的几个小伙子，更像发了情的母狗一样……不要脸的贱货，别以为俺不知道，你天天在被窝里抠呀抠的，你不是贱货是什么？"

林隐约听到了苏荣的嘤嘤哭声，哭声很轻，像是头脸蒙在了被窝里，哭声中，还说了一句家乡话："服药免哭"，林听不懂她这家乡话的意思。

"刘师傅，你别再骂了好吗？"薄板隔墙旁的吴芸师傅终于说话了，"大家都要休息，再说，你白天也要上班，早点睡吧。"

与刘兆红同班的敏姑娘也出面相劝了一会儿，刘兆红才慢慢止住骂，但嘴里还在叽里咕噜的，林听不清她叽咕些什么。

林听到吴芸师傅已经披衣下床，好像站到了邻边的苏荣床铺前，压低嗓音说："侬服药哭咪，早点休息吧，明天阿拉还要上街咪。"苏荣轻声答应后，吴芸师傅才回到了床铺上。

刘兆红出过了恶气，终于满意地睡去，不一会儿就发出了男人一样的呼噜声。苏荣的哭声也渐渐听不到了，女工宿舍里又恢复到原来的平静。可没过多久，吴芸师傅的床铺上，却发出轻微的床板声，那是吴芸师傅的床板在轻轻颤动，偶尔还会碰到薄板隔墙，向林传递着她还没有睡着的讯息。

林对刘兆红刚才的所作所为，极为反感；他认为刘兆红平日里就很蛮横，说话粗声大气的，全没有女孩子的温柔娴淑样，尤其对苏荣和吴芸，常常语中带刺，摆出一副盛气凌人的架势。而苏荣和吴芸，既是很有修养的慧美女子，更是林十分亲敬的人，对苏荣师傅刚才受辱，林深为同情。

说心里话，林对两位师傅是深有好感的，一来年龄相近，都当过知青，都有农村受教育的生活体验，互有共同语言；二来两位师傅对他十分照顾，钻机上的苦脏累活，她俩都身体力行，抢着去干，对他关照多多。有时，林在工作上有了失误，两位师傅也总是争为揽责、主动担过，为他解除了不少窘困。

记得刚来钻机队时，由于他的一次操作失误，没把钻杆拧紧，致使钻杆滑落到钻井中，全班费了半天时间，才把钻杆打捞上来。机长追查责任，两位师傅争将过错揽在自己身上，使他免受责罚。为此，他深受感动，心存感激。

也正是这次失误，让林第一次知道了什么是公锥和母锥，第一次感知两位师傅的善良贤淑品格；记得那天打捞钻杆时，班长要他到工具堆里拿公锥，他不懂，问班长什么是公锥？班长骂道："笨蛋，连公锥都不知道。"

副班长就站在工具堆旁，却故意不把公锥拿给林，而是瞟向苏荣和吴芸，捂嘴坏笑。正当林感到尴尬为难时，苏荣师傅红着脸，走到工具堆里，拿出一根尖头的钻杆，递给班长。班长将钻杆的尖头朝下，插进井里，用力旋紧，想把井下的钻杆拽上来，结果没有成功。

班长又对林大喊："公锥不行，去拿母锥来！"

林还是不知所从，副班长则直直看着苏荣和吴芸，眼泪都笑了出来。满脸涨红的吴芸师傅，赶紧走到工具堆里，拿出一根中间有粗孔的"粗头钻杆"。班长把钻杆的粗头伸进井里，经过一番折腾，终于将井下的钻杆拽了上来。由此，林不仅知道了公锥和母锥，也知道了两位师傅的真诚和友善，从此产生了敬重感佩之情。

林对刘兆红刚才骂苏荣，心里非常的气愤不平：你刘兆红怎能用那样恶毒语言来侮辱一个女孩子呢？林开始从心底里鄙视刘兆红：刘兆红呀，刘兆红，别说你是在无理取闹，即便你有理，也不能这样要泼撒野、得理不饶人呐；大家同吃一锅饭，同住一寒棚，同为苦命人，相煎何太急呢？不错，你有一个光荣老钻工的爸爸，可人家苏荣也有一个光荣老革命的父亲呀。人家苏荣父亲原来还是个"厅官"呢，虽说前些年被打倒了，现在不是正一批批恢复平反吗？你以为自己有着水桶一样粗的男人腰，就可以骄横霸道、不可一世呀，到时候，恐怕还抵不上人家的一根汗毛呢。唉，夜郎自大、井底之蛙，原来就是说你的呀。

最让林感到刘兆红面目可憎的是，刘兆红动不动就搬出她两千多年前的老祖宗刘邦来。她不提刘邦，林还不来气，她一提刘邦，林就不知不觉义愤填膺。自从项山的二老太向他讲了项羽和虞姬的故事，他就对项羽和虞姬有了由衷的好感。他敬佩项羽是重情重义的男子汉，是敢爱敢为的磊落君子，是拔山盖世的大英雄真英雄；他感佩项羽英雄末路宁愿自刎死，也不肯苟活羞颜过江东。哪像你刘兆红那泼皮无赖的祖先刘阿三呀，借人钱不还，吃狗肉赖账，不仅说过“我若不是妇人生，天下妇人全杀尽”的混账话，竟然还要人家煮了自己的父亲刘太公，说是想讨碗肉汤喝。像这样不知好歹、贪生怕死、置自己父亲生死于不顾的，不是无赖小人是什么？难怪历代仁人志士长为英雄项羽泪沾襟，长对竖子刘邦愤不平呢。

从刘兆红的丑恶嘴脸，林似乎能推证出刘邦奸诈小人的样貌来，更确信小人就是小人，英雄就是英雄。尽管刘邦得志，那也只是小人得志，终将千古落唾骂；项羽失手，却是英雄失手，千秋万代会留芳名。虽然项羽虞姬的族人，只能建有形的禅堂古塔偏居于一隅，可项羽虞姬早为自己建造了无形丰塔，永远耸天入云，矗立在世代人的心中……

在林继续胡思乱想时，薄板隔墙那面的颤床声，渐渐大了起来，节奏也明显加快，一阵紧过一阵。仔细辨听，好像还有轻微的“嗷嗷嗷……”的吼叫声，那是从被窝里发出的低吼。吴芸师傅身上一定很冷，该添被子了，不然的话，她为何哆嗦得嗷嗷直叫呢？

奇怪的是，吴芸师傅嗷嗷吼叫之后，薄板隔墙那面立刻变得悄无声息。噢，吴云师傅一定是睡着了。

她们都睡着了，而林仍无困意，他又继续着往事的回忆……

菊的婆家在三十里外的滨湖村。

二大爷只有菊这一个孩子，本来不想嫁那么远的，可附近都是贫困山区，而滨湖地处骆马湖边，是出产鱼米的富裕地方，为了女儿的一生幸福，二大爷还是忍痛要把女儿“远嫁”了。独生女儿的出嫁，自然是家中的一件大事，二大爷早早就开始筹划安排，想让女儿的婚嫁尽量周全圆满些。

菊出嫁的前一天下午，刚放学，林安排好学校的事情，急匆匆赶到二大爷家，在院门外见到了正在忙着的二大爷二大娘，他连忙上前道喜；虽然嘴上说的都是喜庆话，可心里却酸酸的，有想流泪的感觉。他想去菊的屋里看看，与菊话别，可又有些犹豫，他知道花和秀一定在菊的闺房里说话。

来祁峰插队快两年了，林却一直没有机会到过菊的闺房，如果现在不进去，可能再没有这样的机会了。想起以前菊的种种好，想到菊明天要远嫁，以后不能再在一起看电影、常见面了，心中就有说不出的伤感。他踟蹰再三，最后还是鼓起勇气走向菊的闺房。

一进门，花、秀和菊都一下子愣了，转眼又都笑了。秀忙说："说曹操，曹操就到，刚才姐还说你一会儿就能到，你真的就到了。"

花从菊的身边站起，搬来一个凳子，笑里含情地看着林，示意林坐下。林没有坐，对花微微一笑后，走到菊的面前，想对菊说几句道喜的话。当他看向菊时，发现一向能干泼辣的菊，突然变得像个纯情少女，腼腆羞涩起来。刚才还在笑的菊，这时已眼含泪水垂下了头。见菊有些难过，林的心中隐隐作痛，原来准备好的道喜话，竟忘得一句也想不起来了。

林愣在那里，屋里顿时变得沉闷起来。菊见林一言不发地呆呆站着，几次抬头张嘴想说话，又几次咽了回去。

"你是来向菊道喜的吧？"花的提醒打破了凝重的沉闷。

林赶紧接过花的话题，说了几句恭喜祝福的话，本来想好要尽量说得欢快轻松些的，可说着说着，语调里竟又充满着惜别的感伤。菊没听完就嘤嘤地哭了起来，花和秀也陪着菊，一起难过、一起流泪。这样的结果是林万万想不到的，他在心里自责语言表达能力太差，本来是说喜话的，却把菊说哭了。他想止住菊的哭，没话找话地安慰说："别哭，别哭，结婚是喜庆事，又不是太远，以后见面的机会多着呢，说不定哪天赶集还能碰到。你有空就回来，我们四个人还一起去看电影，好不好？"

花和秀率先止住泪水，一齐安慰着菊。菊终于止住哭声，却叹着气说："想想过去的事，真是美好，就像刚刚发生过一样。你刚来时又瘦又小的，不到两年，你已经长成大男汉了。"

林不知该说什么好，只是默默点点头。

"当着花姐和秀妹的面，俺实在张不开口，可俺还是要说，"菊看了看花，又看了看秀，满脸羞涩地说，"俺明天就走了，再不说就没有机会了。

你是个好男人，是俺见过的最好的男人！你送俺围巾和袜子后，俺偷偷哭了好几夜，俺没有什么好东西送你，俺纳了一双鞋垫，缝了一个荷包，送给你留作纪念吧，这是俺的一点心意，你别嫌弃。”菊一边说，一边从枕头下摸出一双绣花鞋垫，一个红绸“心”型小荷包，一齐递了过来。

林顿时浑身燥热，愣在那里。

“快收下呀，”花及时提醒说，“菊给你纪念品呢。”

林像听到了圣旨一样，赶紧上前，接过鞋垫和香荷包，连声说：“谢谢菊，谢谢菊。”菊笑了，花也笑了，可秀的眉头微微皱了一下，好像有一点点不高兴。

“明天上午学校有空吗？”菊又怯怯地问，“你要是有……你要是有课，就别来送俺了。”菊的话里虽然没有明确要求林一定来，可眼巴巴的目光里充满着期待。

林还未来得及回答，秀抢先插了话：“明天上午有两节语文课呢。”

听了秀的话，菊难过地“噢”了一声，低下头偷偷抹眼泪。

花赶紧接话说：“说不定能调课呢。”她边说边对林点头，示意林答应下来。

“菊，你放心吧，”林连忙说，“我明天上午调课，吃过早饭就过来。”

菊转回头，眼里露出了惊喜，她微笑着看向林，笑着笑着，她的眼泪又流了出来。

菊出嫁那天，林早早从学校赶到二大爷家，从挤来挤去的人丛中挤进院子，进入菊的闺房，与菊和花秀等姑娘们打个照面；林见花、秀和姑娘们，正嬉笑着围拢在菊的身边，悄悄私语。

虽然才是阳历五月初，时令还只是初夏，可上午的骄阳已经有点炙热烤人，许多年轻人已经穿上了夏季单衣。按照当地习俗，无论天气怎样炎热，“新娘子”都要穿棉衣出嫁，菊果然穿着一身大红棉裤袄。不知是化妆的原因，还是天气太热，菊的脸通红通红的，在红袄裤的映照下，像熟透了的红苹果，比平时漂亮动人了许多。

林打过照面后，匆匆返回院子里，帮着二大爷招呼客人。此时的林，心里很纠结，对菊总有些说不清道不明的留恋和不舍，想起初来时美誉过自己的菊，想起粪车下满脸通红掩面哭泣的菊，想起看电影时触碰自己臂膀的菊，想起水库边顿足大哭的菊……想起太多太多的菊，想起菊的太多太多的美好，林的心里有着无法言说的难过和伤感。菊对自己那么好，自己又能为她做些什么呢？他突然觉得自己亏欠菊太多，亏欠祁峰人太多，那么多的人对自己伸出过援手，付出过友爱，自己却无以回报，他感到汗颜、感到惭愧。

菊的婚嫁仪式简朴而又热闹。由于二大爷的人缘好，满村庄的大人孩子都来了，二大爷家的院里院外挤满了人。无论大人孩子，见了二大爷和二大娘，都笑嘻嘻地伸着手，讨要喜烟喜糖；二大爷和二大娘满头大汗地忙里忙外，他们一边发烟发糖，一边笑得合不拢嘴，一边又偷偷抹着泪。

二大爷的家成了全村庄快乐的中心，从家前到屋后，处处充满了欢声笑语。在这到处喜庆欢乐的氛围里，只有林感到了无比的悲伤，他表面上强颜欢笑，心里却在流血流泪。

随着远处大路上“噼里啪啦”的鞭炮声响起，大人孩子们争相朝大路跑去，是接亲的婚车到了，菊即将动身去婆家。

菊的婆家到底是富裕地方的，婚车也很豪华，不像祁峰村娶亲时用的平板车或毛驴车；而且，这次一下来了两辆大车，每辆大车都有一匹高头大马拉车，这让祁峰人开了眼界；尤其是拉“新娘”的那辆婚车，车架上搭了一个大拱棚，拱棚的前后左右都用花布幔着，就像江南水乡的乌篷船。这在祁峰村，无疑是很新奇、很风光、很有面子的事情。这不仅出乎大家的意料，也给二大爷出了一道不大不小的难题：那婚车太宽太大，进不到家门，只能停在很远的大路上。按照当地风俗，出嫁的女儿是不能自己走上婚车的，必须由家中的男性背到婚车上。二大爷本身是驼背，年岁也大，即使能背动女儿，可也走不了那么远的路。

二大爷和菊商量，想从远房的侄子中挑选一人来背她；二大爷每提到一个人选，菊总是摇头。菊和花耳语后，要求二大爷把林叫进屋。

林被叫进屋后，菊的眼里充满着娇羞和柔情，她怯怯地对林说：“俺求你一件事好吗？”

林感到一阵心酸，连忙点头：“菊，你说吧。”

“你来祁峰快两年了，俺一直把你当成亲弟弟，可你至今还没叫过俺一声姐呢，你叫俺一声姐吧。”菊盈着泪水恳切地说。

“姐。”林毫不迟疑地对菊叫了一声，虽然声音颤颤的，虽然亲切中带着伤感，却是很动情很真诚的，他要把两年来的友谊和感激表达出来，其实他早已经把菊看成了亲姐姐。可他叫过之后，还是偷偷看了花一眼，见花在点头微笑，他受到了莫大鼓励，心里暖暖哄哄的。

菊的脸上立即现出激动和惊喜，随后又羞涩地恳求说："既然俺是你姐，你是俺弟弟，姐求弟弟一件事，求你把姐背上车，行吗？"

林突然有些慌乱起来，不知道该如何回答菊，脸上的汗顿时冒了出来。

"弟弟背姐姐，是天经地义的事情，怎会不行呢？"花的话，立即打破尴尬局面，为林和菊解了围。

又一阵鞭炮声在二大爷家的院门前响起，林在众人的簇拥下，背着"新娘"向婚车走去。

走着走着，林开始出汗了，上衣渐渐湿透，脸上的汗珠在滚落，步伐也开始踉跄，脚底下总不那么踏实平稳，像是走在棉花垛上。忽然，他的心揪在了一起，每一秒钟都是煎熬：因为菊已将脸紧紧贴靠在他的脖子上，声声喘息在耳边震响，曾经被他双手按住的丰胸，正紧紧压在他的后背上，让他喘不过气来。他的心灵在剧烈震颤，裆下也开始湿黏，想起心爱的花和背上的菊，她俩都是让自己第一次魂飞胆丧而又畅快淋漓的女人，都是让他刻骨铭心而又终生感激的女人，都是让他丢失童贞而又回味无穷的女人。而此时此刻，他正背着这个女人走向婚车，把她送向另一个男人的怀抱。林的心在痛苦、在悲伤、在流血、在担心。他担心着菊的未来，担心着菊以后会不会快乐、会不会幸福？除了担心之外，什么也不能做。他忽然又在心底里抱怨：菊呀，你为什么对我这么好呢？我有花了，我的心早被花摘走了，你的好只能让我无以回报，在你面前，我永远只能羞愧赧颜。忽然，他觉得有两串热热的水滴，簌簌掉进他的脖子里，是背上的菊流汗了吗？他不敢回头看，好像不是，菊的身子在不停地颤抖晃动，她可能很冷吧？不然的话，她为何脖子上还紧紧围着那条大红色"开司米"毛线围巾呢？

终于到了婚车旁，在花和姑娘们的帮助下，菊顺利进入幔着花布的婚车拱棚里。

在人们的欢送下，在大家不舍的目光里，婚车起动了，刚走出几步，菊忽然在拱棚里急切地叫了一声："姐，弟弟，快过来。"林和花赶紧跑过去，菊撩开布帘，她一手握着花，一手握着林，轻声说："姐，要照顾好弟弟，守住俺三个人的秘密。弟弟，姐走了，花姐很爱你，好好珍惜。再见了，你们多保重。”花泪流满面地答应着，林轻轻点头，强忍着不让眼泪流出来，可心里像被刀割一样难受。

婚车很快在西去的下坡路上奔驰起来，车后扬起了一片浮尘；在扬尘中，婚车越来越远，越来越小，在经过那片“密林”地时，婚车上忽然闪出一条红飘带，在湛蓝的天空下，在骄阳的金光里，那红飘带在风中不停舞动着；多么美丽的红飘带呀，那样的鲜艳夺目、那样的摄人心魄！

婚车进入岗东村，看不见了，林却久久没能收回目光，始终觉得那红飘带一直在眼前飘动，那红飘带成为林一生中最珍贵的记忆，那红飘带时常在他的脑海里飘呀飘呀飘……

第二十四章

自菊出嫁后，林没有再见到过她。

虽然菊在婚后一月内回来过两次，可每次都是上午和丈夫一起来，下午又一起回去，来去匆匆。林白天在学校教书，自然没有机会见到菊，更没有机会凑到一起看电影。据花说，菊每次回来都问到林，还要花告诉林，她在婆家一切都好，这让林很欣慰。可林还是会经常拿出那个红绸香荷包，细细看着荷包上用丝线绣成的黄菊花；既欣赏那美丽花瓣，又欣赏那缜密绣工。每次看时，都有太多的心酸和甜蜜，都有太多的幻想和回忆。那双鞋垫更一直被林珍藏着，他怎么舍得把绣有两簇菊花的鞋垫放到鞋里、踩在脚下呢？他珍藏的是一份友情、一段刻骨铭心的记忆。

在接下来的时间里，随着农村夏忙开始，林和花一起看电影的次数明显减少，见面也不如以前多，但经过菊临走时说出了他和花的关系后，他俩的秘密已被“第三者”点明，两人也愈来愈心照不宣了：彼此一个手势，都心领神会，相互一个眼神，都传递出绵绵爱意。着实让他感动的是，在菊出嫁的前前后后，花是那样的包容大度、富有爱心，帮他摆脱尴尬和困境，赋予他男人应有的自由和尊严。

人常说鸟之美不仅在羽毛，还在婉转鸣啼；鱼之美不仅在鳞鳍，还在自在浮游。而花的美不仅在于她的外貌，还在于她的心灵品德。花的善良、爱心和真情付出，让林浸润在幸福的柔波情海中，足以让他一生温暖、受用无穷。从花身上，林看到了姥姥的影子，更感到自己是何其幸运、何其幸福，一生能遇到像姥姥和花这样美慧无比的女性，并饱受她们的眷顾和恩泽，他不枉此生。

随着四夏大忙的基本结束，端午“粽节”到了。

祁峰人过端午节，绝大多数人吃不起糯米粽子，只能用当地产的黏高粱包粽子；虽然“黏高粱粽子”别有风味，可口感还是差了很多。有别于其他人家的，二大爷家和花的家，在端午节都吃上了香喷喷的糯米粽子，这自然是菊带来的口福。

林吃着口齿留香的糯米粽子，心里却很不是滋味，生出无限感慨；想到彩文华章、彪炳千秋的那位古人，以他“九死不悔”的忧国忧民情怀，令世世代代人敬仰和感佩，正是他的悲绝一跳，才有这两千年的端午“粽节”。想到勤劳朴实而又贫困可悲的祁峰人，过节了，却连一顿糯米粽子也吃不上，林的心里有着说不出的难受。想起几年前发生的一件往事，也让他备感不安和自责。

让林感到不安和自责的那件往事，发生在他上初一时的端午节。那时县一中对学习抓得不紧，林和同学们并无二致：上课既不用功，放学更是贪玩。临近端午节的一天下午，放学后的林，像男同学们一样，滞留在学校，多数人在球场上或打篮球或踢足球。

因为林在同学中年龄最小，他的个头最矮、力气也最弱，打球踢球都抢不过同学们，他只能干些与众不同的事情——一人来到学校礼堂后面的僻静小树林里，练习他的“飞镖”。那“飞镖”约三寸长，用一根粗铁丝做成，前梢磨成尖尖的；练习时，把“飞镖”暗藏手指间，对准既定目标，抖臂甩手，用力一掷，像射箭打靶一样，以命中“圆心”为好。

林那时既然在身高和力量上都处于绝对劣势，无法在运动场上与同学们一决高下，那就只能另辟蹊径，或可在技能技巧上独领风骚，他渴望拥有“飞镖”独门绝技，以便与人争锋。

正练之时，一个同年级的别班男同学走了过来。那同学出生于干部家庭，人很调皮，力气也大，他见四下无人，猛将林紧紧抱抵在一棵树干上，并不停摇摆着身体，使劲用力。林被夹在树干和那同学之间动弹不得，很快就喘不过气来，更别说叫喊呼救了。就在林“万分危急”之时，与林同班的大个子韩同学刚好路过，一阵拳打脚踢，将别班的那个同学打哭打跑。

“你等着，”那同学哭跑时，回指韩同学狠狠地说“明天中午有你好看的。”

果然，第二天午休时，一场群架在林的班级里展开，教室里桌子板凳倒了一片；打架双方都有流血，一方是那“哭跑同学”带来的一群人，一方是以韩同学为首的林的同班男同学。结果，韩同学一方大获全胜，因为他们每人手中都有暗器；那暗器是三寸多长的铁钉，对方有几人捂着鲜血直流的伤脸鼠窜败走。

打群架，林是事后知道的，但此事因林而起，心里自然很是愧疚和不安，当然，林也从心底里对本班仗义敢为、勇武率真的大个子男同学们深怀敬意。当天下午，学校领导专门对此事进行了调查，林还被老师叫去作了问询笔录。打群架的事，最后好像不了了之。

让林感到难过的是，两天后，那个“惹事”的同学意外死亡。

林对那同学的死，一直感到惋惜，他只不过有点调皮罢了，毕竟年龄还小，却早早丢了性命，真是太可惜了。

每当回想起这件事，林总会感到不安，他无数次地设想：假如那同学欺负自己时，要是韩同学当时不路过多好，那同学也不会挨打，也不会有后来的群架，也不会因那同学的死，让自己如此的愧疚难过、伤感惋惜。

那同学是在端午节的早上，为了两个糯米粽子与同学打赌，从沭河桥上跳到水里的，他没能活着浮出水面。

每到端午节，林都会对一生忧国忧民的屈原深深缅怀，也会为因两个糯米粽子而死的那个同学感到不安和自责。如今，他更是感到哀伤，祁峰人用不起糯米粽子，只能用“黏高粱粽子”，来纪念那位名垂千古的伟大诗人，林为祁峰人哀伤，为如此贫穷的社会哀伤。

秀自从勒上了红皮腰带，神气多了，尤其随着身体的发育，她走起路来，飒飒爽爽，愈发秀美多姿。

秀的学习成绩依然很好，尤其是作文，几乎次次都是全班最优的。她开朗调皮的性格没有变，在林的面前，还是叽叽喳喳、蹦蹦跳跳的，一看没人时，就要求林兑现为她写诗的承诺。自己的饭量自己知道，林很明白，他根本不具有写诗的才能，上次只是一时被情境感动，偶然写下了几句顺口的白话，承蒙高人帮助才得以发表的，他对自己的几斤几两，怎能没有自知之明呢？所以，秀每次提起这事，林总是推说最近太忙，以后再写。次数一多，秀开始不高兴了，说林是在敷衍她，还列出种种“吓人”的后果，像最后通牒一样，限林在放暑假之前必须完成。

放暑假了，秀的期限已到，林的“任务”还是没有完成。

放暑假的当天下午，同学们领过“学生家庭报告书”，满心欢喜地离开学校。只有秀没走，她虽然手里握有全班第一名的成绩单，可还是不满意地缠着林，抱怨林说话不算数。这次，秀好像真的生气了，因为她的眼里频频闪动着委屈的泪花，因为一天后，林要去进修校参加为期四十天的集中培训。

"这样吧，明天项山乡逢集，咱们一起去赶集，"林只好哄她说，"回来后，我就把诗稿交给你。"秀先是有些半信半疑，最后，还是揉揉眼睛笑着跑走。

秀走后，林立即拿出纸和笔，坐在办公桌前苦思冥想，可到了晚饭前，还是没能写下一个字，他实在没有一点诗的灵感，实在无从下笔。晚饭后回到办公室继续写，直到下半夜，才勉强写下几行字，可看来看去还是不满意，最后又划掉，只好叹着气回到宿舍。

第二天早饭后，林匆匆赶到花家时，花和秀早已整装待发。两人打扮得像盛开的娇美鲜花，那样的耀眼夺目，尤其是花，在甜蜜爱情的滋润下，愈发神采奕奕、美丽动人。

林在两个美女的相伴下，沿着进山的那条小路，愉快地向项山乡出发。由于心情大好，林步伐轻盈，一会儿哼着小曲，一会儿又吹响口哨，秀也频频亮起清亮的歌喉，唱起歌来，只有花不哼不唱，一路喜笑颜开地走着。

路过村东的洋槐林时，林想起揎树枝的往事，隔着走在中间的秀，看向花，发现花的目光呆呆的，脸上布满了红云，难道她也想起了揎树枝的往事？于是，林话外有音地说："揎过的洋槐树就是不一样。"听了这话，花的脸更红了。

秀奇怪地看着林："有什么不一样？"

"你姐知道，"林笑笑说，"她会告诉你的。"

"姐，"秀连忙转向花，"你知道为什么不一样吗？"

"可能……"花红着脸支支吾吾，"可能是揎过的洋槐树更肯长吧？"

"噢，"秀转看林，见林在点头笑，似懂非懂地说，"原来是这样的呀。"她忽然又转向花，"姐，你的脸怎么一下变得这样红呀？"

"是吗？姐的脸红吗？"花慌忙掩饰说，"可能是天气太热了。"花说完，忙把脸转向一边，像是要把目光躲进那片洋槐树林里。

当三人经过禅堂水库时，林看向左手边的水库，那微波不兴的水面，碧澈得像一面镜子，倒映着白云蓝天，便由衷地赞叹道："这里的水真清、真好！"说完，转头看向右边的秀和花，发现她俩都屏住呼吸、神情紧张地把脸转向了另一边，林感到有些奇怪。

走过水库后，她俩才转过脸轻松起来。秀碰了一下林，笑笑说："每次走过这里，我都不敢看水库，一想起那件事就感到后怕。"花也张了一下嘴，却并没有说话，只是眼睛里闪过一道亮亮的水光。

三人穿过梨树林，经过禅堂寺前的古塔时，花又忽然变得很紧张，脸也涨得通红，而秀依然表情轻松、笑容满面。林觉得好笑：难道花想起了烧香时的许愿不成？他知道花许愿的内容一定和他有关，本想开玩笑，旁敲侧击一下花，考虑秀在身边，就欲言又止。

三人很快走过黄巢湖，登上银花岭。那满坡金灿灿、银亮亮的金银花，争相绽开，香气醉人，大群大群的蜂蝶绕飞在花丛之中。林看着身边正轻盈踏行在簇簇花团之间的秀和花，两人的美丽容貌令他怦然心动，他完全陶醉在绵绵爱意之中；想起她俩的种种美好，他眼睛渐渐有些湿润，突然萌生献花的冲动，便从身边的花树上，随手采摘了两枝并蒂绽放的金银花，躬身拱手，很"绅士"地把花送到她俩面前；两人欣喜接花时，眼眶里竟都盈着泪水……

夏季的天就是孩子的脸，说变就变，刚才还晴空万里，转眼间就乌云密布，天空中的"雷车"轰轰隆隆，从远处滚滚而来，随即在头顶炸响，瓢泼大雨顿时倾注下来。幸好不远处的路边有个瓜农的草棚，三人早早跑到草棚下躲避。

随着雷雨的迅猛降临，天地之间骤然昏暗下来，狂风大作，裹着寒凉，似乎有"一雨成秋"的意味。棚外大雨如注，粗密的雨帘，让人看不清十步之外的景物；暴雨的喧嚣噪音，让耳膜发胀，眼前和头顶，不断出现吓人的电闪雷鸣。

不一会儿，草棚里也开始"下"起小雨，那细密的雨帘，让躲雨的人无处藏身，花和秀的身上开始落雨；气温的骤降，让人体验到暑夏也有寒冷。花和秀拥靠在一起，彼此在温暖对方的同时，减少自身的寒冷；她俩都拿下刚才还插在头上的金银花，放在鼓合着的手心里，紧护在各自的胸前。林看了既怜惜又心疼，顾不上自身的寒冷，立即脱下长袖衬衫，上身只留下"两条筋"的背心；他张开衬衫，在她俩头顶撑起一顶"衣棚"。

望着棚外密垂的雨柱，看看身边瑟瑟发抖的花和秀，他突然又有想流泪的感觉……

到底是夏季的雨，来得快，去得也快，暴雨狂注一阵后，随着乌云的渐渐退去，雨开始淅淅沥沥起来；东南天空越来越明亮，刚才还躲在乌云后面的太阳，渐渐露出圆圆的白脸，金色的光芒开始从飞飘而过的浮云中透射出来，像空中飘拂下的流苏，时不时还有少许穿透阳光的雨点垂落下来，逸荡着绚丽的色彩；脚下的虞河和虞河那旁的项山，重又清晰美丽起来。

虽然虞河的水开始变得有些浑浊，但却让人看到了虞河的另一面：不光秀丽旖旎柔情万种，也有容污纳垢不却浊流的胸襟。

苍翠欲滴的项山，也变得从未有过的美丽：一道圆弧状的七色彩虹，高悬在项山主峰五花岭上，让人感到项山不仅秀美，而且巍然神圣；项山颈部的那块突兀巨石上，悬空冲下一道宽宽的飞流，直与虞河边的深潭相连，形成一道平滑亮眼的瀑布。

花和秀的眼瞳里现出惊喜的亮光，脸上又有了可爱动人的笑容；林从心底里赞叹虞河项山的奇美，忽然有了写诗的冲动。他迅速构思，很快，一首小诗的“腹稿”完成。

当雨过天晴重新上路后，眼前的美景，林已视而不见，一心只在斟酌修改腹中的诗稿。当三人翻过项山，都已汗水涔涔；林见山脚旁有个挂着“卖雪糕”招牌的小商店，忙对花和秀说：“你们等我一下”，便跑进那小商店里。不一会儿，林手擎着三支雪糕跑回；在送雪糕给秀时，把一张小纸片交到秀的手中。小纸片交出后，林的心里一阵轻松，秀交给的“任务”总算在限期内完成。

那纸片上写着一首小诗，内容如下：

瀑布——
山老人的胡须，
云姑娘的裙衫；
上连着银河水，
下接着碧波潭；
彩虹之弓高天悬，
弹拨美妙的琴弦。

瀑布——
自然界的壁镜，
少女家的窗帘；
映出春华秋实，

映出红日蓝天；
轻风撩动着纱幔，
露出花和秀的笑颜。

秀可能只顾吃雪糕，好像看也没看一眼，就很不经意地把小纸片塞进长裤口袋里。

项山乡的集市，紧临公路边，下了项山再走二里多路，越过那条南北走向、连通省地两大城市的二级公路，就到了项山乡的集市。

三人穿过公路，进入项山乡那条东西二里多长的主街。此时，街上赶集的人很多，有的地方可以用"摩肩接踵"来形容。

林喜欢来项山乡赶集，因为这是周边集市中最大的一个，既繁华又热闹，还有一个更重要的原因，是可以请花和秀看电影。在附近乡镇中，只有项山乡有电影院，逢集时可以在白天看到电影；每人只需花上一毛钱，就可以坐在有扶手的靠背椅子上舒舒服服地看场电影，那可是站着看电影无法比拟的安逸和享受。再说，林已经有段时间没和她俩一起看电影了，这次来赶集，看电影当然是必须有的内容。

也许是放了暑假的缘故，赶集的人群中，多了不少中小学生的面孔，特别是街西头的电影院门前和门前的大街上，站着很多等候入场看电影的孩子们。林要花和秀站在街边稍等一会儿，便独自快步走到电影院的售票窗前，一看节目预告，正在放映的是一部新影片，他当即买了下一场次的电影票。由于时间还早，离下一场电影开映还有半个多小时，所以，他想与花和秀先到闹市区转转再回来。

林转回身时突然笑了：原来一个又矮又瘦的老汉，牵着一匹又高又大的枣红马，自西向东、从花和秀的身后走过；那老汉真矮，比马背还矮了半头；那枣红色大马，非常健壮、非常漂亮，比菊出嫁时拉婚车的马还要高大；除了额前有一小块竖长的白色外，马的全身再没有一点杂色；枣红马的高大威猛，与矮老汉的体小瘦弱，形成极大反差，令林忍俊不禁。花和秀见林在笑，也不明就里地跟着一起笑了起来。

林与花和秀重新会合后，一起向闹市区走去。三人很惬意地行走在项山乡的主街上，前面就是刚刚过去的那匹大马，三人边议论着枣红马，边说笑着朝前面的街中心走去。

刚走出不远，林忽然发现前面十来步开外，有个女子的背影和头型很熟悉，从她的腰身和步姿看，像是一个孕妇。当快走近孕妇时，只见秀跨前几步，手抚在孕妇的肩上，甜甜地叫了一声："淑艳"，那孕妇连忙转过头，立即同秀拉手亲热起来，林在后面呆呆地站住了。

果然是淑艳，半年多不见，她的身形变化很大，原来的苗条细腰，如今变成了"水桶直腰"；肚子也明显前凸，看上去应该有不少于五个月的身孕；她的脸部变化也很大，虽然漂亮的模样没有太变，可脸上明显黑瘦了很多，好像已经有了岁月的沧桑和苦楚的印记；原来的满头乌发，现在已经有点黄发垂髫；她虽然在笑，但已不再是原来轻松自然、天真烂漫的笑了。看到那笑，林连忙低下头，心里有酸楚想哭的感觉，他不敢也不忍再看下去。

想起淑艳出嫁的前一天傍晚，在通往她家的岗坡路上，她的哭声、她的无助、她的下跪、她的苦求、她的可怜，想起自己曾经的"荒唐"举动，林想立即转身躲开，怕花和秀会看出他见到淑艳后的"异样表情"，看出他脸红心虚背后的秘密。可一切都晚了，秀已经向淑艳说明林也来赶集，而且就在身后，她俩已经转过身一齐招呼林。事已至此，已经躲无可躲，林只得转回身快步迎上前去。

林本来是想对淑艳热情问候的，可话里总显得词不达意、漫无边际，眼光也总是在犹豫中滑来滑去，不敢在淑艳的脸上停留片刻。他忐忑不安、心神不宁，不时偷看花和秀，紧张得浑身冒汗，一心想尽快摆脱当前的窘迫。

也许花看出林的心思，不想让他太过难堪，连忙拉着秀朝前走出几步，留给林与淑艳说话的空间。这更让林觉得窘愧：想赶紧走开吧，可一看到淑艳憔悴的面容、凄清而惊喜的目光，又不忍心马上走开，担心立刻转身走开，对如此悲苦的淑艳又是一次伤害；想对淑艳笑笑、说几句高兴和祝福的话吧，可又笑不出来，也说不出口，只能在静默中看着淑艳，看着她那眼中含泪、面带羞涩、楚楚可怜的样子。林心中最柔最软之处，在颤抖、在酸痛……

就在他对淑艳相视无语、酸楚上涌之时，震耳的鞭炮声从前方传来，闹市区方向正人声嘈杂、青烟腾腾，可能又是哪家新店开张大吉了吧？突然，闹市区方向传来一阵急促的惊叫声："快闪开！马惊了！快闪开！马惊了！

快闪开！”林朝着喊声望去，只见刚才过去的那匹枣红马，正从闹市区狂奔而来，街上的人，纷纷向两旁躲闪。

那惊马正迎着花和秀飞奔过来，情急之间，只见花一把将秀推向街边，而她自己却站在当街的正中央，高举着双臂，迎拦在惊马的前面。林忽觉得大事不好，对淑艳大声说：“快躲开！”便一边迎着惊马飞扑过去，一边对着花大喊：“花！危险！快让开！”

花好像没听见一样，继续高扬着臂膀，像一道屏障，屹立在街心。

那惊马拖着缰绳，一路撒野、一路狂奔，肆无忌惮，如入无人之境……惊马狂奔之中，突然发现前面有人当街挡道，它愤怒地高高张扬起两只粗大的前蹄，想踏碎前面的路障，就在它高悬的马蹄狠狠踩下的瞬间，林及时赶到，用力一把推开花，连声大喊：“吁！吁！吁！”那惊马看到第一道路障后面还有屏障，又有“吁！吁！吁”的叫停指令，顿时愣停了一下。当它看到又一个陌生人挡住去路时，又想重新发怒发威。就在它重新跃起、再次撒野时，林已抢先一步，手疾眼快地抓住了长长的缰绳，并把那缰绳迅速紧紧缠绕在左手臂上，右手死死抓住接近马头的缰绳，用尽全身力气下拉住惊马的头，并用整个身子拼命下坠……

林从赶大车祁明那里知道，只要马头抬不起来，它就无法前进半步。那暴躁的惊马，哪里甘心它的头被人坠下，一次次愤怒地把头扬起，却又一次次被林拼死坠下；惊马一次次把林扬向半空，又一次次把林从半空摔到地面……

林死死勒住缰绳就是不松手，用尽全身力气与惊马进行搏斗。那惊马一次次想腾起前蹄，无奈一次次被拽下的马头所挡住。林的心里只有一个念头，就是拼命坠拉下惊马的头，不让惊马有腾起前腿的机会，只要惊马腾不起前腿，它的威力就无法施展……

经过多个回合的搏斗较量，惊马虽然暴躁依旧，可它渐渐有些筋疲力尽，只能在原地乱蹬乱趴……就在林与惊马斗力斗勇的僵持中，时间也在一秒秒流逝……终于，那个气喘吁吁的瘦小老汉赶到；在众人齐心协力的帮助下，几经周折努力后，惊马才被完全驯服。

疲惫至极的林，刚从地上站起来，又一头栽倒在地……

当林醒来，发现自己躺在医院的病床上，右手缠着纱布，左前臂打了石膏，头脑晕沉沉的，腰酸腿痛，浑身无力，这才回想起先前拦惊马的事，而花、秀和淑艳正趴在床边轻声啜泣。

此时的林，既感到有些欣慰，又觉得有些后怕：刚才，花要是被踩伤了怎么办？万一拦不住惊马怎么办？怀孕的淑艳和那些看电影的孩子遇到危险怎么办？好在一切有惊无险，一切都已过去，可一看到眼前正在为自己受伤而担心哭泣的三个女子，又有些心酸和心痛。他强忍着疼痛对她们挤出笑容说："你们哭什么呀？我只是受了一点轻伤，现在没事啦，我们回去吧。"说完想起身下床，三个"泪人"一齐扑过来，把他紧紧按在病床上。

这时，一个医生走了过来："小伙子，你刚才伤得可不轻呀，你现在还不能走，需要观察一段时间再说，如果没有大的问题，再走不迟。"

"多亏你了，小伙子，"那个"惹事"的老汉，也眼含泪水走过来，"要不是你，还不知道要出多大的纰漏呢。等你出了院，俺把你接回家里好好养伤。"

"大爷，没事的。"林连忙对老汉说，"您回去吧，这点小伤不算什么。"

林突然发现花的额头上也包着一块纱布，他知道一定是自己把她推倒摔伤的，一把抓过花的手，心疼地问："你摔伤啦？疼吗？"花不答话，只是摇着头呜呜哭着。

秀哭得更伤心，好像是她做错了事一样，她一边哭一边在懊悔自己，说不该来赶集的。林笑劝了几次仍止不住，相反，越劝秀的哭声越响。

林几次催淑艳早些回去，说自己已经没事了，要她多注意自己的身体。淑艳边流泪边点头，就是不动身，好像还有话没说似的。

花好像明白了淑艳迟迟不走的原因，对秀示意了一下，与秀一起走出病房。

淑艳见她俩出了病房，屋里没人了，赶紧附在林的耳边小声说："哥，刚才在街上一看到你时，你知道俺有多高兴吗？现在你受了伤，俺心里比刀割还难受。你知道吗？俺天天想你，俺做梦经常梦到你。"

林惊慌地看了淑艳一眼，忙说："不要这样，你千万不能这样。"

"你不知道俺的心里有多苦，"淑艳流着泪，伤心地说，"也不知道这苦，什么时候才能熬到头。"

"以后会好的，"林安慰她说，"你现在有了家庭，将来有了孩子，你会幸福的。”

“俺是苦命人，哪来的幸福？”淑艳继续流着泪，摇头叹息说，“俺和他结了婚，就没有幸福了。每次他和俺‘那个’，说有多痛苦，俺就有多痛苦。俺这一生中，只幸福过一次，就是你那次抱了俺、俺亲了你。俺最想和你做一回夫妻，想为你生个孩子。俺知道自己不配，可俺还是跟你说了，你不会说俺下贱不要脸吧？”说这话时，淑艳满脸通红，羞涩的眼睛里充满着悲伤。

“你别这么说，也千万别这么想，”林赶紧埋下头，羞怯地说，“你……还是早些回去吧，以后把我忘了吧，把那件事也永远忘了吧。”

“哥，你可以忘记小妹这个可怜的人，”淑艳流着泪哽咽说，“可小妹怎能忘记哥呢？”

林愣在那里，不知道应该如何回答，心里酸得不行。

门外的走廊里传来秀的说话声，淑艳突然抱住林的头，在林的脸上猛亲了一口，随即慌忙站起身，向外走去。走到门口时，她流着泪又深情地回望一眼，她的目光，是那样的凄切悲凉、酸楚无奈、依依不舍，那目光让林感到了彻骨的寒冷、无比的心酸。

后来，每次回想起淑艳出门时的目光，林都会痛苦万分、感伤不已。

第二十五章

一阵抽泣声从临边的李伟平床铺传出，虽然很轻，但还是中断了林的回忆。

李伟平实在忍受不了钻机队的辛苦，又在想家了。李伟平的抽泣声越来越大，渐渐变成了呜呜哭声，虽然他是把头蒙在被窝里哭泣的，可在静夜里还是显得格外刺耳。林想：他这样哭下去，不仅会影响大家休息，对他本人的影响也不好。于是，林披上棉衣，轻轻下床，拍了拍李伟平的被子，小声安慰说："别哭了，伟平，如果实在受不了，不如明天请病假回家休息吧，等休完病假再回来，那时天气可能会好些。"

李伟平在被窝里轻声答应着，哭泣声也慢慢止住，但被子还在上下前后一动一动的。

林回到床上，宿舍里渐渐安静了下来，棚屋外的风雪之声似乎也听不到了，估计暴雪寒流可能已经过去，明天或许是个晴朗的好天气，可林的心情依然阴郁如故，心酸的回忆仍绵绵不绝……

在进修校集中培训的日子里，因左手臂骨折打了石膏，林不能骑车回祁峰，他的心却天天飞回到花的身边。课余时间，每天夜里，离愁别绪的苦痛总会汹涌袭来，侵扰他寝食难安。每到星期天，更是他痛苦难挨的时候，只有到图书室里寻找寄托，只有那些文学名著，才是缓解思念之苦的灵丹妙药。

培训期间，花和秀到过进修校一次，给林带来太多的惊喜和激动，蓦然相见的一瞬间，三个人都流下了激动的眼泪。那天，他们漫步在沭河岸堤上，所看到的一切都是那么的美好：那隆隆驶过的列车，那车水马龙的长长公路桥，那荡荡悠悠的小渔船，那在清亮河水中自在悠游的鱼虾，那手拿长竿蹲在河边的钓鱼人，那河边畸形得有些夸张的歪脖子树，那参差不齐的疏落楼丛，那举向天空吐着浓烟的工厂烟囱，都让花和秀开心得笑个不停。林每次望着花柔情似水的眼睛，都有上前亲近花的冲动，如果不是秀在身边，林会不顾一切地冲上去抱住花，亲她占有她。

难挨的四十天培训终于结束，林又回到了日思夜想的花的身边。

由于石膏没拆，不能干重活，他只能每天陪着花一起下地，帮着干些轻活，秀也总是同来同往，一步不离地“护卫”在身旁。虽然每天和花都有几次身体上的接触，两人每次都激动得浑身发抖，但每次都是匆忙中的“蜻蜓点水”，他和花在焦渴中白白“浪费”了开学前的宝贵时间。

让林意想不到的是，临近开学还有两天时间，一件说小也小、说大也大的事情发生了。

那天上午，林与花和秀一起下地干活，刚出门，迎面看到几个持枪的民兵，押着张四老汉向村部走去。林连忙上前打听，原来张四老汉又犯下了新的“反革命罪行”：三天前，当霞满西天的时候，村头大喇叭里响起嘹亮的《东方红》歌曲，那是每天都要重复多遍的歌曲，张四老汉当时也就随口说了一句“那边太阳刚落山，这边又唱起了东方红”，而他当时竟然是笑着说的，结果，被村干部知道了，上纲上线后，认为张四屡教不改，不可饶恕。

看着张四老汉被五花大绑、泪流满面地蹲走而去，林觉得孤苦老人又遭了灾难，怪可怜的，于是动了恻隐之心，赶紧跑到村部向吴德才书记求情。哪知道吴书记不但不允，还在当天下午讨论林入党问题的支部会上，说林政治觉悟不高，是非观念不强，同情“现行反革命分子”，在大家一致同意林入党的情况下，吴书记还是力排众议做出决定，向后推迟了林的入党时间。新中国成立前入党的二大爷，为林力争得流下了眼泪，就连平日最难说话的马营长，也替林说了不少好话，可吴书记依然坚持不改他的决定。

林是不爱多说话的人，这次为了张四老汉“多嘴多舌”，他只能喝下自酿的苦酒；他不认为自己具备“乐人之乐、忧人之忧”的高尚情怀，也做不到《论语》所要求的“智者不惑，仁者不忧，勇者不惧”，甚至连“忍者不争”也不能做到；反倒觉得自己这棵小草没有完全适应脚下的泥土，没有遵循小草的生存法则，该匍匐时没有卧倒；可面对如此可怜的张四老汉，能不“多嘴”吗？如果无动于衷，他的良心何安呢？

人生不可能没有挫折，即使晴空当头，也该有承受任何风暴的准备；只有把经历当作积累，把坎坷当作历练，坚强面对，走出阴霾，才能打开心灵之窗，笑迎明天的太阳。

第二天上午，林虽然心情仍有些沉重，但去岗上乡卫生院拆石膏时，还是很“心安理得”的。陪他同去卫生院的花和秀，可能觉得林受了打击、有着委屈，没有了以往赶集时的欢声笑语。尽管林一路装作若无其事、轻松说笑，可她俩就是高兴不起来，即便偶尔笑笑，也都是一脸的苦笑，林想尽了办法，总还是不能让她俩开心。

在沉闷的气氛中，三人来到乡卫生院。当石膏被拆下，林发现受伤的左手臂明显细瘦了不少，手臂上的皮肤也是惨白色里泛着蜡黄，毫无一点血色，好笑的是，竟还长满了黑黑的长毛。林把满是黑毛的手臂，伸到花和秀的面前，笑说：“看，像不像黑猩猩的手臂？”本想逗笑的，她俩却一下子流出了眼泪。逗笑不成，反把她俩惹哭，林的心里很有些纠结和落寞，便拉着她俩匆匆离开治疗室。

三人快要走出卫生院大门时，乡里的陈秘书和一个中年人正朝卫生院走来；林认识陈秘书，来岗上乡插队时，就是陈秘书接待安排的。林让花和秀先走，他要停下来同陈秘书打过招呼再走。

林同陈秘书说话时，与陈秘书同来的那个中年人，盯着林连看了几眼；林也觉得那人很面熟，忽然想起他不是小时候常来家中找父亲的秦叔叔吗？便试着问了一句：“是秦叔叔吧？”

那中年人果然笑了：“我说怎么这样面熟呢？原来是小林子呀，几年不见，长成大人了，我都认不出来了。”他又有些诧异地问，“你怎么会在这儿？”

“秦书记，他前年就来祁峰村插队了，”未等林回话，陈秘书抢先答话说，“听下面反映，他表现得很不错。”

“秦书记”笑笑说：“好，好，年轻人就应该在艰苦的地方锻炼，这样才能成材，农村广阔天地是大有可为的。怎么样？在这里还习惯吧？有什么困难没有？”他看了一眼陈秘书，“如果有困难，就来告诉我，找不到我，就找陈秘书。”

陈秘书连忙点头：“是的、是的，秦书记的工作实在太忙，有事情就来找我吧，我会请示秦书记的。”

“秦书记”可能觉得陈秘书没有完全理解他的意思，对陈秘书补充说：“小林子不是外人，他父亲可是我的老首长喽；刚解放那年，我在区里参加工作时，一开始就是给老首长当警卫员的。小林子有啥困难，只要不违反政策，你办就行了。哦，对了，你回头给祁峰老吴打个电话，要他多关心关心小林子。”随后，“秦书记”又拍了拍林的肩膀说，“我今天还有事，不留你吃饭了，另天再安排吧，你回家代我向老首长问好。”

林见“秦书记”还有事，连声感谢后，匆匆离开了卫生院。

在前面走得很慢的花和秀，刚走过邮局门前。由于她俩的美貌和身姿过于出众，引得行人驻足呆望；一个年轻姑娘也对着她俩的背影久久张望着。当林从那姑娘身旁跑过时，那姑娘突然惊喜地喊出了林的名字，林停下一看，正是乡邮局的那个“文学女青年”；他想立即跑开，又觉得太不礼貌，只好站住。这时，花和秀好像也听到了后面的喊声，一齐回头看过来；林顿觉脸上火辣辣的，很是局促不安，像是做了错事一样。

那“文学女青年”热情相邀说：“到邮局里坐坐吧，我新近写了几首小诗，正想请你帮我改改呢。”

“我正有事，急等着赶回去。”林说完想急急离去。

那“文学女青年”却拦住林：“要不，我过几天去祁峰学校找你好吗？”

林急于脱身，连忙说：“我有空来找你吧。”说完，快速跑开。

林不知道那个“文学女青年”是不是有些难堪，对他如此“失礼”的行为是不是反感，可她清甜的赞美声，立刻从背后追送过来：“你的新诗，写得真美，真……”

林既没有回头，也没有放慢脚步，而是一边跑一边想：搞文学的人就会虚夸，我哪里写过什么新诗？你什么时候见我写了新诗？想象力也太丰富了吧。

当林跑到花和秀的身边，觉得既紧张又心虚，张了几次嘴，想向她俩解释，又怕“越描越黑”，解释不清楚。还是善解人意的花先开了口：“人家同你说话，就和她多说几句呗，急忙跑走，人家心里不难受吗？”

林不知道那个“文学女青年”是不是心里难受，听了花的这话后，他的心里却是一阵难受。

回去路上，林感到很抑郁，经过那片“密林”地时，在两年前才哥停车歇息的地方站住，一边擦汗一边看向那片茂密的玉米丛林；此时的玉米叶杆，不像两年前那样的碧绿，而是泛出成熟的黄色，长长的玉米棒也圆鼓鼓的，丰收在望并没有带给他喜悦，相反，让他感伤起来。想起两年前“滚滚而来的绿色波浪”，想起汗水涔涔的一张张笑脸，想起菊和姑娘们的野野目光，想起她们野野的议论和嬉笑声，想起花当时抱胸而出、摇摆奔跑的背影，他多么希望时光能够倒流，多么希望一切能够重新来过。

见林呆望路边的“密林”地，花和秀也想起了两年前的往事，在一旁偷偷笑了。她俩终于笑了，林的眼里却渐渐有些湿润……

随后，林沉浸在回忆和感伤之中，低头默默地行走在上坡路上。花和秀看出林的快快不乐，以为林是受了入党问题的打击而难过，也都默默不语地跟在后面。

快到村头时，林突然发现那个熟悉的矮人正从村部院子里慢慢移出；林有点怀疑自己的眼睛，仔细看时，确是张四老汉蹲走而来，便立即跑步迎了过去。

张四老汉见到林，一边流泪，一边笑呵呵地说：“孩子，俺的命真好，俺又遇到贵人啦。”

“四大爷，这究竟是怎么回事？”

“呜呜……”张四老汉忽然放声大哭起来，“孩子，你说俺的命，怎会这样好呢？为何每次总能遇到贵人呢？呜呜……俺次次都能逢凶化吉、遇难成祥，就在刚刚，乡里的一个贵人，打电话到村里，不知说了什么，俺就一下子没事啦，呜呜……要不，怎么说俺的命好呢？呜呜……”

听着老人因激动而纵泪的哭声，林盈在眼眶里的泪水终于涌落出来，已走至身边的花和秀，见张四老汉和林都在流泪，也不明就里地一齐流出泪来……

新的学年开始了；开学第一天的校园里，到处欢天喜地、嘈嘈杂杂。林教的学生和教室都没变，只是教室门旁的小木牌又重新写过，告知大家这里已经是初中二年级了。虽然天气仍很炎热，林却长裤长褂，衬衣的袖口也紧扣着，他不想让自己“黑猩猩手臂”示人观瞻。

林在办公桌前忙碌时，几位老师站在办公室门外，他们每人手中拿着一叠暑假里积聚下来的报纸，边看边议论着：

“你们看，这个人又发表诗歌了。”

“我估计这人很可能是报社内部的，外人登稿件很难的，听说要送礼走后门才能发表稿件。”

“我看也像是报社内部人，不然的话，怎么会次次都登在头条位置呢？”

“其实，这人的诗也一般化，虽说有点文学细胞，但思想不健康，小资产阶级情调太浓，诗里不是妻子就是恋人的。”

“……”

老师们的议论没结束，林已收拾完桌子，抱起一摞新课本向教室走去；一进门，他发现同学们都在看报纸，只有秀满脸通红，坐在课桌前发呆。

孙家玉同学见林进了教室，忙说：“老师，那个与你同名的诗人，又在‘放鹤亭’副刊上发表诗歌了。”

林感到奇怪，又有些不相信地问：“真的吗？”

孙家玉举着一张报纸，很认真地说：“真的，和上次那诗发表的位置相同，我给你念念吧？”

林好奇地想听听这个和自己同名的诗人，究竟写了一首什么样的诗，便点头说：“好，你念吧。”

孙家玉清了清嗓子，带着夸张的表情诵读起来：“瀑布——山老人的胡须，云姑娘的裙衫；上连着银河水，下接着碧波潭；彩虹之弓高天悬，弹拨美妙的琴弦。瀑布——自然界的壁镜，恋人家的窗帘；映出春华秋实，映出红日蓝天；轻风撩动着纱幔，露出秀儿的笑颜。”

林刚听几句，就立刻想到，这不是交给秀的那首诗吗？怎么会发表了呢？他看向秀时，见秀伏在课桌上，身子在一动一动的。等他听完孙家玉的朗诵，发觉诗的关键内容被改动，原来的“少女家”被改成了“恋人家”，原来的“花和秀”被改成了“秀儿”。这样的改动，意思就大不相同了，他想问秀是怎么回事？可又不敢走过去，怕同学们知道了产生误解，只能装作糊涂地说：“嗯，这人的诗，有点意思。”这时，秀的课桌突然晃动起来，趴在课桌上的秀，终于忍不住笑出声来，她面前的课桌也被眼泪笑湿了一片，同学们都愣住了，不知道她为什么会这样？

秀为什么会这样，林似乎有些明白了。这个平时叽叽喳喳、蹦蹦跳跳的小女孩，突然间长大，就像一个情窦初开的怀春少女，用改诗的方式，传递出蒙眬而又清晰的情感，她这是在向我表达爱意吧？她难道不清楚我已属心在花吗？可该怎样拒绝她又不使她过于难堪呢？

林忽然明白秀过去的种种行为，她在“保护”花的同时，也在保护她自己吗？林为此感到纠结、感到棘手，面对如此复杂的感情问题，他一筹莫展，因为任何微小的失误，都会既伤害到秀、又可能伤及花。

连续多日，林在苦思冥想着解决问题的办法，却始终想不出良策。他曾几次背着花，小心翼翼地抱怨秀：那诗不该那样改，更不该拿去发表，让人知道了不好。秀每次都是羞羞一笑、避不作答。

后来，林渐渐发现：秀看向他时，目光不再像原来那样清澈单纯，而是充满了柔情和爱意，这更让他慌张不安了。他不愿伤害秀，更不能割舍花，他天天都处在深深的焦虑之中。

开学半个多月了，林还被无所适从困扰着；他实在不想再这样继续下去，要找个合适机会，与秀“说开”。

开学第五周的星期天早上，林带着几个学生到乡里参加竞赛考试，他们是秀、孙家玉、马莲等班里的“学习尖子”。林故意和秀走在后面，他想开门见山对秀说说那件事，但又怕太过突兀，便先绕个弯子笑对秀说：“你只要这样好好学习下去，再专心用心一些，明年一定能考上县里的重点高中。”

秀却满脸通红地摇头说：“我上完初中，不想再上了。”

“这怎么行呢？”林感到诧异，耐心劝导说，“你学习成绩这样好，不上多可惜呀，只有上了高中，再上大学，才会有好的前程。”

“我，”秀低头沉思良久，才小声怯怯地说，“我以后不想上学了，我……不想离开你。”

林顿时蒙了，秀说的意思很清楚，这让他完全意想不到，本来想说的话，却张不开口再说了，只能急急地说：“你不能这样想，你怎能这样想呢？”

秀突然满脸羞红地反问：“我为什么不能这样想？”

“因为……我……不能……”林结结巴巴起来，“总之，你……不能这样想。”

“连想也不让想，你太狠心了。”秀好像真的生气了，刚说完就流着泪快速跑开。

林一下子愣在那里，他实在想不到竟会出现这样的难堪局面，自己要说的话还没说出口，就已经深深伤害到了秀，他为自己的笨嘴拙舌、言不达意而懊恼，为无法排解感情纠葛而苦闷。望着生气的秀已经跑远，他垂头丧气、懊悔不已，唉声叹气地加快了步伐。

忽然，一个甜甜的女声从前面传来，林抬头一看，原来是那个“文学女青年”在同他打招呼。那姑娘正推着自行车向林快步走来，她显然经过了精心打扮，浑身上下很是整洁利落，脸上也堆满灿烂笑容；林只好暂时丢下烦恼，面带微笑迎上前去。

“你是去乡里找我吗？”那姑娘笑着说，“我正打算到祁峰学校找你呢。”

“不是，不是，”林忙说，“我带学生到乡里考试去。”

“我说怎会这样巧呢？”她边说边掉转车头，和林一起朝乡里方向走。走着走着，她突然停了下来，从口袋里掏出钱和一张纸一杆钢笔，一起递给林：“这是你的八块钱稿费，昨天刚到的，我正准备给你送去，你在稿费单上签个字吧。”

林连声感谢后接过钱，并在稿费单上签了字。那姑娘收起纸笔，又从口袋里掏出几张写满字的稿纸，她红红着脸，小声说：“我写了点东西，想请你帮我指点指点。”

林接过稿纸，连钱一起装进口袋里，笑笑说：“指点谈不上，我抽空好好拜读学习吧。”

那姑娘张嘴刚想再说话，突然发现不知什么时候跑回来的秀，正满脸怒气地站在一旁；秀圆瞪着杏眼，在林和那姑娘脸上来来回回地不停巡视。那姑娘见此情形，忙把要说的话咽了回去，有些尴尬地与林匆匆告别，扭头骑上自行车先走了。

秀涨红着脸，瞪大眼睛紧紧盯着林，像是要看清林的心里到底有多少秘密隐瞒她。

经秀这么一看，林突然感到一阵心虚，赶紧掏出刚到手的钱，递到秀的面前：“秀，你别误会，她是来送稿费的。”

“我误会？”秀一把推开林的手，满是狐疑地说，“那几张纸上写的是什么？”

“噢，那是她写的作品，”林慌忙解释，“让我帮她看看的。”

“拿来让我先看看吧。”秀伸出手，一脸不容拒绝的表情。

林虽然不情愿，但还是顺从地掏出稿纸递给了秀。秀接过展开，只看了几行，就跺脚大哭说：“你就会骗人，这明明是情书，还骗我说是作品。”秀已经气得快要疯了。

林赶紧探过头去，刚看到开头“亲爱的……”几个字时，浑身的冷汗一下流了出来，就是有一百张嘴也解释不清了。他突然急中生智，做了一件最正确的事情：一把夺过稿纸，立即将它撕得粉碎。

望着那些细碎的小纸片随风飘去，秀忽然破涕为笑，那笑里又充满着信任和谅解。

秀是笑了，可林的心里却在流泪；看到秀忽哭忽笑的情绪波动，林感到阵阵悲凉，原来想说的话不敢再说了。秀的内心实在太脆弱，经受不住一点点打击，林不能也不忍心现在就说开，怕伤害到秀，即使说，也要等到“米煮成粥”的时候，但愿那时秀能够坚强承受。

金秋十月，是马龙山区的收获季节，在一片繁忙的祁峰村，农人的脸上虽有倦态，更多的却是按捺不住的喜色。

在这大丰收的好年景里，即使严冬不久还要到来，可绝大多数人不会再忍饥受寒了。

花的家里今年收入应该很不错，据说每个工分可以达到四分钱，才哥在部队的每月津贴也增加到了十块钱；即使不算才哥寄回来的钱，花家的现金收入预计也可以实现翻番。林为花的家感到欣喜的同时，也收获着自己插队以来最多的硕果。

就在祁峰村秋忙的时候，林被推选参加了全县先进知青表彰会，入党问题也“意外”地提前解决，参加知青表彰会期间，他还领到了一张名额有限非常珍贵的“招工表”，并和填过“招工表”的知青们一起到县医院体检了身体。在上千名知青中，被第一批招工的只有几十个名额，许多没有领到招工表的知青，难过得痛哭流涕；而领到招工表的一些人，竟激动得连连用俄语高呼“乌拉”。

对于招工，林曾犹豫过，他从心底里不愿离开祁峰，不愿离开心爱的花，可东阳地质队的高工资又让他动心。据说地质队的工资加上野外津贴补助，每月至少有七八十元呢，有了这样的高工资，花就可以穿上漂亮新衣、过上舒心日子。为了花的长远幸福着想，林只能忍受别离之痛，带着思念之苦，到一个未知的地方去打拼，为了和花有一个美好的未来，他别无选择。可他迟迟不愿把这事告诉花，怕花知道了一时难以接受。

祁峰村的秋收秋种，在“霜降”前就已结束。“霜降”这天刚好是星期天，林约花和秀去项山乡赶集，她俩却说想到岗上乡供销社换毛线，对此，林有点不明白了。半月前，林用第二笔稿费，又添了些钱，在岗上乡供销社买了二斤大红色“开司米”毛线，想让花和秀每人织一件毛衣穿。她俩为何要换毛线呢？难道有更心仪的颜色？

在岗上乡供销社里，花换的是米色，秀换的是咖啡色。林在心里感到好笑，她俩怎么会喜欢这两种颜色呢？两人原来不是说大红色最好看的吗？

回来路上，三人经过那片“密林”地时，秀遇到了同学并亲热交谈起来；林和花走出一段距离后，林考虑再三，决定把招工的事情告诉花。于是，他把招工的事和自己的想法，小声悄悄地告诉花。花听后，眼泪顿时就下来了，可花还是满怀深情地小声宽慰林：“矮树不落飞鹰，汪塘不养大鱼，你不属于祁峰，还是远走高飞吧，只要你心里有俺，俺会一直等你。”

“花，自从第一天见到你，我的心里全是你。”林见花如此理解自己，一颗悬着的心终于放下，他急切而小声地向花表白，“我去地质队，完全为了你，我会永远对你好，永远爱你的！”

花刚想再说话，秀已从后面追了上来。此后，秀一路欢声笑语不断，林表面若无其事，偶尔接话，可眼睛不时偷偷看着花，心里始终牵挂着花，而花始终心事重重、一直沉默不语到家。

赶集回来后的一个多星期里，秋雨绵绵、持续阴晦，又赶上乡里抽考和学校期中考试，林与花见面的机会很少，直到星期六早上，天终于放晴。林在心里早早盘算着，想利用第二天是星期天的机会，与花和秀去项山乡赶集看场电影；因为离去东阳地质队的日子应该很近了，再不去，可能以后很少再有这样的机会；另外，林想在赶集时请她俩到饭馆里好好吃一顿；说来感到惭愧，自从插队到祁峰，还没有正儿八经地请她俩下过饭馆，要抓紧补上，不能留下遗憾。

临近中午时，花突然来到学校，这是林到学校教书一年多来，花第一次到学校找他。林连忙跑到学校院门外，见花围着崭新的绿色“开司米”围巾，两眼泪汪汪地站在院外拐角的僻静处，她美丽的脸上挂着凄楚的愁容。林忙问出了什么事，花苦笑一下，情怯而悲酸地说：“俺一会就要去骆马湖上河工了，估计要半个多月才能回来；可能你走时，俺不能来送你了；到了那边常来信，俺会天天想你……”

林顿时惊愣了，连忙问：“晚两天再去不行吗？”

花叹着气摇了摇头，美丽的大眼睛却一眨不眨地紧紧盯着林，那眼神里有绵绵无绝的深情，有生生不息的爱恋，有无穷无尽的不舍，像落水者在向“岸人”发出求助，像要窥视面前人心底里的秘密，又像要把面前人的模样刻在心底里。看着她无助、无奈、恋恋不舍的目光，林一阵锥心疼痛，泪水早已盈满眼眶。

“给你……”花泪流满面地递过一个包袱，低低而又泣不成声地说，“俺给你织了件毛衣，不知合不合身。你走后，别把俺忘了，俺会想你、等你……”

“花，我爱你！”林的眼泪夺眶而出，一把抱住花，亲着她的脸，“你的好，我会永远记住！我永远是你的！等着我吧，等我回来娶你！……”

下课的钟声响了，学生们开始涌出校门，花突然挣开林的怀抱，把包袱向林的手里快速一塞，怯生生地说：“俺等你。”说完转身跑走，刚跑出几步，又回看一眼，她那满是泪水的脸上，掠过一丝凄美的微笑。林突然鼻子发酸，直想大哭一场，连忙追向大路。看着花渐渐跑远的背影，他的眼泪扑簌簌流了下来。花肩背上的那条绿围巾，像一抹闪亮的“春色”，在跑动中起起落落着，却让林感到了格外心酸，一阵沁骨冰心的寒凉，于秋意阑珊中冷澈他的全身……

接下来的两天里，林一有空就拿出那件米色的“开司米”毛衣，边看边回想着花的一次次美丽动人背影、花的难以言尽的种种美好，他除了悲酸，就是感伤，一次次流下泪水，一遍遍发下誓言：要用毕生的努力，来回报花、让花幸福！

花上河工的第三天下午，岗上乡的陈秘书匆匆来到学校。原来他早上接到县知青办的通知后，给祁峰村打了一上午电话，村部一直没人接，老姜有事不在岗。下午，县知青办一遍遍电话催促乡里，说是招工去东阳地质队的三十位知青，已有二十九人报过到，并于下午一点钟动身去了东阳，现在只差林一个人了，东阳地质队的领队蔡干事，急得团团转；县里要求岗上乡在天黑之前务必把林送到县里，以便赶乘当晚火车去东阳。陈秘书下午又给祁峰村打了多次电话，还是没人接。他看时间已过三点，只好调用乡运输站的三轮拖拉机，亲自跑一趟。

陈秘书赶到祁峰学校时，林正在上课。陈秘书径直冲进教室：“快！立即收拾行李，马上跟我去县里，你的户口组织关系，我办好后立即给你寄去。”他边说边拉着林向外走，班里的学生见了都大吃一惊，神色慌张地纷纷跟出教室。

跟出教室的秀，突然大哭着冲出校门，沿着学校东墙外的大路，向北一路哭去。听到秀的哭声，林的酸楚泪水顿时涌了出来。

当陈秘书和牛校长在宿舍里帮林快速收拾行李时，学校院子里已哭声一片，围站在宿舍门前的初二班学生们，个个泪流满面，兰兰和马莲等女生们更是跺着脚，痛哭得不行。

一直没有熄火的拖拉机，等候在院子里，陈秘书迅速把行李放上去，转头催林快上车。林恳求陈秘书先到大路稍等会儿，他要和师生们话别。陈秘书起初不答应，见林一再恳求，只好无奈地说："我只能给你三分钟，要不然就赶不上火车了。"说完，陈秘书指挥拖拉机开到学校东墙外的大路上。

林流着泪与老师们一一握别，受了学生们的感染，男老师们个个流下动情的泪水，两个女老师更是抽泣哽咽着。

当林泪流满面地走向自己班级的学生时，却不敢抬头，心爱学生们的阵阵哭声，令他心酸心疼不已，他难过得说不出一句话，只能用汹涌的泪水来回馈感谢心爱的学生们。

一群低年级学生围过来抱住林的腿，齐齐扬着满是泪水的可爱小脸，哭求说：

"老师，你别走行吗？俺不想让你走。"

"老师，你不要走，俺还想听你讲故事。"

"老师，俺以后听话，好好学习，不调皮了，你别走了行不行？"

"……"

林无法答应孩子们，只能用不断涌出的泪水，表达感激和歉意。

"你怎么还不走？"等得有些焦急的陈秘书，气喘吁吁跑来，"再不走就赶不上火车了。"陈秘书一把拉过林，拽着向外走。学生们却团团围挡着去路，那几个紧抱林腿的小学生，使劲坠着不松手。牛校长只得和几个老师，流着泪赶过来帮忙解围。

林被陈秘书拽出校门，身后的哭声越来越响，紧紧围随身边的一群小学生，更是哭得哽咽着。林此时不敢回头，不敢看向那一张张痛哭流泪的脸庞，不敢看向难分难舍的心爱学生们。

当陈秘书拽着林走到大路时，跟送的师生们人人掩面，个个流泪。

"丫，"一位母亲见了，惊问，"你怎么哭啦？谁欺负你啦？"

"呜呜……"那个被母亲问话的小女孩，好像有无限的委屈，放声大哭起来，“呜呜……俺老师，要走了，呜呜……”那位母亲也随之流下泪来。

陈秘书登上停在大路旁的拖拉机，伸手拉林上去时，他红红的眼睛里也闪动着水光。林上了拖拉机，不敢回头看，一直没有熄火的拖拉机立即开走，一群小学生紧紧追跑在后面，那些稚嫩的童声不停传来：

“老师，你要回来呀……”

“老师，别忘了回来给俺讲故事……”

“老师，俺会想你的……”

“……”

林在拖拉机上，酸楚得说不出一句话，只能流着泪使劲点头。

拖拉机快要拐弯了，林猛然抬起头，他要再看一眼祁峰学校，再看一眼孩子们：那些追跑的小学生，还在后面继续追跑着，而远处——学校东墙外的大路上，黑压压的一大片师生在齐齐地挥着手，像是竖起了一片“手臂丛林”，学校院墙上、教室屋顶，也站满了学生，他们齐齐竖起手臂，不停挥动着，林连忙举起手臂，向他们挥别，这时，他再也忍不住大哭出声……

这些质朴可爱的孩子们，一双双清澈求知的眼瞳里，总是充满希冀和向往，总有太多憧憬和梦想，他们的本质都像蓝天碧水，纯净而无染，他们能劳无怨，个个都是可塑之才。如果环境许可、条件优良、教育得法、引导恰当，他们都能成为未来的柱石、国家的栋梁。

林疼爱这些孩子们，他们是那么的艰辛、懂事和善良，如今爱莫能助了，心中有无比的悲伤，为他们，林想纵情大哭一场。

拖拉机开得太快，刚出了祁南庄，转眼就到了祁北庄。林擦去眼泪，想再好好看看这个美丽的山村，好好看看这个曾给自己太多美好记忆的地方。他发现村庄静悄悄的，没能见到一个熟人，由于走得太过匆忙，连告别一声也没能做到，他再次恳求陈秘书稍停一会儿，他想进村告别一下。陈秘书不仅不同意，反而命令拖拉机手：“快开！快开！”

林凝望着渐渐远去的熟悉小山村，想起那些终生难忘的往事，想着心爱的花，想着那些可亲可敬的人们，心中一阵阵伤感，眼泪又滚滚流淌下来。

到了那片“密林”地旁，林又想起刚来时的情景，多么希望那一张张可爱的笑脸，再一次从玉米地的叶杆丛中探露出来，多么希望那一声声感人的嬉笑，再一次在耳边回响，多么希望再看到抱胸冲出、摇摆跑去的动人背影，多么希望时光能够倒流、再重新回到逝去的岁月……今夕非昨夕，一切不再，空有无限的悲伤。

忽然，林看见远处的长坡尽头，一群人站在村前的大路上，正向他不停挥手，斜阳光辉里，他们身上都闪耀着灿灿金光，那是林此生见过的最美“群雕”。在那“群雕”中，他隐约看见了秀、秀的娘、二大爷、二大娘，还有众多乡亲们。

拖拉机进入岗东村，看不见美丽的祁峰村了，林突然大放悲声，他想起花的仙女模样，想起花的温柔善良，想起花的万般好处，只能任由泪雨下，任由感情的波澜一泻千里……

第二十六章

清晨醒来，花的脸上泪痕未干，枕巾也湿湿的，她走出堂屋时，红肿的眼睛被遍地晃眼的雪光刺得有点睁不开。

屋外已不再下雪，素来高贵雍容、恢宏大度的雪，早把不洁的世界覆盖上了厚厚洁白新装。初升的太阳，既把低矮院墙的阴影布满在院中，也明亮着高大的柿子树和阔远的天空。原本碧蓝的蓝天上，像被刚刚漂洗过一样，格外的澄澈碧蓝、深邃无边。

花的抑郁心情并没因雪霁天晴而好转，心头上的阴云依然密布着，始终赶不走、挥不去，连加了好吃的玉米面山芋稀饭，她也难以下咽。

秀比往常走得都早，天没亮时，就随着牛校长夫妇去了县城，她是代表岗上乡初中二年级去县里参加竞赛的。吃过早饭的娘，正打算出门到项山一趟，她的二姥爷前天被雪滑倒，她要前去探视伤情。

花知道后连忙上前拦住娘："路上雪滑不好走，来回二十多里，还是让俺去吧。俺有好长时间没见到二老太了，怪想念他的。"

娘见花红肿着眼睛执意要去，只好依她；娘既心疼又有些不放心地嘱咐道："今天是大冬节，你要早些回来。"

花答应一声便跑出家门。

进山的小路上，虽有积雪，但不算多，可路两旁几人深的大沟里，却被积雪塞满填平。当花走过洋槐林、黄泥岗、橺桔帐，一路睹物思情，想到心爱的林遥在远方，她就倍感孤苦难耐，想到梦中之事，更不由得一阵阵心酸，眼泪又止不住流淌下来。

一想到今天是冬至，是自己的生日，过了今天，自己就二十三岁了，心里总是慌慌的。她感觉林离开祁峰的三十九天，比三年时间还长。她对林既想念，也生疑，更担心：林刚到东阳第三天时来过一封信，为何这么长时间一直没有来信呢？上次来信，虽然八天后才收到，可秀的回信也二十多天了，按说早该收到林的来信才是，为什么迟迟收不到他的来信呢？是把俺忘了呢？还是他有了什么意外情况？

当花走到禅堂水库边，心里又开始阵阵发慌，林的那次冰窟救人，早把她吓惊了胆，好几次梦到这事，次次都是被吓醒的。每次走过这里，她都感到后怕，都有想哭的感觉。正因如此，她爱林心疼林，又有点气林：不能一遇到危险，只顾着别人而不顾自己呀？万一当时有个三长两短，那不是叫俺抱石打天吗？

穿过梨树林，经过禅堂寺时，她又早早把脸转向一边，快步跑过去，本来最怕见古塔，更不想在如今心烦意乱的时候见了添堵。

她快步上了银花岭，想起夏天时，林就是在这儿摘下金银花，送到她手上的，她当时激动得差点流出眼泪，心爱人献花，怎能不激动呢？因秀在身旁，她才没有当场流泪，可哪次在梦中、哪次想起来，不是泪流满面呢？想到这里，她的泪水又开始在眼眶里打转。

沿着虞河向南走，花忍不住看向虞河对岸的项山脚下，看向林上次被困的地方，耳边又回响起林当时声嘶力竭的呼救声，回想起林瑟瑟发抖、蜷缩一团的情景，她的泪水再也忍不住扑簌簌滚落下来。望着身边结了冰的虞河，她头脑里忽然混乱起来，竟几次闪现出跳进虞河的念头；她实在忍受不了相思的苦痛，可又实在舍不得丢下心爱的人儿。到了前面不远处的二老太家，她不宁的心绪才稍好些。

二老太伤得确实不轻，已经两天不能下床，可一见到了花，他就抖动着银白的胡须笑了："花，你眼睛怎么红肿啦？"他招呼花坐到床前，关切地问，"是哭的吗？"

"俺没哭，是刚才冷风吹的。"

"噢，这就好。"老人放心地笑笑，开始与花拉起了家常。拉着拉着，老人突然两眼紧盯着花，问道："在你家住过的那个小知青，听说到东阳地质队工作啦？他这人好吗？"

听了二老太的问话，花的眼里又有了泪水，却一句话也说不出，只能轻轻点了点头，她强忍着不让眼泪流出来。

"俺不问也知道，"老人呵呵笑着说，"那孩子人不错，说来，他和俺还真是前世有缘呢。"

听了这话，花有些茫然起来。老人笑着解释说："俺年轻的时候，在山里采草药，一次在药王洞里躲雨时睡着了；梦中，药王向俺传授了'神仙茶'的秘方，要俺煮水给大家喝。你别说呀，那'神仙茶'还真是神奇，有病的喝了能治病，没病的喝了能强身益寿。其实，那秘方也就是五种花和六种草药配成的，只有项山出产的花和草药才正宗。药王在梦中不许俺外传，说是到时会有个手拿白花的少年来，要俺只把秘方传给他。”

见花更加疑惑不解，老人哈哈大笑起来，他笑过又说：“俺一等就是几十年，一直没遇到手拿白花的少年来，俺以为做梦不可全信。可就在去年清明节，俺到六坟坡扫墓时，见到了那个小知青，他当时手拿着一大把白色洋槐花，笑盈盈来到俺的面前。俺一看那孩子，就知道人不错，俺带他到项山上转了一圈，顺路把那几种花和草药都向他介绍了，俺只是没告诉他配在一起就是‘神仙茶’，俺是想对他再观察观察。俺后来打听了，祁峰的大人孩子都夸他，俺才放心把秘方传给他。本来是想当面告诉他秘方的，可俺现在受了伤，就让你去告诉他吧。俺知道你是个好孩子，你要答应俺，除了他，别再告诉其他人，好吗？”

花答应二老太时，早已泪流满面。

花一路心酸地跑回到家中。

其时，天已过午，娘不在家，堂屋里凄清而寒冷，屋外旋刮起的嗖嗖寒风，不时把屋面上的积雪吹撒下来。悬挂屋檐下的又粗又长的大冰凌，有的把檐草牵拉出一段，有的干脆连同檐草坠落到地上。高大招风的柿树枝在寒风中呼啸，一阵旋风过后，手腕粗的一根柿树枝，被冰雪压断掉落下来，把停落在院墙上东张西望觅食的几只雀鸟惊飞，鸟儿们扑棱棱飞羽，惊慌地剪着寒风，发出一阵远去的嘶鸣……

望着眼前的一切，前所未有的寒意、无奈和心酸，一齐涌上心头，两行泪珠又扑簌簌坠落下来，在滚滚袭来的烦恼和失意中，花默默地哭了……

“花，花，你怎么哭啦？”娘带着雪中的寒气走进堂屋，她没有来得及放下手中的小布袋，赶忙抚住女儿微微抽动的臂膀。

“没，没什么，娘，”花蓦然发觉娘已回来，忙擦了擦泪眼，对娘努力一笑，“刚才眼里进了灰尘，现在好了。”

娘看了很心酸，也挤出笑容：“闺女，今天是你生日，又是大冬节，俺刚才到代销店换了点面，晚上给你做鸡蛋面条。”娘扭头放下手中的小面袋，在眼角快速抹了一把。

随后，屋里一片静寂。

娘想说些喜庆的事，来打破沉闷，让女儿高兴些，可又实在没什么喜事好说。她想了想，走到绳床前，从草席下的铺草里掏出一小叠零钞票，递过去："花，这些钱你拿去扯件衣服吧。"

"娘，俺不要，"花推开娘的手，"留给秀吧，秀上学，该穿好点。"

"拿着吧，秀还小，你成大姑娘啦，没件新衣服哪行？再说，娘亏欠你太多，小时候家里穷，没让你读书识字。"

"娘，你别再说了，俺不怨你，跟俺一般大的，有几个识字的？还不都是因为穷吗？"花继续推着娘的手，执意不受，"秀不一样，时代变了，日子好过了，在学校穿好点，体面。"

"明年再给秀扯新衣吧，"娘的眼圈红了，她转头望向院子里的厚厚积雪，自言自语说，"这场雪好，会带来好收成的，明年的日子肯定好过，到时，每人都扯一件。"娘又把钱往花的棉袄口袋里塞，花还是推躲着。

"你娘俩干吗，推来推去的？"弓腰弯背的二大爷，站在门外雪地里嘿嘿笑着；他那破旧的"一把揪"帽檐上，有一圈雪的湿痕，尽是补丁的旧棉袄，紧紧裹在身上，一根用麻皮和碎布条编成的粗绳，束在腰间；虽然他胡须花白得即将如雪，人却显得很精神。

"噢，是二大爷呀，快进来。"花连忙热情招呼着。娘趁机将钱塞进了花的口袋里。

"二哥来啦，"花的娘迎前两步，"快到屋里坐。"

二大爷跺跺脚，把鞋上的雪跺去后，用手扶着门，满脸苦痛地挪进屋。

"二大爷，你腰疼病又犯啦。"花上前搀扶二大爷。

二大爷点点头："唉，老伤病，一到寒冬雪雨天就犯。"

"二哥，你的腰背不好，要多保暖，千万不能受凉，俺听说伤湿解痛膏能治好腰疼病，你哪天买几贴试试？"花的娘已搬来木凳子，"来，二哥，你腰不好，坐高凳子。"

"俺也听说那药膏能治腰疼，哪天买一张，贴试试。坐就不坐了，俺站站就走。"二大爷没有坐下，手伸向怀里，一边掏东西，一边有点生气地说，"你说那个老姜气人不？他在村里，专干传话送信的差事，接了人家信件，半个月也不转给人家，说是忙忘了，要不是他今天找东西翻抽屉，还不知到哪年哪月呢？既是大队工勤员，拿着大伙的工分，专管这事的，是不是太有点不负责任了？"

二大爷边气边说，已从怀里掏出一张纸，在手中晃了晃，递向花的娘："她三婶，就是这，你家的包裹单，刚才俺到村部去，老姜遇到俺，叫俺捎给你的，说是包裹要抓紧到乡邮局去取。"

花的娘接过包裹单，忙问："哪里寄来的？"花的眼里也已亮出惊喜。

"俺不识字，"二大爷摇摇头，有些歉意地说，"刚才急着回来，忘问老姜了。"见娘俩都在惊疑，二大爷面向花的娘，笑笑说，"俺估计，八成是那个小知青寄来的。俺一开始就知道他是个仁义的孩子，像这样好的城里孩子真不多，平时知老知少的，见人不笑不说话，大爷大娘叫得鲜甜，为人不卖奸，干活不躲滑，多懂事呀。你二嫂呀，整天在家里说：'人家那个小知青，论知识学问，论相貌人品，俺村的小伙子，哪个能比呀？'俺家的菊呀，更是天天在家里夸，嫁到滨湖婆家后，也是逢人就夸。她婆家那儿的人呀，都摇头不信，都说这是啥年月了，怎可能有如此好的年轻人呢？每次呀，菊都跟人家争辩得脸红脖子粗的，你说笑人不笑人？"

二大爷一边说，一边擦去眼角笑出的眼泪。

花的娘没有笑，只是叹了一口气。花不仅没笑，难过得眼泪又快要下来了，她赶紧低头转过身去。

二大爷见状，心想：这娘俩真好笑，刚才拉拉扯扯的，到现在还闹着别扭；连忙笑笑说："好了，好了，大过节的，都别生气啦，俺回去了，晚上再过来看看包裹到底是谁寄来的。"二大爷说完，向屋外走去。

二大爷出了堂屋，花低着头，追送了一句："二大爷，你慢走。"她的话里鼻音很重。

花的娘赶紧跟出堂屋，把二大爷送出院门。

花的娘回屋时，见花又哭成了泪人，感到很诧异："花，你又怎么啦？"

花擦了擦泪眼，从娘手里一把拿过包裹单说"俺取包裹去"，话音未落，已转身跑出家门。

花跑出家门的时候，村庄西头的一个普通院落里，一个四十出头的女人正在扫雪。这个扫雪的女人，徐娘半老，风韵犹存，只是左眼皮上有个大痦子，让她减分不少，她是祁峰六队瘸子王二的老婆。这个眼皮长痦子的女人，能说会道，是村里有名的巧嘴媒婆，不仅年轻时，就是现如今，也一直是村中光棍们的梦中情人。

痦子媒婆已从堂屋门前扫出一条通道，在扫院门外的积雪时，她站起身，直了直腰，忽见村前大路上有个姑娘向西疾走，定睛一看，那不是花吗？已经过午，这样急急忙忙的，要到哪去呢？她抖动一下左眼皮上的大痦子，看着花西去的背影甚惑不解：走得这样快，究竟干什么去？

在痦子媒婆眼里，花可算是绝美的人儿：细挑的个子，十分匀称俊美，虽然身上穿的都是补丁旧衣服，但总洗得很干净，穿在身上很合体、很利落；清秀的柳叶眉下，一双明亮的大眼睛，像汪着两潭水，清澈可人；高高的鼻梁，精巧的小嘴，搭配得那样舒坦、那样的恰到好处；微笑时露出的小米牙，和那颗微微前出的小虎牙，格外的好看；两个扎着红绳的粗辫子，随着轻快的步伐，在背上俏皮摆动；那高隆的胸和微翘的臀，透出成熟的青春之美。像这样标致的姑娘，真是世上少有。

“这朵娇美鲜花，谁能采到，谁就是最有艳福的男人。”痦子媒婆这样想着，不停想着。她突然转身跑回院子，对着黑漆漆的锅屋高声说道：“俺要到东头去一趟，过一会儿再回来做饭。”说完匆匆回到堂屋，梳洗打扮一番，准备出门。

锅屋灶旁的草堆里，蜷缩着一个年近五旬的老汉，他正是瘸子王二。听痦子女人说要出门，王二不由得心生厌恶，他一忍再忍，终于有些忍不住了，十分艰难地从草堆里爬起身，拄着一根小树棍，一瘸一拐地走到堂屋门前，用手中的小树棍，狠狠敲了敲秫秸扎成的堂屋门：“都这会儿了，还要上哪浪去？”

已收拾停当的痦子媒婆，从堂屋里走出来，白了瘸子一眼：“俺到东头三婶家”，说完，一溜烟跑出院子。

瘸子王二厌恶地瞪了痦子女人一眼，朝着正出院门的女人，用力甩出手中的树棍，树棍没有打中痦子女人，却重重砸在院门上。由于用力过猛，扑通一声，可怜的瘸子，重重摔倒在雪地上。顿时，两滴又大又浑浊的泪，从他昏花的老眼里流淌出来。他诅咒谩骂一通后，长叹了一口气：“唉，想不到俺王二，竟会落到如今这步田地！”

王二曾是祁峰村大名鼎鼎的“人尖”：三代贫农出身，在部队识了字，入了党，立过功，还当上了班长。当兵四年，次次是先进，样样是标兵，年年都有喜报寄回村。复员后也是顺风顺水，当过大小队干部，人又长得相貌堂堂，本村外村的姑娘们争着要嫁给他，结果却让甜言蜜语的痦子女人抢了先。想当年，村上的小媳妇们，谁见了王二不想多瞅两眼呀。

复员回村后的头几年里，王二是“春风得意马蹄疾”，不到两年，就当上了生产队长，又过两年，当上了祁峰大队的大队长，乡里还一度把他列为重点培养对象，打算让他接替“祁疤眼子”当大队书记。哪想到史无前例的“文化大革命”开始后，岗上乡的老领导们纷纷靠边站，王二和“祁疤眼子”也分属两派，明争暗斗从此开始。

千错万不该的，是王二的一次逞能，自毁了大好前程。

那是在一次扒河工地上，祁北六队与祁南四队打赌，就是比赛扔泥块，看哪队扔得既远又准。他们的目标是百步开外的一根旗杆，结果，六队没有四队扔得远，六队输了。

输就输了呗，作为大队长，四队和六队，都是部属，谁胜谁负，与你大队长有何相干呢？可能王二年轻气盛、好强逞能，可能他觉得自己虽是大队长，毕竟也还是六队人哪，想替六队挽回面子，也可能是王二想展示一下不凡身手，把在部队投掷手榴弹时练就出来的本领向乡亲们显露显露。他抄起一个泥块，奋力一掷，真是又远又准，正中百步开外的旗杆，那旗杆被砸得来回摇晃，旗杆上的红旗呼啦啦抖动作响。可能是旗杆插得不牢，可能是王二用力过大，也可能是一阵大风刚好刮过，旗杆摇晃了几下，终于倒了，人群中顿时响起一阵欢呼叫好声。

唉，也该冤业凑巧，也该王二倒霉，大队书记“祁疤眼子”闻声走了过来，近前一看，立刻明白了一切。他暗暗窃喜：真是天如人愿哪，你不早想扳倒俺吗？哈哈，谁知你走了华容道，谁知你如今失了蹄，该你倒霉就别怨俺，是你这个瞎鹰，自己撞到俺狼嘴里的。俗话说得好，量小非君子，无毒不丈夫，俺岂能错过这天赐良机。

“祁疤眼子”阴冷一笑，眉毛一竖，脸肉一横，疤眼里立刻放出凶光，顿声喝道：“好你个王二，也太狗胆包天了，你敢破坏群众大生产，你敢破坏“文化大革命”，你敢砸倒革命红旗，来人呀，把这个“现行反革命分子”捆起来！”

大伙顿时都愣住了，一切来得太过突然，不知道事情为什么会成这样，扔泥块也能扔出现行反革命？

“祁疤眼子”见一时没人响应，点将了：“德才，祁强，马三，祁六，你”

几个东西，“还不给俺快上，对‘现行反革命分子’也能手软吗？你们还有没有点无产阶级革命立场？”

“祁疤眼子”话音刚落，那四员虎将立即闪出，将王二扑倒在地，迅速五花大绑起来。

随着“祁疤眼子”的手臂频频举起，震天的口号声在工地上空阵阵回响：

“打倒‘现行反革命’！”

“永远捍卫革命红旗！”

“无产阶级‘文化大革命’万岁！”

“战无不胜的毛泽东思想万岁！”

“……”

王二砸倒革命红旗的事，层层上报到县里，担任县革委会主任的军代表立即批示：“此事件性质恶劣，案情重大，着将现行反革命分子立即开除党籍，撤销一切职务，即刻予以关押审查。”

王二自然不服，在押解途中，被五花大绑的王二，趁押解人员不注意，跳下拖拉机想逃走，结果，左腿摔成粉碎性骨折，落下了终生残疾，吃尽了苦头。

痦子女人为了王二，天天风里来雨里去，凭着一张会说的巧嘴，不仅说通了“祁疤眼子”和四员虎将，也说得乡、县领导动情动容。也多亏了她的这张巧嘴，才免除了王二的牢狱之灾。

当然，“祁疤眼子”和四员虎将，也没有少占痦子女人的便宜；她身上的诸多特征，例如左奶下有颗黑痣，右大腿上有个肉猴，腚沟上有个小疤，他们都能准确描述，甚至比王二都清楚。

王二因扔泥块，扔出个”现行反革命“，被开除党籍、撤销职务，还落下终身残疾，老婆也卖身求情，让他蒙受耻辱。王二天天那个气呀恨呀，他怎能不气不恨呢？扔泥块事件后，四员虎将因捆绑王二有功，一跃而起，吴德才由大队民兵营长升任大队长，马三也由民兵排长当上了民兵营长，祁强、祁六那两个臭小子，以前在王二眼里，连泡狗屎也算不上，竟都当了生产队长。王二怨命运不济，怨世道不平，怨人心不古，怨苍天不公。

唉，不仅村里的男女老少现在没人再用正眼看他，连自己的痦子老婆，也早已不把他放在眼里，时不时外出招摇，卖弄风骚。王二越想越气，越想越恼。想着想着，浑浊的泪又从昏花眼洞里开始泄洪一般的喷涌而出。

王二天天在家发毒誓；几年前，“祁疤眼子”被他的毒誓咒死了，而且是得了肝癌疼死的。现在又天天毒咒吴德才，他认为吴德才比“祁疤眼子”还坏，特别是在关押他的那段时间里，吴德才这个坏种，专朝他的伤腿踢，不然的话，现在也不会瘸得这样厉害。他对吴德才当上村支书心有不甘，天天发的毒誓都是同一个内容：“老天爷呀，叫吴德才这个狗日的不得好死吧，叫他全家都不得好死吧，如能随愿，俺王二情愿右腿也瘸，胳膊也瘸，眼睛也瘸。”

整个下午，王二都在毒咒吴德才，咒他不得好死。

唉，人生如同弈棋，王二在自己的人生棋局中，一步失误，结果全盘皆输。他因自己不慎酿成悲剧，抱怨社会、诅咒别人又有什么用处呢？

冬至的太阳，虽然离祁峰最遥远，可在连续三天的暴雪之后，还是给人暖融融的感觉。在处处白雪的显映下，午后的太阳，格外的明亮耀眼，格外的光芒四射，雪后的空气，也格外的透明洁净，格外的清新怡人。

已经满脸喜色的花，在通往岗上乡的冰雪路上急急走着，她恨不得一步跨到乡邮局。

花很想知道这包裹到底是谁寄来的，可她不认字，又不好意思问别人，只能不停问自己：这包裹是林从东阳寄来的吗？如果包裹是林从东阳寄来的，她更想知道包裹里究竟寄来些什么物品。她突然又在心里笑了：只要是林寄来的，无论寄来什么，她都喜欢；因为林寄来的是一份牵挂，一片心意，一副“灵丹妙药”，足以解除她三十多天来的相思之苦，足以慰藉她日夜不安时时受伤的心。她愈是这样想，愈是加快了脚步，想早点赶到邮局，早点知道谜底，早点品尝期盼已久的甜蜜，早点享受姗姗迟来的幸福；她已经不是在走，而是在跑、在飞。

花很快来到了岗东村，乡邮局已经遥望在即，她不由得又加快了步伐，快速走过岗东村，走上村西的三孔石桥。

那石桥长约十丈，宽不到一丈，桥面没有护栏，仅够一辆大车通过。这天正好是逢集，罢集的人们，从桥西集市上三三两两走来，为了避让罢集的人们，花在石桥上有时不得不侧身通过。

还未下桥时，花就远远看见一个脸有大疤的壮汉，手推着木轱辘独轮车迎面走来，他是祁峰村民兵营长马三。憋了一路的花，终于有些憋不住了，她想上前问问马三，这包裹单到底是从哪里寄来的。

跟随在马三身后的，是个正在生气的矮小女人，她是马三的妻子；如果不是正在生气，如果不是个头太矮，如果不是有些瘪嘴，马三妻子也算个俊美女人。那矮女人一边走，瘪嘴一边不停嘟哝着、抱怨着。

“你真是不要脸的馋嘴臭女人，”推着独轮车奋力上坡的马三听烦了，回头恶狠狠地骂道，“一赶集就买大葱买大葱的，你是怀孕了，还是坐月子了？丫鬟的命，尽做小姐梦，刚吃了两天饱饭，就想着点子吃，现在还没到日出西山、母鸡打鸣的时候呢，你这臭不要脸找揍的东西……”推着独轮车边走边骂的马三显然怒气未消，再次回过头补充骂道，“二分钱，二分钱的，二分钱够买一盒火柴用个把月了，你得吃病啦？真是不会过日子的臭女人！”

见路人纷纷看过来，矮女人的脸上有些挂不住了，当众挨骂，觉得很没面子，仿佛自己变得矮小丑陋了。于是，心里很有些愤愤不平：买二分钱大葱吃，怎么就不要脸啦？怎么就不会过日子啦？难道全家就俺一个人吃吗？大人孩子天天吃空煎饼，偶尔卷一回大葱吃，过分了吗？买二分钱大葱吃，怎么就是馋嘴臭女人啦？矮女人越想越生气，在愤怒和众人目光鼓励下，来了胆气，跳起来打了马三一下。由于身材过于悬殊，也许不是真打，她扬起的手，只轻轻碰触了一下马三后背。

马三却顿时火冒三丈，刚想停下独轮车狠揍矮女人一顿，花已走到跟前同他打招呼了：“三表叔呀，你赶集买菜啦。”

马三扭头见是花，火气顿消，立即眉开眼笑起来，他朝独轮车的架子上努努嘴，不无自豪地说：“买只小猪回家喂，刚才又找供销社闻主任，也就是乡里秦书记的爱人，批了点煤炭回家烤炉子。菜嘛，家里有肉、鸡蛋，还没吃完呢，今天就不买啦。”

花见矮女人在马三身后直撇嘴，连忙对矮女人笑笑说：“三表婶也来赶集呀。”花本想上前拉她手，表示亲热，哪知正在气头上的矮女人，手一摆，头一昂，架子十足地扭过身去。

花手拿着包裹单本想请马三帮看看的，一见三表婶这种不友好的态度，只好作罢，连忙快步走开。

马三见花匆匆离去，心有不舍地连忙放下手推车，转过身，眼巴巴地张望着。

瘪嘴女人一见马三如此色眯眯的样子，气得竟自先走了。想想刚才挨了骂，又看到马三眼露淫邪的那个德行，她的瘪嘴鼓缩得更快了，嘴里不停地小声咒骂着。

马三回望一眼，见妻子已经上了桥，干脆在独轮车把上坐了下来，皲裂的手伸向破棉袄口袋里，摸出一个揉旧的丽华牌香烟盒，从中找出一根半截烟头——用烟叶自己卷制的烟头，点着后，深吸了一口，朝着花渐走渐远的背影，吐出一个又大又圆的烟圈，直到花的背影完全融入集市的人群中，马三才回过头。他见矮女人快要走远，赶紧连吸了两口，烧痛手指时才把烟蒂扔掉。

马三重新推车快步上桥，到了桥脊中间的最高处，仍不忘利用地势之利，再次勾头回看，试图从人群中寻找到那个俏美的身影。由于桥面冰雪湿滑，马三又只顾勾头“找人”，突然脚底一滑，身体趔趄了一下，木轱辘独轮车便不受控制地侧倒向一边；马三“哎呀”一声刚喊出，桥下立刻传出一声凄厉的惨叫声，是那只可怜小猪崽发出的惨叫，车上的柳条筐连同筐里的煤炭，也一起翻落到桥下。

已经走远的瘪嘴女人听到了后面的尖叫，回头一看，顿时明白了一切，她巴掌一拍，像发了疯一样号哭着飞奔回来，径直向桥下冲去。她边哭边喊：“小猪呀，你要是有个三长两短，俺也不活了。”

瘪嘴女人冲向桥下时，被河堤边坡上的积雪滑倒，她顾不上满头满脸雪，连滚带爬扑到小猪身边，一把抱起小猪，像好医生检查亲人病症一样，翻来覆去检查了好几遍。还好，桥不算太高，积雪也厚，小猪崽只是摔断了一条腿。瘪嘴女人立即解开没穿内衣的空心棉袄，一把将小猪揣进怀里，抹着泪跑走了。

这时，马三也冲到了桥下，将撒落雪地上的煤炭，大把大把地朝柳条筐里扒。等他把满筐的雪和炭扛到桥面时，已是满头大汗、气喘吁吁。在雪中扒煤炭的两只手，被冻得有些麻木；他把手伸进怀里捂了一会儿，看着矮女人远去的身影，忽然心里一阵发酸，他想了想，咬咬牙，扭头向集市跑去。

马三跑到卖大葱的白胡子老汉面前，掏出一毛钱，很大方地递过去：“来一毛钱大葱。”

蹲在地上的白胡老汉没有接钱，而是抬头反复盯看了马三几眼。白胡老汉甚惑不解，好像怀疑自己是不是眼花看错了人，心中很是奇怪：这个人怎么突发神经了？刚才矮女人路过葱摊时想买二分钱大葱，眼前这个男人，又是吹胡子瞪眼，又是大声呵斥的，无论矮女人如何央求，这个男人就是不同意。老汉本想不要钱，送那矮女人一捆大葱的，可又怕引出是非、招惹麻烦。当老汉仔细看清，确实就是这个男人后，立即收回目光，厌恶地低下头，手朝面前的葱摊指了指："大捆小捆随便拿。"

马三抱起葱摊上最大的一捆，扔下钱，转身跑走。

那张一毛钱的旧票子，在空中上下翻滚旋转了几圈后，飘落到老汉脚边，老汉看也没看，抓起就扔进面前的人造革提包里。

第二十七章

当花汗水涔涔地赶到乡邮局，一进门，就手举着包裹单递向柜台里的那个“文学女青年”，并急切问道：“同志，这包裹是从哪里寄来的？”

“女青年”没有立即去接包裹单，而是目不转睛地对着花仔仔细细端详一番，然后笑笑说：“包裹单上写着详细地址呢。”

“俺…… ”花顿时涨红了脸，不好意思地轻声说，“俺不认字。”

“女青年”惊疑地看了花一眼，很为花感到惋惜，这样美丽的姑娘不识字，真是可惜了。当“女青年”从储物柜里找出一个大包裹递给花，亲切地小声说：“这包裹是从临海县城寄来的。”

“是不是搞错了？”花顿时头脑发蒙、浑身发凉，两手发抖不敢去接包裹。

“怎么会错呢？”那女青年笑笑说，“这上面写得清清楚楚，不会有错的。”

花满脸疑惑地接过包裹，说了声谢谢，急忙走出邮局，来到一个僻静处，反复摸试着包裹，里面像是被子和衣物。是林寄来的吗？他不是在东阳地质队吗？这寄自临海县城的包裹，又是怎么回事呢？花既没听说过临海县城，也没听说过外地有什么亲戚，是不是寄包裹的人，写错地址寄错人了呢？她几次想打开，又几次止住。听人说，私拆别人信件包裹是犯法的，拆，还是不拆？她思想反复斗争着，躁得浑身直冒汗。

思来想去，最后还是忍不住，决定拆开看看。她找了一个无人的地方，小心翼翼地拆开包裹上的缝线，掏出包裹里的物品，一共六样：一床棉被，一个人造革花书包，书包里还有一本厚厚的书，一条蓝色毛线围巾，一件大红色毛线衣，那毛衣真漂亮，上面还绣着花，那花绣得真好看；还有一样好像是腰带，那腰带差不多有三寸宽，从一个大圆盘里穿过，那硬邦邦的圆盘，比海碗口还大；包裹里还有一封信，信封是敞口的，里面有好几张信纸。

看着这些东西，花觉得这包裹应该是林寄来的：书包是给秀的，林知道秀的布书包有点破，该换新的了；那本书也是给秀买的，林原来就给秀买过书；那围巾应该是给娘的，娘一直没有一条像样的围巾；那毛衣的颜色款式和绣花，正是自己喜欢的，一定是给自己的。可再一想，又觉得有点不对，那腰带是留给谁用的呢？谁会用那奇怪的腰带勒腰呢？她忍不住把信封里的那几张信纸抽出来，想请过路人帮念念，只要念了信，就什么都知道了。

花手拿信纸走到大路旁，见身边人来人往，她几次鼓足勇气走上前，又几次退缩回来。有两次，路人经过她面前时，看她手里拿着信纸在四处张望，好像有事，问她有什么需要帮忙的，她又赶紧摇头说没事。

她想：还是拿回家，秀看了就什么都明白了。秀是初二学生，识字多，有学问，估计自己到家时，秀也该考完试回来了。她重新把包裹包好，快步向回走。

刚走出不远，忽想起二大爷的腰疼病犯了，娘不是说贴了伤湿解痛膏可以治好吗？要买几张回去让二大爷贴贴看，花立即转身朝乡卫生院走去……

就在瘸子王二对天发毒誓、咒骂吴德才不得好死的时候，祁峰村书记吴德才正坐在乡政府的会议室里，他一边吸着手中的“飞马”牌香烟，一边思考着自己将要发言的内容。

与屋外的寒冷相比，会议室里明显暖和多了。一个燃烧正旺的大火炉正发出噼噼啪啪的响声，火炉上的长长烟囱通向玻璃窗外，喷吐着滚滚浓烟，室内则散发着劣质烟草的辣眼呛鼻味道，始终有十余支点燃着的烟头，像时明时暗、时白时红的星星，在会议室烟雾缭绕的云层中闪烁。

会议持续了快一天时间。上午，岗上乡党委书记秦明用了两个多小时传达县委扩大会议精神，部署当前重点工作，乡里几个分管领导对单项工作进行简要安排。中午是便饭，饭后接着开会。下午是各村的表态发言，乡长还要作最后的总结讲话。

大部分的村书记已经发言结束，正在发言的是岭西村书记姚西明，像其他村书记一样，姚西明照稿宣读，空话套话连篇，腐酸气十足。

姚西明发言刚结束，还未站起身，主持会议的乡党委副书记李希光立即宣布：“请祁峰村吴书记上台发言。”

吴德才烟头一扔，大步走到主席台上。他没拿发言稿，清了清嗓子后开始发言：“俺是大老粗，不认字，没有稿子，想哪说哪，大家别笑话。”

台下的人好像故意与他作对一样，偏偏发出了一阵笑声。

吴德才有些无奈，只得红红着脸，继续他的发言："上午，秦书记讲了，几位领导也都讲了，俺都记在心上了，保证按照领导要求办。大家发言，俺也记住了，回去好好学。大家别笑，大家别笑呀，俺说的都是真话。交公粮，俺村已经完成；计划生育，不成问题，争取第一；党员冬训，保证一个不落，全部参加；村里治安，已经安排巡逻，保证偷抢案件，没有一起；上河工，俺村又是提前完成的；上缴提留款，保证五天内全部完成；民兵训练，正常进行；农田水利嘛，今年，梯田搞他娘五百亩，沟渠再修三十里；俺样样当先进，夺红旗，争第一。下面这个，这个……下面，没有了。"台下又是一阵哄笑。

不到两分钟，发言结束，见台下的人都在笑，吴德才感到莫名其妙，红红着脸走回座位。

乡党委副书记李希光见许多人仍在笑，考虑今天是大冬节，想尽快进入最后一项议程，早点结束会议，便赶紧宣布："下面请许乡长作重要讲话，大家欢迎。"

坐在秦明书记左面的乡长许自强，起身接过李希光递来的话筒，拍了拍，然后对着秦明书记左脸点了点头，摊开一叠厚厚的讲稿，清了清嗓子："我没什么多说的，主要根据乡党委会议研究精神，根据秦书记的重要指示精神，再重点强调九个方面问题，下面，先讲第一个……"

台下的人可能觉得吴德才的发言好笑，继续交头接耳、笑声不断。秦明书记有点生气了，一把将许乡长面前的话筒拿了过来，拍了拍桌子："笑什么笑？是老吴刚才发言不好吗？一分多钟发言太短太简单、前所未有是吧？大家以为长篇大论、空话套话就是水平？不是！我认为老吴的发言才有水平，真是有水平，是真有水平！老吴的发言，不仅没有一句空话废话，而且重点突出、主题鲜明、言简意……意……"秦明书记忽然忘记下面那个字的读音，一边回想一边小声嘀咕着："意，意什么来着……"

坐在秦明书记左边的许乡长，红着脸连忙低下头。

坐在秦明书记右边的李希光，赶紧低头歪向秦明书记，手遮在嘴唇上小声说"是'孩'，是'孩'。"

"对，我想起来了，是'孩'，"秦明书记好像顿时想了起来，大声说道，"意'孩'，言简意'孩'。"

李希光有些得意了，一来显示了自己的学识，二来救驾讨好了上司，胸脯更挺，头也抬得更高，鹰眼一样的目光，来来回回巡视着台下，似乎在寻找可口的小鸡。

“老吴不仅说得言简意‘孩’有水平，干得更有水平。”秦明书记继续他的插话，“大家想一想吧，老吴干祁峰村书记才几年呀？告诉大家们吧，才仅仅五年多一点！祁峰村干了多少实事？祁峰村的变化有多大？梯田搞了多少？沟渠路道修了多少？苦干实干才面貌变哪！祁峰村半数以上的人已经能填饱肚子了，多不容易啊！祁峰村在还有人吃不饱肚子的情况下，提前超额完成了公粮上交任务，这是什么精神？这是大公无私精神！是共产主义精神！是战无不胜的毛泽东思想的又一次伟大胜利！是华主席带领我们奋勇前进的又一丰硕成果！这说明祁峰群众思想觉悟高，说明祁峰班子团结有战斗力，说明祁峰党支部战斗堡垒作用发挥得好，说明老吴这个班长当得好，说明老吴不仅会说还会干，哪个村能做到这一点？祁峰是什么条件，你们是什么条件？”

秦明书记巡视一遍台下，继续情绪激昂地说：“祁峰村只有两千来人，原来光棍就有四百多，现在只剩下不到三百了，才五年多时间哪，同志们，短短五年多时间，就消灭了一百多个光棍，这简直是个奇迹，这不能不说是个奇迹，谁能说这不是个奇迹？”

秦明书记稍稍停顿，想了想，又继续表扬说：“自从粉碎‘四人帮’，祁峰处处都变样，就说计划生育吧，祁峰村又走在了全乡的前面。各村都说计划生育这难那难，叫苦连天，祁峰村的计划生育为什么不难？我看，关键要有“坚强”的决心、要有铁的手腕。我听老吴说，他们的措施就相当到位，在祁峰，计划生育对象不愿生、也不敢生。听说他们村的计划生育对象，前来落实节育措施时，一个个精神焕发，手舞足蹈，喜笑颜开，哼着小调，你追我赶，相互赛跑，欢天喜地，活蹦乱跳，时不我待，歌声缭绕，带头响应，积极踊跃，大步流星，小步快跑，争先恐后，眉开眼笑，兴高采烈，欢呼雀跃，欢歌笑语，蹦蹦跳跳，载歌载舞，江山多娇，群情激愤，面带微笑，乐不思蜀，分外妖娆……”

秦明书记越说越兴奋，越说越激动，连他自己也没有想到，竟能一口气说出这么多形容词，不仅多是四个字的成语，而且像诗歌一样对仗押韵、朗朗上口。他自我感觉已经进入状态，而且愈来愈渐入佳境，快要达到才思泉涌的程度了。他还想继续发挥下去，可气的是，乡长许自强这时站了起来。许自强面向台下朗声问道："大家说，秦书记说得好不好？"

台下齐声高喊："好！好！好！"

村书记们都激动地起身鼓掌叫好，个个敬佩得热泪盈眶。吴德才也只好随大家站了起来，他红红的脸上，显得有些腼腆害臊，心里却充满着无比的崇敬和感激。

李希光也不甘落后，站起来兴奋地说："秦书记说得太好了！大家鼓掌！再次鼓掌！再次更热烈地鼓掌！"在李希光的带领下，台下全体起立，会议室里爆发出经久不息的雷鸣般掌声。

秦明书记见此情形，心里很感动，既为大家感动，也为自己感动。他站起身，双手向下按了按，示意大家坐下。等大家都坐下后，他右手潇洒地摆向左侧："请许乡长继续讲话。"

乡长许自强看看时间已晚，只用两分钟，就把九个重点问题的标题念了一遍，结束了他的讲话，随即将话筒还给副书记李希光。

李希光用拍红了的双手接过话筒，异常兴奋地说："这真是一次令人激动的会议，祁峰村吴书记的一分钟表态发言，非常到位，非常精彩，非常'言简意孩'。许乡长的总结讲话更精彩，只用不到两分钟时间，就把九个问题说得清清楚楚，透透彻彻，明明白白。而最最精彩、最最激动人心的，是秦书记的讲话。秦书记高屋建瓴，通俗易懂，深入简出，提纲挈领，目光如炬，立意高远，妙语连珠，珠联璧合……秦书记的讲话，有伟人的思想，有诗人的语言，有演说家的风采，永远值得我们学习……"

散会了，李希光在秦明书记面前弓腰垂手、虚心请教："秦书记，您为什么演讲得这么好呢？您怎么会有这样好的口才呢？这里面到底有什么窍门吗？"李希光的谦恭和真诚，像河中之鱼初到大海请教鲸鱼一样。

"哪有什么窍门，"秦明书记摆摆手，谦虚地笑笑，"也就是平时多注意学习、多注意积累罢了。"

"秦书记真是汗牛充栋、才高八斗、学富十车，"乡长许自强立即接话说，"人都说秦书记是全县第一铁嘴，果然名不虚传、言过其实，我算是彻底领教了，佩服！佩服！实在是佩服啊！"

吴德才散会出了乡政府，心绪还久久难平，秦明书记的那番讲话，声声入耳、句句动心。秦明书记当着大家的面那样隆重表扬自己，这是多大的面子和荣耀呀，回去后一定要努力干出新的成绩来，不辜负秦明书记的厚望，也让各村书记们看看，俺吴德才不仅能说更能干。

吴德才一边骑车一边盘算着：今天在会上的表态发言，回去就赶紧抓落实，尤其是计划生育，各村都叫苦喊难，俺一定要动实的、碰硬的、干真的，争取再打一场漂亮仗，不仅在全乡夺第一，还要在全县扛红旗。

他不知不觉已骑车上了集市东面的三孔石桥，忽然想起今天是大冬节，赶紧掉转车头，来到乡食品站临街的肉食门市部，想割点肉回家过节，同时也为自己今天受到秦书记表扬庆贺庆贺。

他刚撑好自行车，人没进门，里面的热情招呼声就已迎了出来："吴书记来啦，里面请，里面请，给你留着好肉呢，你看看，这肉多肥呀，膘油足足有四五指厚，俺就知道你吴书记要来，专意为你留的，来几斤？"食品站卖肉的金胖子，眼含殷勤，脸笑如花。

"来一斤吧，上集买的肉还没吃完呢。"吴德才没有看金胖子，而是面对着肉架上的那片大肥肉在答话。

"好嘞"，金胖子拿起一把小尖刀，在那片大肉上只轻轻一划，一块长长的薄肉片便脱落下来，他随即把薄肉片挂到了秤钩上："一斤半，摊一块零五分钱，就收你一块钱吧。"只几秒钟，金胖子就完成了全部规定动作，娴熟得像玩魔术，看得吴德才眼花缭乱。

"家里的肉还没吃完，太多了，少买点、少买点。"吴德才嘴里这样说，其实早就在心里迅速盘算着：纯瘦肉五毛一斤，五花肉六毛一斤，纯肥肉才七毛一斤，这块肉顶多只有八成肥肉，最多只能收俺九毛九分钱；明明多收了一分钱，反说让了俺五分钱。吴德才心生厌恶：人都说无商不奸，果然不假，这个老狐狸，也想蒙骗俺，也不想想俺是谁，俺成狐狸的时候，你还在娘胎里没出来呢？吴德才不把话说开，坚持少买点，目的是想把那两成瘦肉去掉。

金胖子也是各色人等见多的人，吴德才的想法岂能不知，他见吴德才不悦了，赶紧说道："吴书记是大贵人，生来就是吃大鱼大肉的命。过节了，俺金胖子也没什么好送的，就送块肉吧。"他抓起一块半两多重的五花肉，放到称好的那薄肉片上，迅速用麻皮捆扎起来。

"不用，不用，你太客气了，"吴德才心里乐了，嘴上也说起了客气话，

“家里天天吃肉，都不想吃了。”他掏出一块钱，放在肉案上，又说了声感谢话，便提着那片肉出了门。

没等吴德才走远，金胖子“呸”了一口痰，直射向门外五米远处吴德才刚刚停车的地方。

吴德才推着自行车，昂头挺胸、赳赳前行在集市人流中。悬挂左边车把上的那块薄肉片，足足有一尺长、四寸宽，形状很像铡草用的铡刀片，很是惹眼，路人见了纷纷投来羡慕的目光。吴德才对熟人的招呼问候，频频点头回礼，对生人投来的惊羡眼神，也报以微微笑意。

“吴书记，过节了，买条鱼带回家吧，”路边的一个鱼贩子笑着说话了，“这是中午刚从骆马湖里捕捞上来的，新鲜着呢。”

吴德才见鱼贩子是个“瘦猴”，心想：俺以前没见过这个“瘦猴”呀，他怎么会认识俺的呢？其实，“瘦猴”鱼贩子并不认识吴德才，只是刚才有人同吴德才打招呼，自然就知道了。

“吴书记，你不认识俺，可俺知道你，”就在吴德才纳闷疑惑时，“瘦猴”狡黠一笑，“你的大名有谁不知，有谁不晓呀？”

对“瘦猴”的话，吴德才既感到受用，又顿生好感，却笑笑说：“今天不买鱼了，有肉呢。”

“肉是肉，鱼是鱼，像你这样的领导干部，过节光有肉哪行。你看这鳜鱼，又大又肥，标准的骆马湖野生鱼，才五毛钱一斤，多便宜呀，就是在骆马湖边也买不到的。”满脸堆笑的“瘦猴”在动员着。

“鱼，刺太多，”吴德才摇摇头，“俺山上人吃不惯。”

“那就买黄鳝吧，黄鳝没刺，味道又鲜美；你看这黄鳝多粗多肥呀，一条差不多有半斤重了，买回去炒鳝丝、烧鳝段都行，保管你这次吃了下次还想买。”已经开始媚笑的“瘦猴”又劝着。

“俺不敢吃黄鳝，”吴德才又摇了摇头，“像长虫一样，俺看了就害怕。”

“那就买螃蟹吧，你看这螃蟹个头多大，每只二三两重，才要五分钱，如果在饭店吃的话，一只至少要收你两毛钱的。”

“螃蟹就更没什么吃的，除了壳，几乎没什么肉，还不如吃个鸡蛋实惠。”吴德才还是摇头不愿买。

“瘦猴”不死心，又从蒲包里掏出一只约二斤重的老鳖，连忙说：“吴书记，这可是大补的营养品，滋阴壮阳，最适合像你这样的领导人吃了，买一只吧，像这样大的野生鳖不多见的。卖给饭店要两三块钱呢，你给一块五就拿走吧。”“瘦猴”苦着脸在恳求。

吴德才依旧摇着头不想买。

“给一块钱行了吧？对你这样有钱人来说，一块钱根本不算钱的。”“瘦猴”近乎哀求了。

吴德才还在犹豫时，正好骑车路过的岭西村书记姚西明开起了玩笑：“买‘王八’呀，老吴，这可是壮阳的大补品哟，看来今夜嫂子要过狂欢节喽。”说完哈哈大笑，骑车走了。

吴德才见姚西明也这样说，又看“瘦猴”在苦苦哀求，再不买好像实在有点说不过去，笑了笑：“好吧，买了，拴上吧，可你要送两只螃蟹让俺尝尝味道怎么样。”

“唉，”“瘦猴”叹了一口气，“这回算是赔大了，既然吴书记张开金口，不送就显得俺太小气，那就送一公一母吧，图个吉利。”他随手要把两只螃蟹拴上。

“不要母的，不要母的，”吴德才连忙摆手，“要公的，母的不好。”接着，他又很有经验很内行地补充说，“母猪肉不烂，母鸡肉不香，同样道理，吃螃蟹自然也是公的好喽。”

“瘦猴”心想：连村里的书记都这样土、这样抠，过去人都说岗上乡穷，俺还不信，这回算是领教了，在俺河湾村，哪有人穷抠成这样的呀。

吴德才付了钱，将那串老鳖螃蟹挂到右边车把上，满意地骑车走了。

快到村头时，吴德才赶上了正推车上坡的马三。马三见到吴德才，立刻满脸堆笑说：“表姐夫，你赶集买这么多的菜呀？”

“噢，今天开会，顺便带点菜回来，不是过大冬节了嘛。咦，你怎么只买一捆大葱呀？”

“家里菜还没吃完呢，只是大葱没有了，俺买煤时顺便买了一捆。”已经停下独轮车的马三，边说边掏出“丽华”烟盒，从中仔细找出一支递过去。

“有好不抽孬的，还是抽俺“飞马”吧。”吴德才掏出那包“飞马”烟，从中抽出一支扔了过去。

马三迅速接住扔来的“飞马”，连忙掏出火柴点燃吴德才早已放到嘴上的香烟，立即把到手的“飞马”装进烟盒里，迅速换出一支自制的卷烟，点着后边吸边问：“表姐夫，今天开会有什么新精神，给俺传达传达吧。”

“今天过节，明天上午开会时再传达吧。不过，先告诉你，让你有个思想准备，秦书记今天又在大会上隆重表扬俺村了，秦书记把俺村夸得那真是‘蜜口调油’。俺琢磨着秦书记今天讲话的意思，下步重点工作是抓计划生育，到时，俺村的计划生育，可就要看你这个民兵营长的喽。”

“表姐夫，不！吴书记，你放心！到时只要你一声令下，扒哪家粮、牵哪家猪、捆哪家人、拆哪家屋，俺马三绝不含糊！”

吴德才看了看马三，满意地点头笑笑，骑上自行车先走了。

花走进乡卫生院时，见一大群中青年妇女正在院子里吵吵嚷嚷着，祁生老婆也在其中，还有几个好像是祁峰村南庄的。她们有人在哭，有人在诉，有人在捶胸，有人在跳骂，有人坐地不起，有人在泥水里打滚。一些医护人员和乡村干部模样的人，正围住她们在解释着、推搡着、威逼着。原来她们都是计划生育对象，是被乡村干部“动员”来落实节育措施的。

花绕过哭闹的人群，径直来到医生值班室，发现里面空无一人，医生可能都在院子里做那些妇女工作，花只得坐到值班室的椅子上静静等候。过了一会儿，突然院子里有人高喊：“快，快，赶快抢救，这个人气死过去了。”花急忙走到窗前，见一个妇女直挺挺地躺在雪堆旁的泥水里，几个医护人员正围着那妇女进行紧张施救，有人还拿来担架，手忙脚乱地将那妇女抬往急救室。

花隔着玻璃窗远远看去，那气死过去的人有点像祁生老婆。花迅速在院子里的人群中仔细寻找，一直没有看到祁生老婆，心里骤然紧张起来，她在疑虑和担心那人到底是不是祁生老婆呢？过了很长一段时间，才看见祁生老婆被两个人搀架着从急救室里慢慢走出来，花的心里终于落下了一块石头。

值班室门外传来脚步声，一个穿白大褂的中年男子自言自语地走了进来：“唉，计划生育真难，不搞又不行，搞了又……她们也真够可怜的。”中年男子进到屋里，抬头见到花，愣住了，回过神后，柔声问道：“你不在院里等，怎么跑到这儿来了？”

眼睛有点湿红的中年医生，显然把花误当成院子里的那些计划生育对象。

“医生，俺是来拿药的，”花顿觉脸上发烧，赶紧站起解释，“你给俺开点伤湿解痛膏好吗？俺二大爷腰疼病犯了。”

“好的，好的，”感到自己唐突了花的中年医生，连忙歉意地笑笑，“你稍等，我马上就回来。”他边说边向门外走。

过了一会儿，那医生折转回来，手里拿着一大包药膏贴，大约有二十来张，他一进屋就把药膏贴递给花。花连忙掏出娘塞给的那叠零钞票，捧送过去。看着那叠零钱，那医生犹豫了一下，从中抽出两张面值一毛的票子。

“不够的。”花的手还在捧举着。

“够了够了。”中年医生笑笑摆摆手。

花连说“谢谢”后，出了医生值班室，发现院子里的那些妇女们正围站在一起，静听着训话。

“……计划生育是国策，上面也有政策，谁敢违抗？”一个干部模样的矮胖中年妇女，正站在砖砌的花园矮墙上，她的嗓音又高又尖，却抑扬顿挫、掷地有声，“……早做早主动，有功还有奖，晚做也得做，罚你没商量。我现在可是把丑话说在前面了，谁要是敬酒不吃吃罚酒的话，不要怪我刘秀英不客气，也不要怪我刘主任心肠狠。到时候，扒你粮、牵你羊、拆你房，你们还得照做不误。真要是那样的话，你们会人财两空，哭都找不到坟头哭的……”说话的是乡计生办刘秀英刘主任。

花觉得这个刘主任似曾相识，却想不起来在哪见过。她忽然想起许多电影里的女主角，不也像刘主任一样英姿飒爽、慷慨激昂吗？那身段，那动作，那眼神，那声音，那语气，无一不像。

出了乡卫生院大门，刚走到大街上，花忽听身后的院子里嘈杂起来，追跑声、扯拽声、撕打声、谩骂声、喊叫声，混成一片，像是开始对计划生育对象强行采取节育措施了，那些妇女们的惊叫声、哀号声立即响成一片。

花渐渐走远，可那些凄惨的哭喊声、哀号声，还在卫生院里震天回响，那一声声哭喊哀号，是那样的声嘶力竭、充满绝望……

第二十八章

林清晨醒来，宿舍里已空无一人，他摸出怀表一看：已经七点四十了，便一个鲤鱼打挺下了床，只用两三分钟时间，就穿好衣服、洗漱完毕，端起夜里吃剩下的半碗面条，跑出棚屋。

此时，太阳正从东方地平线冉冉升起，从雪地上反射来的亿万道耀眼金光，刺得林睁不开眼睛。他几步跨进食堂，见只有瘦伙夫一人在食堂里当班，连忙把冻成一坨的那碗青菜肉丝面端到瘦伙夫面前，十分歉意地说："孙师傅，不好意思，起来晚了，我想把剩面条热一热。"

"不晚不晚，上白班的人刚走，下大夜班的人过一会儿才能到，你先吃馒头吧，菜橱里有炒鸡蛋、炒咸菜，想吃什么就自己端。我现在就去给你热面条，一两分钟就能好。"瘦伙夫很是客气，他边说边接过面碗。

林迅速从饭笼里拿出四个三两重的白面馒头，那馒头是用筋道的富强粉做的，比起原来县二招的馒头，好吃多了。他又从几碟炒酱菜中端过一碟，立即大口吃了起来。两个馒头刚下肚，瘦伙夫已把热好的面条端了过来。林连说"谢谢"后，便将剩下的两个馒头和炒酱菜，用事先准备的塑料袋包起来，塞进崭新的白帆布地质包里，又从包中拿出军用壶，灌满开水，然后端过面条碗，几口把碗里的剩面条吃完。

林付了饭菜票，对孙师傅说过感谢话后，立即跑出食堂，向着积雪中那条忽隐忽现、通往东南方向的小路跑去。

林要利用今天转班的空闲，去一趟县城，这也是他第二次去临海县城。上次去，是二十一天前，也是转班，那天，他给花寄去了包裹。今天，他想再给心爱的花买点东西寄去。

一想到这场突如其来的暴雪寒流，想到花身上那件又小又薄的旧棉袄，他心中就止不住阵阵酸痛。林两天前就已想好，这次要买一件厚实点的新棉袄寄给花，既让花抵御严寒侵袭，同时也寄托连日来的思念之情。

林已经有段时间没有好好休息了，想利用这转班的一天空闲时间，除了给花买棉袄外，顺便到县城理理发、洗洗澡，还有时间的话，最好再能看场电影。

平时，钻工们除了打牌下棋，再没有其他文娱生活。虽说每周都有一个星期天，可没有人休息过，谁也舍不得休，都想把星期天积攒起来，这样可以在探亲休假时，能和家人多待些日子。

由小夜班转上大夜班，每三周才有一次，每次这样的转班，中间有二十四小时的时间差；这不占用休假的一整天空闲，自然是三个星期里大家最期盼的。每人都会充分利用这天时间，来处理一些个人的重要事情；多数人会跑到七十里外的县城逛逛，顺便给家里寄些物品或信件；而他们家人的来信，一般都是寄到东阳大队部，再由大队部半月一趟的给养车捎来钻机队；因为在钻机队周围五里之内，既不靠乡也不靠村，打长途电话，也要跑到八里外的九里乡邮局去。

林离开祁峰已经三十九天了，来到临海县的一号钻井队也已三十四天。其间，他给花的家里寄过两次信：一次是三十六天前、刚到东阳地质队第三天时写的，那时他还在东阳大队部里集训；一次是二十一天前放在包裹里，从临海县城寄出的。每次信中，他对花的爱恋和思念，都无法尽情尽意地表达，因花不识字，信要由秀来念，因此写信时，必须字斟句酌、曲折委婉、隐晦含蓄表达，心中的熊熊烈焰只能变为信纸上的星星火苗，不知道花能否感受到他的无法言明的情感。今天要通过寄棉袄的方式，进一步表达对花的深深爱恋，他一边跑，一边想象着花收到棉袄时的喜悦之情，竟止不住呵呵地笑出声来。

这场罕见的暴风雪，后半夜就已停止，酷烈的寒流似乎也已过去。斜挂前方的太阳照在身上暖融融的，让林温馨的同时，也强烈着他的想家念头。就连冬至的太阳也想中国了，开始从遥远的南极回归，他又怎能不想家呢？他哪天不在想家呢？哪天不在想姥姥的沂湾家？哪天不在想花的祁峰家？还有什么能比家更温暖的呢？还有什么能比与亲人团聚更幸福的呢？

林跑着跑着，发现路上的积雪在慢慢融化，道路开始变得湿滑。他不仅没有因此放慢脚步，相反在湿滑的雪路上越跑越快。他要尽快赶到九里乡，早点搭上通往临海县城的过路班车，要在极短的宝贵时间里，尽快做完想做该做的事情。

突然，林的脚底滑了一下，险些摔倒，被雪滑过之后，他立刻感到了一阵恶心，胃里的食物直往上涌，实在有些控制不住，连忙蹲到路边呕吐起来，直呕得他眼冒金花，涕泪交零。胃里的食物终于吐完，他抹去涕泪，又向九里乡招呼站快速跑去。

他一边跑一边想，自己怎么会呕吐呢？既可能是夜里没有休息好，又可能是刚才笑时受到了冷风刺激，也可能是被滑时闪了一下，而最有可能的还是那半碗剩面条。

林从小以来就不喜欢吃面条，每次看到家里筷子粗的面条就反胃，尤其听了父亲讲他吃面条的故事后，更是见了面条就恶心。

父亲说的吃面条故事，发生在一九四二年的秋天，当时父亲带领自己的区小队，一共八九个人，被日本鬼子围剿追捕，东躲西藏了三天三夜。在一个月黑风高的夜里，他们摸到荒野中的一户人家里，那户人家只有一对老年夫妇。看到困饿至极的抗日游击队员们，老年夫妇就像见到了亲人一样，拿出家中仅有的半小袋混合面，做了一大锅面条。由于吃饭的碗盆不够，父亲就从院子里找来一个瓦罐，当他吃完一瓦罐面条，困乏得倒身就睡。醒来时发现，瓦罐内有一层厚厚的白垢；原来父亲用来吃面条的瓦罐，正是那对老年夫妇的尿罐。

从那以后，林吃面条时，常会想到那厚厚白垢的尿罐，总是会反胃，对面条有着说不出的畏惧。想到这里，他有些后悔，本来不该吃那半碗剩面条的，但又觉得倒掉了可惜，结果还是全部吐了出来。

吐空后的胃里很难受，他几次想停下脚步掏出挎包里的馒头咸菜吃，又怕误了赶车；他想再坚持一会儿，上了汽车再吃不迟，于是，继续快速奔跑在湿滑的雪路上。

从钻机队的住处到九里乡招呼站，有八里多路，他只用了二十多分钟就跑到了招呼站。

离招呼站还有一箭之地时，林忽然发现吴芸和苏荣正在招呼站旁翘首张望着，原来她俩也在等过路班车去临海县城。

当她俩看到林，一齐惊喜地招呼过来：

“怎么你也去县城呀？”

“这次又准备给家里买些什么好东西？”

“不买什么，”林已跑到她俩身边，不好意思地笑笑，“到县城随便转转。”

说话间，林忽然发觉她俩的变化很大，都明显化了妆，两人不仅施了粉、涂了口红，而且都有眼影。她俩没挎和林一样的白帆布地质包，而是肩挎小巧的黑皮包。两人脚上的高跟皮鞋擦得乌黑铮亮，身上的穿戴更是时尚，显得既漂亮又洋气，完全不像原来身穿“保尔式”厚棉装、头戴柳编安全帽、满脸泥浆油污的女钻工，倒像来自大城市的两个摩登女郎。

见两人如此的漂亮高雅，林不由得心生惋惜：像这样青春靓丽、充满阳光的女孩，如果每天清晨和傍晚，能徜徉在大学校园的草坪，或漫步繁华都市的街头，或每天工作在花丛锦簇、绿影婆娑的办公楼里，那将是怎样的一道风景，那会是怎样的一段人生呢。

有人说青春是盛开的鲜花，是美妙的乐章，然而，并不是每个正值青春的人都可以用艳丽的花瓣铺就人生道路，用跳跃的音符谱写人生旋律。在人生旅途中，虽有惠风和畅，但更多的是风雨兼程。虽然青春的幸福在于有着未来，可对钻工们来说，未来会有多少幸福呢？青春一定会在诗意中低吟浅唱吗？

出于同病相怜，林替她俩惋惜的同时，也为自己感到了惋惜：最美好的青春年华，将付之于喧嚣的钻机，未来的人生岁月，要在蓝天白云下的钻塔顶度过，他不能不感到悲酸难过。

林几次偷窥过去，从她俩嬉笑的脸上，丝毫看不出苏荣夜里委屈哭过，也丝毫看不出吴芸夜里被冻得嗷嗷叫过。如此看来，优雅真的是宠辱不惊的淡然、去留无意的美丽。

站到两人身旁刚有片刻，林忽然感到腹中一阵饥饿难耐，两腿发颤，心慌难过得不行，好像站都站不稳，便赶紧蹲下，可还是不行，一阵阵头晕眼花、天旋地转起来。他连忙转过身，背对她俩，快速掏出挎包里的馒头酱菜，大口吃了起来；一转眼工夫，馒头酱菜全部下了肚，又掏出军用壶，喝了几口温开水，感觉才稍好些。

林转回头时，发现吴芸眼睛红红的，“你怎么不在食堂里吃早饭？”她走近一步，嗔怪说，“这样很容易得胃病的。”

“起来晚了，”林躲过吴芸目光，低头小声说，“没有来得及。”

苏荣已取下肩上的精巧皮包，从中拿出一小袋饼干递过来。林不好意思接受，推辞了几次，又几次被苏荣推了回来。

“两个馒头怎能吃饱呢？”苏荣好像有点急了，说这话时，眼里有了泪光，她把饼干硬塞到林的手中，“这点饼干先垫垫肚子吧，到了县城，我请你到饭店好好吃。”

如果再不接受，既显得“外气”，又可能把快要急哭的苏荣真的急哭，林只好连说“谢谢”后，接下了那袋诱人的饼干。

那饼干真好吃，每两片圆圆褐色的饼干中间，夹着一层白色的甜奶油，又脆又香又甜，林还是第一次吃到这么好吃的巧克力奶油夹心饼干。他暗暗打算休假回祁峰时，也买上几包这种饼干，让花和秀，还有花的娘，也尝尝这香甜满口的人间美味，让她们知道什么才是香甜美好的幸福生活。

一辆开往临海县城的过路班车在身边停下，三人上了车；林刚从口袋里掏出钱，被早有准备的苏荣一把推开，她的钱已经递到了售票员的手上。

车上人不算多，三个人都有座位，吴芸和苏荣并排坐在售票员的身后，林则在她俩后面找了个空位。汽车刚开出，随着车身的上下颠簸，吴芸和苏荣都在车上睡着了。

林没有睡，而是继续津津有味地吃着香甜可口的美味饼干，间或喝上一两口军用壶里的温开水，胃里渐渐有了饱满的舒适，心里更有着轻松而幸福的惬意。

汽车很快拐过一个大弯，驶入视野开阔的海边公路，茫茫大海立刻映入眼帘，林的心里顿起激动的波澜。

上次去临海县城，来回都是浓雾重重，只能嗅到海味的咸腥，却无法目睹海的浩瀚尊容；从临海县城回来后的第三天，林下了大夜班，专程跑了十几里路，来到大海边，与黄海作了一次近距离的晤面。那是他第一次面对浩瀚无边的蓝色海洋，当时有无限的感慨涌上心头，因为他所面对的黄海，正是项山二老太萦怀不忘的悲情之海，也是林神往已久的心中之海。

林那天一遍遍告诉面前的这片海：他，来自英雄项羽故里，来自美人虞姬家乡，代表着八十三年来念兹在兹的那位耄耋老人，掬泪前来，为甲午之战的英灵们祭奠招魂，向为国捐躯的英雄们致敬致哀。

他那天一声声悲切呼唤，一次次深情大喊，一遍遍流下泪水，为献身黄海之战的勇士们，为那位九十七岁的耄耋老人，也为多灾多难的中华民族。

他那天滞留到很晚，直至太阳落山后才赶回到钻机队，除了带回夙愿已尝的慰藉，也带回英灵们给予的启示，还带回多姿多彩的一堆贝螺。为那些贝螺，他还专意写下了一首十四行的小诗。

而今又一次见到了大海，又一次遥望粼粼波光中的翔翔鸥翅和点点帆影，激动心情一如上次。望着眼前浩瀚无垠的连天蔚蓝，他在心中默默背诵起自己那首叫《贝螺》的小诗来：

鸥鸟于巨浪之上迎风翱翔翩飞巡海，
我流连沙滩在贝螺姿彩斑斓中徘徊，
把英灵馈赠海的慷慨一并装入口袋，
有了挚友和珍爱从此烦恼孤独不再。

谁说贝螺仅是玲珑饰品供案头陈摆，
谁说它只是躯壳残骸没有高贵华彩，
谁说它的颜色没经过腥风血雨涂改，
谁说它的纹络里没把大海秘密记载。

谁说它饱受过沧桑不再有赤子情爱，
谁说它失去生命不再向往浩瀚胸怀，
谁说它被抛弃过不再牵挂故园未来，
谁说它离开了浩瀚听不到汹涌澎湃。

不信你就把贝螺放到耳旁听一听吧，
它是不是储存着海风海浪海的世界？

林一边默诵小诗，一边贪婪吸嗅着咸腥的海味，努力在味觉里留下更多海的印记。

当汽车驶离海边公路，行驶不远便在一个人流拥挤的集市前停住。这是公路边的临时集市，恰有一支送殡队伍缓缓通过，把本来就不甚宽敞的公路堵塞了，尽管司机频频按响喇叭，仍然无济于事。

“唉，今年天气真是反常，”林身后的一位大娘叹息说，“去世的老人真多，一路上已经遇到好几拨送殡的，看来老天爷是要大量收人了。”

听了那位大娘的话，林心头一惊：是啊，每年寒冬都是老人集中离去的高峰时段，这场突如其来的寒流，更会让更体弱多病的老人们纷纷离世。他猛然想到了姥姥，已经有段时间没看到她老人家了。在孙辈中，姥姥对林最是疼爱并寄予无限的希望，她过去常在亲邻面前夸说：“林这孩子最是善良仁义，将来必有出息。”可林如今只是手握刹把满身油污的钻工，能有什么出息呢？林感到愧对姥姥的殷殷期望，有负她老人家的一片苦心。一想到姥姥那饱经风霜清癯消瘦的脸，一想到姥姥正处在风烛残年朝夕不保的时候，心里就隐隐不安，无论如何要尽快回去一趟，看望最亲最爱、影响他一生的姥姥。

林由姥姥又联想到了花的娘、花的二大爷二大娘，他们都朴实善良，对他关怀备至如同亲人；进而又想到了矮人张四老汉，那真是个可怜的人，每年寒冬，只穿单裤草鞋蹲着走路，连牛屋都住不上。他们现在都还过得好吗？在这场暴雪寒流中不会有事吧？

林又想起了花的二老太，那个把他一直送到银花岭上，被夕阳余晖镀满金光的老人。说来，他和二老太真有“忘年之交”的感觉，虽然相处时间很短，却让他一直难以忘怀，为什么会这样呢？为什么会一直念念不忘呢？对了，二老太身上有他两个亲人的影子：一个是姥爷，一个是祖父。二老太知识渊博、善良宽厚、和蔼可亲，都与姥爷非常相像；二老太的挺拔身材、刚毅性格、矍铄仙风，与祖父几乎无异。

姥爷是前年冬天病逝的，这曾让他悲痛欲绝。对他爱意无限的姥爷，在他还没有能力报答时就早早离去，让他恨世不公。

祖父是两月前去世的，更让他痛心疾首。在众多孙子中，他是祖父的最爱，在他开始有机会报答时，祖父突然辞世，让他难以接受。

一想到祖父的倏忽离去，林心里就有说不出的难受，此时，他头脑里迅速闪念着的，全是祖父的琐碎旧事……

据父亲说，临终前的祖父清醒如常，准确说出了院墙第几块砖旁埋下的银元数量，挖出来一块不多一块不少。一生节俭的祖父，最后还是不忘节俭，临终交代的节俭事项尤为详尽。看着林的父亲和叔叔跪在床前泪流满面地一一答应他的安排，祖父含笑闭上了眼睛。

由于辞世突然，林没能赶上祖父的最后时刻，成为林深深的遗憾。

从记事时起，祖父就一直住在原籍农村的叔叔家，而林的父亲在工作所在地的县城安家。虽然两地不足百里，但由于和祖父不属于同一地区，因而与祖父相聚时间不多。

祖父每年都会来林家一两次，每次最多不超过三五天。祖父刚来一两天就急急着要回去，因为他实在离不开挚爱的土地和稼穑，实在过不惯县城闲淡不充实的生活。

祖父每次来，都会带一些自家的杂粮蔬果等土特产，这些不是小孩子关心的，林所关心的是祖父每次带来的草编玩具，如草编的昆虫或蟋蟀笼之类，祖父有时也会带来林最喜欢的木制刀枪和弹弓。

每次祖父回去，父母总要塞上点钱，祖父总是推辞一番后才收下。祖父不是爱花钱的人，他不吸烟，平时一般不沾酒，他收下的钱，每一分都会花在儿孙和比他更穷的亲戚身上。祖父的节俭是出了名的，有时节俭到了近乎吝啬的程度：他上街赶集，不到万不得已，不会轻易在饭摊上吃饭，即使饿到难忍的时候；有时连车费钱也能省就省，对此，林的父母常常念叨感怀不已。

林的父亲早年在偏远的区里工作。有一次，祖父想林的父亲了，为节省几元的路费，竟带着两天的干粮，背驮林的父亲最爱吃的自制食品，不远一百多里路，步行前来看望林的父亲。祖父那时已是六十开外的人了，一天走近百里土路，饿了就啃几口干粮，渴了就喝路边的沟渠水，夜里走累了，就在路旁草棚里借宿半夜；结果两天没花一分钱，走到了林的父亲家。

林的父母知道后很是不忍，祖父回去时，母亲硬塞给祖父十五块钱以作路费，并嘱他路上不要太俭省，该坐车坐车，该吃饭吃饭，不要太亏待了自己。祖父答应归答应，出门后依然我行我素，返回到家，还是没舍得花一分钱。路过一个驴市时，却用那十五块钱，买下一头怀孕的母驴。那头母驴牵回家不久，就产下了一头小驴驹，从那时起，叔叔家就成为村子里屈指可数的有牲口人家，而且是有两头牲口的"大户"人家。

直到祖父去世时，叔叔家还喂着几头驴，都是那头母驴的后代。虽然祖父很少提起这段佳话，每当别人提起时，祖父还是会露出几分不易觉察的得意。

祖父说话少，性格却很倔强固执，他一旦说了话，做了决定，没人可以轻易改变。林的父亲很敬畏他，在他面前总是唯唯诺诺，在不怒自威的祖父面前，林的父亲简直可以说是温良恭俭让了。每次祖父来，林的父母照列要多准备几个菜，晚饭时，父亲要陪祖父小酌几杯。祖父每次都不甚嬉笑，正襟危坐在对着门的桌边，目光炯炯地看向门外，一副老太爷的姿态。父亲总是小心翼翼地侧坐一旁，及时斟酒夹菜，好生伺候着。

每当一道菜端上桌，祖父不动筷子，父亲绝不敢动。当祖父两三杯酒下肚，红晕上脸，露出微微笑意时，父亲才开始大胆喝起酒来，尽管母亲在一旁瞪眼提示，父亲还是不管不顾。父亲独自在家喝酒，一般二两辄止，祖父来了，父亲喝酒要比平时增加一到两倍。祖父看到林的父亲能不受约束，自由自在喝酒，脸上会露出欣慰的笑容。

每次祖父来，林的父亲既是兴奋的，又是惧怕的，无论兴奋还是惧怕，都融着浓浓的亲情和孝顺。林一直说不清父亲是惧怕而伴生的孝顺呢，还是孝顺中自有惧怕。在祖父面前，父亲的每句话，都要看着祖父的面色，斟酌伺机而说。

林家住在乡下时，有时住房甚不宽裕，床铺也少，祖父来时，林的父母主动让出床铺给祖父，祖父会不容分辩地说："在厨房里给我铺个地铺就行。"

母亲还想坚持，父亲最知道祖父脾气，老人家说过的话，照办就是了。母亲要去铺地铺，父亲不允，他只有亲自铺，才能表达孝心。父亲会铺超过膝盖高的麦草地铺，他跪在地上仔仔细细一层层铺平压实。

祖父则在一旁既不夸奖，也不露笑，欣然受之。在祖父眼里，无论林的父亲年龄多大，在区里乡里担任什么样的领导职务，终究是自己的儿子。老人辛苦一辈子，每年只来一两次，让儿子有机会表表孝心，既必要也应该，不值得长辈和颜夸奖、心存感激，况且这是在给自己的儿女们作孝道示范。其实，祖父最爱林的父亲，只是这种爱永远放在心底里，只是深藏不露，不愿挑明而已。

祖父的到来，比父亲还要兴奋的，自然是林了。在祖父来的那几天里，即使林犯下再大的错误，也不会受到母亲的打骂。如果说父亲害怕祖父有十分的话，母亲敬畏祖父至少有三分。小时候，每当林又犯下较大一点错误时，总希望祖父最好能及时出现，能带来草编制品不说，还可以免受皮肉之苦，可每次都是失望的，只有一次例外。

记得有一年初冬——那时林家住在离县城五十里远的乡下，林在离家八里的梁郑中学读初二。那天应该是周末，林傍晚放学朝家里走，脚下崎岖不平的半坡路由北而南，那是通往乡政府所在地的一条岗坡小路，走小路比走西面岗岭上的砂石公路，可以少走二里。

当时太阳已经落山，还有一些残霞披挂在西天，空中的锦色云鳞可以用流光溢彩来形容。林一边走一边不停向西张望，不肯放过饱览西天恣意变换着的美景的机会。

当林的目光无意间扫过公路，发现了一个身穿长袍的老人，正与他同向。那老人大步健行在夕晖的光晕里，从那侧身的剪影和飘飘的白胡须看，林头脑里闪过的第一个念头——是祖父，可马上又否定了，祖父已是虚岁八十的人了，怎么可能呢？只是和祖父相像的老人而已。

由于走了神，林被陡滑的坡路滑倒，不仅裤子破了一个大口子，膝盖也流出殷红的鲜血。对林来说，受伤不要紧，关键是裤子破了，他担心挨打，至少责骂是难免的。

果不其然，当林惴惴不安地回到家中，母亲第一眼看到了他的破裤子，顿时怒不可遏，不顾他膝盖还在流血，立即开打。好在只打几下，祖父便神奇般地出现了，随后母亲便喜笑颜开，一切烟消云散。林第一次没有关心祖父是否带来了他喜爱的草编制品，而是偷偷跑出去找地方泪雨滂沱了。

原来祖父赶到县城时，天色尚早，离下午发车时间还有三个小时，他不想坐等，就走着来了。按他的话说，坐等白白浪费时间不说，还不能锻炼筋骨。其实，最重要的原因是舍不得那几毛钱的车票钱。

第二十九章

祖父是精明而正直的，虽然他不识一字，但像他一样懂气节明大义的人，少之又少。他宁愿自己省吃俭用，勒紧裤带，也要让心爱的家族长子——林的父亲去读书；在祖母唯一的弟弟因家贫娶不到媳妇时，他二话不说，变卖家中全部的十担粮食，为内弟换得一个媳妇；在日寇入侵时，他义无反顾地把爱子送往抗日前线；在日寇的一次扫荡中，他经历过家破人亡而依然坚强不倒，在尚未抚平创伤时，顽强地带着两个幼小孩子继续生活下去。

一辈子精明的祖父，也闹出过一次笑话，林的全家人有时只能在背后说笑得流出眼泪，却不敢在祖父面前提及只言片语，怕伤及他的自尊。

父亲刚从区里调回县城工作的那年深秋，祖父忙完秋收秋种，到县城看林的父亲来了。这次带的东西多，是坐公共汽车来的，中午前就到了家。他放下一堆土特产，说要到街上转转，不回来吃午饭了。

其实他是想孙子了，因为林的哥哥日托在机关幼儿园里。已经一年多未见孙子，他实在等不及下午放学，便急急来到幼儿园，先与门卫套近乎，又与满脸狐疑的园长一番商量。园长终于答应祖父的恳求，带着一个虎头虎脑的孩子走出教室；孩子老远看见祖父手举着糖葫芦，挣开园长的手，快速奔跑过来，一头扑进祖父怀里。园长见孩子“爷爷、爷爷”不住口地叫，放心大胆让孩子跟祖父走了。

祖父满心欢喜，带着孙子去逛街。孙子只要见到好吃的好玩的就要，祖父二话不说就掏钱，表现出从未有过的阔绰和大方。祖孙俩在饭馆里吃完中饭，又到澡堂里惬意泡澡，还到电影院看了一场电影，出了电影院又逛街玩耍，直到华灯初放，祖孙俩才有说有笑着往家走。

进家门时，厅屋的饭桌上已经摆上菜，连筷子酒杯也摆放整齐。听到祖父的咳嗽，林的父母忙从里屋迎了出来，见祖父领着孩子进屋，甚是诧异。

“我把孩子给你们接回来了。”祖父呵呵笑说。

“谁的孩子？”母亲忙问。

“还能是谁的孩子，”祖父还是笑呵呵的，“你们的呗。”

"错了，接错了。"母亲急忙摆手。

"错了？怎么可能！我认不得孙子，孙子还能认不得我？你们孩子也真懂事，一年多不见，见了我还是很亲热，爷爷长爷爷短的，叫了一整天。"

父亲连忙从里屋叫出林的哥哥，祖父一看顿时傻了眼。

这时的机关幼儿园里，早已天翻地覆、乱作一团。园长和老师们个个急得汗流满脸，丢失孩子的家长和亲戚们，痛哭流涕地四处奔跑，有的到派出所报案，有的到火车站、汽车站巡查，连出城的各个路口要道也有专人负责把守，警力出动，满城舆论。

当父亲把那孩子送回幼儿园时，孩子的家人们相继破涕为笑，震动县城的"盗童案"才化为一场虚惊。好在那孩子毫发无损，又赚了美食和玩具，幼儿园和家长也未深究，皆大欢喜地不了了之。

原来那孩子是某局局长的儿子，那局长和父亲不仅相熟，而且谊厚。两家孩子既同姓且同名，那孩子大林的哥哥两岁，是幼儿园的大班，林的哥哥是小班。当时祖父没有说清，园长也没有搞清，就在大班门前随口叫了一句，那孩子听说爷爷来接，迅跑出来，看到糖葫芦更是心热嘴甜。祖父自然想不到天底下竟有如此巧事，误以为真也是不足为奇的。

可当晚，父亲无论怎么劝酒，祖父就是闷闷不乐。祖父可能觉得自己一世精明，竟干出如此荒唐之事，颜面总是有些挂不住的。两三杯酒下肚，红晕上脸后，祖父才开始自言自语话多起来："唉，我真是老了，现在回想起来，确实有点不对，那孩子又丑又黑，洗澡时就发现那孩子皮肤粗糙，笨手笨脚的，怎么会是我的孙子呢？再说，一年多不见，也不可能一下长得那样高呀，现在越想越觉得不对，唉，也是我老糊涂了。"

母亲埋头想笑不敢笑。父亲比以往大胆起来，竟喝了平时三倍以上的酒，也开始频出醉语了——这也怪母亲那天忘了瞪眼提醒父亲。祖父可能只顾自埋自怨，见林的父亲自由自在地喝这么多酒，也忘了报以微笑欣然了。

祖父对林的父亲很疼爱，却从来是一脸严肃，对林明显和蔼多了，他没有打骂过林，最多呵斥一两回，林有时还敢在威严的祖父面前任性调皮，甚至捉弄他。

记得小学一年级的暑假刚开始，祖父来县城看他们，临走时，要带林回乡下老家，林本来不想去的，可祖父轻易就做通了林的父母工作。父亲的命令，林有时可以阳奉阴违不认真执行，但母亲的话，他向来言听计从，不敢违拗。

那天吃过早饭，林心不甘情不愿地跟着祖父回老家。

离家几里远的沭河桥东头，是去祖父家最近的招呼站。到了招呼站才知道，由于雨水阻毁了公路，公共汽车停运了。祖父可能怕返回后事情有变，不打算回头，林只得跟着祖父，开始了人生第一次长途跋涉。

夏季的烈阳炙烤如火，林和祖父在烈日下承受着汗流浃背的煎熬。

林刚走几里路就又累又渴，赖在地上不走了，年过七十的祖父只好背着林走。

每走几里，祖父就把林放下，哄林自己走一段路程，好让他喘息一会儿，蓄积些力量。七十多岁的老人，只要背上没有了重量，就立刻轻松健步起来。

遇有路旁人家时，祖父常会进去讨一瓢凉水，先让林喝饱后，祖父才会咂完瓢里的最后一滴。林饿了，祖父便掏出从家带来的馒头，递一个给林，而他总说来时吃得多，不饿。

看到祖父如此辛苦，林有时也不忍心多让他背着走，只有累得实在不行时，才会在祖父的主动邀请下，爬上他的背。到了祖父背上，除了免去脚底板的疼痛外，还可以把玩祖父脑后的小辫子。

当时那辫子，呈白灰色，足有盈尺，只是很细，不会超过林的手指粗。林将祖父那白灰色小辫子，变换着花样，拆了又编，编了又拆，时而编成一条，时而又分编成多条，以打发时间。经过林的反复拆编，祖父的小辫子，明显细了不少。

林后来才知道，那辫子是祖父一生的最爱，每根辫发都胜过“金条”，平时从不轻易示人，只会盘藏在或草帽或棉帽或“西瓜帽”里，别人不用说把玩了，就连摸碰也是不敢的。叔叔家的几个哥哥或弟弟，天天和祖父生活在一起，都说没有碰摸过，只有林可以随意地玩。那条在清朝时就蓄下的小辫子，陪伴了祖父一生，直到祖父临终时刻，也没有舍得剪掉，只是辫发已经完全白了，而且少得屈指可数。

当林和祖父路过一座砖砌的小桥时，天已经沾了黑影，祖父告诉林，快走一半路程了。说这话时，祖父下巴上那撮长长的白胡子，竟兴奋得连续翘颤着，林却懊丧得快要哭出声来，他再也走不动半步了。祖父不仅没有就此止步的意思，反而背起林开始“健步如飞”，他想趁着晚凉赶路。

当林一觉醒来，发现昏暗的煤油灯下，几盘菜正散发着热腾腾的香气，林以为到家了。

原来不是，那是祖父的一个远房亲戚家。那位亲戚很热情，林也不客气地狼吞虎咽起来，尤其是那盘炒牛肉，祖父几乎没有动筷，被林一个人扫光了。

饭后，林还想吃糖，祖父的褡裢里就有一大包糖果，那是母亲买给叔叔家弟弟们的，白天的路上已经吃过几颗。此时，无论怎么要，祖父就是不给，还说多吃牛肉后再吃糖，会把人胀死的。林当时心里抱怨祖父小气，不愿给就罢了，还编谎话骗人。长大后才知道，一生从未骗过人的祖父，那一次确实也不是骗他。

让林记忆深刻的是，那位亲戚家简直就是跳蚤和臭虫的老巢，林浑身上下被咬得体无完肤，如果不是祖父两只大手彻夜巡护，林可能走不出那亲戚的家门。

当林重回祖父脊背的时候，东方刚刚熹微，林又重入甜蜜的梦乡。

当林被太阳的炙热再次烤醒时，祖父已背着林迅走在“凯旋门”前的那段最后土路上，终于到了祖父家——终于到了祖父一辈子舍不得离开的故土。

在以后的岁月里，林常常怀念祖父的脊背，怀想那白灰色的小辫子——是多么的有趣和温馨。

祖父在林家吃饭时，面向门外，危坐正襟，无须他做任何事情，除了拿筷子，再不用他动手的。林那时想，也许是祖父拿惯粗大农具的手，不习惯轻小瓷碗盛饭。所以，每次都是林的父亲或母亲盛好第一碗饭，端到祖父面前，第一碗饭刚吃完，一旁早已准备好的父母亲，会及时添上第二碗。祖父在林家是地地道道的老太爷，尽管一年来林家只当三两天。

可祖父生来就是苦命，过不惯这种老太爷的生活，每次刚来就嚷嚷着要回去。只要手里摸不到木叉扫把，看不到熟悉的牲口庄稼，祖父的心里就会难受，宁愿回到叔叔家天天去当“长工”，而且是勤勤恳恳不知歇手的好“长工”。

在叔叔家的那些日子里，林不得不佩服好“长工”的能干。每当叔叔清早骑车去学校时，祖父早已挑满了一大缸的水，院里院外被扫得像镜子一样微尘不染，几头驴已经喂过，门前的菜园也锄了草、施了肥、浇了水。

林那时很纳闷，祖父就是一夜不睡觉，也干不了这么多的活呀，可祖父总说他不仅睡了觉，而且是天亮才起身的。林不信祖父在一两小时里，能干这么多的活。林虽然知道祖父干农活，既快捷又到位，常常像变魔术一样，令他眼花缭乱、目不暇接，即便这样，林还是不相信。后来才知道，祖父说的天亮，只是东方有点微白而已。

祖父天天干最多最重的活，却吃最差最少的饭。每次吃饭，祖父不仅没有自己“对着门的专座”，甚至不和大家一样坐在桌边吃饭，而是一个人蹲在驴棚的碎草边。他每天吃的饭几乎不变，是一碗放了玉米面的煮山芋。

由于林初次来，婶婶也客气，每顿饭总要炒一到两样菜，都是自家菜园里出产的萝卜南瓜之类，但味道不好，油很少，盐却很多。可叔叔家的哥哥弟弟们，都争先恐后地睁大眼睛，像是见到了稀罕佳肴，菜很快会被一扫而空。

每顿饭，祖父几乎不吃菜的；婶婶见林在场，有点过意不去，就叫哥哥或弟弟们把菜端到驴棚的祖父面前，祖父总是象征性地意思意思，端回来的菜不见有任何减少。

有几次，林实在不忍，把婶婶优待林的半粮半山芋做成的煎饼，卷上菜拿到驴棚，悄悄递给祖父，祖父不受，林坚持，祖父无奈只得收下，他快速地几口吃完，有时竟能发现祖父眼里盈着水光。

林看到祖父如此辛劳和辛苦，心里总是刀绞般的难受，他一直不敢告诉父母，祖父过的是什么样的生活。他只是常常告诫自己，要好好学习，早点长大有出息，来改变祖父的生活。

叔叔家虽说比村里大多数人家强些，但在林看来仍很苦。叔叔在学校教书，没有时间顾家，叔叔的六个孩子，大些的上学，小的还需要大人照顾。婶婶既要忙家务，又要照看幼小的孩子，很少有时间参加生产队劳动，七十多岁的祖父便是家中挣工分的主要劳动力。

叔叔微薄的工资，是家中最重要的收入来源。叔叔很节俭，他虽然吸烟很厉害，却从来只吸自家种的烟叶，口袋里的那盒廉价香烟，永远皱巴巴的，那是留着招待外人的。

叔叔家的大人孩子，除了叔叔在外出头露面，穿的衣服补丁少些，其余人就都衣衫褴褛了。祖父去林家时穿过的“好衣服”，还有母亲送给祖父的衣服和布料，很快就被叔叔家的大人孩子“瓜分”。

林那时虽然有些愤然，可祖父是自觉自愿的，也许他觉得穿在儿孙身上更体面，在祖父看来，还有什么比这更重要的呢？愈是后来，林愈理解祖父。

在叔叔家，林最愉快的时候是每天黄昏，因为忙累了一天的祖父，终于能休息一会，陪林下河洗澡了。

其实那不能称为河，只不过是家后不远处的一条小水沟；雨水旺季，只有几丈宽，水沟中间估计有一人深。祖父每次带林洗澡，兼做洗衣的活，那活也简单，只需要一两分钟就行，只是洗一条短裤而已。

祖父天天穿的夏季衣服只有两件，一件是带补丁的浅灰色短裤，另一件是也带补丁的深灰色短裤。每天一换，每天一洗。

一整天见不到笑容的祖父，会和林在水沟里嬉戏，会像孩子似的绽露出笑容，有时还会和林“泼水仗”。

祖父的水性不错，他可以在水沟里轻松游个来回。见林由衷羡慕他，他便用粗糙的双手，托在林的肚皮下，教林如何用手扒水，教林两只脚一上一下有节奏地“砸水”。他看到林慢慢符合了要求，便用力一送，双手离开林的肚皮，林竟能在水中游走了。

林记得当时只喝过两口“洗衣水”，便学会了游泳。以此为起点，以后在无数江河湖泊中，林成为任意畅游的“浪里白条”。是祖父教会了他这一技之长，让他在以后的舟楫横渡时，始终闲情怡然，即使在大风大浪里，有时虽然感到紧张，却并不觉得十分害怕。

在林眼里，祖父饲养的那几头驴，可说是他童年时最喜欢最重要的伙伴，它们既给林带来过童年的欢乐，也曾深深感动过林。虽经岁月的消磨，直到如今，也还记忆犹新无法忘怀。

祖父家的那几头驴，真的很通人性，尤其是在祖父面前。每当祖父从地里干完农活回来，那些拴在棚里的驴，遥遥看见了祖父或早早嗅到了祖父的味道，个个激动得摇头摆尾，齐齐欢动着浑身皮毛，它们时而抬起前蹄，在半空中来回交替趴踏着，像是表演节奏欢快的“踢踏舞”；时而昂头仰天四顾，发出声声欢叫，又像是引吭高唱迎宾的“凯旋曲”。

尤其是那头只有半岁多大的小驴驹，更是兴奋异常，它会撒着欢蹄子，一路扭摆着，跑出“之”字形的路径，迎着祖父撒娇欢腾而去；它跑到祖父面前，会围着祖父来回转圈。每当这时，祖父脸上的疲惫就突然不见了，他会用粗糙的大手，温柔地抚摸着小驴驹的头脸，轻声说着话，和小驴驹一起快步走到驴棚前，逐一拍拍驴的身子，然后抱一些碎草，分别奖励安抚它们。

祖父对牲口确实上心，确实爱惜。有时在野外放驴时，遇到骤雨，来不及躲避，祖父会以最快速度脱下衣服，摘下草帽，盖护在驴的身上，而他光着身子任挨雨淋，甚至不爱惜他那金贵的白灰色小辫子。

从春到秋，祖父会割来最嫩的草，冬季铡的干饲草，都要铡到不能再碎的程度。祖父家的驴，在全村的牲口中，虽然用的精饲料最少，膘情却是最好的，生产队天天吃精饲料的牲口们更是无法相比。

当驴拉车干活劳累了一天，浑身大汗淋漓时，祖父会拿下天天挂在脖子上的洗脸毛巾，给它们慢慢擦去汗水。喂给驴的饮用水，总是经太阳暴晒过的温热水。只要有空，祖父会给几头驴逐一梳理皮毛，从那些驴安然自得打着轻轻喷嚏就知道，它们一定非常惬意地享受着。

只要晴天不下雨，祖父就会把驴牵到沙土地，让驴在沙土里自在地“翻身打滚”。那些驴先是懒洋洋地一遍遍轻轻翻着，而后突然来个一百八十度的大翻身，惹得林忍俊不禁、大笑不止。

叔叔家的驴，真听祖父的话，无论拉磨、拉车、拉碌碌，还是平时驮东西，在祖父面前非常的驯服，可以说是“言听计从”。驴的跑走站卧，翻身打滚，全凭祖父一两个字的短语指令。

在祖父家的那段日子里，林从没见祖父打过驴，连轻打一次也没有。驴有时累了想息工，祖父最多只是象征性地扬扬鞭子——带着树叶的细枝条，那些驴知错后，又很自觉地卖力干活了。

那些驴不仅对叔叔家的人很好，对初来乍到的林也很友善。可能它们知道林是祖父的亲人，懂得“爱屋及乌”的道理，让林能很随意地亲近它们。当然，它们偶尔也有犯错的时候——在林眼里简直都是些微不足道的小过错，就连有知识有学问的人，都有犯错误的时候，它们的那点小错简直可以忽略不计。

林随祖父放驴时，可以任意骑在每头驴身上，丝毫不用担心它们，就连那头小驴驹，林也骑过，虽然小驴驹表现得有点吃力，有点不情愿，有点可怜兮兮，可在祖父面前还是服服帖帖、任劳任怨的。每次路过生产队的庄稼地时，它们会眼巴巴地望着地里丰茂的美食淌口水，但祖父走在一旁，它们是从不敢造次的。

有一次，祖父路遇熟人，站在路边和熟人多讲了几句，林独自率驴走在前面。那头常常调皮撒欢的小驴驹，看见祖父在后面离得很远，便毫无顾忌地跑进路边的庄稼地里大快朵颐起来。林连声呵斥，它竟不理不睬，佯装没听见，林去追赶，它竟“捉迷藏”起来，林始终追赶不上它。

祖父发现了，远远地大声呵斥，那小驴驹立即悻悻地回到路上。祖父赶到后，看到庄稼地里倒伏一片，扬起树枝条，做出抽打状，那小驴驹赶紧跑到母驴身子的另一边，躲藏起来。祖父见了好像有点心疼它，放下树枝条不再追究。

林的气恼未消，拿过祖父手中的树枝条追打起来，当他快到小驴驹身边时，那头母驴突然扬起后蹄，向他踢来，好在他躲闪及时，没有被踢到。祖父一看就生气了，一边大声呵斥，一边夺过树枝条，刚刚扬起“鞭子”，还未及抽打，林突然被眼前的景象惊呆，祖父也立即扔下手中的“鞭子”。

原来，那头母驴知错了，两只眼睛里滚出大大的泪滴，它浑身哆嗦，两条前腿屈下，慢慢跪在祖父面前，那小驴驹也随着母驴一起下跪。林不仅怒气全消，而且被感动得流下泪来。祖父走上前，轻轻拍了拍母驴的脖子，作了一个抬手的姿势，那母驴和小驴驹都听话地站了起来。祖父连忙走到路边，拔了一些鲜嫩的青草递过去，林从中分过一些，像祖父一样拿在手中，边走边喂。

从那以后，母驴再没有踢过林，也没见小驴驹再去过庄稼地，有时祖父不在身边时，林到驴棚喂它们青草，它们偶尔也会像对待祖父那样，为林“跳舞”“唱歌”。林把它们视为童年时的好伙伴，因为它们对林确实很好，让林度过一段有趣的时光，有了一段美好的记忆。

看来动物确实是通人性的，尤其是大一些的牲口，只要你真心对它们好，它们会知恩图报的，人类中少数人有时也很难做到这一点。每当林看到“马有垂缰之义”“狗有湿草之恩”“牛有上天之功”的典故时，会为驴们抱打不平，它们的可爱之处，丝毫不亚于典故中的那几种动物，可林一直想不出好的词汇，来形容总结祖父家那几头通人性的驴。

林在叔叔家不愉快的事情也不少。才过不长时间，婶婶和哥哥们就不再把林当作客人看待了：祖父不在家时，经常安排林做这做那。林是极爱面子的，虽说婶婶家的饭是粗食，可不能总是厚着脸皮白吃吧，有时也要帮助干些很不情愿的活，如婶婶下地干活时，会安排林在家照看几个弟弟，婶婶说这是轻闲差事，只要哄他们不哭就行。

林当时已经六七岁，有时还哭呢，如何能叫他们不哭？从那时起，林最不愿干的活，就是照看小孩。因为林无论怎么哄，弟弟们总还是叽叽歪歪的，尤其是大弟弟，比他的弟弟还好哭，经常淌眼泪流鼻涕的，明明是林带来的玩具，他偏要和林争，林那时偏不给他，谁让他是“大六子”呢？

说起“大六子”，林那时就生气。在祖父众多孙子中，他排行老六，林排行老五，叔叔家的人都叫他“大六子”，却叫林“小五子”，这种分不清大小“颠倒是非”地乱叫，能不叫林生气吗？

为了不干照看弟弟们的“闲差”，林宁愿选择和几个哥哥下地去干活。可只干了几天，他又不想干了，天太热只是其中一个小小的原因，最主要的是哥哥们老让他干不光彩的事情。

其中一个哥哥，刚学过“刘文学”的课文，还向林绘声绘色地讲了刘文学维护集体财产与坏分子搏斗而牺牲的故事。可他们偏偏不学着刘文学去做，不仅自己干损害集体的事情，还要林帮助他们干坏事。

那坏事，就是把一种叫“菟丝”的藤蔓植物，缠在生产队的黄豆秧上。那“菟丝”生长力确实特别旺盛，不几天就会蔓延一大片，黄豆秧很快就被“菟丝”缠死了。哥哥们到时只需分片定点收割，每天都可以割回大量带豆荚的黄豆秧。回来路上，村队干部见了不仅不怪罪，反而夸奖他们为生产队清除了有害植物。在哥哥们的示范和“胁迫”下，林每天要帮助他们干这事，每次干后，林一想到刘文学的故事，总是脸烫心慌，有一种负罪感。

时间长了，生产队有所警觉，哥哥们只能“万分惋惜”地罢了手，开始去割青草。林心中暗喜，终于不用干怀事了，便兴高采烈地同哥哥们一起割青草。可割草的第一天，他就受了伤。他至今仍不可思议，第一次使用镰刀割草的历史，竟始于六七岁时，而且那么早就留下了痛楚的记忆。

当时，他实在不会用那月牙一样的弯镰刀，用力小了，割不断嫩嫩的草；可刚用力使了劲，左手的食指上就被割出一个大口子，皮肉分离、血流不止，疼得他当时就流下了眼泪。

哥哥们用些不知名的小草，揉碎后按在林的伤口上，仍然止不住流血，他们就捧来田里的细土敷裹在伤口上止血。那天到底流了多少血，林没计算过，只知道血染红了很多土。他手指上的伤疤，是迄今为止历史最久创痕最大的，痛楚的记忆更是迟迟不褪。

因为让他气恼的是，哥哥们竟齐齐笑话他皮子嫩不经割，说只破了这点小伤还流泪，他们还频频亮出各自的累累伤疤，向林展示着他们的“光荣”。其中一个哥哥还半酸不甜地说起了风凉话：“我要是像你们城里人吃得那样好，就是不长角，用头也能耕地。”

林那时想：自己是来作客的，不是来出苦力的，再说，自己还只是个童工，为你们干活受了伤，反要受到你们奚落，愤然之下，就与他们争吵起来。可他们人多势众，年龄又大林许多，林哪里是他们的对手，自然败下阵来。

当天下午，林闹着要回家，不明真相的祖父先是笑笑不同意，见林吵闹不休，竟大声呵斥起来。当祖父知道原委后，拿起扫把追打起哥哥们；林是第一次见到祖父如此动怒。哥哥们流着泪四散而逃，直到晚上也躲着不敢见祖父。

只有那个“憨哥哥”没有躲跑，因为祖父很疼他，从不会呵斥他。“憨哥哥”小时候患过脑膜炎，发高热把他的脑子烧坏了。林的记忆里，“憨哥哥”永远只会憨憨地笑，憨憨地干活，憨憨地对林友好。那天，他始终憨憨地站在那里，憨憨地微笑着，他不明白祖父究竟为何在发火。

叔叔当晚回到家中，见祖父怒气不消，对哥哥们动起了家法，叔叔还向祖父跪赔不教之罪。

为此，哥哥们对林有了隔阂，林也觉得对不住哥哥们。从那件事，林确知了祖父的脾气，也深知祖父对他的偏爱。长大一些后，他最不愿去叔叔家，因为怕见哥哥们。可怕去也得去，父母之命不能违，看望祖父是必需的，所以每次去，几乎都是匆匆而回，极少过夜。

从那件事发生后，林“聪明”地悟出一个道理：以后千万不能学父母亲，千万不能在比你“穷”的人面前装富，那只会招来嫉妒和怨恨。叔叔家的哥哥们，曾到过林家，父母亲为侄子们的到来，欢天喜地地买肉杀鸡宰鱼，热情招待他们。那时父母亲确实太装，自家过年时也不过如此，完全没有必要在家乡人面前装富。那些好东西只是嫉妒的种子，一旦下肚，就会长出怨恨的毒素。哥哥们以为林家天天如此伙食，自然妒火中烧，才让林成为泄愤的对象，因为那哥哥在说“头能耕地”时，眼里全是嫉恨。

第三十章

与哥哥们有了不愉快的“风波”，林不好意思再待在叔叔家。第二天一大早，祖父带他去了几里外的大姑家。路上祖父嘱他，与哥哥们争吵的事回家不要告诉父母。他不仅答应了祖父，而且多年来一直信守承诺，没有告诉过任何人。

到了大姑家，林竟成了上宾。在大姑和大姑父忙里忙外，准备饭菜招待他的当口，祖父则在院里院外干起了杂活，像在自家时一样，一刻也不闲着。

大姑有两个孩子，个高而英俊的表哥是卫校毕业，在乡卫生院工作。过门不几年的慧美表嫂，不停指导怀抱中的小男孩“叫表叔、叫表叔”，很让林受宠若惊。已是苗条大姑娘的表姐，像天仙一样美丽；起初，表姐和林都显得有些生疏，很快，林就和表姐形影不离。

大姑家的饭菜非常好，比林家招待祖父的都好。饭后，祖父对林好像依依不舍，在反复叮嘱大姑后，才回去继续当他的“长工”。祖父还没走远，林就与美丽的表姐恣意玩耍了。

每隔一两天，祖父就会来到大姑家，见林安然无恙，叮嘱大姑几句又匆匆回去，因为还有很多农活等着他。

暑假即将结束，林该回到父母身边去上学。大姑倾家出动，送他和祖父到村头大路上，大姑不舍的眼睛里一遍遍流下泪水；表姐始终低着头在擦揉眼睛，说不出一句话；只有表嫂红着眼睛一再叮嘱：“放假再来。”

林又一次感受到血浓于水的亲情，脸上尽是自抑不止的泪水。走出很远了，那几个熟悉的身影还伫立在村头。直到如今，他还清晰记着当时的情景，就像刚刚发生过一样。

林和祖父到了离村六七里远的招呼站，等候过路班车。祖父这次不用把他送到家，因为农忙已经开始，再说，只要他上了车，就可以直达他家的县城，到了县城下车，他就如鱼入水了。

可祖父还是不放心，对不能送他到家好像有愧疚，一路叮嘱他小心及注意事项。他那时突然暗笑，祖父原来也有“婆婆妈妈”的一面。

班车终于等到，祖父帮着他上车，帮他选定座位，还“啰哩啰唆”地向驾驶员和售票员分别说了许多好话，才不安又不舍地下了车。汽车关上门，开动，慢慢走远。

林赶紧趴在车尾部的玻璃窗上，透过满是尘灰的玻璃望向祖父，见祖父失神落魄地木然呆立在原地，眼睛却紧盯着林坐的汽车久久怅望着。忽然，祖父双手捂着脸蹲到地上，直到汽车拐弯时，也没见祖父站起身来。林望不见祖父了，眼里不知什么时候就有的泪水，像断线一样流淌出来……

祖父一辈子不打牌，不下棋，不听歌，不看戏，唯一嗜好就是干农活。他自己喜欢干农活，却不希望儿孙继承他的务农事业；他是否自豪和骄傲，常常以儿孙是否有出息、是否不务农为界定。

祖父曾靠着自己的辛苦，使得两个儿子成为体面的“公家人”；祖父还想继续用自己的辛劳，让孙辈们都学有所成、不沾农门，尤其希望身在农村的孙子们早日脱离稼穑的苦海；他在叔叔家辛辛苦苦的一切努力，都是为此。

当林的哥哥初中刚毕业就到酱菜厂做学徒工时，祖父曾深深为之惋惜。哥哥在当了两年多酱菜厂的学徒工后，刚转正就入了党，还被厂里推荐上了大学，祖父又引以为豪了好多年，因为这是家族中第一个大学生，自然是他引以为傲的家族荣光。

因叔叔当了小学校长的缘故，叔叔家的哥哥“蒙荫”成为本村小学民办教师，也着实让祖父很兴奋欣喜了一阵子。

当林成为最后一批知青，插队到偏远的祁峰村务农时，祖父不仅替林难过，他自己也非常痛苦消沉，据说有很长一段时间抬不起头。遇到亲朋谈及儿孙辈时，祖父脸上再没有了往日的自豪表情，更是闭口不谈他喜爱的、过去常常挂在嘴边的“小五子”。

林在农村劳动，祖父痛苦得难以释怀，刚有一个孙子挣扎出了农门，却又有一个孙子跳入苦海——何况是最喜爱自认为将来会有出息的孙子呢？因为林在小学一二年级时，曾是学习尖子，次次年级第一，父母很少夸奖，是怕他骄傲。祖父不怕，不仅逢人必夸，而且过于夸张地当面夸他，经常夸得他不好意思。

按常人看来，家族中“一出一进”，刚好喜忧相抵，应该扯平了，可祖父还是消沉很长一阵子，他甚至发火动怒抱怨过林的父亲：对尚未成年的孩子不管不顾。

林插队一年后，临近秋忙假的一天，林到县里参加教师表彰会。父母亲知道他有一天空闲，要他回老家一趟，看望已八十三岁的祖父，他只得遵命前往。

由于时间紧，他早去的目的是想早回。自从插队以来，他极少回父母家，更没有时间去看祖父，算算已快两年没见到祖父了。当他上午见到祖父的那一刻，心中的激动还是难以言表；祖父虽然有些衰老，但精神依然矍铄，只是祖父的眼神很复杂，让他久久难忘。

因为祖父慈祥的眼睛里，有对他的爱怜，有对他的同情，有对他的惋惜，也有爱莫能助的歉疚。在他向祖父问安问好之后，祖父不无忧伤地叹息说："过了秋，你才十八岁呀，这正是上学的好年龄。"说这话时，祖父忧郁的眼睛转向一边，掠过一丝不易觉察的水光。

祖父眼睛转回时，柔和而关切地问："农村的苦，你受得了吗？"林笑笑点头。祖父好像有些释然，又好像有些怀疑，他忽然想起了什么，连忙安排人赶紧上街买肉买菜。他此刻能想到、能做到的，也许只有为爱孙补补营养这一件事了。

"不用麻烦，"林忙笑说，"随便吃点就行，一会儿还要赶回去呢。"

"什么麻烦！"听了林的话，祖父突然变声变色生气说，"不行！今天我说了算！"他说这话时，脸却转向尚在犹疑中的婶婶和哥哥们。

见祖父如此态度，林不敢再提走的事，只能由他安排，耐心陪他说话。

此时的叔叔家，早已今非昔比，叔叔不仅当上了"完小"校长，哥哥们都已成年，弟弟们也相继长大，生活一天比一天好。而林的家境却远不如昔，父母接近年迈，四个弟妹都很小，生活负担很沉重，家中光景一日不如一日。与叔叔家蒸蒸日上相比，此消彼长是显而易见的。

下午快两点时才吃午饭，叔叔没有回来，婶婶和哥哥们陪林吃的。林第一次见祖父坐在叔叔家饭桌的正位上，中午从不喝酒的祖父，提议喝酒，大家只好陪他喝点。

憨哥哥一直在微笑，他憨憨的笑里充满着友好的善意，让林感到了脉脉温情。

从学校特意请假回家陪林吃饭的"民师"哥哥，虽然没有再说"头能耕地”的大话，但衣着光鲜的他，很是神采飞扬、意气风发；他还滴酒未沾，就带着醉意侃侃而谈了：“真是十年河东转河西，如今我成了教师，你却成了农…… ”

未及哥哥把话说完，祖父就重重咳嗽一声，及时止住“民师”哥哥下面的话。

看来哥哥多年前的芥蒂还未消退，当时也年轻冲动的林，不假思索地回了一句：“我也是民师。”

林的话，祖父可能没有听清，满脸带疑地看着林。

“民师”哥哥好像也没听清，轻笑道：“你也在小学里当老师？”

“对，”林目光坦然地迎过去，爽快回答，“在我插队的村小里当民师，和你一样的。”

祖父这时听清了，立即脸上放光，眼里闪射出惊喜。

“和我一样的？”“民师”哥哥有些不示弱地质疑，“你也和我一样教四年级？我教的四年级，可是我们学校最高的年级。”

“我不教四年级，”林笑笑说，“我教的是初一。”

“教一年级也不简单嘛，”祖父没有听清楚，以为林教的是小学一年级，连忙欣喜地圆场说，“那也是教书先生，这样说，我家出了三位教书先生啦。”

“民师”哥哥脸红红的，直到吃饭结束，没再乱说一句话。

那天午饭，祖父吃得格外兴奋，喝酒比平时都多，差不多有二两了。饭后已经三点多钟，林连忙起身辞行，祖父带着醉意不允说：“不急不急，陪我转转再走不迟。”

哥哥们上前搀扶他，他一下甩开了：“叫小五子搀我。”林赶紧搀着祖父，哥哥们跟在一旁，随着祖父一齐向村部方向走去。

每遇一个熟人，祖父都呵呵笑说：“我家小五子也是教书先生了。”

祖父到村部转了一圈，在几个村队干部面前逐一介绍一遍，连村部旁那个只有四年级的初级小学，也没有放过机会去炫耀一番。

“巡展”终于结束，林辞别祖父和哥哥们，快速离开，出村后一路小跑，坐上汽车赶到家中，天黑已经多时了。

从祖父家回来后，林一直没有机会再去祖父家。直到三个月前，林第二次参加县里教师表彰会时，父母亲要林赶紧回祖父家一趟，说是祖父抱怨林又有一年没去看他了。祖父说他已经八十四岁，到了“寻头”的关口，与其死后来哭，不如生前多见一眼，据说对林的意见很大。

林在开会间隙，去了一趟祖父家。近午时分，他在离祖父家最近的招呼站下了汽车，沿着那条有着童年记忆的熟悉土路低头走着；那土路是在祖父背上初识的，也是他人生中难忘的一段旅程，每次走，都让他备感亲切。那土路约五里长，三里处有个直角弯，拐过弯就可以看到二里远的祖父家。

离拐弯还有半里路时，林突然发现拐弯处的庄稼地里有个老人站在骄阳下，他一手拿着镰刀，一手棚遮额头，向着林的方向在张望，他下巴上的白胡子像一面小旗在飘动。林心头一热，泪眼模糊地奔跑过去，他想喊祖父，可嗓子太紧发不出声音。

按说祖父也该看清他的，虽然一年未见，虽然他已长高长大，可能真如父母所说，祖父视力下降得厉害，尤其那只患有白内障的眼睛，已经“层云密布”，几近于盲了。

林跑到离祖父百米远的地方，祖父终于认出林来，他扔下镰刀，几步走出庄稼地，沿着土路快步迎了过来。这时，林终于喊了出来。可能喊声里掺杂太重的哭腔，祖父的白胡子忽颤了几下，泪水顿时流了下来；祖父身上的汗珠像断线一样，顺着胸膛流淌成了一道道小溪，晶莹出金铜的亮色。

当林和祖父相拥一起时，祖父第一次在林面前纵泪失声。很快，祖父抹去眼泪，化泣为笑，灿烂的笑容，一直保持到家。

让林感到意外的是，祖父自始至终不仅没有生气的表情，相反全是满心的欢喜。

到家后，祖父带着林，又一次参观他引以为傲的备作棺材的方木垛。那些松柏木料，林小时候在叔叔家就天天参观，那是父亲按祖父的心思早在二十多年前就准备下的；祖父每天都要抚摸多遍，看着那些行将成为他最后居所的方木垛，他会感到安心，他已经毫无后顾之忧，有的只是盼望儿孙们带来喜讯。当他用手再一次抚摸方木垛时，眼里竟流出泪来，但那泪丝毫没有悲伤的成分。

祖父擦去因喜而流的眼泪，望着林，欣慰地说：“你这次来，我真高兴；我天天在路口等，他们都说你不会来，我不信你不来，你怎能不来呢？我知道你会来的，我心里灵验着呢。”林听后感到阵阵难过，转过身，偷偷去擦不断涌出的泪水。

“现在，我哪里也不敢去喽，‘七十不留宿、八十不留饭’嘛，我怕老死在外面，那不成了孤魂野鬼啦？”祖父又笑着说，“古人七十岁不死就要活埋了，我今年八十四了，到该死的时候了，我不怕死，可又想多活几年，想看到你娶妻生子，我恐怕等不到那一天喽。”

林强颜笑说：“您身体好，活到一百岁没问题，将来我有了您的重孙子，还要您帮我带呢。”

祖父呵呵笑出眼泪，他突然盯着林问：“寒假还来吗？”

林连忙点头。祖父眼里却浮过隐秘而又茫然的目光，像是自言自语：“那时，唉，你可能……”祖父的话断断续续，最终没有说完，被外面来人打断。

祖父本打算让林在家里多住几天，知道林第二天要赶回学校去，也不再强留，只是不住地惋声叹息。祖父知道林上一次天黑后才到家，午饭后，便催促林早早动身，并坚持他一人送林到招呼站。

其时天气尚早，太阳还高挂在西南天空，蓝天上没有一片闲云。祖父带着林出门，照例又绕行到村部。这次，他坚持不要林搀扶他，嘱林“跟着就行”；他双手背在身后，昂首挺胸，赳赳前行。从后面看他健行的步姿，别说是八十四岁的老人，就说是七十岁的人，也让人难以置信。

一路上熟人不多，偶尔有人在自家院门前，祖父总会快步过去，耳语几句，那人必望着林，发出啧啧之声；每当这时，祖父总是颤颤着白胡子，开怀大笑一番。

祖父可能意犹未尽，又在村里多绕了一会儿，终于遇到一个教师模样的人。祖父称那人校长，客语中不是特别的敬重，祖父在那人面前不无骄傲地说：“我家小五子，不到十八岁就教中学了，我看比他当校长的叔叔都强。”那人羞红着脸，尴尬地连连点头称是。林连忙拉走祖父，不让他再夸下去，林早已无地自容了。

从祖父家回来不到一月，林突然接到家中打来电话，说是祖父病重。林当晚赶到家中时，得知父亲下午已去了祖父家，说是祖父摔伤，病情危重。林本打算第二天早饭后就去祖父家，天刚亮时，噩耗传来，祖父已于夜间去世。家中能去的都去了，林和家人们上午赶到了祖父家，流着泪为祖父料理后事。

让林感伤的是，没能在祖父最后的时刻及时赶到，没能在祖父生前尽孝尽心，还让他老人家临终前反复念叨自己。

一生节俭的祖父，临终时还不忘最后的节俭，他特意交代，后事一切从俭，对棺材的规格尺寸交代得尤为详细，后辈们只能谨遵祖父的遗愿。按照祖父对棺材的尺寸要求，用来做棺材的方木垛，只用了不到三分之一。

林后来才明白，祖父想为儿孙们节省，只是一个方面的原因，最主要的是他不愿因自己的棺材过大，而不能与祖母的棺材相匹配。虽说当年祖母下葬时，祖父尽了最大的可能，为祖母准备了上好的棺材，可毕竟不能与他的一大堆方木垛相比。

当祖父的棺材下到墓穴时，刚好与祖母的棺材一样大小，长宽高厚不差毫厘，祖父交代的那些尺寸，正是祖母棺材的尺寸，在场的人无不流泪唏嘘。

祖父临终时，还切切再三地叮嘱林的父亲和叔叔，祖母的棺材断不许动，他的棺材下葬时，只需偏放在祖母棺材一旁即可。大家这时才知道，祖父对祖母始终是一腔挚爱、一往情深，他宁愿委屈自己，也不愿惊扰已经静躺三十多年的祖母。

在林看来，祖父和父亲都是少有的英俊美男，一样的浓眉大眼，一样的隆鼻阔耳。祖父只是更精干敏捷，从不拖泥带水，遇事不乱，处变不惊，凡事立马果断干脆，是阳刚气十足的骨鲠男。而父亲除五官酷似祖父外，比祖父多些富态柔和之美，性格也和善温厚许多，据说父亲的这些优点多随祖母，也难怪祖父一直最爱林的父亲。

祖父年轻时的英俊阳刚，一定赢得过不少人的好感。就是他八十多岁时，五官仍然棱角分明，紫铜而微黑的脸膛，英俊清爽得没有任何多余和缺陷，如果一定要找出美中不足的话，可能就是略显清癯。

尽管祖父有一只眼睛长期患白内障，但目光锐利得仍可以明察秋毫。他中等偏高且偏瘦的身材，永远挺拔如松，直到他八十四岁去世时，背和腰也不见有丝毫的弯驼。平时的衣服虽然破旧，却干净而从不邋遢，这样整洁利落的老人，实属少见。

据说祖父一生无病，与医院少缘，不仅从未打过针，药也几乎没吃过几片。他去世的前两天，还无痛无病在地场上干活，只因眼有白内障的缘故，一时没能注意到地上的障碍物，不小心被重重绊倒，两天后辞世。

祖父是一个行事利落的人，从不给亲人增添麻烦，离去也是这样。他既未经受太多痛苦，也没给亲人增加任何负担，说走就走，匆忙而安详地走完他辛劳一生。

祖父是少有的重情重义之人。不仅一生勤劳机敏，靠双手养大两儿两女，对爱情也非常忠贞。早在一九四三年祖父还是壮年时，祖母就去世了，据说是死于日本鬼子的乱枪之下。

因为父亲当时是区抗日游击队的分队长，是日伪军追杀的重点。在日伪军的一次扫荡中，作为抗属，祖父全家只能在野外东躲西藏。看着十岁上下的小姑和叔叔天天处于饥饿之中，祖父想趁夜冒险回家取些粮食物品，可祖母坚决不同意。祖父作为家中顶梁柱，万一被抓，后果不堪设想，她坚持自己回去一趟，结果，有去无回。后来，祖父在自家院子里，发现祖母已中弹身亡。

在那次扫荡中，父亲的姐夫——林的大姑父，因躲避不及而被日伪军抓住，遭受严刑拷打。林小时候，每次去祖父家，都要到只隔几里路的大姑家，大姑父每次见了林，总是提起他当时被吊打的惨状，还说他就是被打死也不能招出游击队所藏的物资。大姑的美貌是远近闻名的，大姑的贤惠更是妇孺皆知。在祖母去世后，祖父要一人拉扯未成年的小姑和叔叔实属不易，大姑全家自然责无旁贷、事无巨细地承担起祖父家的一切事务。毫不夸张地说，大姑是祖父家的功臣，更是小姑和叔叔的恩人。祖父能培养叔叔上成学，让叔叔成为公办教师，最后走上小学校长的岗位，大姑和全家是功不可没的。

据说祖父年轻时的干练，是远村近庄有名的。他作为家族中的长子长孙，既相貌英俊、仪表堂堂，又为人公道、办事周全，大家庭在他的掌管下欣欣向荣，分家后的小日子更是红红火火。日寇入侵，才使他蒙受劫难，家破人亡。

按说凭祖父的相貌和条件，他壮年丧偶，完全可以再续再娶，可无论谁劝，他都一概不允，甚至翻脸。是因祖母替他回家，让他躲过一劫，由此而心存感激和愧疚呢？还是祖母相貌俊美、聪慧贤良无人能比，让他永世不忘呢？都有可能，谁知道呢？因为祖父从来不愿提起关于祖母的往事，别人也都忌惮祖父的威严，更不敢问。也许那是他心中的最痛，是永远不愿也不能碰及的伤疤。

林小时候在祖父家的那些日子里，偶尔听到一些上了年纪的人讲，祖母的美貌贤惠是少有的。祖母每次带着少年的父亲和大姑回娘家，都是一道绝美的靓丽风景。父亲和大姑的英俊美貌，人见人夸，林是清楚的。据说祖母更美，美而贤惠，祖父自然要折服而引以为傲、一生不忘了。

小时候，林不知道祖母的坟墓在哪里，只知道祖父没事时，会牵着驴到村西三四里远的一片坟地去放牧，林跟去过多次。每次总见祖父在那片坟地附近转悠着，有时还会在坟地上拔拔草，拾掇拾掇，看起来好像很随意；每次还总会有风沙吹进他的眼睛里，每次风沙吹进眼里后，他又总是避着林偷偷擦拭。

有一次，天已经很晚，婶婶早已做好晚饭，叔叔也从十几里外的学校回来，叔叔家的哥哥弟弟们吵吵嚷嚷着要吃饭，大家只等祖父放驴回来就开饭。

林知道祖父在哪里，便悄悄出了门，一路奔跑。

这时，满天的霞彩已被吝啬的西天悉数收回，只在西边天际线处残留一抹紫痕，暗夜的影子正从东方漫染而来。

林远远看见祖父蹲在坟地的背影，刚想大喊，忽听祖父在哭诉着什么，哭声和诉说声时断时续。林大惑不解：像祖父这样坚强的老人，还能有什么事情让他如此伤心落泪、如此哭诉不止的呢？

林蹑手蹑脚跑过去，想听听祖父究竟哭诉些什么，又为何而哭诉。

当他轻轻跑至几十步远的时候，祖父突然惊觉回头，发现是林，慌忙去擦满脸的泪水，露出平时很少见的笑容。祖父不是爱笑的人，他装出来的笑，比哭更让林难受。他见林满脸疑惑，忙不迭地说：“风沙太大了，风沙太大了……”竟一连重复了好几遍，既像对林解释，又像是自言自语。

关于祖父的这个秘密，林一直心存狐疑，没对任何人说起过；他不能说出祖父先哭而后笑的事，不能有损祖父一贯的威严——既不笑也不哭的形象，除非亲眼所见，谁也不会相信。祖父的掩饰，林不仅没有当面说破，后来也没向别人提及，因为他是祖父十个孙子中最受疼爱的那个。

说实话，那天确实没有风，一丝风也没有。

直到祖父安葬那天，林恍然大悟，原来那里就是祖母的墓地，是祖父流连牵怀、心向往之了几十年的地方。林才突然明白祖父为何倏忽离去，作为趟过爱情河的祖父，曾经沧海，再难为水，他对祖母始终情深笃厚、爱不另与，所以才会如此急着去与祖母团聚。

按照祖母去世的季节时间推算，祖父在坟地哭诉那天，应当是祖母的忌日。

第三十一章

“下车啦，别再发愣了。”“是想家了吧？”

杂糅着吴侬软语的普通话，让林从回忆中猛然惊醒，是吴芸和苏荣在笑着发问。林连忙起身，歉意地笑笑，和她俩一起下了汽车。

三人出了临海县汽车站，立即朝繁华的商业街走去。到底是县城，干净整洁，人来人往，两三层高的楼房林立在街道两旁，错落参差成景观，毗邻的商铺，更让人目不暇接。

刚走出不远，三人就被后面匆匆赶上来的一个男子超越，那人超越后，速度突然减慢下来，且频频侧转头，用“飞眼”不停瞟向吴芸和苏荣，是她俩时髦的打扮、出众的身材，引得那人老远追来，近一看又是摩登美女，舍不得马上走开了。

那人每走两步，至少要侧头瞟看一次，而且瞟看的幅度越来越大，眼神也越来越呆滞大胆。吴芸和苏荣在陌生异性的目光反复扫描下，都不好意思地低下了头，脸上都现出羞羞的红晕；尽管如此，并没影响那人紧盯不放的猎艳目光。

林忽然觉得此人有些面熟，可想不起来他是谁、在哪见过；当那人的脸完全侧转过来时，林才看清他好像是刘新。

刘新是林中学时高一届的学兄，曾下放在大庙知青点。听人说他在学校和知青点时就颇有女人缘，如今看来，刘新见到美女确实够大胆主动的。一月前，刘新和林一起招工来到地质队，在东阳大队部集训的三四天时间里，两人不常在一起，虽说认识，但接触不多，算不上很熟悉。集训结束后，林分到了一号机，林的同班同学罗泉和龙会，与刘新一起分到了三号机。林实在想不到会在这里巧遇刘新。

当那人再一次侧回头，林鼓起勇气轻声喊道：“刘新。”

那人一怔之后，猛然转头看着林，正是刘新，因为他站住笑了：“我刚才还在想，谁这样有福气，能陪着两位美女逛街呢，原来是你呀。”刘新说笑时，目光仍在两个美女脸上继续不停地扫描着。

吴芸和苏荣可能不堪扫描仪般的目光骚扰，躲避似的快步离开，走到前面不远处停下，想等林说完话再一起走。刘新那猎人似的目光继续追逐着两个窈窕背影，把林冷落在身后，好像林根本不存在一样。

林为自己的老同学如此好色感到有些难堪，一时又想不出转移刘新注意力的好办法。刘新忽然笑问："怎么有空陪美女出来逛街呀？"刘新问话时，依然眼爱眉情地面对美女，背对着林。

"噢，今天转班，来买点东西。"林有点心虚地刚说完，又画蛇添足地补充一句，"是半路遇到的，我的两个师傅。"

"她俩是一号机的？"有些惊讶的刘新，没有转过身，依然面对着美女，背对着林，"我怎么没有你这样好的艳福呢？"

"你还不算有艳福呀？"林似乎听出刘新的玩笑话里，有了羡慕和妒忌的成分，他忽然想起薛明坤写的那首小诗，便转守为攻地讥笑说，"左搂徐风，右抱何云，天天在花丛中游走，就是采花的工蜂，在你面前也要自惭形秽、不敢再'嗡嗡'得意了。"

"你听说没有？"刘新终于红着脸侧回头，岔开话题，"罗泉和龙会都受伤了。"

"怎么回事？"林感到愕然。

"大前天夜里，他俩上大夜班，龙会扛钻杆时不小心被机台上的冻冰滑倒，罗泉急着去扶他，右手一下子被卷进了绞索中，"刘新又回头看了一眼吴芸和苏荣，继续说，"罗泉要不是拼命把手拽出来，恐怕连命都没了；罗泉的右手食指被绞掉了一节，中指被绞掉了两节，疼得他当时就昏了过去，说起来也算不幸中的大幸。"

"那龙会呢？"

"龙会伤得要轻些，"刘新再次回望两位美女后，终于把身子彻底转了过来，语调轻松地说，"他只是左腿摔断了，现在已经打了石膏，过两月还能长好，可罗泉的断指再也没有办法恢复了。唉，他俩受了伤，钻机队还有人背后羡慕他俩呢，说是受了伤，不用再干活，可以天天躺在宿舍里睡大觉了。"刘新先是有些惋惜，后来又有些气愤，接着，他眼睛一亮，有点得意地说，"噢，忘记告诉你了，我现在是钻机队的代理司务长，今天来城里就是给他俩拿药的，顺便给钻机队采购点东西。"

"我想现在去看看他俩。"林忽觉得应该去看望两位老同学，便急切地问，"三号机远吗？"

“远倒不算远，只有四十多里路，坐汽车用不了一小时，在韩山乡下车后，再走不到一里路，就到了钻机队。如果你真要去的话，最好等我到医院拿过药，吃过午饭一起走。”刘新说得很诚恳。

“下午再去三号机，时间太晚，”林想了一下，摇头说，“我还要赶回去上大夜班呢，你看这样行不行，我先走，你快点拿药赶回去，咱们几人中午聚在一起吃顿饭，我下午再赶回钻机队。”

“这样也行，”刘新笑笑说，“那我送你上汽车吧，途径三号机的汽车很多，每二三十分钟就有一趟。”刘新边说边要朝汽车站走。

“我要和两位师傅说一声，你先去汽车站，我马上就到。”林说完跑到前面，向吴芸和苏荣简单说明情况后，从身上掏出十五块钱递给她俩：“请两位师傅帮我买件棉袄吧，我姐姐穿的，按照两位师傅的身材，再肥大一号就行，最好是大红色，如果钱不够，请两位师傅先帮垫上，发了工资就还你们。”

吴芸和苏荣都觉得出乎意料，都犹豫着不愿接钱，都劝林改天再去三号机。当看到林的态度很坚决，两人只好点头同意；苏荣接下钱后，反复叮嘱说：“四点半之前一定要赶回来，最晚一班汽车是五点开，千万不能误了点，我们在汽车站等你，不见不散。”

林连连答应后，转身向汽车站跑去。

路经韩山乡的公共汽车果然很多，在刘新帮助下，林顺利坐上了途经三号机的汽车。几分钟后，汽车驶出车站，朝着县城西南方向驶去。

想到老同学，如今又是地质队战友的罗泉和龙会都受了伤，而且伤势如此之重，林的心里酸酸的。在异地他乡孤苦无援的情况下，老同学最需要关心和温暖，他除了前去慰问，别的就实在爱莫能助了。由于刚参加工作，身上的钱本来就不多，去掉给花买棉衣的钱，口袋里仅剩下十三块八毛钱，刚才又买了车票，再加上返回的路费，能用的最多只有十块钱，他在心里盘算着买点什么东西去看他俩呢？

林的座位在汽车中间偏后的位置，与他并排、中间隔着走道的，是两个顶多十五六岁的少女，而坐在林前面的是两个干部模样的中年男人。

让林十分反感的是，两个中年干部频频回头，色眯眯的目光长时间停留在两个少女脸上。那两个少女很像正在读书的中学生，的确都很漂亮，尤其姣好的面色，让人很容易联想到羊脂玉。

两个频频回头毫无廉耻的干部，在无所顾忌地饱览花季少女的美色之后，竟毫无禁忌地讲起了黄色笑话。

“……月初县里组织到南方考察，好笑事情真多。”靠窗的胖男，色眯眯地回看着美少女，率先开口说起笑话。

“听说‘大乱书记’带的队，他的绯闻笑话肯定不会少。”胖男身边也正色眯眯盯看美少女的瘦男，武断地插话说。

胖男连忙打断说：“不是书记的，是一些单位头头们的。别看有些干部平时人五人六的，其实都是土老帽，一到南方大城市，都出尽了洋相：像教育局的老高、卫生局的老徐、机关党委的老刘，当街吐痰，都被罚了款；交通局的老张、司法局的老田、民政局的老房，过马路闯红灯，结果每人戴上‘黄袖章’，当了半天交通协管员。就连一贯自命不凡的蔡聪，这次表现得也很‘菜’：在参观一家企业时，他刚接过企业老板‘马煜龙’的名片，当即夸赞那老板‘你的马日龙名字起得豪迈大气’，弄得人家尴尬愕然哭笑不得。那李明文、倪俊山、梁耀华几个色鬼，更是闹出了笑话，他们走路尽朝姑娘们的奶子看，不仅被姑娘们一顿臭骂，还差点被赶来的警察拘留了……”

“这不算什么，小地方的人，本来就土气，”胖男身边的瘦男，回看美少女一眼，抢过话茬，“说起农工部的老夏，能笑死你。两月前农口去外地参观，在人家县招待所吃早饭，领队的老夏，鸡蛋吃了一半时，突然说变质了、是坏蛋，硬要招待所的女服务员给他换一个。后来，服务小姐记不清是谁了，就手举鸡蛋大声问：‘这蛋是谁的？’见没人答话，又问：‘刚才谁的蛋坏了？’大家一齐喊：‘是夏部的蛋坏了，是夏部的蛋坏了’。服务小姐还是不清楚，就问：‘夏部在哪儿？’大家眼瞅着老夏，一齐大笑起来。老夏只好举手站起大声说：‘坏蛋是我——’老夏发觉自己说走了嘴，连忙大声纠正：‘噢，不对，是我的蛋坏了。’当时在场吃饭的，至少有一半人笑喷了嘴里的饭。”

瘦男说完，他自己没笑，胖男和车上许多人却笑了起来，那两个美少女深深低下头，“羊脂玉”上布满了红霞。

“考察团晚上住的是星级宾馆，”胖男接说自己先前的话题，“有线电视里全是港台三级片，每个人都大开眼界，一整夜来回不停地找台换台，专挑黄色片段看。天亮时，各屋里仍旧传出咦咦呀呀声，吃早饭时，人人都是黑眼圈，学起电视里的声音动作来，一个比一个更像。”

“那李老歪、倪大牙、粱胖子最是色鬼了，”轮到瘦男说话了，“他们看见宾馆门口的两个礼仪小姐长得漂亮，围着不肯走，问人家姓啥名谁；两个小姐明明告诉他们几遍了，说她俩一个叫于好、一个叫乔红，可那几个色鬼还故意装作听不懂，撇着怪腔怪调反复问人家：‘你俩，谁性欲好？谁性交红？’两个礼仪小姐连脖子都被问红了。”

车上的男人们大笑出声，两个美少女的头更低了，身子也不自在地扭动起来，“羊脂玉”上的红霞已经延伸到了脖颈。

“张局长，”没等大家笑声停下，胖男又说话了，“你也该管管手下人，别叫他们天天往商场店铺跑，见人就报税报税的。他们见到一男一女两个人时，就问人家：‘你俩抱睡了吗？’见到只有女的时，就要抱人睡，特别是你那个黑脸副局长，到了岳父家，也忘不了报税；见小姨子在刨山芋，就说：‘你我分下工吧，上半夜我抱你睡，下半夜你抱我睡，这样，我抱你睡半夜，你抱我睡半夜，两人都抱都不累。’你能说这不是口头奸污吗？你再不管的话，会出大事的。”说完，胖男瞟着两个美少女竟自哈哈大笑起来。

“老钱，你还好意思说呢，”瘦男回看着美少女，表情严肃地说，“你下面那个女局长，不该好好批评教育吗？她老公公起床起晚了一会儿，她上去就要掀被窝，她老公公捂住被窝不让掀，她竟说：‘到这时还不起床，是在被窝里孵象蛋吧？让我看看孵得怎样了？’她说着说着就把手伸进老公公的被窝里，刚摸片刻就大声惊呼：‘啊呀，真的孵出来了吔，已经能摸到小象的长鼻子了吔！’你说她这是不是性骚扰？作为一局之长，你平时就是这样言传身教的？我看呀，不光你抱睡，我也要抱她睡了。”瘦男说完还是本着脸、一本正经的。

车上的许多男人笑出了眼泪，那两个美少女却把头低垂到了座位下面。林不由得心生厌恶，真是鸱鸮仿不出莺歌，狗嘴吐不出象牙，粪土之墙不可圬也。如此低劣的素质，连起码的人格都没有，怎能领导好一个单位呢？那两个美少女的嘴不停在动，好像在骂人。

两个局长还想继续说下去，汽车已到了海塘乡，两个“粪嘴”局长又色眯眯地回看美少女几眼，才慢腾腾心有不舍地下了车。

当汽车重新开动，两个美少女也抬起头，刚才还红涨彤彤的脸上，渐渐现出“羊脂玉”的本色来。车里少了两个贫嘴滑舌的家伙，没有了污染源，没有了噪音，马上安静下来。一阵倦意袭来，林在车上不知不觉睡着了，而且做了一个奇怪的梦。

梦中，林对浩浩荡荡奔腾入海的一江春水羡慕不已，认为能投身大海怀抱是种幸福。一朵打着漩涡的浪花却对他说："不要羡慕我们，谁愿意离开故乡，万里迢迢一路跋涉，流向那陌生未知的远方呢？我们也想留在高原大山身边，成为高原大山的平湖之水，天天让身心澄澈成一泓碧蓝，时时笑对白云蓝天；不幸的是，现实很残酷，命运很悲惨，不允许我们做到这一点。高原的胸襟虽大，还不足以大到容留我们的地步，大山虽然不弃细壤，却只留给我们峡谷深涧；我们不是叛逆，也不是执念去海，而是无奈的命运安排。唉，羊卓雍错是圣湖，我们进入不了也就罢了，连纳木错那样的咸水湖，也进入不了，我们就只能远走他乡了。"

浪花说着说着，流下了泪水，林只好安慰它说："你一路走来，高原的天，巫山的云，三峡的风光，沿路什么样的美景没有看过？这何尝不是一种幸福？再说，海有包容博大的胸怀，对一切都兼收并蓄、来者不拒，而且海边也有春暖花开，那是多么好的安身之所呀，你到了大海会有幸福的。"

浪花继续在漩涡中痛苦地说："流出高原时，我正伤心难过，泪眼迷蒙，根本无法去看天，不知道以后还有没有一碧如洗、天国才有的蓝天；巫山的云，我确实看过一眼，后来就不敢再看了，那不是故乡的云，看了只会让我更加伤心；至于三峡，那不仅不是秀美可餐的风光，简直是步步惊心不堪回首的噩梦；在无数次的湍流激荡中，我被暗礁撞得头破血流，被险滩击得体无完肤，我的同伴们一次次粉身碎骨，成了泡沫被抛到岸边……我虽然听说大海有博大包容的胸怀，可也听说大海里的水都是咸的，不该是眼泪太多造成的吧？我还听说海水又涩又苦，你知道那是什么原因吗？难道也像我一样，有着太多的痛苦和悲酸？"

林还想再劝劝浪花，是售票员的大声提醒，让他从困睡的梦境中醒来，他连忙揉着惺忪睡眼，在韩山脚下的丁字路口下了车。

到了车下才发现，那两个"羊脂玉"已经先他下了车，两人正在路边与一个圆脸的女孩说话。那圆脸女孩问向两个"羊脂玉"："周小燕，昨个在县里考得咋样？"

"我考得还可以，不过没有魏静考得好。"答话的"羊脂玉"，身材苗条得有些单薄，但甜美清亮的声音像银铃一样飘进林的耳朵里。

圆脸女孩立即转向身材同样很苗条的另一个“羊脂玉”：“恭喜你了，魏静。”

那个叫魏静的“羊脂玉”，答话声音很小很轻，以至于林无法听到，只能见她低着头在微微笑着。当林从三个女孩身边经过时，面带微笑的两个“羊脂玉”都友好地对林点点头，林赶紧点头回笑后快步走开。

按照上车前刘新的提示，林一眼就看到了不远处的钻塔和钻机队的宿舍工棚。他快速走到街边的一个熟食摊前，买了一只烧鸡，熟的猪心、猪肝和熟牛肉，各买了一二斤，又在附近商店里买了两瓶当地颇有名气的“绿豆烧”酒，一共花了九块八毛钱，刚好在他的预算之内。

林提着酒菜直奔钻机队工棚而去。刚走出不远，忽听左后方的山上传来悦耳的歌声：

是那山谷的风，
吹动了我们的红旗；
是那狂暴的雨，
洗刷了我们的帐篷。
我们有火焰般的热情，
战胜了一切疲劳和寒冷。
背起我们的行装，
攀上层层的山峰，
我们满怀无限的希望，
为祖国寻找出富饶的宝藏。

一听这歌声，林顿时激动起来，这首地质队员之歌，是他三十多天来最爱听最爱唱的，他停住脚步，转头看向山上唱歌的小伙子。那小伙子一身“地质棉装”，肩扛红白相间的测量标杆，在那高不过几丈、长不过几十丈、形状像卧牛一样的韩山上，边走边唱。小伙子不仅音色很美，而且充满激情，林不由得和着小伙子的节拍，低声哼唱起来：

是那天上的星，
为我们点燃了明灯；

是那林中的鸟；
向我们报告了黎明。
我们有火焰般的热情，
战胜了一切疲劳和寒冷。
背起我们的行装，
攀上层层的山峰，
我们满怀无限的希望，
为祖国寻找出富饶的宝藏。

是那条条的河，
汇成了波涛的大海。
把我们无穷的智慧，
献给了祖国和人民。
我们有火焰般的热情，
……

唱着唱着，林的心里不仅真的升腾起火焰般热情，眼睛里也有了滚烫的热泪，为自己是一名光荣的地质队员而自豪。忽然有人在高声喊："吕志琳——"，林循声向右前方望去，只见一个老师模样的人，正站在挂有"韩山乡中学"牌子的大门里；而身后立即传来一声清脆的应答——非常圆润甜美的女孩子声音。林回头看时，愣住了，应答的人，正是刚刚下车的那个叫魏静的大眼睛美少女。

林先前没有细看两个"羊脂玉"，现在突然觉得这个"羊脂玉"与花长得很像，有着与花同样惊人的美丽，林顿时被惊呆了。美少女见林愣着发呆，对林粲然一笑后，快步向学校院子里跑去。

林不仅被美少女的相貌所惊呆，而且对她的名字更感到惊疑，她刚才不是叫魏静吗？怎么又突然变成吕志琳了呢？女孩跑动时的背影很美很美，尤其她头戴蝶形红发卡，更显出活泼俏皮。林不得不承认：这是除了姥姥和花之外，他见到过的最美妙动人的背影。

林一边走一边想，她为什么会有两个名字呢？这两个名字中，哪个随父姓，哪个随母姓呢？她的名字里怎么恰好有两个最熟悉的同音字呢？怎么会如此巧合了自己和姥姥的名字呢？他过去只知道沂河岸边出美女、项山脚下出美女，没有想到韩山这个不起眼的小地方也出美女。他一下子就记住了韩山，记住了这个简直算不上山、在项山只能算是丘岗的小地方，一下子记住了这个既叫“魏静”又叫“吕志琳”的花季美少女。

林感谢她有着与花一样的美貌，感谢美少女有两个好听的名字，感谢她把姥姥和自己联系在一起，在林的眼里和心中，她因此更是美上加美了。

当林蓦然出现在罗泉和龙会的宿舍时，三个人的眼圈一下子都红了。很快，三个人又欢声笑语起来，他们从地质队聊到知青生活，又从知青生活聊到中学时代，三人从笑聊到哭，又从哭聊到笑，最让三人感怀的还是学生时代，还是知青生活。

快一点时，刘新果然如约赶了回来，他还利用“代理司务长”的身份，安排食堂炒了几个热菜送到宿舍里，四个人立即在宿舍的铺板上喝起酒来。

四个人喝着喝着都笑了，喝着喝着又都哭了，四个人不停地开心着、伤心着，两瓶“绿豆烧”很快喝完。刘新回到自己宿舍又拿来一瓶“洋河”，大家在哭笑之中又喝干了。四个人都很激动，都有些醉意，都吐词不清地唱起了地质队员之歌，都在醉眼蒙眬中相互哭笑、相互安慰着。

在如此氛围中，林全然忘记了时间，把苏荣师傅的叮嘱也忘到了脑后，要不是刘新及时提醒，差一点误了赶车。当林和刘新一起离开宿舍时，已经三点半了，罗泉和龙会依依不舍地送出门。林走出了很远，再次回望时，仍见龙会拄着拐杖，翘着那条打过石膏的硬邦邦的左腿，泪巴巴地倚着门框；而罗泉则始终用左手擦着脸上的泪水，上举着绷满厚厚纱布的右拳，不停向林挥别，他俩还用俄语高喊：“达斯维达尼亚！达斯维达尼亚！”林也一边高声回喊“达斯维达尼亚”，一边忍不住流下伤情的眼泪。

很快，一辆破旧的过路公共汽车在韩山丁字路口停下，载上林慢慢开走。林向车窗外的刘新招手再见时，心中又是一阵难过，心情也像车窗外突变的天气一样，阴郁低沉。

在汽车尾部的连排座位上坐稳后，林静静看着右面车窗外的矮矮韩山，看着开始飘洒的纷纷雨雪，想着受伤的罗泉和龙会，内心感到很压抑很难受。他对受伤的老同学帮不上任何的忙，只能在心中一遍遍默语祝愿着：再见了，朋友们，达斯维达尼亚，亲爱的同学们，达斯维达尼亚，亲爱的知青战友们，在以后的苦难岁月中，各自多多保重吧！

看望受伤老同学的任务已经完成，林试图调整一下阴郁的心境，让自己从伤感中愉快起来。于是，去想那个唱歌的小伙子，应该从心底里感谢他，是他用美妙的歌喉，唱出了清越动人的歌曲，那歌声不仅缭绕着高耸的钻塔，也缭绕着矮矮的韩山，更撩动着自己激动的心弦，让自己因是一名光荣的地质队员而自豪。林又想起那个对自己一言未发、只曾点头微笑过的美少女，他确实从心底里感谢那个女孩，感谢女孩纯真友好的微笑，让自己增加了愉悦身心的美好记忆。感谢她起了两个好听又感人的名字，把自己和姥姥的名字涵盖在了一起；感谢她出众的美貌，让自己联想到姥姥和花——那一老一少两个秀外慧中的绝顶美女。仅凭其中的一条，这次来韩山都不虚此行。

当矮矮的韩山从视线中刚刚移出，破旧的汽车慢慢停了下来，原来有许多小学生排着队，正横过前面的交叉路口。戴着鲜艳红领巾的小学生们，脸上露出幸福的微笑，正唱着“天大地大不如党的恩情大，爹亲娘亲不如毛主席亲，千好万好不如社会主义好……”的歌曲。看到这些孩子，林觉得既陌生又熟悉，他们和祁峰小学的孩子们一样，都是美好的花朵，都是未来的希望。每次想起祁峰小学的孩子们，他心中总是隐隐作痛，祁峰学校的孩子们，是多么的善良可爱，那一张张疼人的笑脸，会时不时出现在自己的脑海。

汽车重新起步，在公路上缓慢行驶着，车外的小雨雪变得纷纷扬扬起来。

汽车刚开出不远又停下了，有位六十来岁的老大爷，正在路边等车。让林有些奇怪的是，好像车里的很多人都和那位大爷熟悉，几个靠近车门的人纷纷跳下车，簇拥着老人把两个柳筐提上车，女售票员和车上的不少人争着为老人让座。

“魏大爷，这里有座位。”一个驼背男子站起身，空出位子。

“魏大爷，到这坐。”一个五十多岁的老妇人也忙着让出自己座位。

一个怀抱婴儿的少妇，一个拄拐的老汉，一个挺着大肚子的孕妇，也都从座位上站起身。

一个小男孩跑过来拽着老人：“魏爷爷，上我那坐吧。”

在女售票员的坚持下，魏大爷坐到了售票员的座位上。这让林愈加感到了奇怪：一个普通平常的老人，怎会有这么多人熟悉他、给他让座呢？

“魏大爷，您老又上山采药来啦？”有些秃顶的中年驾驶员向后回望一眼，笑着问，他不等魏大爷答话，又扭回头专心开车了。

“噢，过了冬至，草药的药性就不好了，今天没事，就来韩山采点草药，不巧下午变了天，所以采得不多。”魏大爷边擦着脸上的雨雪，边笑呵呵地说。

靠近售票员的几位乘客争相掏钱要为魏大爷买票，女售票员推开大家的手，也把魏大爷掏钱的手按了回去：“大家都不用争了，魏大爷的车票钱我垫了。”这又让林感到奇怪。

这时，众人已纷纷围拢上来，七嘴八舌地争同魏大爷讲话。

“魏大爷，您老多年免费行医，连药钱也不收我们的，远近十里八村，哪家没受过您的大恩啊，您老就是活菩萨！”说话的驼背男，动情的目光是从红红的眼睛里发出的。

“过奖啦、过奖啦，”魏大爷摆摆手，“为大家做点事，应该的、应该的。”

“自打用了您老的偏方草药，俺的偏瘫好多了。”拄拐老汉挪到魏大爷面前，抖动着花白胡须颤声说，“俺现在是一天比一天好，你看俺已经能拄拐慢慢走路了，真要感谢您老啊……”

魏大爷蹲下身子摸了摸他的腿，又捏了捏他的脚，嘱咐道：“药要坚持用，更要加强锻炼，有空就出来走走，每天晚上要用热水泡泡腿和脚，勤做做按摩，你的腿会越来越好的。”

拄拐老汉的眼睛已经湿润，他在用力点头，花白的胡子也一翘一翘的。

“魏大爷，您老人家好！”那个年过五旬的老妇人一边笑，一边捂着没有门牙的嘴，“多亏用了您老的偏方，俺多年不孕的儿媳妇怀上了。”她推了推大肚子孕妇，“媳妇，这是你魏爷爷，快叫啊！”

孕妇早已双眼湿红，羞怯地叫了一声“爷爷……”，声音竟有些哽噎。魏大爷看了看孕妇，脸上露出孩童般的灿烂笑容。

怀抱婴儿的少妇泪流满面地走到魏大爷面前，她扑通跪地：“俺给爷爷磕头了，您是俺孩子的大恩人！您是俺全家的大恩人！俺替孩子给太爷爷磕头了。”

当魏大爷扶起少妇时，眼里也盈着泪花，而少妇泉涌般的泪水，早已打湿了怀抱中的婴儿头发，她的身子在不停颤抖、抽动着，好像随时会倒下去……

车厢里不断有人在小声唏嘘抽泣，林心中最柔最软的地方，像被什么东西触到，不由得一阵悸动，眼里渐渐湿润模糊，虽然努力强忍着不让泪水流出来，可已经看不清眼前的一切了……

第三十二章

经过梳洗打扮跑出家门的痞子媒婆，一路扭腰晃腚，向村庄东头飘然而去。遇到中老年光棍，她搔首弄姿，左摇右摆，移步蹁跹，像风中柳；遇到年轻小光棍，她眉飞色舞，弱肢轻盈，含情带笑，像蝶下花。徐娘半老的痞子媒婆，觉得自己光彩夺目，很是自鸣得意，而光棍们则个个看得神魂颠倒、想入非非。

痞子媒婆飘到村庄东南角，在一个土墙院落前停下，她扒着低矮的院墙，面朝院中那棵又高又大的柿子树，大声喊道："三婶子在家吗？"

"谁呀？"花的娘在堂屋里应了一声。

"是俺，三婶子，俺是王二家的。"痞子媒婆说话间，已经站到了高大的柿树下。

"是她二嫂呀，进屋坐吧。"话音未落，花的娘已迎了出来，虽然她衣着清寒、面有憔色，美貌和端庄依然没变。

"三婶子，上几次提的你们都不同意，"痞子媒婆一进堂屋就开门见山，兴冲冲地说，"这回提个更好的。"

花的娘见痞子媒婆又来登门，便知来意，心头隐隐浮现一丝愁绪。

"三婶子，你知道河湾吧，"痞子媒婆笑嘻嘻地说，"那可是个好地方，在骆马湖边最富啦。俺娘家侄女就嫁给河湾兽医韩二宝，俺侄女每次回来都夸那个地方好；那里的人天天能吃到大米稀饭、小麦煎饼。"

痞子媒婆话锋一转，"不过，那里的人不如俺祁峰人会过日子，一到农忙，总有人买鱼买肉吃，你说这不是瞎作吗？不年不节的，又不来亲来朋的，花那闲钱干吗？俺侄女就常常抱怨她婆婆不会过日子，家里有时买一斤油，两个月不到就吃完了，简直就是喝油了，你说吓人不吓人？"

痞子媒婆夸张地张着大嘴，见花的娘没有被吓着的表情，摇摇头继续说，"三婶子，有女就要嫁河湾那样的好地方，家里亲戚也好跟着沾点光。就说俺侄女吧，中秋节给俺送来一斤咸鱼半斤油，俺天天吃，到现在才吃一半呢。"

痞子媒婆的侄女嫁给兽医韩二宝，给她家送咸鱼送油的事，村里人都知道。痦子媒婆在全村人面前夸耀过无数次，花的娘光在自家屋里就听过不下十遍了。

痦子媒婆只顾自说自话，没有注意到花的娘一直在皱眉，兀自得意地用黄瘦瘦的手抹擦过嘴边的口水后，继续说："三婶子，人家河湾，哪像俺祁峰这个倒霉地方呀！穷山恶岭的，兔子不拉屎，蛤蟆不尿尿，家家破草房，人人睡绳床，山芋干煎饼也不能尽饱吃，常年不沾油星不沾肉的，破衣裳也没几件。大妹子要是嫁到河湾那个地方去，还不是糠箩跳到米筐呀？到时三婶你也跟着享福吧。"她停顿一下，叹口气，又在自话自说，"唉，要是年轻二十岁，那里只要是个人，哪管他是瞎眼还是瘸腿，俺都愿意嫁过去；唉，真是人比人，气死人哪。"

痦子媒婆忘记了她丈夫王二就是个瘸子，虽然那是她嫁过来以后摔瘸的。

"唉，她二嫂，闺女大了不由娘，"花的娘叹了一口气，端庄的脸上掠过一缕愁容，有些歉意和无奈地说，"这事就别再提了，由她吧。"

"不对呀，三婶子，"痦子媒婆连忙拦话说，"有些事不能都由着孩子，大主意该拿的你还得拿，这才是当家长的责任。三婶子，这次你不能再错过了，这回可是打着灯笼也难找的好人家呀。"

痦子媒婆见花的娘一时无语，有些得意地瞟了"三婶"一眼，接着说，"听俺娘家侄女说，河湾最富的就数晁柱家啦。那晁柱是初中毕业生，听说他人可精灵了，现在是湖湾乡政府的工勤员，整天跟在书记乡长腚后跑，又会办事，又会殷勤，一看就是当干部的料，谁见了谁都说他前途无量呢。

"晁柱父亲现如今又是村里的书记，家里光瓦房就有五大间，顿顿白面馒头大米饭，炒菜放油都用小勺子舀，鱼呀肉的也是经常吃，家里的钱多得花不完。听说到他家提亲的都排成队，有时院门关上了，提亲的人就从阴沟往里钻。"

痦子媒婆晃了晃大黄脸，又瞟了一眼"三婶"，不无得意又有些表功地说，"不是这样的好条件，就是打死俺，俺也不会介绍给大妹子的，谁叫俺两家是邻居加亲戚呢。"

花的娘心里想，说邻居是不假，说亲戚却是八竿子也打不着的，不过就是庄亲庄邻叙着叫罢了，可她还是点了点头。

"别说在河湾村，就是周围几个乡，恐怕也找不出第二家。"见花的娘被说得点了头，痦子媒婆抹了抹嘴角上的白沫，更加兴奋地说，“晁家说了，只要大妹子肯嫁过去，地里的活，她不用沾，家里的事，她说了算，至于彩礼嘛，你就更不用烦心了，像自行车啦，缝纫机啦，手表啦，收音机啦，柜橱桌椅板凳啦，这些‘三转一响八大件’，全部由晁家来承担。”

痦子媒婆又擦了擦嘴边不断涌出的白沫，瞟了瞟“三婶”，让她困惑的是，“三婶”的脸上很平静，没有露出应该有的喜色，就连连摇着头。

花的娘见痦子媒婆还想没完没了地继续说下去，早有些心烦了，但嘴上却委婉说道：“她二嫂，人家条件这样好，不会看上咱的，再说，咱也不敢高攀。”

“这你就不知道了吧？”痦子媒婆故作神秘地笑笑说，“人家早就看上大妹子了。你还记得前段时间上河工吧？就是县里的那个大河工，扒骆马湖的。大妹子在扒河工地上，那可是万人轰动、一鸣惊人呀，多少俊姑娘俏媳妇都被大妹子比下去了；工地上的帅小伙们，天天排队去参观，晁柱就是在河工上看中大妹子的。晁家托人打听到俺和你是亲戚，就叫俺侄女来提亲；俺一想，这不中，俺侄女那张嘴哪行？兔子要是能驾辕，谁还养驴养马呀？再美满的姻缘，遇不到好月老牵线也是难成的，你说是不是？万一弄疵了，晁家婚姻事小，大妹子幸福事大呀！”

花的娘见痦子媒婆巧舌如簧，顺嘴胡咧，没完没了，想尽快结束话题，赶紧说道：“她二嫂，这事以后再说吧，俺去做饭，待会你在俺家吃。”

痦子媒婆只得站起身，“不啦，三婶子，今天是大冬节，死瘸子还在家里等俺做饭呢。”她边走边说，“三婶子，这可是一桩好姻缘哪，过了这个村，可就没有那个店喽，你要是早早定了这门亲呀，就早跟着享福吧。再说，大妹子虚岁也二十二了，该到谈婚论嫁年龄啦。”痦子媒婆故意少说一岁，怕引起“三婶”反感。

花的娘装出笑，送至大门外。

“三婶子，这是大事，你可要切记在心，早作定夺呀。”痦子媒婆走远了，还频频回头，不住提醒着。

痦子媒婆离开花的家，一边走一边乐，她感觉今天这事能成，自己能说会道的本领，又一次发挥到了淋漓尽致的地步，晁家的那三十块钱说亲酬金快要挣到手喽。那可是一笔大钱呀，自己要发财了，她掐指算了算：三十块钱买豆油，别说吃了，就是喝，一辈子也喝不完呀。

她越想越高兴，不知不觉哼唱起吕剧名曲《李二嫂借年》中的片段：“……李二嫂眼含泪肠悲心酸，吞糠菜穿破衣实在可怜；婆婆她不把俺当作人看，年三十逼着俺四处借年；腹中饥身上寒雪中蹒跚，叫一声大娘呀行行好吧，王二嫂风雪夜跪到门前……”唱着唱着，她突然朝着自己的脸就是一巴掌：明明是唱李二嫂借年的，怎么唱着唱着，就唱成王二嫂俺啦？她打过自己一巴掌后，又嘿嘿嘿嘿地笑了起来。

花抱着大包裹急急忙忙往家赶的时候，街市上还没有完全罢集，一些迟滞未走的男人们，仍在大声讨价还价着，试图做成最后的买卖。当花从旁经过时，男人们纷纷停止进行中的交易，一齐朝花注视打量着，随着花的匆匆步伐，他们弹来跳去像细丝弹簧一样的目光，在花的脸上身上来来回回、上上下下不停平移波动着……

这些男人对惊艳美女绝不放过一饱眼福的机会，有的人无法控制自己惊羡目光，身不由己地陶醉在忘情忘形之中，就连那个卖大葱给马三的白胡老汉，也看得发愣发呆、如痴如醉。

花的俏美身影渐行渐远了，白胡老汉还踮着脚、伸长脖颈呆痴痴地遥望着，他缺牙豁齿的黑洞洞嘴里，不断流出涎液，顺着下巴上的山羊胡子时断时连地流到破旧的补丁棉袄上，把胸前弄湿了一片；从旁边看去，活像一只北冰洋上的老年企鹅。

简直看呆看傻的老汉，竟然忘记照看自己装钱的人造革提包，那提包的拉锁没有拉上，卖了一天的大葱钱显摆在敞着口的提包里。一个发现良机的小孩，悄悄走来，见老汉还和许多男人一样踮着脚、目不转睛地企望远处，迅速把手伸进人造革提包里，抓起一把钞票，悄悄退离，退出几步后撒腿就跑，很快就不见了踪影。

真是可怜的老汉，包里的钱已有三分之二被偷走，他仍在痴痴呆望，浑然不知；真不知这个可怜的老汉回去后该如何向家人交待解释清楚呢。

被姚科长家“小芬”抓走的那把钱里，自然也包括马三刚才“飘”下的那张旧钞票。

花在满是积雪的上坡路上，行走得虽然有些吃力，却始终在加快脚步疾走，她想尽快赶到家，早点让秀读信，早些知道一切。

快到半坡时，花抬眼看向路旁的那片“密林”地，回想第一次见到林的情景，回想一年前林就是在这里握住她的手，敞开了爱情心扉，回想麦收开镰的那天晚上与林的亲密接触，回想林后来的种种美好，心里既难过又幸福、既悲酸又甜蜜……

突然，一阵急促的响铃声从前面传来，一个骑车人正从坡岗上飞冲而下。花赶紧站到路边，给飞车让路。

飞车人是岗上乡广播站站长石剑，他半月前还是乡文化站的站长，因文采不错，写了几篇报道岗上乡巨变的通讯，被秦明书记看中，被提拔到广播站当了站长。

说提拔，是因为文化站长只是个光杆司令，而广播站长则不同，手下有通讯报道员，播音员，线路维修员；相比之下，自然是人多钱多摊子大，权力和地位明显高出文化站长一大截。

石剑的提拔，自然引起许多人的不满。

首先是报道员老臧；他在乡广播站工作十多年，自诩论资历论能力论贡献，在全县报道员中是数一数二的；他的小通讯《懒人门前粪堆高》还在省里获过奖，在全县宣传战线是很有知名度的。虽说他是报道员，不还兼着广播站的副站长吗？按说老站长岁数大退休了，副站长顶上去，这是顺理成章自然而然的事情，老臧也认为自己是当然的不二人选。可让他又气又恨的是，那石剑走了上层路线，送了一只小公鸡和两条花鲢鱼给县广播站的申编辑，走后门发了几篇溜沟拍马屁的破通讯。最让老臧瞧不起的是，那些破通讯写得简直像小说，除了人名地名是真，其余都是假的，哪有一点新闻通讯的真实性？那石剑中秋节又去了秦书记家一趟，送了两瓶“竹叶青”，外加一条前门烟，结果，广播站站长这只“煮熟的鸭子”，竟从老臧身上飞走了。自从石剑当了广播站长后，老臧天天是气不打一处来，见了石剑，不喊站长喊“是贱！”

不少村书记，也对广播站站长这个职位垂涎久已。虽说广播站站长和村书记是平级，可广播站站长在乡里天天出头露面，下到村里好酒好饭，在上面是红人，在下面是大人；不仅按月拿工资，平时架线路、安广播、购材料，还能从中加钱吃回扣；干事不多，工作不累，油水倒不少，干好了还能升迁，干不好也图个清闲。他石剑人模狗样的，就靠舞文弄笔耍嘴皮子，竟也混了个美差，许多村书记不服，背后也不称他石站长，称他“是贱”。

石剑自从当上了广播站长，干得更欢，新近又赶写了几篇突出秦书记的报道，播出后在乡里反响很大；秦书记不仅当众表扬，还私下允诺：“好好干！干好了，将来提拔你当秘书。”

“春风得意马蹄疾”的石剑，从岗坡上飞车直下、响铃不断，当“飞”近花时，见侧站路边的竟是个大美女，他急忙刹车，想放慢速度多看美女几眼，但由于是下坡路，车速太快，加之路上的冰雪太滑，根本刹不住自行车，“飞车”从花的身边一闪而过。

石剑是见过世面的人，美女自然见过不少，可像花这样漂亮清纯的美女，还是第一次见到。于是，又频频回过头色眯眯地多看了几眼，想把那曼妙的身姿嵌入脑海里。就在他不住地勾头痴痴呆望时，突然重心一低，天地倒悬，连人带车一起栽到路边的深沟里。

花刚走出不远，无意间回看一眼，甚是惊疑：咦，飞车真快，转眼不见了人影，进岗东村了吧？

倒悬在雪沟里的石剑，已被摔晕，清醒后几经挣扎，才从雪沟里爬起，发现裤子被扯坏，腿也破了多处，额头上鼓起两个大血包，手面不停在流血。他费尽了九牛二虎之力，才将自行车从深深的雪沟里拖出，仔细一看，车链子断了，车前圈也变成了椭圆形。他一边懊恼自责，一边掸去浑身的雪和泥，抗车上肩，一瘸一拐地向乡政府走去，刚走出几步，他转回头愤愤道：“什么是红颜祸水，什么叫妖精害人，我算是明白了。”进入岗东村时，却又忍不住第五次回过头来。

花一路走还在一路想：这包裹到底是不是林寄来的呢？临海在什么地方？离祁峰究竟有多远呢？她忍不住又把包裹里那件红毛衣拿了出来，站在路边细细欣赏，越看越喜欢；大红色一直是她最心仪的颜色，最能代表吉祥喜庆，而毛衣的款式又是那样的时尚新潮，尤其胸前绣着两朵毛茸茸的鹅黄色花朵，一朵刚刚绽放，一朵似开未开，非常的漂亮雅致。而这四个瓣的鹅黄色花朵有种似曾相识的熟悉，再仔细看时，不禁大吃一惊：这不是柿子花吗？对了，林曾说过，他最喜欢柿子花，尤其喜欢祁峰的柿子花，这包裹一定是林寄来的，一定是他从东阳的一个叫临海地方寄来的。想到这里，花几乎已经确定无疑，脸上也顿时泛起红晕，心里止不住阵阵激动，整个身子都在发抖，手中包裹几乎拿不住了。她觉得自己在雪地上不是走，而是飘，是飞。

此时，夕阳像巨大而温暖的蛋黄，正在缓缓下沉，晚照的霞辉，不仅为花也为雪野披上了彩装，浑身上下金光闪闪的花，完全沐浴在金辉异彩之中。雪地上那个娇美的身影，变得愈发苗条纤长，按捺不住内心喜悦的花，步伐越来越轻盈，在快速追逐雪地上越来越纤长的曼妙影子。

突然，花的眼眶里又情不自禁地盈满了热泪，因为眼前的景色太美了，前方的祁峰村更是美之所在，一幅从未有过的美丽画卷，就展现在她的面前：

碧蓝而高远的天空下，几片闲淡的彩云悠然飘悬在白雪蓝天之间，有的像镀金的飞龙鳞片，轻盈灵动，有的像碧海中的金色波浪，随意翻涌。被夕晖镀金镶彩的朵朵霞云，不停幻化出异彩，恣意绽放着奇葩，美轮美奂出奥妙，无穷变化着神奇。那些布撒天空的锦云霞朵，像瑰丽的仙境之花，绽开在岗坡上空，漫天的金光霞彩，漫天的绚烂缤纷，装扮着天蓝雪白的二元世界，衬托出山野的纯净和清新。鳞次栉比的梯田，被厚厚的皑皑白雪覆盖，在晚阳夕照中熠熠，于缤纷彩云下交辉。静卧坡岗上的那个美丽村落，在霞天交相辉映下，朴韵悠然于世外，安谧祥和而迷人，而前方最能构成童话世界的，自然是无数的雪馒头和雪蘑菇，那美丽村落的家家草屋顶，都成了雪馒头，户户院子里伞盖一样的柿子树，都像挺立上举的大蘑菇。构成童话仙境的，当然还有村庄上空袅袅升起、扶摇直上的道道炊烟，于晚霞柔润濡染下，像云姑娘垂下的彩裙飘穗，又像通往蓝天的道道云梯。山村背后蜿蜒起伏的苍茫远岭，若隐若现在雾霭霞彩之中，为童话仙境涂抹下不浓不淡的底色……过去从未注意到家乡竟是如此的美丽可爱，花感慨家乡美好，感慨人生美好，感谢神灵眷顾，感谢上苍恩赐，有了林的爱情，一切都变得如此美好。遥望美丽的村庄，在那些可爱的大蘑菇中，自家院中那棵高大的柿子树，简直就像鸡群里的仙鹤，傲立在全村群树之中，成为首屈一指的“蘑菇王”。花越看越激动，盈眶的热泪终于滴落下来，高耸的胸脯也更加起伏不平。

一阵熟悉的号子声从前方的原野上传来：“噢……噢……噢……收工喽，回家吃饭喽，噢……噢……噢……”花透过蒙胧泪眼，循声望去：远处道路旁的雪封田野上，收工的人们，披着晚霞，踏着积雪，扛着农具，牵着牛驴，行走在回家的小路田塍上。几只可爱的绵羊在奔跑着向村里撒欢，还有几只可爱的黄狗黑狗杂色狗也在奔跑着向村里撒欢。此刻，自己不也和它们一样，在向那可爱的村落、温暖的家奔跑撒欢吗？花看着想着，不知不觉两行断线一样的热泪在流淌……

痞子媒婆从“三婶”家出来，一路哼唱着吕剧，兴奋异常得往家里走去。路过五队的张六家时，听到院子里正吵吵嚷嚷着，驻足细听，原来是张六两口子在吵架，两人正为张四老汉的事闹得不可开交。张六老婆撒泼不讲理是全村出了名的，她嫌张四在家里吃闲饭，要撵张四出门，张六拦着不让撵，夫妇俩为这事，不顾大冬节，在吵着骂着，还差点动手打起来。

痞子媒婆静听了一会儿，刚准备离开，忽见张四老汉夹着一件茅草蓑衣，从张六家院子里慢慢地蹲走出来，他那昏花的老眼里流着泪，颤颤巍巍地蹲走到院外的草垛旁，他从草垛上扯下两把麦草，铺在背风少雪的草垛边，然后半蹲半倚着躺下来，并把那件茅草蓑衣哆哆嗦嗦地慢慢展开，覆盖在蜷缩成一团的身上。

痞子媒婆看了有点心酸，赶紧快步走开，快到自家院门时，忽见花抱着一个大包裹回了村，便远远地向花招手，甜甜地高喊：“大妹子，来俺家吃吧。”

满面笑容的花，也甜甜地大声回答：“不啦，二嫂子，谢谢你。”

痞子媒婆一直盯着花的身影看，越看越觉得花漂亮，心想：哪个男人娶了这样的俊媳妇，那可是八辈子修来的福气。

这时，一只喜鹊叫着从头顶飞过，痞子媒婆顿时乐坏了：喜鹊叫，好事到，看来今天的事能成。她边拍着巴掌边跨进自家院门，还连声不断地喜笑盈盈说：“好，好，确实好！好，好，确实好！”她兴奋无比地手舞足蹈起来，两条腿也一颠一颤的，突然，一根树棍砸在头上，她眼前一黑，摔倒在雪地里，她以为是自己不小心摔倒的，爬起来嘴里还在重复着：“好，好，确实好！好，好，确实好！”

瘸子王二上来就是两巴掌，边打边骂：“不要脸的臭娘们，叫你学俺走路，叫你说俺瘸好。”

痞子媒婆顿时愣住了，不明白这是怎么一回事，看了看雪地上的树棍，抹了一下肿痛的嘴巴，一看满手都是血，连忙捂着脸一头钻进堂屋里呜呜痛哭起来……

满面春风的花，兴奋地踏着一路凌琼碎玉，欢天喜地朝家里快步走去。路过张六家门前草垛时，看见浑身发抖的张四老汉蜷缩在草垛旁。

“四大爷，”花收住脸上的笑容，连忙上前探问，“这样冷的天，你怎么躺在这儿呀？会冻出病来的。”

张四老汉哆嗦着冻得发青的嘴唇，泪流满面地不停诉说着，老人的话，吐字不清，时断时续，花始终听不清楚他在说什么，费了好大工夫，才从他连说带比画中知道：他已经一整天没吃东西了。花连忙掏出身上的零钱，抽出三张递了过去：“四大爷，你到代销店里买点吃的吧。”

当张四老汉伸出老树皮一样的手，抖颤颤地接过钱时，竟不迭声地呜呜哭了。花为老人感到难过，安慰几句后便匆匆离开。

回到家时，秀还没有回来，娘已经擀好了鸡蛋面，就等着下锅煮了。娘见花抱着一个大包裹跑进屋，连忙迎上前：“是林寄来的吗？”

花笑笑：“好像是他寄来的，不过要等秀回来后才能知道。”

娘打开包裹，一件件展在眼前，看着看着，眼泪流了下来，自言自语说：“真好，真好，真是有心，真是个好孩子。”花看着娘，一边笑一边流泪。

“饿了吧？俺给你煮面去。”娘抹去泪，端起擀好的鸡蛋面。

“等秀回来再煮吧。”花连忙拦住娘，边说边掏出那叠零钱交到娘的手上，又把那包伤湿解痛膏掏出来，亮给娘看，“这是下午在卫生院刚买的，俺抽空给二大爷送过去。”

娘看着手中的钱，又看了看伤湿解痛膏，眼里又有泪水在涌动，她疼爱地看着花，说不出话，只能用鼻音“嗯、嗯”着。

冬至的白天最短，一眨眼的工夫，天就黑了下来。高悬东南天空、开始还与云朵逆向而动的那轮凸月，似乎变得越来越慵懒，怕羞似的渐渐躲进云幕之中不再露面。

天已经完全黑了，秀还是没有回来，花的心里有些急不可待，她盼着秀早点回来念信，早点知道一切，望着屋外越来越黑，她对娘说了句“俺到村头迎迎秀”，便快速跑出家门。

花直奔村庄东头的三岔路口而去，一路扑鼻的肉香和螃蟹鲜香，从吴德才家院子里飘散出来，那香气弥漫半个村庄，让人联想到今天是过节。在祁峰村，在这“冬大如年”的大节里，却只有吴德才家的院子里，才能飘出如此诱人的鲜香来。

花站到村头的三岔路口，闻着扑鼻的香气，借着蒙眬的雪光，向着南北西三个方向来回张望着，她希望早一点看到秀的身影。

天黑已经一会儿了，还是不见秀的影子，花的心里开始焦急起来：从县城开往岗上乡的最晚一班汽车，一个小时前就该到了，那秀会在项山乡下车吗？山里的小路崎岖不平，雪大路滑更不好走，加之是黑夜，估计不会走山里小路的。那她会走北路，还是走南路呢？

夜晚的气温比白天下降了许多，村子里一片漆黑，只有不远处村部旁的代销店里还亮着灯光。阵阵寒冷袭来，花只能裹缩着身子，向着三条路的方向，来回张望、焦急等待……

村头大喇叭里一阵欢快的乐曲后，开始播送“沂沭两岸”专题节目，县广播站女播音员的甜美声音从大喇叭里传了出来：“下面播送本台通讯员石剑和本台记者申修长采写的长篇通讯：马龙山区大寨花……”

女播音员播着播着，甜美的声音突然变得激越高亢起来：“……在马龙山区的岗上乡，到处红旗招展，到处战歌嘹亮，到处人潮涌动，到处挥汗如雨……在岗上乡这片贫瘠的热土上，乡党委书记秦明同志，亲自带领着全乡干群战天斗地夺高产，面貌一年大改变……尤其是自然条件十分恶劣的祁峰村，在秦明书记的亲自过问指导下，更是发生了翻天覆地的变化……祁峰村在社会主义的康庄大道上，越走越宽广，越过越富裕……如今的祁峰村，家家吃穿不愁，人人笑逐颜开，户户过上了富裕美满的幸福生活……”

听着女播音员抑扬顿挫、充满激情的播音，花突然阵阵哆嗦，越发耐不住身上寒冷了……

第三十三章

村部旁的代销店里，那盏 15 瓦白炽灯发出的耀眼亮光，刺得张四老汉睁不开眼睛；这电灯光实在太亮，他很有些不习惯，他只习惯场屋里如豆般的油灯亮光。在如此贼亮刺眼的白炽灯下，他眯着眼，踮脚扒望在泥坯柜台前，手里举着一张花给的钞票，抖抖地伸向代销店老板祁春朋："祁，祁老板，给，给俺，打，打一毛钱酒。"

"张四，"祁春朋好像没听清，俯身看着张四老汉，一脸惊讶，"你要打酒？"

"嗯，嗯，" 张四老汉颤颤巍巍地答道，"打，打酒。"

"是在这儿喝？"祁春朋惊奇地笑了，"还是带回家？"

"在，在，在这喝。"

"张四，你发财了？有钱喝酒了？"

"嗯，嗯，俺，俺现在，是，是有钱了，"张四老汉咧开嘴，花白的胡须不停地抖动，浑浊的眼睛里闪过一道幸福的亮光，"俺，俺，又，又遇到贵人啦。"

祁春朋笑笑接过钱，从柜台下摸出一只小黑碗，拿起最小号的酒端子伸向酒坛，他从酒坛里轻轻提酒时，在酒端子快要离开酒坛口的瞬间，却习惯性地抖晃了一下，随即把"缺斤少两"的那端酒迅速倒进小黑碗里。张四老汉大张着嘴，一眼不眨地瞅着祁春朋提过两次后，见祁春朋要放下酒端子，连忙结结巴巴地央求："祁，祁，祁老板，俺，头，头一回，打，打酒喝，再，再饶点，再饶点吧。"

"这是没掺水的好酒，六毛一斤的，"祁春朋满脸苦笑着说，"你一毛钱还摊不到二两呢，已经多给啦。"

"再，再，再饶点，再饶点，再饶点嘛。"张四老汉嘴里不住央求着，眼睛里更是在乞求。

祁春朋见张四老汉不住地央求和乞求，既不情愿、又很无奈地拿起小酒端子，再次伸到酒坛里提了小半端酒，倒进黑碗里。"张四，俺这回赔大了。"祁春朋一边诉苦一边将酒碗推到张四老汉面前，"要不要来点下酒菜？五香花生米、油炸蚕豆，每包都才一毛钱，每样来一包？"

"不，不用，"张四老汉摇了一下手，"不浪费啦。"

"那就来一袋榨菜吧？只要五分钱。"祁春朋劝张四老汉买点菜，想捞回卖酒的损失。

张四老汉又摇了摇手："俺，有，有酒喝，不用菜。"他见泥坯柜台上有些散碎的盐粒，便一粒一粒捏在手心里，自言自语说，"买菜，太，太浪费，有盐粒，就，就够啦。"他把碎盐粒先放到嘴里，然后端起酒碗一口气咂完，并把酒长时间含在嘴里，不让酒咽到肚里去，他还用手把口鼻紧紧捂住，不让酒气散发出来，以免造成浪费。

祁春朋再和他说什么话，他都紧紧捂住嘴巴，一概不作回答，最多只是摇头或者点头；他要慢慢品味美酒的醇香，让幸福的享受持久些，让快乐的时光漫长些，他要在冬至的大节里尽情陶醉一回。

过了很长时间，张四老汉才从代销店的灯影里，摇晃着蹲走出来。他好像已有了几分醉意，一边向村里蹲走而去，一边嘿嘿嘿嘿地笑个不停，和傍晚时浑身发抖、说不清话语的他，完全判若两人。

夜幕下，视力不好的张四老汉，没有看到站在三岔路口的花，自顾低头蹲走着，经过花身旁不远处的小路时，他开始自言自语起来："嘿嘿，嘿嘿，想，想不到，俺，还能，喝，喝上好酒，嘿嘿，嘿嘿，白面馒头，吃过了，好酒，也喝过了，死也值了，嘿嘿，嘿嘿，俺的命，真好，嘿嘿，嘿嘿，嘿嘿嘿嘿……"

听着老人的自言自语，还有发自内心的嘿嘿笑声，花的心里有着说不出的滋味。她平时常见老人哭，却很少听到老人笑过，今天听了老人如此笑声，反而有点伤心难过起来。这时，一阵风飘了过来，把老人身上的酒气也飘了过来，花感到有些揪心，望着黑暗中老人蹲走而去的矮矮身影，心头阵阵发酸。

秀在县里参加完竞赛考试，离开县一中考场时，已是下午四点多钟。她和牛校长夫妇匆匆赶到汽车站，时间还是稍稍晚了一点，没能赶上去岗上乡的最晚一班汽车，他们只好改乘途径项山乡的过路班车。

在项山乡北面五里远的岔路口，他们提前下了车，因为山里的小路平时就不好走，下过雪的山路更加难走，何况还要走一段夜路；所以，他们只能选择山北的那条大路，虽然牛校长夫妇要多走五里多路，但这样可以先把秀护送到家。

秀的竞赛考试成绩应该不错：数学、政治、物理，都是提前交卷；下午最后考的语文，更是她的强项，按说也应该早早交卷的，可直到下课，秀才最后一个走出考场，这很让牛校长夫妇感到意外。

其实，语文试卷并不难，基础知识部分，秀只用了不到十分钟就做完，可她在写作文时出现了情绪波动。作文试题是《记一个熟悉的人》，对秀来说，写这样的记叙文可以轻松得高分的。刚看到作文题时，秀也是信心满满，因为林的可爱可人形象、林的许许多多可敬感人事迹，立刻浮现在她的脑海。可她开始写作时，不知怎么了，情绪一下子激动起来，拿笔的手一直抖个不停，泪水也止不住流淌出来；林的阳刚俊朗、青春朝气的音容笑貌，令她自抑不能、自禁不止。直到半小时后，她才一边流着泪，一边写着潦草的也不知是不是切题的文字来。

也许牛校长夫妇看到秀的脸上有泪痕，而且是神情落寞地走出教室，认为她可能没考好，只是安慰了几句，就不再提及考试的事情。

回来路上，秀也一直低头沉思不语。下车时，太阳已经落山，刚走几里路，天就黑了下来。牛校长夫妇走在前面小声说着话，秀静静跟在后面，默默想着心事。

秀又在想林了。在林离开祁峰的三十九天里，她每天都沉陷在痛苦之中，每天都在心里结织思绪凌乱的网，而且越结越密，越网越紧。

她完全没有想到，林会突然离开。那天下午，她从学校大哭着跑回家，告诉娘和邻居们，大家都大吃一惊，许多人当时就流下了眼泪。当大家跑到村前大路上，想再见林一面时，载着林的拖拉机已经过去了，只能远远看见林在拖拉机上不停挥手，转眼间，林和拖拉机就进了岗东村。

从那天起，秀天天在思念，天天在偷偷哭泣，她不明白自己还是一个青涩少女，怎么刚刚情窦初开，就会这样的痴情、这样的难以割舍呢？每当别人提起林，每当自己想到林，心里为什么总是疼痛难忍、总想大哭一场呢？

林是唯一在她花季里停留过并带给她快乐和幸福的人，随着林的离去，她的人生雨季开始了，从此，打不打伞，心都是湿的，由心而生的眼泪怎能不泛滥呢？

秀从心底里喜欢林，从林来到祁峰第一天就喜欢。可刚开始时的喜欢，只是一个小女孩对一个大男孩的喜欢，完全没有青年男女间的那种情感，什么时候有了这种情感的呢？她好像也说不清。从哥哥当兵走后，她发现林写了那首小诗，心里开始有了莫名其妙的醋意，对姐姐也有点妒忌了。最让她受不了的，是那次发现姐姐和林抱在了一起，她当时的心里就像刀绞一样难受。可能就在那时，喜欢的性质发生了变化，对林已经产生了深深爱意。她后来天天跟踪，没再发现林和姐姐有太“出格”的举动，心里才慢慢好受些。后来，她通过长时间观察和试探，发现林对她也很喜欢，可林更喜欢更放不下的还是姐姐。她渐渐发现林目光里的秘密：林每次看向她时，眼里充满的是喜爱，可看向姐姐时，眼里充满的却是情爱，这让她越来越心慌、越来越难过。

姐姐是自己最亲的人，她实在不愿冒犯伤害到姐姐，可她心里又丢舍不下林，对林有着强烈的占有欲，不甘心错失这个最爱的好男人。一边是不能伤害的亲姐姐，一边是无法割舍的心爱人，她该怎么办呢？她能怎么办呢？她想不出万全之策，每天只能在痛苦中挣扎，只能在取舍中煎熬，她的精神几近崩溃。

在她眼里，林无疑是最优秀的：阳光俊朗的脸庞，舒展健美的身材，横溢出众的才华，无声自来的朝气，处乱不惊的气质，仗义勇为的品格，善良博爱的胸襟……林身上有太多太多的优点，让她无数次感动、感佩、感怀不已。这其中任何一方面的优点，都足以让她以身相许、终生无憾。她无数次地想象着，如果和林相伴一辈子，那该是怎样幸福的人生呢？

她深知林的性格：腼腆内向，不喜欢在女孩子面前矫情调笑、逞能做作。可林又是很有女人缘的男人，无论在村里，还是在学校，林对漂亮姑娘和漂亮女生，既不轻慢，也不轻浮，既很真诚，又很羞涩，从没见他有过亲昵和暧昧的言行，可又总是有那么多的女孩子在背后偷偷喜欢他。像兰兰、淑艳、马莲等女同学，喜欢他都到了崇拜景仰的程度，她们每次提起林，都毫不掩饰内心的爱慕，常常坦然无忌地流下真情的泪水。对这样一个优秀的男人，女孩子怎能不为之怦然心动呢？这也正是她动心动情、难以割舍的原因。对有可能到手的珍宝，谁会不作努力，谁会轻易放弃呢？

她觉得林像山涧里的幽兰，自适于芜草之中，虽遇困境而不改节，虽然无意闻达，却香飘致远；这样的幽兰，处僻地空谷而又不失君子风范，其蕙草芳根，淡泊高雅，留下的是芬芳，散布的是德馨。

她对林这棵“幽兰”的挚爱，已到了无以复加的程度；然而，“兰香”虽在，却难见“兰”，她天天流血的心头创伤，又该怎样疗愈止痛呢？

可一想到貌如天仙、心如菩萨的姐姐，她又开始犹疑、心有不忍了。由于家庭贫困，姐姐小时候没有机会上学，很早就参加了生产队劳动，过早承担起家庭重担。多年来，姐姐为了这个家，为了她和哥哥安心上学，吃苦受累无怨无悔地默默奉献着。姐姐应该苦尽甘来，应该享有幸福美好的生活。

她知道姐姐现在心里只有林，所有的幸福期望全都寄放在林的身上。如果林没来过祁峰，没来过家中，姐姐可能还心如止水、一波不兴；可林毕竟来过，毕竟有过朝夕相伴、心神交融的经历，姐姐的“心水”早已被春风荡漾，早已经波涛汹涌，怎么可能再平静下来呢？林走后，姐姐明显消瘦憔悴了不少，从河工回来后，再也见不到姐姐脸上有过笑容，有的只是郁闷和愁容。姐姐的思念和悲苦在与日俱增，如果没有了林的那份情，如果少了林的那份爱，姐姐该会怎样的悲伤绝望、痛不欲生呢？

她和姐姐一样，天天都在盼望着林早点来信，也好消除心中的疑虑，也好缓解思念的痛苦。林离开祁峰已经三十九天了，除了刚到东阳地质队时来过一封信，已有好长时间没有来信，这究竟是怎么回事呢？是工作太忙？还是自己上次写信让他生气了？上次写信时，自己的确太思念、太难过、太冲动，在信中不仅向林倾诉了爱慕之情、别离之苦、思念之痛，还告诉他，自己不打算继续读高中了，而是准备报考省城的一所地质中专学校，想毕业后到东阳地质队工作，能和他天天在一起。

其实想报考地质中专的，并不是她一个人，兰兰、马莲不是也说要报考那所学校吗？林收到那封信后，该会怎么想呢？会不会说这是自作多情、在他和姐姐之间“横插一杠子”呢？他会生气吗？他会不会理解我的情苦无奈呢？如今回想起来，信里的有些内容确实有些冒失，这不仅会伤害到姐姐，也会伤害到林。可当时自己实属被情所逼，任谁在那样痛苦万分、心慌意乱、不能自已的情况下，还会有清醒的理智？还会不被情感所左右？还会面对心爱人不表露心迹、不尽情倾诉吗？

她一想到信中的内容，就感到自己做了件最对不起姐姐的事情，每次见到姐姐，总是目光躲闪、心里发虚。可一想到林的种种美好，又万难舍忘、心有不甘。每到夜深人静，她总是痛苦万分，想大哭一场；每当独处无人时，总会大放悲声，尽情宣泄一番。她已心力交瘁、苦不堪言，真切感受到了：人世间最苦莫过情苦，最累莫过心累，真不知道这痛苦何时才能结束、这煎熬何时才有尽头……

走在前面小声说话的牛校长，突然回头笑笑说："看到祁峰了，马上就要到家了。"

一直沉默不语的秀，抬头"噢"了一声，这是她一晚上第一次发声。

雪光蒙眬中，祁峰村出现在眼前，真快，不知不觉中已走了二十多里路，马上就要到家了，马上就要见到姐姐了。当想到姐姐脸上的愁苦，秀的心头就一阵阵发紧，不知该怎样去面对，不知道怎样才能拂去姐姐那一脸愁云，让姐姐嬉笑起来呢？

走近村庄，秀一眼就看见那个亲切而熟悉的身影正伫立在村头的三岔路口。在凛冽的寒风中，在蒙眬的雪光里，那俏美的身影让秀浑身一震、心头一热、鼻子一酸。忽然，那个无比亲切的身影又在眼前模糊起来，原来秀的眼里已经盈满了泪水，两行泪终于止不住扑簌簌滚落下来……

喝了酒的张四老汉，一直处于兴奋之中，他沿着满是积雪的冰滑小路，嘿嘿嘿嘿笑个不停地朝着庄北的生产队场屋蹲走而去。路过吴德才家院墙时，他被院子里飘出的浓浓香气所吸引，不想马上走开，而是蹲在院墙外，大张着嘴，想多吸入一些肉和螃蟹的香味，饱一饱口福。

此时的吴家堂屋里，吴德才正自斟自饮，他已经微醺，桌上那瓶"闻着香，喝了甜，一瓶只花块把钱"的地方名酒——"沭河大曲"已经下去了一半。他平时在家一次只喝二三两，舍不得多喝，今天已经喝了半斤，还不愿停住。他媳妇祁英几次过来夺酒瓶，他都不让，说是今天过节高兴，又有螃蟹下酒，多喝点不会醉。

"就知道喝酒，"祁英有点生气了，"你忘了吗？半月前不就答应俺，过大冬节时'拉风箱'吗？"

听了媳妇这话，吴德才嘿嘿一笑："你就忘不了'拉风箱'，好了，好了，不喝了，上床'拉风箱'。"

蹲在院墙外的张四听了有点纳闷：堂堂的吴书记，一个大老爷们，没听说他做过饭呀，怎么会去拉风箱呢？再说，拉风箱应该到锅灶旁，怎么会到床上呢？张四索性把身体倚在院墙上，想听听这吴书记是怎样在床上拉风箱的。

这时，院子里突然传出祁英的尖叫声："你快出来呀，你的大老鳖爬到院子里了。"

"奶奶的，你，你，"吴德才打着响嗝走出堂屋，有些醉意地嚅嗫着，"你把老鳖拿到水缸里就是了，奶奶的，连'王八'爬到院子里也找俺。"

"俺才不敢拿呢，"祁英笑着接话说，"它的头，和你下面那玩意一样一样的，一会缩进去，一会又伸出来，怪吓人的，听说它咬了人，到死也不松口。"

"它的头，怎能和俺这宝贝相比？"吴德才哈哈笑了起来，"俺的宝贝，你什么时候怕过？你哪晚不摸到半夜？"说笑间，吴德才拿起了那只老鳖，对祁英说，"你看，'王八'要从后面拿，这样就不会被咬到。万一被它咬到了，你不会学驴叫呀？你没听人说过'王八'听到驴叫就会张开嘴的吗？"

张四听着两人的对话感到好笑，又为自己孤苦伶仃连个说笑的人也没有而感到悲伤；他既想走开，却更想听听吴德才是如何上床'拉风箱'的。

当张四终于听到堂屋的关门声，心想：吴德才应该上床'拉风箱'了；他连忙贴着院墙竖起耳朵偷听，却没有听到任何声响，于是，轻轻蹲走到堂屋后墙的窗户下，也还是听不到风箱的响动声。他有点奇怪：怎么还没有拉风箱的声音呢？

不一会儿，他终于听到了堂屋里的两人对话。

"快点，你快点，"祁英的声音好像有些急切，"别磨蹭了，快到俺身上'拉风箱'吧！"

"急什么？俺还没有准备好呢，再等一会儿。"

"你都攒了个把月了，怎么还是软哒哒的？是不是外面有女人了？"

"哪里？俺不是刚喝过酒吗？……吆嗨，你怎么这么多的水呀，你这骚逼痒得不行了吧？"

听到两人在屋里调情说骚话，张四刚想走开，忽然祁英的话，让他大吃一惊："你龟头上的肉猴，怎么变得越来越小啦？"张四老汉心想：是呀，自己老了，龟头上的那个肉猴也越来越小了，可祁英是怎么知道俺身上这个秘密的呢？他想：要继续偷听下去，看看祁英到底还知道俺哪些私密。

这时，吴德才说话了："还不是你天天摸才变小的？"听了吴德才的话，张四顿时明白放心了，祁英是说吴书记的，不是说他的。可吴书记怎么会和俺一样，也在那个地方长肉猴呢？他忽然来了兴趣，决定继续偷听下去。

“不对，肉猴应该越摸越大才是，怎会越摸越小呢？”祁英在极力撇清自己，“噢，俺知道了，一定是你天天喝酒喝小的。”

“怎么可能？喝酒还会把肉猴喝小？尽瞎说……好了，开始‘拉风箱’吧！”

很快，屋里传出床的响动声。张四感到奇怪：为什么只有床的响动，没有拉风箱的响声呢？

突然，祁英的声音有些急迫起来：“快点，你不能快点呀，慢慢腾腾的，这是‘拉风箱’吗？快！再快点！使大劲！你是要急死人呀……”

张四感到好笑，拉风箱不就是一拉一送吗？干吗要使大劲？拉风箱就是慢一点，又怎会把人急死呢？就在他感到好笑、又有些不解的时候，听到吴书记“啊、啊”了两声，随后床的响动声戛然而止，屋里顿时安静下来。

张四听不到屋里的动静，觉得酒劲也在慢慢散去，身上越来越寒冷，他想早点回到场屋去，刚要动身，忽听祁英的抱怨声传了出来：“你真是的，攒了个把月的劲，两下就完了，好不容易才挤出那么一点点，还没有麻雀的眼泪多。”

“俺……俺，开了一天会，不是累了吗？”吴书记的声音先是很小很小，像在嗫嗫嚅嚅的，随后又大了起来，“明天，就明天！等俺吃了那‘王八’后，你明天夜里不求饶才怪了呢……”

接下来，张四没再听到屋里有说话声，心想：两人都睡着了，便慢慢离开吴德才的家，向着生产队的场屋，向着自己“幸福温暖的草窝”蹲走而去。

其实，吴德才并没有睡着，面对妻子的抱怨，他有些羞窘和无奈，只能装作真累真困，闭着眼睛假装睡着罢了；任凭妻子的手在他“宝贝”上怎样把玩，他都一动不动地“睡着了”。

他一边发出均匀的呼噜声，一边在想：为什么生活条件变好了，自己却不行了呢？他觉得有点对不起妻子，不知不觉，他的眼里开始有了泪水。

他每次回想起往事，既会感恩妻子全家，又会感到心酸，自己能有今天，离不开妻子全家的帮助。在他还不完全记事的时候，家中遇到了不幸：在一次土匪抢夺火拼中，他的父母双双离世。从那时起，他吃百家饭、穿百家衣，在艰难困苦中熬到了十岁。

十岁那年，他要饭来到祁峰，是祁英的父亲“祁大头”收养了他，给他取名叫祁德才。他如今已记不清亲生父母的模样，也记不得家在哪里，只记得自己从前姓吴。他到祁家三十多年来，虽然刚来时的生活并不算好，可祁家没把他当外人，吃穿都先想着他，养父母还把家中唯一的女儿嫁给了他，让他温暖，让他感动。在养父母面前，他感激得无数次声泪俱下。

在祁峰村一姓独大的环境里，除随养父姓祁外，他再没有任何的损失和屈辱；作为祁姓的养子和女婿，他几乎没受到过别人的欺负，尤其养父的四弟“祁疤眼子”当上祁峰书记后，他就成了“乘龙快婿”。在祁峰，无论走到哪，谁不把他当“驸马”看呢？他愈来愈顺风顺水，愈来愈福星高照。在“书记四叔”的一手提携下，他步步高升，在全村人的瞩目下，渐渐成为祁峰最有权势的明星人物。五年前，“书记四叔”病死了，村书记的权杖顺利到了他的手中。有人说他命好，有人说是养父给他取了个好名字，说只有他才配叫祁德才这样的好名字。

“祁德才”这个名字是好，可他为什么要改成吴德才呢？不改不行吗？他想过很长时间，经过深思熟虑后认为：不改不行！这倒不是完全为了继承死去的父姓，而是怕祁峰人背后瞧不起他，怕人笑话他是靠倒插门、依仗岳父家的势力发迹腾达的。再说，“书记四叔”去世了，他如今当上了祁峰的村书记，别人喊他“祁书记”时，他总是感到不快，心里老是犯忌讳，因为过去两任“祁书记”，都是患肝癌疼死的。名字可以不改，但姓必须改过来，这样才能避讳，才能像个真正的男子汉，堂堂正正、立威立德，才能在祁峰父老乡亲们面前抬起头、挺直腰、干自己该干的事情。

尽管改了姓，仍常常有人喊他“祁书记”，这让他大为苦恼和不快。他有时也感到别扭：明明自己是有德有才的，改姓后，让人家听起来，倒像是自己没有德、没有才了。唉，有一利就有一弊，有一得就有一失，世事难全。

让他困惑不解的是：当上书记后，地位高了，权利大了，生活好了，想投怀送抱的，也大有人在了，可身体却越来越不行了。难道真是喝酒喝的？这种可能性是有的，前两任“祁书记”，都嗜酒如命，天天喝得烂醉如泥，最后都得了肝硬化。

可不喝酒行吗？天天迎来送往、应酬不断。再说，村里哪家有事不来请？不去吧，人家会说架子大；去了，喝酒喝少了，人家又过意不去，实在难办呀。这样几年下来，酒瘾越来越大了，性欲却越来越小了，与妻子半月一次的“任务”，渐渐开始力不从心了。比如刚才吧，本来是做好准备，打算来一次“威震妻胆”的，没想到两个回合不到，就败下阵来，还被妻子取笑羞辱了一通，让自己感到了前所未有的难堪和压力。望着熟睡中的妻子，想到从小就青梅竹马，对自己百依百顺，想到多年的恩爱有加，想到近些年妻子的“意犹未尽”，他心里感到惭愧、感到不安。是该补一补身子了，只等天一亮，就把那只老鳖炖了，好好补一补，让妻子也跟着好好快活快活。

祁英是个既漂亮又贤惠的女人，从小受过苦，嫁给吴德才后，日子一直过得紧巴巴的。自从丈夫当了书记后，家里才逐渐好过起来。也不知为什么，从四十岁开始，身子变得越来越“饥渴”，心中的“欲火”总是生生不息，怎么压都压不住，整天无精打采的，老是想着那个事。可丈夫好像没有了兴趣，那事的间隔时间越来越长，每次也都是草草了事。她觉得越来越不满足，就像饥肠辘辘的人，刚让喝了两口稀饭，就把饭碗端走，不让再吃，那心里的难受呀，简直没法说。唉，丈夫的年龄一天天大了，身体也因喝酒应酬一天天变差，确实需要补一补了。

她忽然想起那只大补壮阳的“王八”，赶紧走到水缸边，捞出那只老鳖，准备杀了用慢火好好炖一炖，既让丈夫补补身子，也让自己多一些性福。就在她操刀宰杀老鳖时，一不小心，左手的食指按到了鳖头上，被老鳖一口死死咬住。她想尽了一切办法，手指仍无法从老鳖嘴里挣脱出来，按照丈夫说的学驴叫了，也不见老鳖松开口。

就在她疼痛难忍之时，丈夫从身后闪出，夺过她手中的菜刀，一刀砍向那长长伸出的龟头，随着“咔嚓”一声，那老鳖长长的龟头，带着淋漓的鲜血，从那硬壳的身子上断了下来，滚落到地上；祁英的手指脱离了鳖口，手指虽然不疼了，可心里却疼得要命，不由得大喊起来：“龟头！俺的龟头！……”

“你在梦里瞎喊啥？”吴德才推醒身边喊喊嚷嚷的妻子，“什么龟头龟头的，龟头不是在你手里吗？”

祁英睁开惺忪睡眼，看了看丈夫，知道自己刚才是在做梦，有些不好意思地笑笑。她笑过之后，又来了精神，开始摸玩起手中的“宝贝”来……

第三十四章

张四老汉离开吴家后，一路蹿走向前。他喝了酒，吸足了吴家螃蟹和猪肉的香气，又听了吴德才夫妇的调情骚话，心里愉快得直想笑，蹿走的速度也比往常快了许多。可紧走慢走，已经出了村庄一会儿了，还是没有看到生产队的场屋；他觉得有些奇怪：咦，生产队的场屋哪去了呢？怎么突然没有了呢？于是，又加快了蹿走速度，沿着下坡路越走越快，越走越觉得轻飘飘起来。

当他走到曾经捡过金刚石的那片“密林”地时，抬头看了一眼，路旁是白茫茫一片，他好像突然醒悟过来：哎呀，俺怎么这样糊涂呢？那场屋一定是被大雪覆盖住了。他连忙向路边走去，刚走出几步，脚底一滑，就再也抬不起腿、迈不动步了，他已进入到了冰雪世界，脚下、头顶、身上、四周全是积雪，原来他滑到了路边的大沟里。那大沟有两人多深，三天来的大雪，早已把大沟填满，他再也不可能爬出来了。

躺在雪窟里，与外面的寒风冰冻相比，他觉得身上一下子暖和了许多，不禁又嘿嘿嘿嘿地笑了起来，能不高兴吗？自己有了新的温暖住所，连六毛钱一斤的好酒也喝过了，口袋里的钱还没花完呢，还够去代销店再喝两次好酒的。真是没想到，自己的命会这么好，一想到去年还吃过四个白面大馒头，心里就乐滋滋的。在新的温暖“雪屋”里，他回忆起美好的往事来……

最先想到的，当然是在义父家的那段美好时光。那时年少方刚，天天过着公子哥的生活，好吃的、好穿的、好用的、好玩的，应有尽有，那真是春风得意、风光无限啊！睡过的漂亮女人，多得数不清了。在睡过的女人中，最让他念念不忘的是韩梅，韩梅不仅长得好看，对自己更是重情重义。如果韩梅不是义父的小老婆，张四早就把她拐跑一千回了。最可惜的是，在那次与土匪的火拼中，那个吴姓狗日的，仗着人多势众，不仅把义父杀了，还把韩梅抢走，这正应了“家有美妻，有时无异于抱璧藏祸”的老话。义父遭祸不说，还害得自己也落败逃回了祁峰。后来听说韩梅被抢到吴家不久，生下一个小男孩；那个男孩究竟是义父的？还是自己的呢？要是当时见过那男孩，就能知道是谁的了。听说没几年，韩梅和那个姓吴的，又被另一伙土匪杀了，那个小男孩也不知是死是活，反正后来就没有了音信。算来，那男孩要是活下来的话，也该四十好几了。

虽说自己是落败逃回祁峰的，可浑身的本领还在、原有的威名还在。自从回到了村里，无论大人孩子，还是泼皮无赖，全村上上下下，谁人不敬？谁人不怕？谁人不把自己奉为祖宗神明？尤其干保长的那些年里，只要自己咳嗽一声，全村的人谁还敢再吭一声？只要自己轻轻跺上一脚，全村的几千亩土地也要抖上三抖。无论哪家吵仗打架，只要自己到跟前一站，那扬起的棍棒也得停在半空，骂出的脏话也得咽回肚里。那些年里，根本就没听过村里有小孩哭声，谁敢哭啊？那些年，自己不威而威，不治而治，不为而为，全村是路不拾遗、夜不闭户，别说偷鸡摸狗了，就是针头线脑，谁家也没有少过一回呀。哪像现在，动不动就出动民兵、荷枪携弹的，社会治安不仅没见好，反而越来越乱了。

再说社会风气吧，也远不如从前。那时村里的光棍也就那么三几十个，哪像现在这样多？如今哪个生产队里没有一个加强排的光棍？那时的男人女人，也不像现在这样淫乱。自从自己没了性欲后，最厌恶的就是男女间的淫荡事。当年自己刚当保长时，为了镇住村里的奸夫淫妇，特意找了一个好石匠，雕凿了一个比扁担还长的人形石头男根，偷偷埋在村头的地下。结果，淫荡邪气真的都被镇住了，村里风清气正，连光棍寡妇也没有乱来的，哪像现在，男女间哪天不发生偷鸡摸狗的事？让他大惑不解的是，那个比扁担还长的人形石头男根还埋在地里呀，怎么会风气大坏到如此地步呢？最让他气不过的是，那个痞子媒婆竟然和本家侄子也做苟且之事，真是人心大坏，世风不古，要是自己还继续当政的话，村风民风怎会败落到这等地步呢？

一想到自己当政时，他又自喜起来。在那些年里，天天吃香的、喝辣的，走到哪都是上大人，走到哪都是看笑脸，走到哪都有女人缘。说到女人缘，这最让他苦恼了，不知道怎么的，裆下那玩意，在回村之前就不行了，好像被骗过了一样，见了女人就心烦。村里的许多女人不知内情，常常误解他，像“祁疤眼子”女人、蔡祥忠的娘、庆平的娘、保东的娘，邵礼的姑、王二的姐姐王萍等一些风骚女人，就经常当面说他的风凉话：“哟，保长眼皮大，瞧都不瞧人家一眼呢。”不仅村里说这话的人多，就是在沂河抗日游击纵队时，马棚的娘、白家莘的媳妇，也说过类似的话。他真是有口难辩，就连“一树梨花”还想压海棠呢，自己要不是阳痿，早就上她们多少回了，自己心中的苦处能对她们说吗？不能，就是有一百一千个误解，那也是万万不能说的呀。

最让他感到威风的，还是在沂河抗日游击纵队，尤其他当上机枪连长后，手下有一百多条好汉呢；每次打仗，他端着机关枪，一马当先，冲到敌人阵地，“嘟嘟嘟嘟”一阵猛扫，日本鬼子像放草捆一样纷纷倒下，那才叫解恨过瘾哪。现在回想起来，那时自己真的很英雄，真的很威风，连沈司令都夸他“打仗不要命，杀敌比张飞还猛。”沈司令说的真是大实话，张飞使用的是丈八长矛，他使用的却是机关枪，那长矛怎能和机关枪比？张飞当然没有他猛喽。

唉，转眼三十多年了，想想原来手下那些弟兄们，多数都不在人世了，少数活下来的，差不多都已飞黄腾达，有的成了政府高官，有的当上了将军，只有他还是平头老百姓。不知怎的，他对活下来的高官们，并不怎么想念，对死去的弟兄们倒是蛮怀念的。那些死去的战友，年纪轻轻就走了，不像自己孬孬好好还活着，还能吃到白面大馒头，还能喝到六毛钱一斤的好酒。想到这里，他心中有些伤感，昏花的老眼里竟流出了泪水。

流过泪后，他又开始笑了，越想越觉得该笑：今天是冬至，是“冬大如年”的大节，在穷困的祁峰村，自己还能过上幸福的生活。就在今天晚上，村子里能够喝上六毛钱一斤好酒的，除了自己和吴书记外，可能不会有第三个人了。他觉得自己的命真好，只有他和吴书记，才能在大冬节里喝酒。

想想也是应该的，除了死去的人不算，全村现有的两千多人里，只有他和吴书记，干过村里的“一把手”；只有他和吴书记，敢在村里指手画脚、说一不二；也只有他和吴书记，才在身上“那个地方”长出肉猴；这不是命好是什么？

当想到自己身上那个肉猴时，他突然想起韩梅生下的那个男孩，不知道那孩子长没长肉猴，如果没长，有可能是义父的，如果长了肉猴，无疑就是自己的。那地方长肉猴的人，是少之又少的，仅凭这一点，就可以断定那孩子肯定是自己的。让他感到困惑的是，吴书记那个地方怎么也长肉猴呢？这是他万万没有想到的。

吴书记小时候是个要饭的孤儿，是“祁大头”收养了他，在祁峰长大。

他一直叫祁德才的，后来当了村书记，为什么改叫吴德才了呢？难道他的生父姓吴不成？那他就是吴家的孤儿啦？韩梅不就是被吴姓土匪抢去的吗？韩梅的孩子如果活下来的话，年龄应该和吴德才差不多大，那吴德才和韩梅有关系吗？好像有点关系，他和韩梅长得有点像。吴德才和那个吴姓的土匪头子有关系吗？他的疑问好像越来越多，头脑也好像越来越糊涂了：吴书记？韩梅？韩梅的孩子？姓吴？姓吴的土匪头子？吴书记的肉猴？自己的肉猴？自己的儿子？

他越来越绕不过弯了，他觉得自己可能是喝多了酒在胡思乱想，吴书记怎么可能是自己的儿子呢？别说不是，就是自己的儿子，他也不会认自己这个父亲的。吴书记可比自己从前狠多了，他是铁面无私、六亲不认的。他的“书记四叔”祁疤眼子，对他可算是天高地厚了，才死几年呀，他对祁疤眼子的家人，不是照样下重手、朝死里整吗？他又怎么会认一个“四类分子”“现行反革命”的父亲呢？唉，自己净瞎想，想也是白想，还不如不想。

当他不再想的时候，感到身上阵阵发冷，脚底也麻木得不行，身子紧紧地蜷缩在一起，头脑也晕晕乎乎的，眼皮沉沉得抬不起来。就在这时，他忽然看见马棚死去的父亲走了过来，手里还牵着沈司令的那匹大白马，在悠悠闲闲地遛着马。

“老，老马，你，你，”张四哆哆嗦嗦地打着招呼，说话声音也不清不楚了，“你，怎么，在，在这？沈，沈司令呢？”

“哪里还有沈司令？”老马笑了笑，“现在都什么时候啦？你还是忘不了过去的事情呀？”

“那，那你，替，替谁，遛，遛马？这，这不是，沈，沈司令的，马，马吗？”

“这是白家莘白司令的马。”

“白，白家莘？那小子，真，真当，司令啦？怎，怎么，可能呢？他，他是个，胆小鬼，当，当排长，都，都不合格，怎，怎么会……”

“俺怎么说你呢？连子贵父荣的道理都不懂，你不白活了六十多岁吗？”没等张四说完，老马哈哈大笑起来，“你不知道白司令的儿子，现在有钱有势吗？你真是孤陋寡闻、不明事理。”

张四被呛得一时语塞，忽然想起马棚欺负自己的事，便哭诉起来。老马很不耐烦地连忙打断他的哭诉，冷笑着说：“别再哭诉啦，俺都知道，你不要怨俺家小三整你，你本来就不该那样说俺和他娘的。虽然你说的都是实话，可你也不想想，都什么年代了，实话能随便说吗？幸亏你知道吴德才的身世秘密晚，你要是早知道他是你的儿子，他还能当上书记吗？你还能活到今天吗？你也许多少年前就腐烂成泥了。再说，你儿子还是俺家小三的顶头上司呢，你就知足了吧。”

听了老马的话，张四没有生气，反而有点欣喜，刚想再问问有关吴德才的事，老马突然不见了。这时，张四感到身上更加寒冷，身子也蜷缩成了一个小团团。就在他快要忍受不了的时候，沈司令走了过来，张四带着哭腔恳求说：“沈，沈司令，求，求你，带，带俺，走，走，走吧。”

“我早就不是司令啦，”沈司令摆手苦笑着说，“我现在作不了主，等我问过白司令再说吧。”

“别，别，别问，他，”张四有点急了，结结巴巴说，“他，他，对俺，有，有，有仇……”他的话还没说完，沈司令也不见了。

就在他苦闷之时，天空中忽然飘来奇妙的音乐声，那美妙动听的仙乐，在头顶盘旋缭绕着；他努力抬头望去，见一朵五彩缤纷的祥云飘然而下，飘到他的面前，仔细一看，祥云中站着一个美人，正是他日思夜想的韩梅，他慢慢张开手，边哭边说：“俺，俺，俺，想，想，想你。”

韩梅笑笑：“俺也想你，俺是来接你的。”

张四流着泪，颤颤巍巍说：“好，好，好，俺，俺，跟你，走，走，”张四忽然想起最重要的一件事，用尽最后的力气问，“德，德，德才，是，是，是俺……”他下面想说的话，已经发不出声音，浑浊呆滞的目光停在韩梅的脸上，见韩梅微笑点头，张四还想说话，嘴一个劲地张着，却发不出一点声音，嘴也不能合上，脸上努力挤出的笑容，很僵硬，越来越僵硬，直到最后，只能保持着僵硬的那丝笑容……

花终于开心地笑出久违的笑声。秀一回到家，见到包裹和信，全家人就一切都清楚了，那包裹正是林从临海县城寄来的。花和娘急切地围坐在小油灯旁，静听秀在一字一句地念着林的来信，她俩生怕漏下一个字。秀则学着林的口气，轻声念道：

“秀：

你好！

姐姐好吗？娘好吗？

上次寄信是在东阳地质队，已有半月时间了，想必收到信了吧？那信刚发出两天，我就来到临海县九里乡的一号钻机队。到了钻机队后，我的工作生活都很好，你们不必担心挂念。

这里离大海很近，交通却很闭塞，住地既不靠乡，也不靠村，离临海县城有七十里路，离东阳地质队更远，大约有三百多里，平时寄信打电话都不方便。来信还是寄到东阳地质大队吧，大队部每半月会有一次给养车到钻机队来，到时会把信件捎来的。

现在已是午夜，我刚下小夜班，明天转上大夜班，有一整天的转班休息时间，我打算去一趟临海县城，顺便把这封信寄给你们。

我离开祁峰已经十八天了，这些天里，我天天都在思念着你们。每当回想在祁峰的日子，回想你们全家对我的关怀和照顾，我总感到无比亲切和温暖，感到非常幸福和幸运。我在祁峰的两年多时间里，你们一直把我当作家人看待，其实，我更早已把你们当作最亲最爱的人。你们的善良无私、你们的真诚关爱、你们的浓情付出，让我终生难忘、永远感激。在此，请你们接受我由衷的感谢和深深的敬意。

前年夏天，我一踏上祁峰土地，就被祁峰人所感动，尤其是你们，让我感受到了家的温暖，让我沉浸在浓浓亲情之中。不论劳动中，还是生活上，你们都给予我太多太多的帮助，给予我太多太多的亲情，给予我太多太多的感动。

在祁峰，我和你们一起下地干活、一起耕种收割，尽管那些农活很苦很累，因为有你们相伴，成了我最美好的享受、最快乐的记忆。你们让我度过一段难忘美好的时光，你们让我终生感激，你们是我最敬爱的亲人和恩人。我想对你们说的是，无论过去还是现在，我都深深爱着你们，将来我会用一生去爱去报答你们！”

念到这里，秀的声音在发颤，眼眶里盈满了泪水，花也不住抖动身子，偷偷抹泪，花的娘一边擦拭眼角泪水，一边自言自语地叹息说：“唉，这孩子说得真疼人，这样重情重义的好孩子，真是少有！”听了娘的话，花和秀一下子都小声哭了出来。

稳定情绪后，秀又继续念信：

“回想在祁峰的往事，一切都像刚刚发生过一样，每次都回忆亲切、感怀至深，尤其你们的言谈举止、音容笑貌，更频频再现眼前、常常进入梦中。

几次次在梦中，我们又一起去看电影、一起去赶集、一起去沭河大堤漫步，一起去项山赏景；我们又徜徉在银花岭上，游走在虞河岸边，躲雨在路边瓜棚下，歇息在大王树荫里；我们又遥看项山的层峦叠翠，欣赏雨后的彩虹飞瀑，笑说绕飞花丛的劳蜂忙蝶，细听琴音美妙的叮咚溪水。我从梦中一次次被开心愉快的事情笑醒。怎能不被笑醒呢？那可都是我们同有的美好往事和难忘经历。

几次次在梦中，我们又一起出工干活，来到第一次见面的那片玉米地，一起播种施肥、锄草收割。两年前的初次相遇让我难忘，虽然那时彼此都很陌生，可你们青春笑脸、美丽身姿，让我刻骨铭心，再难忘怀。那里后来发生过很多故事，留下了太多美好回忆，那里是我初到祁峰就永远铭记的地方，也是我幸福一生的情缘之地。

几回回在梦中，我们又一起送粪下地，一起在粪车下躲避漫天而下的土石。感谢那天两只调皮的小狗，感谢那天不期而遇的土石，有了机缘巧合，才有了刻骨铭心的记忆……

几回回在梦中，我们又一起揼伐树枝，来到荆棘丛生的洋槐林和遍布石塘的黄泥岗，我在那恩泽福地上，一次次让久闭的心灵之窗大开，让感情的洪波决堤，我一次次敞开心扉、放声大喊，向柔情眷顾我的爱神吐露心声，向帮助关爱我的女神表达谢意。

当我每次从梦中醒来，常有擦抹不去的泪水心酸，逝去的岁月太让我伤感，美好的往事太让我怀恋，难忘的过去太让我眷念，对你们的爱恋和思念总让我泪水难干，你们永远是我心灵的寄放之所，永远是我情爱的不竭源泉……”

秀念到这里，停了下来，她好像有些似懂非懂、一知半解了，因为她对信里的有些内容，是知道明白的，而有些内容却不知道、不理解，尤其念到后面，就越来越不懂了。花的娘则全然不解，满脸疑惑地看看秀，又看看花，她觉得自己没文化，实在不明白这段话是什么意思。只有花明白林的信中含义，那是只有她才懂的“暗语”，是她和林两个人私密接触、产生情爱的往事，是让她每次忆起都回味无穷的经历，也是她心中难以忘怀的快乐，只能永远珍藏心底里的秘密。花听到这里，身心愉快得直想笑，可又不敢在娘和秀的面前笑出声来。虽然她只能在心里偷偷地笑，但她的快乐，早已晕红了脸颊；她的得意，早已飞上了眉梢；她的眼睛，早有了掩饰不住的惊喜。当秀疑惑地看向她时，她连忙低下头，像是在擦眼泪，实则想遮挡住内心的激动和不断腾涌的欢喜。

在娘的催促下，秀又继续读信：

“我离开祁峰时，由于时间过于仓促，没有来得及向你们当面告别，对此，我一直深感遗憾，很觉得对不起你们；虽然上次信中，已向你们解释抱歉过，可我还是要再次请你们原谅；同时，也请向乡亲们解释一下，表达我对他们的歉疚之意。

我在钻机队里，和队友们一样，平时是不过休息天的，我们都想把星期天积攒起来，以便探亲时能多呆几天。估计到春节时，我可以有二十天的假期，到那时，我又可以和你们天天在一起、共度一段愉快而美好的时光。再有两个月，我就可以和你们见面欢聚了，我急切期待早一天见到你们。想说的话很多，由于夜已深了，明天还要去县城，先写到这里吧。

最后，祝你们身体健康、生活愉快、一切安好！

此致

敬礼！

天天想念你们的 林

1977 年 11 月 30 日夜于钻机队

又：

寄去包裹一个，棉被是地质队刚发的，质地不是很好，请不要嫌弃，寄给你们，或许可以遮挡些夜里风寒；围巾是今天上午刚给娘买的，只能表达我对她老人家的一点心意；书包和《现代汉语词典》，是给你买的，你以后上了高中，原来那本《新华小字典》可能词汇量不够用，一本好些的词典，对你以后的学习会有帮助；护腰带是给二大爷买的，他的腰背受过伤，寒冷天围上护腰带，可以减少些伤痛；毛衣是给花买的，大红色是花最喜欢的颜色，而最让我称心的是，毛衣上绣有美丽的柿子花。在祁峰，柿子花是最美的花了，她从不张扬外显，永远安安娴娴静静羞羞的，默默留给柿子太多太多的滋养和甜蜜；姐姐就像美丽的柿子花，她不仅有美丽迷人的相貌和身材，更有柿子花一样的内在品质，穿上绣有美丽柿子花的新毛衣，她一定更加光彩照人。我在商店里发现这件毛衣时，很是惊喜和怀疑，好像是特意为我准备，特意让我送给花的，因为我喜欢柿子花，尤其喜欢祁峰的柿子花，我把这件毛衣送给心爱的花，想必你们都懂我的心意。

好了，不多说了，我马上要赶回钻机队了。

再祝你们生活快乐、永远幸福！

永远爱你们的 林 又笔

12 月 1 日下午于临海县城

信读完了，娘仨又都哭了。

花的娘是感动哭的，她说林真是善良仁义，不仅全家人都想到了，连二大爷的腰疼病也想到了，这样好的孩子真是让人心疼。

花是激动哭的，回家路上看清毛衣上的柿子花时，她就知道了林的心意，因为林曾经说过最爱柿子花，还多次把她比喻为祁峰最美的柿子花。如今，林在信中更是说得明明白白，想到林的这份情、这份爱、这份牵挂，花怎能不感动激动得热泪滚滚呢?

秀是伤心哭的，她觉得自己像个失恋的人，强烈的挫败失落感，让她难以承受。林的信里清楚表明，他是爱姐姐的，他对姐姐的爱，完全是情人之间的爱；而对自己的关爱，是性质不同的兄妹之爱。秀虽然明知最终会是这样的结果，可一旦变为了“残酷”的现实，心有不甘又极度沮丧的她，怎能不伤心落泪呢?

第三十五章

通往临海县城的公路上，林坐的汽车，继续颠簸在雨雪中，随着傍晚气温的下降，原本开始融化的路面冰雪，被渐下渐大的雨雪重新凝结，形成一层硬而滑的冰壳，来往车辆自觉一致地减慢了车速。

本来已经很慢的汽车，路经一个招呼站时又停住了，等林回过神，那位受人爱戴的魏大爷，已被几个乘客簇拥着下了车。

当汽车重新开动的一瞬间，林的心里怦然一动，目光立刻被车窗外的红衣少女所吸引，那少女搀扶着魏大爷，和众人一起向笼罩在雨雪雾茫中的附近村庄走去。让林眼睛为之一亮的，是少女头上的蝶形红发卡，更让林眼睛发亮发呆的，是那少女刚好转回头，并且，她在惊诧之余，向林投来了惊艳一笑。

林回过神来后，忙向那少女回笑，虽然他的表情也很惊诧，虽然他僵硬的笑容保持了很长时间，可那少女再也看不到他的笑容了，因为汽车已经驶离，他滞留脸上很长时间的笑容和惊诧，已经不在少女的视线范围之内。

这个一天之内三次见面三次微笑，相貌与花酷似且涵盖他和姥姥名字的美丽少女，这个既叫魏静也叫吕志琳的可爱女孩，以后见面的机会可能不会再有了。然而，她羊脂玉脸上的清纯动人笑容，还有她头上的美丽蝶形红发卡，却会永远留存林的记忆中。多么漂亮的红发卡，多么美丽的女孩，多么美好的一段记忆。

其实，林对红发卡有偏好，由来已久、积习成癖；他常常因看到红发卡而激情澎湃、浮想联翩，珍藏心底里的记忆便会一次次绵延加深。

在林眼里，红发卡像青春火焰、美丽化身；女孩只要戴上了红发卡，就会平添清丽和妩媚，陡增热情和活力。

当头戴红发卡的女孩经过时，常常怦然心动的林，会仔细辨看、凝望出神，每次仔细辨认后，却又惆怅油然：虽然眼前的那抹火红，亮艳依旧，人却不是曾经的那个“红发卡”，他怎能忘却铭记心中的那个“红发卡”呢？

林之于红发卡的好感，缘起于初中二年级时的一次乒乓球比赛。他虽然喜欢过乒乓球，在小学一二年级时，曾爱不释手，可辍学荒废了多年，到了中学时，他的强项已是棋类而不再是乒乓球。在上初二的梁郑中学，才偶尔在砖垒的水泥球台上打过几回，其中一次还打败了他的班主任。因此，擅长体育的班主任把他选中作为代表全乡初中学生乒乓球水准的唯一选手，他被班主任骑车带到了临乡的一所中学，参加了全县组织的那次乒乓球片区比赛。

到了赛场，看到别乡选手都有备而来，林顿时泄了气；与那些选手相比，他没有整齐划一的崭新运动服，只有难看的补丁旧衣；没有轻便灵巧带弹力的白球鞋，只有不跟脚的破旧凉鞋；没有贴了海绵的胶皮球拍，只有简易的光板球拍。本来就腼腆害羞的他，不能不因寒酸而自惭形秽。在赛场练习时，他不能像其他选手那样一蹦多高，他没有神气活跃的自信和本钱。

抽签后，第一轮的对手竟是赛场中最强的一个，号称全赛区头号种子选手，而且又有着主场之利；当林难为情地走向赛台，路过围观嬉笑的人群时，甚至连路也不会走了。出乎他意料的是，一个漂亮女孩竟然不像众人一样嘲笑他，而是向他嫣然微笑、善意点头。

那女孩的笑容很纯很美，是那种一见难忘回味久远的笑，那笑是林见到过的人世间最美符号。仅仅就是那真诚一笑，让林的男儿勇气顿时腾起，不服输的劲头也一下迸发出来，他要为全乡中学生的荣誉而战，他要赢给那个漂亮女孩看，即使输也要输得壮烈。

林立即脱去难看的补丁上衣，露出虽然单薄但很白净、自我感觉良好的上身，脱去不跟脚的旧凉鞋，光着双脚，毫不畏惧地上前迎战。他想：至少要在漂亮女孩面前表现出无所畏惧，至少要让漂亮女孩知道，他也绝非“等闲之辈”。

一上赛台，就是一阵猛打猛抽；也许被林的气势吓着了，那“头号种子”刚开始竟连丢几球。林每赢一球，身后总有两个人在鼓掌，一个是班主任，一个是那漂亮女孩。林每拿下一分，都要侧头回看一眼班主任和漂亮女孩，尤其那女孩，已经成了他取胜的源源动力和不二法宝。林想：有这两人的掌声就够了，甚至有漂亮女孩一个人的掌声就够了，就足以抵得过“头号种子”的几百人啦啦队，只要有漂亮女孩为他鼓掌加油，他就有取胜的充分信心。

林越打越气势如虹，他一心想赢得比赛，一心想用实实在在的胜利，向班主任证明选他没有选错，更向漂亮女孩证明，为强者鼓掌永远是正确的。他越打越勇、越打越顺，第一局，林竟以悬殊的比分取得了胜利。

交换场地时，那漂亮女孩突然被她的同学喊走。林有些落寞地望向那个头戴红发卡的漂亮女孩，她走进挂着“初一（二）班”小牌子的教室里，再没见她走出教室，林的心里一下凉了大半截，动力顿时全无。

事后，班主任说他后面的比赛与之前判若两人。可班主任哪里知道，支撑他的“顶梁柱”已经撤走，“大厦”怎能不瞬间倾覆呢？他的釜底已被抽薪，先前的“开水”还怎能继续沸腾呢？结果，那“头号种子”不仅以二比一反败为胜，最后还捧得了区赛冠军的奖杯。

不仅在当时，就是到后来，林也一直认为那是人为的故意，一定有人在暗中帮助“头号种子”，一定有人知道把漂亮女孩调开支走，他必败无疑，所以用了毒计、出此阴招，致使他一蹶不振、功败垂成。

后来，林对乒乓球确实练过一阵子，还给原来的木板球拍贴上了海绵和胶皮；他不光想一雪那次败绩的耻辱，更想在那个漂亮女孩面前展示他的“王者风采”，可后来一直没能再见到那个漂亮女孩。

临近高中毕业时，林有幸又与那“头号种子”交过几次手，不知是“头号种子”有意谦让，还是球技此长彼消，次次交手，林竟无一败绩；可他还是感到遗憾，纵然在众人面前夺冠千次，怎如在那“红发卡”面前取胜一回呢？这一直是他深深的遗憾。

从那时起，林用自己的切身体会，总结出一条自以为颠扑不破的真理：美女的能量确实大得惊人，确实是男人们生生不息的力量源泉，在风花雪月面前，没有几个男人可以平淡如水、自立不败。

为了美女，男人可以做出“惊天地泣鬼神”的事情来，大凡古今中外概莫能外。像吴三桂宁愿不顾大明江山，也要“冲冠一怒”，还不是为了红颜美女陈圆圆吗？像阿伽门农发动死伤无数的特洛伊战争，还不是为了大美人海伦吗？男人往往摆不平的事情，由美女出面就行。历史上用美人换取和平、罢兵休战的经典之例更是比比皆是。如汉平帝打不过匈奴，只好搬出“美貌落雁”的王昭君，结果，王昭君一和亲，就罢兵平息了战争；越王勾践在国破身将死的危急关头，一献出“姿色沉鱼”的西施，就即刻化险为夷，有了苟延残喘后的霸业。像“妹喜亡夏”“妲己灭商”“褒姒祸周”，无不说明美女的作用实在太大，不服不行。

就连手持木板技不如人的林，还不是因为美女的微笑和掌声而一下子由弱男变成了强者，又因美女离去而一败涂地于转瞬之间吗？林经常冥想：那个漂亮女孩当时要是再晚走一会多好，也许那个代表荣誉的奖杯就非他莫属了。

在祁峰，他之所以能够顺利度过那段艰苦岁月，是因为有了美女花，如果没有花的陪伴，那简直是无法想象的；而今，如果没有花的爱情作为精神支撑，他也许比李伟平崩溃得更早。林由此明白一个道理、得出一个结论：一个人应该去爱和被爱，没去爱过是残缺，没被爱过是不幸。李伟平一定没有美女关爱，否则，他怎么会这样快就崩溃了呢？

林在祁峰时，给花和秀买过包括发卡之类的小用品，却从不买红色发卡，他怕勾起对那次乒乓球赛场的记忆，怕因此亵渎了花、亵渎了心目中的圣女。花是他美丽善良而又纯洁的“艾丝美拉达”，是他此生最爱，他怎会亵渎呢？

车窗外的雨雪越下越大，破旧颠簸的汽车也越来越慢，时间马上到四点半了，汽车才刚到一半路的海塘乡。林的心里突然有些着急起来，苏荣师傅叮嘱四点半前要赶到临海县汽车站的，现在已经根本不可能了。照这样的速度，五点前能不能赶到还是个问题。

在海塘乡上车的人很多，最后上来的是个醉鬼。那醉鬼耷拉着脑袋，双手扶着车门，东倒西歪地艰难上了车。此人正是上午讲黄色笑话的那个“胖男钱局长”。“胖男”上车后，踉踉跄跄地来到林的身边一屁股坐下，斜歪在林的身上，呼呼大睡起来。

虽然林也喝了不少酒，可还是被醉鬼满嘴的酒气和鱼腥臭气熏得不行，顿时感到了阵阵恶心，担心这样一直待下去，会像早上一样呕吐出来，便赶紧像邻座的人一样，起身站到前面去，把座位相让给这个上午喷粪、下午喷臭的家伙，只能心不甘情不愿地让“胖男”独霸后排的“五人座位”。

林站在汽车中间的过道上，看着车窗外渐下渐大的雨雪，有些发愁起来：今夜只有六个人上班，工作难度会更大……

“你的，没有喝干！狡猾狡猾的，你们再不喝干，统统死啦死啦的……”那个满嘴喷臭的醉鬼“胖男钱局长”，突然在醉梦中学说起日本话，引得车上人齐声大笑起来。林没有笑，而是鄙夷地看着这个“霸占”自己座位的“钱局长”，看着看着，忽然发现“钱局长”的脸，除了像死猪肝的颜色外，又很像电影《地道战》里的日本山田队长，而且越看越像，完全不用化妆，可以直接演电影，几乎与电影里的山田队长一模一样。

林由眼前这个“山田队长”，忽然想起了一个人——“胖子”钱云尧。

林刚从县一中转到乡下时，在乡中心小学的“戴帽”初一班读书，“胖子”钱云尧那时上小学三年级，由于两家相距只有几十米，所以早早就认识了。

因钱云尧长得很像“小日本”，所以同学们都叫他“山田队长”。而钱云尧吹嘘过多次，说他的叔叔是部队干部，转业后到了临海县工作，是一个单位的头头。看来，眼前这个“山田队长”应该就是钱云尧的叔叔了。

钱云尧比林小三四岁，他的弟弟更是顽童小不懂事；他家住在乡综合商店院内的一间矮小瓦房里，与林的家声闻相望。

钱云尧确实有些与众不同，除了像“山田队长”，还长着一双猫样的眼睛，因为他的瞳仁像猫眼一样，有种恶心人的灰黄颜色，因此，林特别讨厌他。

这是因为林很讨厌猫，特别讨厌叫春的猫，一直就讨厌，至少是在少小不大时就讨厌。

记得小时候，每当夜深人静，常会有瘆人的哭声或笑声（确切说是哭中带笑、笑中带哭、半哭半笑声）在家前屋后或窗台房顶突然传来，那一声声凄厉啼哭、一声声令人惊厥的怪异笑叫声，常常令林毛骨悚然；每当这时，他所有的神经都会直直竖起，满嘴牙齿被寒碜得像是从口中通过胸腔直达脚后跟。那哭笑的怪异声实在难听，简直不堪入耳。

林那时想：听到这样难听可怖的求偶声，除非精神有病的猫，才会欣然前来赴约，成为那不知廉耻叫春猫的伴侣，可这样精神有问题的“病猫”总是不少，总会有一些猫们欢欣受邀纷至沓来。当猫儿们欢快一起时，又齐齐地既哭又笑，惊厥撕肺声叫成一片，那是令人恨不得立刻去死的最诡异的“悲喜哭笑惊魂曲”，每当这时，林都恐怖至极，行将崩溃了。

转到乡下读书两月后的一天夜里，在离林家几十米远的一片房顶上，叫春的猫儿们齐声“哭笑”欢快着；那片房子中的一间，就是常年流鼻涕且有着“四喜丸子”一样头脸的“胖子”钱云尧家。林感到庆幸，猫们那实在难听的“叫春声”终于到“胖子”家折腾了，他为“胖子”将要受到折磨而暗自窃喜：谁叫“胖子”在背后说过我的坏话呢？

林那时见到“胖子”，老觉得不顺眼甚至很厌烦，既因他是“山田队长”，也因他长了一双猫眼，更因他天天流鼻涕，动不动就哭的样子让人烦，当然也因他“四喜丸子”一样的头脸让人不饭而饱，而最主要的原因，是林一次说了他两句，他就哭着跑到林的母亲面前投诉，说林欺负他，结果，林挨了母亲几巴掌。

早就想找机会报复“胖子”，这回好了，叫春猫帮了大忙，不用林出面，猫们会折磨“胖子”够呛，林的心中顿时一阵得意暗喜。

转学到乡下的两个月里，林从未见过“胖子”的父亲，综合商店营业员的“胖子”的母亲，倒是天天见到。“胖子”母亲长得确实蛮漂亮的，年龄至多三十出头，蛋形白脸上嵌着大且黑亮有神的眼睛，身材也姣好，尤其胸部蛮“发达”的，这可能是男人们大都喜欢去她柜台嬉笑买东西的主要原因。有人没人时，她脸上总带着病态愁容，林那时以为她是在学“生病的西施”。

“胖子”父亲曾是那个乡的民政股长，经常在办理结婚登记手续时不怀好意，挤眉弄眼地挑逗勾引漂亮姑娘，终于有一次被他“得逞”，代价却是开除公职、劳改三年。许多男人都说他怀有娇妻还东张西望的，太不值得；还说自己要是有这样的美妻，绝不会“得陇望蜀”，“吃着自己碗中肉，还想着别人碟里鱼”的。

由于“民政股长”识文解字，干部出身，在狱中的表现好过一般犯人，所以提前半年多被“刑满释放”。正是群猫叫春在“胖子”家屋顶的那天傍晚，“民政股长”带着追恨，带着羞愧，带着“自新做人、永不再犯”的决心和泪水回到家中。

看到丈夫提前出狱，“胖子”母亲既惊更喜，两年多的寡母孤儿生活终于结束，她备受辛酸的孤苦无助得以化解；“胖子”和弟弟更是欢欣雀跃兴奋异常。丈夫的提前归来，“胖子”母亲自然心中高兴，体内冲动也可想而知，可她脸上并没有表现出一丝欢喜，相反羞怒各半冷若冰霜。她坚持不让惊喜外露，坚持不给丈夫“好脸”，要让丈夫知道其错误行为对她对孩子造成的伤害有多大，要让丈夫知道其错误造成的伤痛是不会轻易弭平和被原谅的。

宁愿“自损一千”，也要“杀敌八百”，她决定暂时回避一夜，再矜持个几天，宁愿在痛苦折磨自己的同时，也要好好“折磨折磨”丈夫，让丈夫彻彻底底痛改前非。她当晚果断带着盼父已久的两个孩子执意回到了几里外的娘家。

妻儿走后，“民政股长”既伤心又酸心，没有心思吃晚饭，早早躺在有着妻儿体香的床上。他翻来覆去无眠冥思，为自己的过错感到后悔，甚至痛心疾首，恨自己愧负娇妻爱子，恨自己失足毁了大好前程。他又一次流泪发誓——两年多来天天如此：一定要用实际行动弥补过失，用一辈子的忠诚和爱来对待妻子……

夜已经深了，“民政股长”还是横竖睡不着，他怎能睡着呢？郁积体内两年多的冲动在时时折磨着他。两年多来，他无数次想象着回到家时的情形，想象着与美妻鱼水同欢时的动人场景，想象着“久别胜新婚”的第一夜，该是怎样的魂飞胆丧石破天惊呢？他积聚了两年多的腾腾烈火，此刻正在熊熊燃烧着。

他此时不敢生妻子的气，丝毫也不敢，已经不是两年多前的过去了，如今不再是民政股长，只是一个普通平民，一个戴罪之身，再给他几个胆也还是不敢的，见到妻子时只能诚惶诚恐战战兢兢。现在最多只是有点小小的意见，他心里怯怯地想：就是真的必须回娘家，总也该先让丈夫降降“火”再走吧，他想来想去，觉得妻子真的有点不应该，真的有一点点“过”了。

真是该死的叫春猫，不停歇的叫声一直那样的难听，一直那样不知羞耻，而且，最难容忍的而且，还是多只猫一起肆无忌惮地扯着嗓子叫，这世界上恐怕没有比叫春的猫更厚颜无耻的了。“民政股长”在愤愤着：“猫真是不知廉耻”，他在愤愤后又开始愤恨了。

愤恨归愤恨，可猫的叫春声确实又在撩拨着欲火中烧的心，让他难过难受，让他越来越不能自已。那该死难听的群猫鬼叫，就像汽油一类的助燃剂，让他腾腾的烈火更猛更旺。

他再也坚持不住，不得不动用自淫这条速捷的快乐通道，不得不把本来属于美妻的宝贵东西浪费了。他虽然觉得有点可惜，可已经山穷水尽，别无他法，还是先“饮鸩止渴”吧，总比马上渴死了要强呀。

就在他手频动、床剧响，快要抵达最后的快乐巅峰时刻，一声听似轻微却又非常清晰的悦耳女声像醍醐灌顶一样从隔壁屋里传来。他赶紧“临渊”罢手，一面紧张着惶恐，一面不安地生疑：谁在隔壁屋里？谁会有如此动人的娇滴美声？谁会有如此的“天籁之音”呢？

隔壁屋里的滴滴娇声，是官称“徐大姐”的，她也是综合商店的营业员，才调来半年，“徐大姐”实际年龄四十五六岁，但看上去还不到四十。“徐姐”半老，风姿犹存，丈夫是现役军官且职位不低，孩子又都在城里的娘家上学，家中经济宽裕，条件优厚，闲暇很多。正因如此，孤寂空房更是难守，落寞情性尤其无奈。先后在许多地方工作时“小错”不断，在别地时就因实在忍受不住寂寞，频频做过“红杏出墙”的事。单位领导虽都心知肚明，可横竖都是担心，军婚非比其他，不出事还好，一出事就会“惊天动地”。领导们对“徐姐”既不便当面批评，也不能撒手不管，所以频繁调动自然是顺理成章情理之事了。

“徐姐”虽调来时间不长，但对“邻家”男主人的“前科”自然是知道的，她更清楚男人们的“德行”，深信这个小自己十来岁的男人也肯定改不了“狗吃屎的本性”。从傍晚时仅仅瞟见的那一眼中，她就确信这小子肯定是个性欲旺盛的“播种机”无疑。虽说自己算不上“阅人无数”，可凭过人的直觉敏感，此一判断正确率肯定超过九成，而且还要大大超过好几个百分点。再说那男人眉宇间也不乏英俊之气，“徐姐”不知不觉动了念想：要是能和他巫山云雨一番，肯定是一顿美味解馋的大餐。

“徐姐”本来只是想入非非而已，只是羡慕邻家女主人今夜会“梨花带雨”彻夜风流而已，只是打算贴在没有堵梁的秫秸笆墙边，静听一夜“久别胜新婚”的嘤咛春曲而已，只是想在一饱耳福的同时，也将自己天天使用的“顺手物品”好好自慰一番而已。没承想邻家女主人带着孩子出走半夜未回，她甚是纳闷：真是不知好歹，如此良宵竟不好好消费，还有闲工夫到处走动。这可是一夜值千金的呀，就是千金恐怕也难换呢。要是自己的话，肯定分时必争，一秒钟也不会白白浪费。可没听到夫妻俩拌嘴吵架呀，自己的女同事究竟是为什么呢？

“徐姐”屏息静气听了半夜仍不见动静，确信邻家女主人一定是回了娘家，至此半夜未归肯定是不回来了，她有些失望，“夜半好曲”是听不成了。转念又有些开心：女同事今夜不能风流快活、不能云雨滋润，最多只能和自己一样，个人问题自己解决。可她还是不想即刻就睡，她要听听邻屋男人受到煎熬时是何等滋味何等动静，是不是也和她这般女人一样睡卧不安自行慰藉呢？她屏息静气不出声响以静听其变，集中自己的全部感观，注意捕捉任何一丁点激动人心的讯息。

当听到“男主人”在床上不停翻身，她先暗自想笑，后来听到那屋的床轻轻响动起来，更是咧嘴笑了：自己判断果然英明正确，那个犯错的男人又在雄性荷尔蒙的驱使下开始蠢蠢行动了。“徐姐”虽然忍住笑，可“不安分的手”却也开始同步动作起来，同那屋男人不谋而合异曲同工。

邻屋的床响声越来越大，节奏也越来越快，像是有人在剧烈晃床。

至此时，“徐姐”不能再不出声制止了，再不制止，那屋的床腿有可能马上被晃断。床腿将被晃断不说，自己也已经身轻飘飘头晕目眩得不行，再也受不了那声音继续刺激和诱惑。她以前只知道猫的叫春声，能让她心惊肉跳落花流水，想不到这晃床声更厉害，简直超出猫叫春一万倍。再晃下去，那屋男人晃没晃死不敢肯定，自己被晃死肯定是十成概率。再说，适时制止，不定会有意外之喜呢。于是，她终于发出声音，用她最拿手的既清甜柔美又委婉动听的语调，以不大不小刚好可以送入那人耳朵的音量，呻吟出滴滴娇声。

果然，滴滴娇声传到“民政股长”耳朵里，立即成了“天籁之音”。

“徐姐”确是情场老手，分寸拿捏得恰到好处，一声“鸣金收兵”的轻吟，声惊邻屋，晃床声戛然而止，悄无声息的两屋里立刻静得能听见两个心鼓在腔房里擂响。二人都在各自的要害部位“停止冲锋”“按兵不动”，可一边是惊恐万状，一边是窃喜得意。此时，猫们的哭笑声也离开房顶，将欢乐场转移到了院子里，开始恣意追逐尽情狂欢起来。

还是老手“徐姐”适时出招，打破难挨的静默，她“哎哟，哎哟……”的娇声，伴着令人心碎的凄切呻吟，顿时不止起来，“民政股长”听了顿觉清音美妙得如同夜莺婉啼，怜香惜玉的心也几次提到了嗓子眼。

经过反复思想斗争，“民政股长”终于拉亮电灯走到秫秸笆的隔墙边，声情切切地柔柔问：“那面怎么了？哪里不舒服吗？”

“哎哟，哎哟，疼死我了，好像肚里的肠子拧在了一起，哎哟，哎哟，疼死我了……”“徐姐”脸上带着得意的笑容，继续着惟妙惟肖的语言表演。

“你把门打开吧，我带你去医院。”“民政股长”急切而柔情地说。

“我已经下不了床了。”“徐姐”说这话时，声音中带有巨大的痛苦和令人悲楚心碎的哭腔。

怎么办呢？心急火燎的“民政股长”忽然急中生智，聪明地想出了办法，“你等等，我这就过去。”他连忙搬过椅子和凳子，摞在一起，他站上去，轻松爬上了尽是灰土的横梁。这时“徐姐”屋里的电灯已经亮了，“美人儿”

痛苦地蜷缩在床上。

“民政股长”毫不迟疑地跳了下去。“徐姐”挣扎着翘起头，一只手伸向“民政股长”，满脸羞涩地怯怯说：“你帮我揉揉吧，或许一会儿能好的。”

此话正中“民政股长”下怀，他几乎一下子扑到了“徐姐”床前，颤抖的大手一下就找到了“美人儿”的肚皮。他浑身战栗着殷勤，战栗着紧张和恐惧，在那迷人的肚皮上战栗着抚摸着探索着。他已经两年多没有沾过女人的肚皮了，这是怎样柔嫩轻滑像丝绸一样的肚皮呀，远远超过美妻新婚时的肚皮一百倍一千倍，他的身下早已不自觉地支起一顶高高的“帐篷”。由于害怕由于克制由于坚持，他浑身剧烈颤抖而又不停地前后左右摇摆着，牙齿也在兴奋和恐惧的交互作用下嘎嘎直响。

他终于忍不住摸揉到心向往之的湿润圣地——那是一片能让他忽生忽死的萋萋芳草地。随即听到“啊”了一声，他的头被“徐姐”紧紧抱住，整个身子也结结实实地落到了让他迷醉的温柔躯体上；他立即像头饥不择食的小鹿，乱冲乱撞以尽快找到快乐的入口。

那群该死的叫春猫，不早不晚地出现在“徐姐”门前，它们没有发出以往婴儿般的凄厉啼哭，这次竟欢快地发出老人般的“嘿嘿”笑声，它们的身体还激动地不断撞击着“徐姐”的房门。“民政股长”顿时吓坏了，像僵尸一样停悬在“美人儿”的上空。“徐姐”惊醒后突然大喊起来：“快来人哪，有人强奸我了，快来人哪，有人强奸我了……”

当“民政股长”弹跳下床，蹲到地上捂脸发抖、轻声哭泣时，“徐姐”已经打开了房门，继续大喊着冲出屋去。交欢的猫们虽然被喊跑，院里院外的人们却被喊来。

尽管“强奸”未遂，但由于是刚出狱就犯罪，况且是“徐姐”是军婚，影响恶劣，“民政股长”又被判了劳改五年。“胖子”的母亲当即和他离婚，并很快与县里一位丧偶的老干部结了婚。据说她和老干部的二女儿的年龄一般大，还小月份呢。“徐姐”的丈夫虽然没有怪罪“徐姐”，还说了一番妻子对爱情忠贞的褒奖话，但还是担心夜长梦多，很快就转业回到地方，并担任了县里某单位的头目。据说“徐姐”的丈夫长得不算丑，只是脸上有些浅浅的大麻子。

那个老干部常到“胖子”家来，和“胖子”的母亲看起来很恩爱，有时还能看到两人牵手散步。这在小地方的乡下农村，自然是一道吸引目光的

"奇景"，更成为人们茶余饭后百说不厌的话题。老干部每次来后，总能见"胖子"手拿一些稀奇古怪的糖果糕点到学校里津津有味地吃。林看见"胖子"有时故意手举糖果且沾沾自喜的样子，厌恶极了，要不是担心"胖子"会告状，早就惩治这个"猫眼山田队长"多次了。

林离开乡下回县城读书后，再没有见过"胖子"钱云尧，"胖子"的母亲倒是见过两次，只是她不再是原来的"生病西施"，倒像是真正的病人了。不久前听说钱云尧的"民政股长"爸爸刑满一出狱就精神失常了，终于在出狱后不久用剪刀剪下了自己的下体，在疼痛难忍之下跳河淹死了。

此例再次证明虽悖不谬的名言：男人用下半身思考，也用下半身去身败名裂。

第三十六章

刚好五点时，林坐的那辆又破又慢的公共汽车终于驶进临海县汽车站；他老远就看见吴芸和苏荣冒着纷纷扬扬的雨雪，站在一辆公共汽车的车头前焦急不安地四处张望着。当她俩看见林跳出车门，一齐大喊："快！快！快过来！马上要发车了！"

林快速跑过去，三个人刚上车，那辆早已发动、正待出发的破旧汽车，就"咣当"一声关上了车门，立即在雨雪中开走；当三人并排坐到车厢偏后的空位上，才都长出了一口气。

"不好意思，"林隔着走道看向头脸和身上尽是雪水的吴芸和苏荣，十分歉意地说，"来晚了。"

"你要是再晚来一步，我们今晚就都回不去了。"靠着车窗的吴芸，说话时仍在气喘吁吁。

苏荣却笑笑说："来得早不如来得巧"，她把一个外观精美的大号手提袋隔着走道递过来，"这是你姐姐的衣服，看看合适不合适？"说到"姐姐"两个字时，苏荣眼睛直直看着林，格外加重了语调。

林心虚地低着头连忙接过手提袋，看也没看一眼，就赶紧放到汽车上部的行李架上。他心里虽然很想掏出棉袄看看，而且只需瞄上一眼，就知道棉袄的颜色和款式究竟适合不适合花，只要看过了棉袄，就能想象出穿在花的身上，会是什么样的效果；可他还是隐忍作罢，他不愿在两个师傅面前表现出急不可耐的样子。他稍稍平静后问向两人："钱不够吧？差的钱，我过几天还给你们。"

吴芸扭头笑着说："那钱差……"

"那钱差不多，"苏荣抢过吴芸的话，"正好够。我正想问你呢，原来只听你说过家里有哥哥和弟弟妹妹，怎么突然又冒出来个姐姐呀？"

林的嘴唇嚅动着，一时不知道该如何回答苏荣，想了一下，还是实话实说："噢，她是我插队时的房东姐姐，她们一家人对我很好。"

"她漂亮吗？比你大几岁？"苏荣的问话显得有些急切，她明亮的大眼睛紧紧盯着林，吴芸也前倾着身子，侧转头一眨不眨地看着林。

“很漂亮，”林目光从容地迎过去，直视她俩诚实地说，“比我大两岁多。”

看到林坦率而平静的表情，她俩一声不吭转了回去，头挨着头小声议论着什么。

此时，汽车已驶出县城，天色也暗了下来，在车厢里，除汽车发动机的噪声和颠簸时的车身响动声，林听不到车窗外的任何声音，只能看到雨雪还在无声无息地下着，雪花好像越来越大。

“我想起来了，”正低头与吴芸小声说话的苏荣，忽然转过身来，“你还没吃晚饭呢。”

“中午吃饭晚，”林笑笑说，“不饿。”

苏荣从行李架上取下一个大包，掏出两个印有彩图的塑料袋，递给林一袋：“回到钻机队要两个多小时，先吃点花生米垫垫肚子吧。”

见林推辞不受，苏荣扔了过来。既已如此，却之就有些不恭了。林见塑料彩袋上印有几个艺术字：“鱼皮花生米”，顿时有了食欲。只要是花生米，什么时候都想吃，他立即拆开封口，很幸福地吃了起来。

这产自临海县的“鱼皮花生米”，是林吃过的花生米中，最独特最美味的一种。由于靠海鱼多的缘故，花生米被裹上了一层鱼肉和面粉香料的混合外壳，经过烤箱烘烤后，粒粒膨大而饱满，呈现出诱人的金黄色，吃到嘴里咸香松脆、回味无穷。

林慢慢咀嚼着鲜香满口的美食，慢慢咀嚼着美食带来的幸福，头脑里突然有了新的打算：过年时，多买一些“鱼皮花生米”带回去，花和秀一定想不到花生米还有如此的做法，会有如此难以言说的仙味，花吃到“鱼皮花生米”时，她的笑容一定会更灿烂更美丽。可惜姥姥的牙齿几乎掉完，已经咬嚼不动花生米了，也品尝不到咬嚼时的脆香，到时就碾碎给姥姥吃。自己小时候就说过，要给姥姥买很多很多花生的，现在想起当时的许诺，忽然又有很心酸很心酸的感觉。

夜幕已经降临，苏荣和吴芸吃完了她俩的那袋“鱼皮花生米”后，和许多人一样，又在车上睡着了。林仍在慢慢品尝着美味的“鱼皮花生米”，细细回想着往事，吃着嚼着，突然，两行泪断线一样滚落下来，是“鱼皮花生米”的美味，让他想起了往事的悲酸。

从记事时起，林就最爱吃花生，可花生成梦，一直遥不可及。虽然父亲那时是乡里的主官，父亲所在的乡年年种有十几万亩花生，林天天盼望着父亲能带些花生回家，可次次失望。在六七岁时的一天，他决定用自己的劳动，去实现一直萦怀的花生梦。

那是秋天收花生的季节，大杂院里的谢奶奶回到十几里外的老家收花生。听谢奶奶说过，在收过的花生地里，可以捡拾到一些残留的花生，林便和院子里的几个小朋友相约一起去。母亲知道后立即喜笑颜开，连连点头赞同。当林挎着小竹篮正要出门时，母亲又特意塞给他一个布口袋，担心他捡拾的花生会很多，小篮子放不下太多的花生。

迎着初升的秋阳，林和小伙伴们兴高采烈地出发了。由于是第一次结伴出远门，大家一路欢歌笑语，都为即将到手的丰硕果实而高兴。那天，秋风送爽，田野里金色一片，虽然天空又高又蓝，没有一丁点白云，林却和小朋友们唱起了“蓝蓝的天上白云飘，白云下面马儿跑……”的好听歌曲。唱这歌时，林和小朋友们都认真地、有模有样地学着马儿在奔跑。

当大家上了沭河上的大铁桥时，每个人不仅不跑，甚至连走也不敢走了。他们为了抄近路，走的是铁路桥，那约半里路的长桥，是在火车道的一旁隔出窄窄的人行道——用不足一米宽的钢板凌空铺架在十几米高的横梁上，下面是急湍的河水，大人们走在上面都须小心翼翼，两人迎面相遇时，必须有一人扶着桥栏侧身停下，另一个人也须侧身才能从旁慢慢通过。林和小伙伴们只能手扶桥栏慢慢向前蹲挪着，而林在小朋友中年龄又最小，自然是挪在最后面的一个。在几丈高的铁路桥上，他恐高得两腿发软发颤，桥下河水在桥墩上湍出急浪，让他感到阵阵晕眩，似乎那河水会随时涌上来将他吞噬一样。当大家艰难地挪到桥中间时，一列火车鸣着长笛呼啸而过，铁轨在车轮的猛烈碰撞碾轧下，发出震耳欲聋的隆隆轰响，整个桥身都在剧烈震颤；林顿时被吓坏了，只能屏住呼吸，双手紧握住桥栏一动不动蹲着。火车过去几分钟后，他还是不敢站起来，总觉得桥身还在颤抖不止。

在小伙伴们的鼓励帮助下，林经过千难万险终于挪过铁路桥，这只有两百多米长的铁路桥，他足足用了半个小时。当回看铁桥时，他浑身上下全湿透了，像刚被大雨淋过一样。他发誓回来再也不走这桥了，再说，回来时还要手提一竹篮、肩扛一布袋花生呢，那是根本无法通过的。

在那个属于谢奶奶——叫官庄村的花生地里，林迅速加入捡拾花生的“大军”，见到地上白胖诱人的花生，他激动得有点不敢相信自己的眼睛：这么快就梦想成真了吗？他兴奋得尽情奔跑着，快速捡拾地里残留下来的花生。他虽然最爱吃花生，可这时却舍不得吃，也顾不及吃，他要多捡多拾，要给母亲惊喜，要让母亲为自己六七岁的儿子如此能干而感到骄傲自豪。

近午的秋阳炙烤在身上虽然很热，可林不仅丝毫不感到火热烦人，相反还感谢秋阳烤干了身上湿衣。他发挥眼疾手快腿勤的优势，在花生地里四处撒欢奔跑，以最快速度捡拾着他的劳动果实。虽然满头大汗口干舌燥，可看到小篮子的底部渐渐被花生遮住时，愉快得呵呵直笑；尤其在和其他小朋友相互比较后，更是快乐得大笑出声。因为他的收获明显超过了其他小朋友，这至少证明他比小朋友们更能干，在各自父母面前，他得到的夸赞肯定最多，他心里一阵阵激动、一阵阵得意。

他们捡拾的那片花生地，是生产队已经捡拾了三遍并且验收过的废茬地，又经过他们的再次“扫荡清理”，已经没有多少遗漏可寻。大家开始转移“战场”；在路过一块才验收两遍尚未“放茬”的花生地时，有两个小伙伴，像其他捡拾花生的“流民们”一样，在地边偷捡了几粒，被生产队眼尖的看管人远远瞧见，那人一面大喊大叫，一面快速奔来。看见大家都迅速跑开，林也惊恐地跟在大家后面一路狂逃。在奔逃人中，他是最小最矮的一个，无论他怎么快跑，还是落在了最后。听到后面重而急促的脚步声越来越近，林已经拼尽了全力，已经在舍命奔跑，剧烈的心跳也已达到了极限，似乎心脏马上要从嗓子里蹦跳出来。林试图加快逃奔速度不被抓到，可他最终还是没能逃脱厄运，半天的辛勤劳动果实，被追来的人全部没收，小竹篮也成了碎片散落一地，他伤心地蹲在地上呜呜痛哭……

其他小伙伴多少都有获而归，只有林空手返回，有的小伙伴看了实在不忍，送了他几粒花生，他更舍不得吃了，他要留给母亲品尝。小伙伴们都受到各自父母的和颜夸奖，只有林受到了母亲的冷脸呵斥；捡拾一天花生，却没有吃到一粒花生，悲愤之余，他在心里发誓：以后有条件的话，要天天吃花生。

后来，林没有再捡拾过花生，却经常到大街上捡拾桃核杏核枣核，聚多后逐一碎开，把剥得的桃仁杏仁枣仁拿到药材收购门市去卖钱，渐渐积攒了一点“私房钱”。以后的每个星期里，他会从“私房钱”中拿出五分钱买一把五香花生米，偷偷藏起来，每天吃上几粒，每粒花生米都不是一口吃完，而是碎开分作多次品尝，多次享用那浓香满口回味无穷的美食。

那时的五香花生米真是好吃，简直可说是世界上最美味的仙食，林为花生梦的初步实现而感到幸福。他那时想：如果能一边尽意吃着五香花生米，一边尽意看着喜爱的文学书，那一定比神仙还要快活。

像林这样，有同样花生梦的人一定很多，至少在祁峰村就有不少。按说出产花生的祁峰村本不该这样的，可事实就是如此，千真万确。

祁峰村出产的花生，从来不是留给祁峰人吃的，除了上交国家、留足种子外，剩下的一点点花生都是用来换钱的。祁峰人除了在花生收获季节，在生产队干部不注意的时候，才能在花生地里偷吃外，平时就很少再有机会吃到花生了，这当然不包括花生播种的时候。花生播种时，总有人偷吃待播的花生种，也有人会扒开施过粪肥的土层，拣吃已经播下的花生种。

为了防止播种时大伙偷吃，村队干部们想出了奇妙高招，就是把播种用的花生米先放进粪水中浸泡，让作为种子的花生米臭味难闻，以免再被大家偷吃。这种办法实施后，虽也奏效，但偷吃现象仍不能完全杜绝，一些人在花生米的诱惑下，虽臭不闻，照样大把吞食。

干部中又有人想出新的绝招：在粪水浸泡过的花生种里，掺加了大剂量的老鼠药，偷吃花生种的现象才杜绝，其代价却是毒死了一个大人和两个孩子。祁峰人因此不敢再以身试毒了，虽然祁峰人都认为自己的命贱不值多少钱，可总不能贱到只值一小把花生米吧？如果当时播种的不是普通花生米，而是临海产的“鱼皮花生米”，情况或许就大大不同。在如此美味食品的诱惑下，跃跃欲试、以身博毒的，一定大有人在，即使有人频频前仆，也必然会有人不断接踵后继的。

林小时候就从课文中知道：种粮的吃不饱，养蚕的不穿丝，挖炭的不烧煤，卖盐的妻儿喝淡汤；可那些悖论怪象都发生在万恶的旧社会呀，在如今的新社会，是不该如此的。正是插队农村的时候，正是社会现实的残酷，林的信仰之塔，在一点点倾颓坍塌；他为此感到痛苦：在这个不信上帝不信鬼神的国度里，原有的信仰正渐渐远去，还有什么信仰可依呢？怎样才能重新竖起自己的信仰之塔呢……

“海头乡招呼站马上到了，请下车的旅客提前做好准备。”随着驾驶员的大声提醒，车厢里的顶灯突然亮了，有几个乘客纷纷离开座位，走到车门处提前等候着。趁苏荣和吴芸刚刚醒来还在揉眼之机，林赶紧擦去不断涌出的泪水，调整一下情绪，他不想被两位师傅看见了笑话。

当那几个乘客下车后，汽车又很快行驶在雨雪雾障之中；车前的两道白色光柱刺向黑暗，既把厚重的雨雪雾障分开，也把前方结冰的道路照得一片亮白。经过一路上的几次停车，原来满满的一车旅客，现在只剩下一半左右。

睡醒后的苏荣，突然兴奋起来，她面朝林灿然笑说："过了前面的石桥招呼站，就是九里乡，再有几分钟，我们就该准备下车了。"

坐在车窗旁的吴芸也高兴地笑了起来，她隔着苏荣侧头看向林，欢快地说："再有一个小时，我们就可以回到钻机队了。"

受到两位师傅的情绪感染，林淡忘了刚才的伤感和茫然，他在对两位师傅真诚友好地点头微笑后，掏出怀表看了看，时间刚六点一刻，看来七点半之前完全可以赶回钻机队；看着汽车在夜幕下的冰雪路上奔驰，林有久别归来的感觉，兴奋之情也油然而生。

这时，一个臂挎竹篮的大娘走到司机身后小声说："司机师傅，到石桥招呼站停一下，俺要在石桥下车。"

司机师傅刚应了一声，就立即制动刹车，随着车子瞬间减速，乘客们的身体都突然前冲了一下；靠着惯性的汽车，却继续在湿滑的冰雪路上向前滑行。那位大娘忙说："现在别停，现在别停，还有二里多路呢？"

"前面有情况！"司机师傅的话短促而严肃，他的两眼也圆瞪着前方。听了司机如此说，车上乘客一齐看向前方，发现汽车前灯的光柱里，一个人站在路边不停挥手，看样子是想搭车。当汽车滑行到那人跟前停住时，车灯光影里，一个脸色苍白的年轻妇女，怀抱着一个孩子，浑身湿淋淋地站在雨雪中。

司机打开车门，大喊一声："快上车！"车厢里的顶灯重新亮了，靠近车门的乘客纷纷跳下去，七手八脚地将那年轻妇女簇拥上来；那位大嫂刚到汽车上，就瘫倒在车门处。林见状，与吴芸、苏荣连忙过去，协助大家一起把那位大嫂抬架到靠近车门的座位上。

显然，大嫂怀中的孩子伤势很重，孩子包头的衣褂浸满了鲜血。一位中年乘客高声说："司机师傅，这孩子伤得很重，附近的乡卫生院条件都太差，赶快开回临海县医院吧。"

已经站在车门旁等候下车的那位大娘，急切地大声说："司机师傅，俺不下车了，孩子性命要紧，快救孩子吧！"

司机一边应答着，一边掉转车头，立即向临海县城飞驰而去。

车厢里的顶灯一直亮着，全车人的目光聚焦在那位大嫂和孩子身上：大嫂浑身水湿，头发上的雪水连同脸上的泪水一起流淌下来，顺着她那苍白失神的脸庞流到唇边、流到嘴里；她单薄的棉衣似乎快要湿透，越发显得不耐寒冷。虽然车里较雨雪中暖和多了，可她的身子仍在不住颤抖着。有人脱下了身上的棉大衣，披盖在那位大嫂身上。

父母都是医生的吴芸，早已蹲到大嫂身旁，帮助大嫂尽量使孩子的头部抬高些，吴芸的手始终按压在孩子的伤口部位，努力减少孩子的伤口继续大量出血。

每当汽车颠颤时，苏荣和那位大娘都及时扶住大嫂身子，帮助大嫂稳住孩子，林和全车的旅客们则围站成几道人墙，阻挡着顺窗缝吹进来的风雪，不让吹到大嫂和孩子身上。

汽车二次路过海头乡招呼站，汽车一冲而过。

吴集乡招呼站到了，汽车一冲而过。

连海桥招呼站到了，汽车一冲而过。

……

汽车在雨雪漫天的夜色中急速飞驰，在与时间赛跑，在与死神拼争。司机师傅瞪大眼睛，一眨不眨地注视着前方；因车速极快，大家都把心提到了嗓子眼，可还是希望车子开得再快些、更快些，能早点飞到医院，为孩子赢得更多的宝贵时间。

汽车一路鸣着喇叭，急速驶入临海县城、驶进县医院大门，车身还未完全停稳，大家就纷纷跳下车；先下车的人快步跑去急诊室接洽医生，后面的人连拥带抱，将孩子送进急诊室抢救。

急诊室里只有一名医生和两个护士，她们正在抢救一个生命垂危的醉酒病人，只能腾出一个年轻的小护士过来抢救孩子。

孩子的伤情确实很重，额头上裂开了一个大口子。可能是流血太多的原因，蜡黄的小脸上没有了一丝血色，孩子已处于半昏迷状态。

吴芸和那小护士一起，对孩子的伤情进行紧急处理；她俩清洗伤口、止血消炎、打针输液、竭尽全力地抢救着。同车来的旅客们，全都围拢在急诊室门前和玻璃窗外，紧张的目光一齐聚焦在抢救床上。看着脸色苍白的弱小生命躺在那里一动不动，大家感到无助、感到揪心，焦急盼望着孩子能够尽快好转过来，祈求孩子早点平安无恙，那位大娘更是不住声地祷告着。

由于孩子的创口很大，急需缝合，而那小护士却是个新手，在无能为力的情况下，她只得连续向相关病房打电话求援；可能相关病房的值班医生都抽不出空，接连几个电话都毫无结果。当小护士再次拨打电话时，心急火燎的林实在忍不住，走过去旁听；小护士的声音紧张得有些颤抖："喂……是……是妇产科病房吗？请问，值班医生……？噢，是，是黄医生值班呀，刚做完手术？她现在有空吗？急诊室来了个小孩，外伤，很严重，能不能请黄医生过来帮帮忙？……什么？武院长正同她说话，现在没空？"小护士放下电话，为难得眼泪都已经出来了。

"妇产科病房在哪里？"林忙问，"我去找一下武院长。"

小护士好像有些顾虑，急诊室外的一个旅客突然推开门，大声说："我知道，在病房区一楼，我现在带你去。"

林和那位旅客急忙向病房区跑去。当林敲开妇产科医生值班室的门，顿时惊喜地叫了一声："以敏姐，原来黄医生是你呀？"

"黄医生"愣愣地看着林，却一时想不起眼前的小伙子是谁？一脸惊疑地轻声问："你是……？"

林连忙笑笑说："去年秋天一起登云龙山，一起到云龙湖划船，想起来了吗？"见"黄医生"猛然醒悟过来，林急急地说，"以敏姐，快救救急诊室那个孩子吧！"

"黄医生"却把一根手指按在嘴唇上，随后用微小的声音低低说："你们先回去，我随后就到。""黄医生"说完，又把门轻轻关上。

林还是有些不放心，他要同来的那位旅客先回急诊室告知一声，自己要留下来，再等一等"黄医生"。这时，医生值班室里传出一个男人的声音："刚才是谁呀？"

"噢，是我的一个亲戚。"

"什么事？"

"他邻居家小孩受伤，要我到急诊室帮看看。"

"真他妈啰唆，扫兴！"那男人边说边朝门口走来，林赶紧离开几步。随着门响，模样有点像童刚的精瘦男人从屋里走出，嘴里还骂骂咧咧地出了病房区。

林在继续等候"黄医生"的时候，见两个年轻女护士在病房外的走廊里窃笑私语，当两人一见到"黄医生"从医生值班室里出来，立即止住窃笑私语，快步迎上前，带着由衷的敬佩连连说："黄医生，今天多亏是您，不然的话，那孕妇肚子里的孩子就没救了，说不定孕妇也有危险呢。""可不是吗，心茹医生还跟黄姐打赌呢，她那技术在黄姐面前差得远了。""最主要的，是她心眼不好，她巴不得那孕妇和孩子都出现意外，好证明她的判断是正确的……"

见两个护士还在絮絮叨叨、没完没了，而"黄医生"也没有立刻就走的意思，林也觉得"黄医生"可能不想和他孤男寡女一起走，万一被武院长看见了添疑不好。于是，转身离开病房区，向急诊室走去。

第三十七章

返回急诊室的路上，林一边走一边感到庆幸，能在紧要关头遇到黄以敏，省去了许多不必要的口舌；再说，那个武院长看样子也不是容易说话的好鸟；现在有黄以敏前来帮忙，受伤的孩子肯定有救了。而“他乡遇故人”的意外相见，让林想起与黄以敏攀登云龙山，划船云龙湖的美好往事来。

黄以敏和林的哥哥是彭城医学院的同班同学。

去年秋天，林受祁峰学校委派，到地委机关所在地的那个大城市购买教学器材。当一切事情都办妥后，为了替学校节省住宿费用，林去了在医学院读书的哥哥那里临时挤一挤。

晚上哥哥特意带林到彭城剧院看了一场“梆子戏”。虽然林是第一次听到“梆子戏”的唱腔，却感觉很好听，像祁峰人爱唱的“柳琴”“吕剧”一样好听。夜里，他和哥哥挤在学生宿舍的双人床的上铺上，久久不能入眠，他一直在回味着“梆子戏”的情节和唱腔，尤其对戏里的女主角很有点痴迷不忘，因为那人长得很像心爱的花。

由于第一次来到大城市，第二天又是星期天，林想和哥哥一起转转，去看看早就听闻的一些名胜古迹。可哥哥说他第二天没空，学校里要召开全校辩论大会，哥哥是系里的学生会主席，不能不参加。林提出想请孟建国带他去，哥哥却一直摇头说不好。建国哥是林从小就熟识的多年邻居，而且现在又和哥哥是同班同学，为什么不好，哥哥没有说。结果，是来自外地区的临海县两个美女——黄以敏和戴心茹陪他出去的。

医学院的女生，可能对名胜古迹不太感兴趣，她俩在这个城市已经上了三年学，马上就要毕业，却还没有到过韩信演兵场、子房墓、项羽点将台等名胜之地，甚至连名闻天下的汉画像石，也不甚了解。而喜欢游山玩水的她俩，对苏轼在云龙湖边修建的“苏堤”倒是很清楚。

那天，林虽然没有看到太多的古迹，却依然玩得很尽兴。云龙山的秀丽、云龙湖的风情，虽然赶不上项山和虞河，可还是让他看到了别样山水的不同之美，而最让他兴奋的是还参观了淮海战役纪念馆。

由于纪念馆是刚刚恢复开放，不接待散客，只允许持有机关介绍信的团体入场。林只好让两位美女稍候，自己去“冒险作弊”一次，结果，竟然成功了：他跟在一个单位的队列后面，冒充是“一起的”，那个单位的粗心“领队”没有发现他，而纪念馆的细心守门人却注意到了，眼睛一直盯着他看，目光里几多怀疑，他只能故意视而不见，若无其事地把手放到背后，大摇大摆地“跟着队伍”一起走进了展馆。

返回医学院的路上，黄以敏和戴心茹不时谈起林的哥哥，而且全是赞扬溢美之词，林听了当面没笑心里却在笑。尤其她俩夸说哥哥是医学院的“一把刀”，连多年的外科老师也常常赶不上时，林终于忍不住笑了出来。她俩肯定不清楚哥哥的独门绝技是怎样练就的，林知道，那是哥哥在近千个日子里，切了几万斤“腌萝卜”才一点点练成的。

林向来自诩刀功和厨艺十分精湛，那是从小以来长期做饭练出的，可他还是不得不承认，哥哥的刀功比起他来，是更上几层楼；尤其哥哥可以把萝卜片切得比纸还薄，在书本上蒙了两三层萝卜片，仍可以毫不费力地看清下面的文字。林在这方面就不行，至多只能蒙上一片，就已经模模糊糊，看不清下面的小字了。哥哥还可以把整根“腌萝卜”，切成很长很长堪比头发的一条细丝。

哥哥的切菜技术如此过硬，加上思想又好，学徒工提前转正并早早入党，自然水到渠成不算问题。难怪酱菜厂在哥哥的大学推荐书上写下“政治坚定、刀功极好”的评语。虽然哥哥写不出数学方程式、分不清牛顿三个定律，可比同期的那些“白卷”考生们还是强了不少；再说，“高招办”的同志一见酱菜厂有如此优等的评语，马上予以录取。在安排就读学校时，更是按其所长、量才录用：“刀功极好”的人最适合做外科医生，入读医学院也便顺理成章。

当黄以敏和戴心茹夸说哥哥口才时，林又觉得有些茫然：哥哥不是十分的能言善辩呀，她俩怎么会用“口若悬河、滔滔不绝”的词汇来形容哥哥呢？林当时认为这是贬义，想替哥哥辩解，刚对黄以敏叫出“以敏姐”时，戴心茹连忙笑着拦话说：“以后别叫以敏姐了，应该叫嫂子。”黄以敏的脸顿时红了，她装作生气的样子，轻打了戴心茹一下，林顿时明白过来，虽然嘴上没有叫嫂子，其实在心里早已经叫过嫂子了。

回到医学院，林发现哥哥的情绪有些不对，原来白天辩论时，从小一起长大的孟建国，不仅被哥哥辩驳得一败涂地，而且突然头脑发病，被紧急送往市内的精神病院。不仅哥哥感到了不该如此，林更是扼腕痛惜：多年的好玩伴，因一个当了班长，一个当了系里的学生会主席，就“瑜亮相争、逞辩不让”。如此看来，两人受“文革”的影响实在是太深太重了，林担心相互间从此会结怨成仇。

师生们对辩论之事也有了不同看法。在随后的毕业分配时，哥哥和黄以敏竟缘由不明地分开了。

林回到急诊室，又过了一会儿，“黄医生”仍迟迟未到。虽然那小孩头上的伤口已不再流血，输液也在继续进行着，可看不出情况有明显的好转，孩子的面色依然苍白如纸，依然闭眼不睁，弱小身体躺在偌大的急诊床上一动不动，看着就让人心酸心疼。那位泪如雨下的大嫂，焦急守护在孩子身边寸步不离，急诊室外的众人们也都心急如焚。

另一间抢救室的情况更不乐观，那个醉鬼可能已经进入生命倒计时：像炮弹一样的氧气瓶早已用上，心脏起搏器也摆放在一旁，随时准备启用；醉鬼的脸色已由原来的灰紫，渐渐向灰黑过渡；连接输液管的透明玻璃小瓶，显示出药滴的变化：时快时慢、时滴时停。醉鬼的家人好像还没赶到，因为没有人在为他焦心垂泪，即使急诊室外有不少双泪眼，却都是望向那个孩子的。

据围观的一个知情人介绍说，濒临死亡的醉鬼，是某银行的一个小头头，晚饭时与三个同时转业的战友拼酒；因他们四人过去都有很高的酒量，在酒桌上始终互不服气，一直都想找个机会一决高下、分出胜负来。今次，他们先上了四瓶当地产的高度老白干，约定每人喝完一瓶之前，不许吃菜。

四人中，“打头炮”的姓徐，他打开酒瓶盖后，直接倒竖着酒瓶一口气喝干，他放下空瓶后，哈哈大笑着说：“从乡下到县城，谁能喝过我徐之庭？”

第二人姓纪，依样模仿地一口气喝干，也放出豪言：“从临海到东阳，谁敢与我纪东富比酒量？”

第三人姓袁，也毫不示弱地一气喝干，并学模学样地说：“从平原到海滩，在我袁辰康面前，没有谁的酒量能沾边？”

轮到醉鬼了，他未喝之前就豪气十足地说：“从省喝到乡，我才是真正的大酒王。”他不仅一气喝干了第一瓶，还提议如法炮制再来第二瓶。其实他是“癞蛤蟆垫桌腿”，明知不行，却想硬撑。他中午已经接待过上级来人，中午喝下肚的二斤高度白酒，尚有一斤多还没有转化成尿呢。

醉鬼见那三人响应不甚积极，便口出狂言道：“只要你们能够喝下第二瓶，我就敢喝第三瓶，以此类推，不然的话，往后少在我面前把酒逞英雄。”他本想先声夺人，吓唬住三人而已。哪知那三人被此一激，硬着头皮答应下来。可那三个人只喝完半瓶后，都觉得无能为继，只好趴到桌上“装孬”。

“不许装孬熊，”醉鬼采用激将大法，半怒半笑说，“谁不喝完第二瓶，谁就是乌龟王八。”此话刚说完，他拿过第二瓶酒就“咕噜咕噜”灌了下去。

那三人任凭激将法，任凭挨骂，任凭马上真的变成了乌龟王八，也坚持不喝剩下的酒。见三人装孬耍赖，醉鬼想笑想骂，却笑不出来，也骂不出声，眼一闭头一沉钻进了桌底下，先当乌龟王八了。

当饭店的年轻女服务员推门进来，想问屋里人要不要上热菜时，发现少了一人，只有三个人趴在饭桌上，好像都在困觉。那女服务员是新来的，缺少经验，心想：热菜暂不用上，因为桌上的四盘凉菜还一筷子未动呢？当她第二遍进屋时，才发现有人躺在了桌底下。

趴在桌子上的三个人虽都醉得一塌糊涂，却还能自报家门，说出各自的家庭住址，便被一一送回家，只有这个一摊烂泥的醉鬼神志不清，被火速送到了医院。

刚被送到医院时，醉鬼还在醉梦中骂过两句，一句是“他妈的，你们都要喝干！像我一样！”还有一句是“就是他妈的醉死，也不能装孬种！”后来，醉鬼不仅不再骂了，连医生护士反复问话，也听不到任何回应。好一个不装孬种的“死硬派”，他的骂看来就要应验成真了。

黄医生终于来了，林连忙迎前同她说话，她好像没看见没听见一样，径直走到急诊床边，看了看孩子，立即接过小护士早已准备好的针线，对孩子的头部伤口进行缝合。一连缝了十多针，孩子没有哭喊一声，只是身子微微抖动了一下。缝合伤口后，黄医生翻看了一下孩子的眼睛，又试了试孩子脉搏，指导小护士说：“抓紧准备一下，孩子失血太多，要立即输血，否则会有生命危险。”

刚说完，急诊室电话响了，是妇产科病房打来的，说是下午手术的那个产妇，出现异常情况，要求黄医生赶紧回去。

“抓紧验血型，”黄医生一边向外走，一边神情凝重地回头说，“要尽早准备血源，时间不能再耽搁，要快！”

林跟出急诊室，对着黄以敏离去的背影，追送一句感谢话：“谢谢你了，黄医生。”黄医生既没回头，也没答话，而是加大了步幅和频率，像出逃似的，很快就不见了她的人影。

借着院子里的昏暗路灯光，林发现有个瘦瘦的人影猫腰在花坛处，仔细看时，那人影好像是武院长。林心想：一个堂堂的县医院院长，要来巡查急诊室，应该光明正大一些才对，不该这样猫着腰做贼似地躲在远处。

急诊室的两间抢救室里都在紧张忙乱着。孩子这间，小护士正手忙脚乱地为孩子验血型、准备输血器械。另一间，那两个医护人员更是忙得满头大汗，等候多时的心脏起搏器终于在紧张的氛围中启用……

而忙中添乱的是，一群人从外面冲了进来，一个干部模样的中年妇女刚进醉鬼抢救室，立即捶胸嚎啕起来。那个醉鬼却再也听不到她的哭声了，同来的那几个人，也只好装模作样地抹揉起眼睛来。

当一切努力都无济于事、当医生护士再无回天之力时，那中年妇女突然抓住身边的一个男人衣领，哭喊着要他还人。

“放手，嫂子，放手，嫂子，”一个很机灵的小伙子，连忙上前劝解说，“行长会按照因公去世处理的；另外，你有什么条件只管提，行长会尽量满足的。”那个被抓衣领的男人连连点着头，算是对小伙子所说的话表示了认同。

中年妇女经过一番“讨价要价”，见行长都一概应允后，才慢慢松开紧抓衣领的手，点头允许把蒙上白床单的醉鬼移走。

闲杂人员都退到屋外，急诊室终于恢复了安静，救治孩子的医护人员一下增加到了三人，一切都在紧张有序中进行。

加入抢救孩子的那位医生在打过一个电话后，几步跨到急诊室门外，对众人焦急地说：“孩子急需输血！医院血库里暂时缺血，请问谁是A型血？请帮帮忙，为孩子献点爱心吧！”

大家一时都愣住了，许多人摇头说不知道自己的血型；而在汽车上夸夸其谈一路，几次说他是O型万能血的那个姓郭的中学校长，突然借故走开。只有苏荣闪身进了急诊室，她卷起袖子说：“我是O型血。”那个年长些的护士立即走到苏荣面前，准备抽血。

林忽然想起自己是A型血，是两月前招工体检时才第一次知道的，刚才一时疏忽了。他急忙冲进急诊室，一把推开苏荣，对那护士大声说：“我是A型血，抽我的！”

那护士看了林一眼，满意地点点头，带林验血后把一根带着很粗玻璃管的长针头，迅速扎进林的臂腕处暴起的血管中。

眼睛红红的吴芸和苏荣，静静站到林的身边，一起抚住林的臂膀。有了她俩抚着，林反而觉得自己的手臂有些不稳了，因为她俩的身子紧张得不停抖动。

看到自己的血开始流进孩子的血管，林的心里一阵激动，有着说不出的骄傲和自豪，能够拯救幼小的生命，让孩子早一点转危为安，还有什么比这更快乐更有成就感的呢？

时间一分一秒过去，渐渐的，孩子的脸色不再如纸般苍白，开始慢慢有了血丝；而林却渐渐感到眼冒金星、心跳加快、冷汗直流，他只能咬牙坚持着。他知道，多坚持一会儿，就能多抽出一些血来，孩子的生命就多一分安全、多一分保障，孩子就能早一点恢复健康。当林又一次看向孩子、看向那已经有些红润的小脸时，突然感到一阵心悸、浑身寒冷得不行，顿时头晕目眩起来……

不知道过了多长时间，林忽然发觉自己的脸靠在吴芸的怀里，吴芸正一边拥着他，一边用纤柔的手指按压在他刚才扎针的地方，一股温热立刻传遍了全身，他感到有些不好意思，想从吴芸怀中移开，可头却被吴芸紧紧揽住，他只能感激地抬头看向吴芸，发现吴芸的眼里正流着泪，鼻翼在不停缩动着，这既让他心暖，又让他心酸。

而此时的苏荣却不在身边，苏荣哪去了呢？林转头寻找，发现苏荣原来就坐在他的身后，那根带粗管的长针又扎在了苏荣的臂腕上；他的心里顿时一阵难过，觉得无比羞愧。如此看来，自己的血没够，只能用柔弱女子的血了，只能用瘦小苏荣的血了。

林既为苏荣感到阵阵心酸心痛，又对那位姓郭的中学校长开始深深不满了：你在汽车上一再夸耀家叔是县委书记，口口声声说自己是“人类灵魂工程师”，你真的有灵魂吗？你真的有良知吗？作为校长，你干的诚然是灵魂工程师的事情，可丝毫看不出你有灵魂和良知。你虽然长有代表着“男人智慧”的秃头，却一点也不男人，不仅不男人，甚至连女人也不如，难道你就是庄子所说过的那种“不日黔而黑”的乌鸦吗？

林再次看向苏荣时，发现苏荣美丽的大眼睛微微闭着，原本红润娇美的脸已不再红润，渐渐开始发白发黄，可他觉得此时的苏荣却比原来更加清秀俊美。

……

孩子终于得救苏醒了，终于发出久违的哭声。孩子的哭声，是那样的好听动听，那哭声带给大家的是太多太多的激动和快乐，屋里屋外的人都流下激动欢欣的泪水。

医护人员终于松了一口气。“多亏大家送来的及时，现在孩子已脱离了危险。”那个医生喜悦地向大家宣布，“不过，虽然孩子没有太大问题，但还需要住院观察一些时间，请大家先回去吧，谢谢大家了！”

众人终于长出了一口气，开心放心地离开急诊室，纷纷向不远处的汽车走去。

吴芸搀扶着林和苏荣刚走出急诊室，她忽然说要再回急诊室一趟。林回望时，发现吴芸从小皮包里掏出一叠钱，快速塞到那位大嫂手里，随即跑了回来。

大家上车后，司机师傅兴奋得一个劲拍着方向盘，连声说：“太好了，真是太好了，谢谢大家了，我现在就把你们原路送回去！”

当司机师傅调转车头，正要驶出县医院大门时，那位大嫂匆匆跑来，又一次拦住了汽车。她双膝跪在车头前，匍匐在泥水中，连连磕着头，她用这种最高最诚的重礼，向车上的人们致谢。当大家纷纷下车，从泥水中扶起大嫂时，她那已有几分喜色的眼睛里又一次流出滚滚的泪水。

汽车开出了县医院，车上人都回望着那位大嫂，回望她那满是泪水和喜色的清秀脸庞，许多人忍不住又流下泪来。

当受伤的孩子刚送到急诊室抢救的时候，林的舅舅正在堰桥卫生院举手加额呢——向主治姥姥病的孟建国医生举手加额。

其实，姥姥并没有什么要紧的大病，只是年迈体弱偶染风寒而已，只是舅舅迷信算命先生的话，耽搁了用药而已。到了堰桥卫生院后，经过一天的打针吃药，姥姥的病情大有好转。向来懦弱胆小而又无能的舅舅，因此喜不自禁，自然连连对孟医生千恩万谢了。

林的舅舅本来是个机遇很不错的人，既出身于教养良好的家庭，又从小受到一般人难有的呵护，小学初中时的学习成绩也一直很好，本该有很好前程的。可“大跃进”开始后，舅舅的富庶鱼米家乡，也同样遭受了天灾人祸。舅舅在正长身体的时候，天天忍饥挨饿，尤其在乡中学读书时，学校统一供应的饭，每顿只有一碗可见碗底的稀粥，外加一个又黑又小的山芋窝头。而十分孝顺的舅舅，舍不得吃完山芋窝头，每天都要省下一两个带回家。严重营养不良的舅舅，因此便永远的矮小瘦弱了。而身材高大的姥爷，每次在生产队食堂里，只能分得质量更差的半碗“清汤”，全凭舅舅每天带回的那一两个黑窝头，才让姥爷不至于像其他许多人那样被饿死。

一辈子从不张口求人的姥爷，有一次实在被饿极了，他走了几十里路，来到林的家里想“借”点粮食回去。当姥爷吃过一顿饱饭后，看到女儿家的大人孩子也都挨着饿，又实在不忍心张口提借了。

在当时来说，林的家庭应该好于一般人家，母亲的工资并不低，父亲的工资更是高出母亲两三倍。虽说国家供应的口粮不算多，可大人孩子也不至于到如此忍饥挨饿的地步。可能主要是母亲村上的穷人太多缘故，隔三岔五总有母亲的亲戚来，他们每次都是饱吃饱喝一顿后，临走时还要张口伸手，要钱要粮要衣服。母亲虽然心里恨得咬牙切齿，背后更是骂得不堪入耳，可表面上还要笑脸相迎装“硬汉”，所以，大人孩子就只能天天忍饥挨饿了。

虽然姥爷不忍开口，可母亲不忍不给，临走时，母亲买了几斤“跃进饼”给姥爷带上。那“跃进饼”形状类似月饼，是当时非常稀罕的高级点心，其主要原料是豆渣和面粉，辅以少量的红糖和食用油，需用稀缺珍贵的粮票才可以购买到。

回去路上，姥爷对篮子里的珍贵“跃进饼”，自然小心翼翼地严加看护，他不仅眼睛时时盯着，两只手也交替捂盖着，生怕露了亮被饥民们抢去。姥爷的异常举止，引起了市场稽查人员的怀疑，搜查发现他竟然一次带了这么多的“跃进饼”出行，当即断定是投机倒把贩子，把姥爷的“跃进饼”全部没收，姥爷当场伤心难过得泪如雨下、痛哭失声。当母亲得知后，通过熟人要回“跃进饼”归还给姥爷时，姥爷又一次大哭出声，而此时纵横满脸的却是喜极而泣的激动泪水。姥爷过去在赌场，一次输几百块银元，不会有烦恼，一次赢几百块银元，也不会有喜色，可几斤“跃进饼”，却让他一天之内几度悲喜纵泪，几度大哭失声。

此时非彼时，境况不同，不要小看区区几斤“跃进饼”，那是能让一家人渡过艰难日子、攸关性命比天还大的事情，是能让饥饿垂死之人重新复生的灵丹妙药，是可以让全家人不死能生的希望，姥爷怎能不失之痛哭、得之大喜呢？

当年的那场天灾人祸究竟饿死了多少人，谁也无法说清，存活下来的人又有多少人减去一半寿命，谁又能说得清？

林在小时候就知道有个远房舅舅是疯子，因为那个穷困潦倒孤苦无依的远房舅舅天天想方设法去坐牢。他说只要坐了牢，就能免去饥饿之苦。他第一次去坐牢，是眼看着自己唯一的年幼儿子骨瘦如柴得将被饥饿夺去生命，便带着儿子铤而走险，到乡供销社的商店里去打劫，当他把打劫到手的几斤糕点交到儿子手上后，立即自首投了案。两年后，他出狱回到家就疯了，因为他的儿子两年前就已死去，让他既感到痛心又有些安慰的是：儿子死在回家的半路上，不是被饿死而是被撑死的。他儿子的肠子本来已经饿得很细很细，一下子承受不了太多的食物，结果，半斤糕点没吃完，他的儿子就被撑得肠破而死。随后不久，他的妻子也在饥饿和极度悲伤中，追随儿子去了。

后来，那个疯舅舅又多次坐牢，每次都是一出狱就犯案，而且每次都是偷抢后主动投案的。虽然是累犯，虽然案情一次比一次重，却一次比一次判得轻，因为像他一样有着聊胜于无想法的罪犯越来越多，以至于对他后来的投案，公检法机关都不愿受理了。无奈之下，他只得选择恶毒攻击伟大领袖，从此，他没再走出监狱，终于如了他痴志不改、执念无悔的心愿。虽然自由是上帝赐予人类的最大幸福之一，为了苟延残喘、让生命存活下去，他必须也只能放弃最宝贵的人身自由，自愿在狱中度过余生。

早在第一次出狱时，疯舅舅就改名叫张天赐，他说在监狱里不愁吃不愁穿，能有这样的福分，完全是上天的恩赐。五十岁那年，疯舅舅病死在狱中，与族人们相比，他不仅从那个非常年代存活下来，而且是比较长寿的，这曾让很多族人津津乐道、好不羡慕。

在林的母亲鼓动下，林的舅舅曾以优异成绩考取了县卫校，获得了许多人羡慕不已的“城市户口”，每月有了受到保障的国家定量商品粮，可谓一步由地狱跨入天堂。可刚上卫校时间不长，遇到精简下放，卫校被解散，积极逞能的舅舅，在没与任何人商量的情况下，就把自己的城市户口擅自迁回农村。而舅舅的卫校同学，没有人像他一样傻，都赖着不迁，结果个个成了“名副其实”的公家医生，许多人还当上了卫生院的院长甚至副局长。

在堰桥卫生院，林的傻舅舅又一次犯了傻。对孟建国医生说些感谢的话也就行了，不该再说与感谢无关的话的，例如说林的哥哥也是医生的话，说者有时无意，听者却常常有心呢。孟建国医生听了后，面部表情果然有了细微变化。林的傻舅舅哪里看得出孟医生的表情，更看不出孟医生的内心正在“暗流涌动”呢，还只顾一个劲地夸说自己外甥医术高明。唉，即使外甥医疗技术真有水平，可当时又不在身边，又不能亲自治病，夸了何用？言多必失、无补有害呀！傻舅舅哪里知道孟医生和林的哥哥早就相熟相知，而且有着很深的“瑜亮相嫉”过节呢。姥姥此后的病情突变，也是必然中的不幸之事了。

第三十八章

冬至的祁峰，夜已经深了，村子里到处漆黑一片；寒流虽已过去，可“余威”仍在，处处依然风冷雪寒。在这寒冷的冬至夜，祁峰的许多人仍然入夜无眠。

虽然祁峰学校的教师宿舍里黑灯瞎火，却不时传出每天都会有的阵阵骂声。林走以后，这种怨天尤人的骂，越来越成为常态。此刻，马京纲正在怨天怨地、骂不绝口，因为提拔他担任祁峰小学教导主任的报告，送到上面已经很长时间，却迟迟没能批下来，这不能不让他心烦意乱、破口大骂。他的境遇确实有点让人同情，按他话说，每月只有六块钱的生活费，哪有多余的钱去送礼？他骂社会不公平，不凭资历凭关系；他骂干部贪腐，不靠才干靠送礼，连成绩远不如他的中师同班同学张通理，早已是县一中的教导主任了，而他现在连个村小学的教导主任也没混上，天地良心何在？公平正义何在？既是这样，别想叫他今后再多出一分力，不仅不会多出一分力，相反还要使倒力。他说自己是园丁不错，可花园里开不出花朵的，绝不是园丁的责任，都怪土壤、空气、阳光、雨水，尤其是种子不好，他没有义务让憨子变成科学家。

樊财军的火气虽然没有马京纲大，可也一肚子牢骚怪话，他一是抱怨没有经济基础，二是抱怨缺少社会地位。说像他这样的高级知识分子，每天只有一块钱的工资，这简直是莫大的讽刺，是对知识分子的人格侮辱。他说祁峰的百姓们收入是低，可他们都是西瓜大的字不识一箩筐的人，怎能和他这受过“高等教育”的人相比？还说在这不重视知识、不重视人才的社会，实在看不到一点出路和希望。说到社会地位，他就更来气了，说他不仅不能和祁峰的村干部们相比，有时连生产队的干部们也无法相比。虽然生产队干部表面收入不高，可私底下油水不少，有时掏出来的香烟，竟然是两毛钱一包的“丽华”，而他平时只抽得起八分钱一包的“大众”，这个理上哪讲去？最让他生气的是，社会上许多人把教师看成了瘪三。他心里想：马京纲尖嘴猴腮“圆规”身材，说是瘪三倒也罢了，像他这样体表面积大、身体压强小，单位肌肉多的人，无论如何也不该是瘪三的，如此看来，世俗偏见太深太重。他想来想去，认为报复世俗的最好办法就是：你们不是想把自己的孩子教育成材吗？我偏不让你们的“阴谋”得逞。

秦传岭的怨气主要是针对林的。对林抢了他的风头，致使姚淑霞在酒桌上冷淡他，始终耿耿于怀；对林坏了他的“好事”，不让他占到女生便宜，也一直恨得咬牙切齿。可这些，他既不能明白说出来，当然也骂不出口。他只能就林的工资来愤愤不平：说林是个不到二十岁的年轻人，原来的工资只有他的一半，到了地质队，工资竟然翻了好几番，据说每月有七八十元钱呢，比乡里的领导工资都多，凭什么？就因为他是工人？难道工人的贡献比教师大？别说贡献不大，就是贡献大，也不能一下子提高好几倍呀？为什么会有这种脑体倒挂现象？这怎能让他不生气呢？他不仅骂社会不公，还赌咒发誓，说他的聪明智慧，以后绝不会用在教学上，拿了多少钱就干多少事；自己虽然当了教师这“和尚”，不一定天天去撞钟，即使天天去撞钟，也不会撞出声响来，不过就是做做样子混天了日而已。

夏虫不可语冰，秦传岭大可不必妒忌林，就像花儿羡慕树的时候，树却在冰刀雪刃的锋利下舔舐伤口呢。

三个人直到骂累骂困了才渐渐不骂，可在睡梦中还会骂上几句。唉，孔老夫子提倡“文、行、忠、信”为师四教之德，他们究竟有哪一点呢？

“密林”地旁，蜷缩在雪窟里的张四老汉，还处于最后的弥留之际，他的生命已经走到了尽头，他脸上却看不出有任何痛苦，相反堆露着笑容。他在大冬节里喝过了好酒，还知道了儿子的秘密，心爱的女人也接他来了，他终于要摆脱贫困、结束坎坷的一生，马上要走了，要到天上与心爱女人享福去了。他除了口袋里还有两毛钱没花完外，再没有什么遗憾的事情，也没有什么值得留恋牵挂的，他没有什么可以留给人们，只能把最后的笑容留下来吧，让人们知道他是多次大难不死、多次得到贵人相助的幸福好命之人。

黑灯瞎火的王二家里，哭声和咒骂声仍不时从堂屋里传出。

哭声是痦子媒婆的，她躺在床上哭了整整一个晚上，泪水流湿了腮边的麦草枕头。她心酸委屈，有一肚子愤恨和哀怨：自从嫁给王二，没过上几年好日子，王二残疾后，更是苦不堪言。她虽然心中悲苦，每天却要刻意打扮、风情作笑，靠着一张巧嘴，挣点辛苦小钱，还不都是为了这个家吗？还不都是为了让丈夫能吃顿饱饭吗？可丈夫不领情、不待见，把她的好心当成了驴肝肺，常常非打即骂，叫她怎能不痛苦伤心呢？

咒骂声是王二的，他一开始是咒骂媳妇的，骂着骂着，又开始咒骂起吴德才了。他似乎良心发现，媳妇并不像他想象的那样不好，她也是为了这个家才花枝招展、出头露面的。自己残疾不能干活，这个家全靠妻子一个人，一个妇道人家，苦苦支撑这个家容易吗？不这样又能怎样呢？她不这样，自己恐怕连一顿半饱的饭也混不上。他甚至有点后悔，不该打骂媳妇，几次想向媳妇赔礼道歉，可又放不下男人的脸面，他要维持自己作为男人的最后一点尊严。他蹲在地上抽着旱烟，唉声叹气，只能把全部的怨恨迁怒在“祁疤眼”和吴德才身上：要不是这两个狗日的，自己也不会被撤职，更不会落下终生残疾，媳妇也不会跟着自己吃苦挨累，受这么大的委屈。随着他的咒骂声一阵高过一阵，痦子媒婆的哭声变得越来越小，最后终于变成了轻声抽泣……

张六家里也是黑灯瞎火的，堂屋里不时传出轻微的谩骂声，谩骂声主要是张六的。平时有些怕老婆的张六，今天胆子大了不少，像是当了一回爷们。张六老婆可能觉得有些理亏，嘴里嗫嚅着，偶尔回骂一两句，回骂的声音很小。张六的谩骂声明显高出不少，他显然还在生气，怎能不生气呢？大冬节的，四哥被撵出家门，外人知道了，于情于理于面子，都有点过意不去，都有些咽不下这口气。

虽说四哥和自己不是一母同胞，可毕竟是堂兄弟；况且四哥年轻时，对自己的家也多有照顾，对自己是有恩有情的，应该知恩图报才是。再说，四哥一生颠沛流离、饱经患难，尤其后来境遇悲惨、晚景凄凉；这样一个孤苦老人在大冬节被赶出家门，连一口热汤热水也喝不上，于心何忍呢？可自己又实在当不了泼妇妻子的家，除了谩骂几句出出气外，实在没有别的好办法。常言说“妻不贤，子不孝，无计可施。”张六对不贤的妻子，除了谩骂几句，除了唉声叹气，确实无计可施了。

祁生家里不仅黑灯瞎火，连院门也紧锁着。天黑时，祁生把几个孩子寄放在弟弟祁明家里，一个人摸黑来到乡卫生院，看护住院的妻子——就在傍晚，妻子被“计划”了。此时，他守候在卫生院的病床前，照看结了扎的“废人”妻子，心里阵阵发酸：在这“冬大如年”的大节里，他只能和妻子在病房里度过，只能流泪眼对着流泪眼，伤心人看着伤心人。

唉，人穷志短，马瘦毛长，祁生怨恨自己无能，怨恨家里太穷，实在拿不出钱来，且又借债无门，实在凑不出五十块钱，如果他能凑够五十块钱的话，妻子也不会挨了一刀成为“废人”。村里比他孩子多的一些人家，只因凑够了五十块钱，送到吴德才家，都被免除“计划”，躲过了一刀之苦。

他更怨恨吴德才，怨恨这个恩将仇报的白眼狼。想当年，父亲在村里干书记时，吴德才就是一条狗，天天跟在父亲腚后摇尾乞怜寸步不离，吴德才能有今天，全靠父亲一手栽培提拔。吴德才当上书记后，翻脸无情，首先拿他家开刀，还美其名曰是“秉公无私、大义灭亲”，借此在村里立威。他早就知道吴德才是个见利忘义、薄情寡恩的小人，可他万万想不到吴德才竟会为利负义到如此地步。如今，他只能在这凄冷的“大冬”夜里，和妻子双双流泪，一同度过这伤心难挨的不眠之夜了。

二大爷家里也是黑灯瞎火的。二大爷躺在床上心潮起伏，久久难眠。当他接过花送来的伤湿解痛膏和护腰带时，他和老伴都流泪了。虽然花的孝心让他感动，可花毕竟是自己的亲侄女，而最让他感动的还是林，这个非亲非故的才俊青年，只是插队来过又走了的“过客”，怎会对自己的腰伤念念不忘、切记在心呢？林从那么远的地方给他寄来护腰带，着实让他激动。

他流着泪不停对老伴絮絮叨叨，说林这孩子真好，寄来的不光是一条护腰带，寄来的还是一片心、一份情，这份情义暖得烫人。他一遍遍回忆着林在祁峰时的往事，眼里总是泪水不干。一想到林再有一个多月就要回祁峰过年了，心里就感到暖暖的，他确实有点想林。他想：等林来祁峰过年时，一定请林到家里吃顿饭，而且要用好饭菜招待林。可他又有些犯愁，到时用什么来招待呢？家中除了两只下蛋的母鸡，再没有什么值钱的好东西。他打算天亮后就到山里去，趁着冰天雪地，或许能捉到野兔野鸡什么的，如能让林尝尝野味，那是最好不过的。实在不行，到时就把家里的山芋干扒一些去卖，换点细米白面，再买点肉菜。那两只母鸡，入冬后也很少下蛋，到时杀一只，让林在家里吃顿丰盛的好饭。想到这里，他在暗夜里又嘿嘿地笑了起来。

秀躺在绳床上，眼望黑漆漆的屋顶，继续伤心落泪。她本来忍不住想大哭出声的，可娘和姐姐都在屋里的，她不敢也不能哭出来，她只能忍住哭、流着泪，一遍遍细细回想着来信的内容。

林的信，既让她伤心难过，也让她感动流泪。难过伤心的是：林在信中明确了与姐姐的关系，让她无望而难过，无缘而伤心；感动的是：林的信，字字真情，句句掏心，确实是个知恩图报、重情重义的好男人。她为不能与这样的男人相伴一生而难过，可她还是情有不舍，还是锥心疼痛，还是泪流不止。

她忽然想到：自己上次的去信，林为何只字未提呢？噢，想起来了，自己上次的信是寄往东阳地质队的，林信里不是说每半个月才有一趟给养车去钻机队吗？林的包裹是二十一天前发出的，当时肯定还没有收到她的信，自然也不清楚她的心思了。如果林看了她的信后，会有怎样的想法呢？事情似乎还没有完全终结，好像还有一线希望，凡事不是没有转圜的可能。她忽然觉得自己比姐姐更适合林，因为林是有才华求上进的人，自己不仅深深爱着林，也最懂林的心，自己有文化有条件有可能全身心地帮助林，让林在梦想和追求的路上更平稳、更扎实，自己才是林更理想的伴侣。

想到这里，她的心里又一下子激动起来，决定从明天起，就振作发奋起来，要以优异的成绩，顺利考取地质类学校，争取早日到林的身边工作，早些为林助上一臂之力。她知道姐姐是真心爱林的，既是真心爱林，就会一切为林考虑，一切为了林好。只要为林好，自己可以性命都不要，姐姐为了心爱的林，又有什么不舍的呢？姐姐一定会理解、支持她这么做的，因为姐妹俩的想法是一致的，都是为林好。当然，自己会通过不懈的努力，让姐姐过上衣食无忧的生活。

秀被美好的愿景所感染，又不知不觉地笑了……

花一直都在笑，一直缩在被窝里偷偷地笑，一直怀抱着绣花新毛衣，表情灿烂地笑，一直流着止不住的喜悦泪水在笑。这是她几十天来第一次如此兴奋激动，第一次如此喜泪横流，她终于盼来了属于自己的幸福，终于等来了最厚重最心仪的生日礼物——林对她始终不变的爱情。

花一遍遍抚摸着怀中的新毛衣，她从这件柔滑可手的毛衣上，感知到了温暖和亲切，是心爱人留有指痕和体温的缘故，是心爱人把深情厚谊全部寄放其上的缘故；想到这里，她急不可待地解开贴身内衣，把绣花新毛衣和意念中的远方爱人，一起紧紧拥抱入怀，紧紧贴在自己的裸胸上，似乎只有这样，她才能感受到爱人健美阳刚的身体，才能表达对爱人刻骨铭心的情意。

其实，她对林早已到了爱恋痴迷的程度，她会因林而悲，而喜，而忧，而乐，林以前是现在是永远是她唯一的爱人。她不敢想象，如果少了林，她以后还有什么盼头，生活还有什么价值和意义。林早已是她的幸福、她的性命、她的一切。在以后的人生中，她不能没有林，她只为林而活。

她想：林一定是前世追来的小冤家，一定是永世跟随的情债鬼，不然的话，为什么第一次见面，就让她平静的心海立掀狂澜、让她涟漪的情波永无止境呢？为什么让她天天倍受折磨、音貌萦怀、欲罢不能呢？

对她来说，林身上确实有着说不出的魔力，不然的话，像她这样心如止水大家公认的好姑娘，怎么会第一天就中了魔湿了身呢？

在她看来：林无事不妥，无处不美，无时不好；林的每句话，每个动作，每个眼神，无不撩拨着她的情弦，无不让她心醉神迷。

她无数次想过：林的一切至高无上，她可以为林做任何事情，包括献出自己的生命。如果用自己的生命，可以增加林的寿命话，哪怕只是增加一天寿命，她会立即去换，绝不会有半点犹豫。

那次送粪路上，在漫天落石的情况下，她根本顾不及男女身体间的接触，只想用自己的身体护住林，不让林受到一丝一毫的伤害。在林跳入冰窟救人时，如果万一当时有了什么意外，她会随林而去，她不能不去陪伴林！因为像林这样有爱心的人，怎能一时一刻缺少爱呢？那次去项山赶集，当惊马迎面狂奔而来时，她想到的只是竭尽全力保护林，用自己的身体，为林筑拦起一道安全的屏障。

如果真有一天，真像梦中那样，林的身体变成了一座塔，自己会一生不嫁，不离不弃地永远守护在塔旁，孤老终身地陪伴着林。因为林不能孤独，她不忍心让林孤独，也绝不会让林孤独。

有善因必会有善果，就像美丽升起的太阳一样，自会美丽落山。林曾经把爱给过别人，为别人倾情付出过，自然应该得到别人的爱，应该得到别人的回报。种瓜得瓜，种豆得豆，种下了爱，爱之树自会有枝繁叶茂的一天，爱之果自会有丰硕累枝的时候。她品尝过林的甜蜜的爱之果，就只能用一生的爱恋来回报了；她会用忠贞不渝的一生来报答林，让林永远浸浴在爱的海洋中。为林，她要筑一座耸天的爱情丰塔，让林无论走到哪里，每次回望时，都可以遥见她的爱情塔，让林永远在爱情塔的标引下，一路前行在有爱的康庄大道上……

当载着林的汽车驶出临海县城，已是晚上十点一刻。上车时，林感到头脑昏沉、浑身乏倦、四肢无力，刚倚到座位上，就像苏荣一样，很快睡着了。守候一旁的吴芸，怕林着凉，拿出那件为花刚买的新棉袄，盖在林的身上，又把瘫软昏睡的苏荣揽在怀中。吴芸一眨不眨的红红眼睛，在困睡的两人身上来回游走。交替疼惜着，渐渐地，她被泪水濡湿的目光开始柔情泛波。

林在昏睡中梦到自己又回到了童年时代、回到了沂湾的姥姥家，与姥姥又一起来到沂河滩上。林告诉姥姥，他想在沂河湾的沙滩上，建一座最高的塔，要比岸堤上的那座古塔还要高。

“沙滩上怎么可能建成高塔呢？”姥姥笑了，“那是吃力不讨好的事情，不容易成功的。”

林问姥姥：“那怎样才可以在沙滩上建成高塔呢？”

姥姥抚摸着他的脸，很认真地回答说：“除非你有握沙成泥的本领，除非你有凝沙成塔的能力，除非塔的地基够深够大。”

“握沙成泥？谁有那样大的手劲呀？”林在困惑之余，又问姥姥，“凝沙成塔，就更难做到了。地基倒是可以考虑，可要多深多大的地基呢？”

“真要在沙滩上建塔的话，塔有多高，地基就该有多深；塔有多高，地基的直径就该有多大。”姥姥用慈祥的目光注视着他，笑笑说，“如果建一丈高的塔，用做塔基的砖石，可能有塔身的十倍就够了，如果建十丈高的塔，可能就远远不止是十倍百倍了，所以，在沙滩上是建不成高塔的。”

林想：照此说来，要在沙滩上建成万丈高塔，需要万丈方圆万丈深的塔基，哪有那么多的砖石材料呀？正在他难以算清万丈高塔的材料之巨时，一个声音忽然从空中传来：“经过‘文革’的中国，已经是没有凝聚力的一盘散沙了，除非有非常之人、除非有非常之力，除非有亿万人甘做塔基，否则，在中国这片沙滩上，是很难建成让世界瞩目的万丈高塔的。你愿意做埋没地下的塔基吗？愿意永远默默无闻吗？”

“我愿意！我愿意！”林连忙大声回答，“我和花本来就是连在一起，属于塔基的，只要能建成中国的万丈高塔，把我放到哪里都行。”

“建塔的工程量主要在塔基，不在塔身，”空中的声音继续传来，“如果塔基是万，那么塔身最多只是一，如果‘万’能建好了，那‘一’还不是举手之劳吗？你要记住自己说过的话，去践行诺言吧。”空中的声音慢慢远去。

“我会记住自己说过的话，我会用一生去践行诺言，”林赶紧追着“远去的声音”大声说，“知青从来都是甘于吃苦、说话算话的。”他在梦中想：只要能建成中国的万丈高塔，只要能实现祖辈父辈们的梦想，我干什么都行。

当林在梦中想起自己是插队知青时，面带惭愧地告诉姥姥：“我没能上成学，只在农村吃过苦，除了干农活，别无所长，这辈子不会有大的作为，可能有负姥姥期望了。”

“什么是有作为呀，小乖乖，”姥姥笑了，而后又认真亲切地说，“姥姥的期望，就是你认真干好每件事，不虚度每一天，在苦短的人生里，只要你做到了这一点，就是有作为，就没让姥姥失望。人在世上，会遇到许多不公平的事情，有人努力了付出了，不一定得到报偿，可不努力不付出，行吗？你当知青，确实吃了苦受了累，你们知青也确实是苦难的一代，该学习时不能学习，正长身体时忍饥挨饿，可这都是命中注定的灾难，人是抗不过命运的。这不是治政失误、社会动乱、国家遇难了吗？有什么办法呢？”

姥姥说着说着，慈祥的眼睛里闪动着泪花。接着，姥姥又亲切和蔼地说：“城里没有那么多的工作岗位，也养活不了那么多的人口，国家只能把你们这些学生流放到底层农村，与百姓们分食，可总比都在城里一起饿死要强呀。话又说回来了，知青被流放到农村，落难在底层，吃亏又吃了苦，这何尝又不是一件好事呢？不经历风雨，见不到彩虹，不饱受磨难，理解不透人生。俺的小乖乖，你们有可能因为落难，反而成为幸运的一代，因为能吃亏是福分，吃了苦才能得到财富，而且是人生最宝贵的财富，有了这笔财富，可以让你一生受用不尽的。”

姥姥擦去眼中的泪花，抚摸着林的头脸，露出笑容说：“小乖乖，古时候哪个干事业、立大功的人，不是在千难万苦砥砺磨炼中脱颖而出的？左丘如果不失明，怎会有《左传》《国语》呢？孙膑如果不去膑，哪会有千古兵法和大胜庞涓的万世美名呢？苏秦如果不被妻子和嫂子羞辱，怎会发愤励志以锥刺骨，最终佩挎六国相印呢？韩信如果不被恩人漂母讥笑，怎会有后来的万夫之勇，最终成为灭秦兴汉第一杰呢？项羽如果不是国亡家破落了难，怎会由贵族家只知玩乐逍遥的公子哥一跃成为号令诸侯的千古大英雄呢？司马迁如果不受辱，哪会名垂青史、有《史记》永世流芳呢？小乖乖，比大地宽阔的是天空，比天空宽阔的是胸怀！只要你胸怀宽阔，朝着高山的方向走，不停走下去，即使到不了山顶，也会有一路美景相伴，也会有无限风光可看的……”

听了姥姥的话，林立时茅塞顿开，不仅惊叹姥姥渊博的历史知识，更佩服姥姥话里的哲理深意，对姥姥列举出的杰出人物有了新的认识：他们因为有了意志之舵、奋斗之桨，命运之舟才顺利闯过险滩恶浪、抵达成功码头。同时，林也明白凡事不必耿耿于怀，因为在人生路上，走走停停是闲适，边走边看是优雅，边走边忘是豁达。既不必狂狷累心，也不用失落纠结；既不要刻意淡泊名利，也不需苛求卓尔不群；一切顺其自然，要像姥姥所说的那样，脚踏实地干好每件事，不碌碌无为虚度每一天。

人生是没有返程的单行道，其价值不是用时间，而是用贡献去衡量的，他梦中的当务之急是建塔，在沙滩上建最大的高塔。当他在梦中着手建塔时，像是得到神助一样，很快就在沙滩上挖出一个万丈方圆万丈深的巨坑。在如山般的砖石材料中，他想找出有花和自己名字的那两块砖，想把那两块砖并在一起，放到塔基的最下面，他要和花永远在一起。

他自己的那块砖很快找到，而花的那块砖却始终找不到。正在他急得满头大汗时，项山的二老太笑呵呵地走过来：“孩子，你在找什么？”

“找砖。”

“到处都是砖，你要找什么样的砖？干什么用的呀？”

“找花的那块砖，我要把两块砖一起放到塔基里。”林边说边把自己的那块砖亮给二老太看。

“孩子，你那砖放到塔上不好吗？那样既显眼又荣耀，多好呀，为何一定要和花那砖放到塔底呢？”二老太似乎不解地笑问着，未等林回答，他又亲切地说，“秀的砖也在塔上呢，和秀的砖放到一起吧。”

“我不愿显眼，也不想荣耀！我只想和花在一起，花在哪我就在哪。”

“好吧，好吧，”二老太嘿嘿地笑着说，“本来花那砖应该在塔基底下的，你那砖该在塔腰的，折中一下吧，把你俩都放到塔脚处行吗？你能保证永远和花在一起，一生一世不离不弃吗？”

“只要和花在一起，放到哪都行。”林流着幸福的泪，连忙激动地说，“我向您保证：我只爱花，今生今世、永生永世不分离。”

“好孩子，你可要说话算话哟。”二老太说完，对着林的胸口轻轻拍了拍，转身离开。

林刚想对二老太再次保证并发誓，有人又在他胸口拍了拍，他猛然醒来，原来是吴芸在拍他起来：九里乡招呼站马上到了，该要下车了。

回钻机队的小路，完全被夜色所笼罩。此时的雨虽然小了，可风雪更大，三个人在雨雪泥泞中艰难跋涉、摸索前行。

在寂静的雪夜里，随着子夜时分的到来，沁骨的西北风格外寒凉，三个人都感到了异常的寒冷。林和苏荣一样，因抽血而体内能量锐减，更加弱不禁风、不耐严寒，尤其是苏荣，只能在吴芸的搀扶下，哆哆嗦嗦踉跄蹒跚。

林在下车前，很仔细地看过花的新棉袄，确实很漂亮很时尚，而且还是带了毛领的新款活面棉袄，不仅面料很上档次，而且内衬是驼绒的，既挺括又轻暖，颜色也是花最喜欢的大红色，代表着喜庆吉祥，这是林上午特意叮嘱的颜色。既然是花最喜欢的颜色，自然而然的也是林喜欢的颜色。女孩子只要穿上了大红色，就会娇艳妩媚起来，例如菊，穿大红棉袄出嫁时，就很娇艳妩媚，很楚楚动人。林能想象出：花如果穿上这件大红棉袄，成为他的新嫁娘时，定会比天仙还要妩媚动人。

在正常情况下，林是不会让花的这件新棉袄，穿在别的女孩身上，可他下车时，还是毫不犹豫地让棉袄穿在了苏荣身上，因为苏荣实在冷得不行；即便加穿了新棉袄，她仍浑身颤抖不停哆嗦着。

可惜这件高档的“新娘装”，已被别的女孩穿过，不能再成为花的出嫁服。他要买更高档次的新棉袄，作为花的“新娘装”，他要让花出嫁时雍容高贵、光彩照人，他要让花成为祁峰村乃至岗上乡最幸福的“华服新娘”。

相爱的人，可以轻松穿越彼此心灵的旷野，如同阳光穿透水晶一样容易；相爱的人，甘为对方一次次抛泪如珠，那是留给爱情河的珍贵遗珠；相爱的人，只想牵着爱人手走到世界尽头，哪怕路途再远，也只想和爱人一起走；因为一起趟过爱情河的人，才知道爱情的珍贵无比。虽然销魂的爱，有时也会伤人，可伤痕累累流血不止的人们，依然奋不顾身、迎爱扑去。纯粹的爱是本真无我的，其衍生的最大资产只能是忠贞。

林来钻机队的一切努力，不都是为了爱、为了花吗？为了花，以后再累的活，能干！再大的苦，能吃！再烦的事，能忍！再多的罪，能受！因为自己不仅是吃过苦的知青，更是一个堂堂正正的男人！

男人是什么？男人的本色和情怀是什么？林以前没有认真考虑过，现在，他一边走一边思考这个问题，头脑里渐渐有了初步的想法：男人应当是家中顶梁的柱，爱人依靠的山，能挽狂澜的舵手，永不服输的硬汉；男人应当是责任和义务，持重和果断，隐忍和耐劳，顽强和彪悍，大气和担当，坚毅和勇敢；男人应当是草原千里马，远航顺风帆，暗夜北极星，高飞领头雁；男人应当不忧浮尘扰，心池自有蓝，坦然对日月，清风一袖肩，躺成一道岭，站为一峰巅，胸襟容四海，浩气贯九天……

三人走着走着，被吴芸搀架着的苏荣，终于走不动了，她的身子几乎瘫软到地上。身体刚刚有些恢复的林，没有任何犹豫，没有一点杂念，他要承担起一个队友的责任，像一个男人应该做的那样，立即上前，背起苏荣，迎着漫天大雪，向着正发出喧嚣噪声的高高钻塔，大步匆匆，昂首走去……